Die besondere Anfechtung
in der Insolvenz

# Europäische Hochschulschriften
Publications Universitaires Européennes
European University Studies

**Reihe II**
**Rechtswissenschaft**

Série II Series II
Droit
Law

**Bd./Vol. 3239**

PETER LANG
Frankfurt am Main · Berlin · Bern · Bruxelles · New York · Oxford · Wien

Axel Freiherr von Wiedersperg

# Die besondere Anfechtung in der Insolvenz

PETER LANG
Europäischer Verlag der Wissenschaften

Die Deutsche Bibliothek - CIP-Einheitsaufnahme

Wiedersperg, Axel / von:

Die besondere Anfechtung in der Insolvenz / Axel Frhr. von Wiedersperg. - Frankfurt am Main ; Berlin ; Bern ; Bruxelles ; New York ; Oxford ; Wien : Lang, 2001
(Europäische Hochschulschriften : Reihe 2, Rechtswissenschaft ; Bd. 3239)
Zugl.: Regensburg, Univ., Diss., 2001
ISBN 3-631-38322-3

D 355
ISSN 0531-7312
ISBN 3-631-38322-3



www.peterlang.de

Line

# Vorwort

Die vorliegende Arbeit zum Thema „Die besondere Anfechtung in der Insolvenz“ wurde im Wintersemester 2000/2001 von der Juristischen Fakultät der Universität Regensburg als Dissertation angenommen.

Mein herzlicher Dank gilt Herrn Professor Dr. Peter Gottwald, der diese Arbeit angeregt und betreut hat. Herrn Professor Dr. Herbert Roth danke ich sehr für die Erstellung des Zweitgutachtens.

Diese Arbeit ist auf dem Literaturstand vom Februar 2000. Damit konnten neben der gesamten Literatur zur Insolvenzrechtsreform auch die ersten Standardwerke zur Insolvenzordnung mit einbezogen werden.

München, Juni 2001 Axel Freiherr von Wiedersperg

# Inhaltsübersicht

# Inhaltsverzeichnis

# Literaturverzeichnis


*App, Michael* „Anfechtung der Zahlung oder Sicherung von Steuern" in NJW 1985 S. 3001 ff

*App, Michael* „Nahestehende Personen im Sinne des neuen Insolvenzrechts und ihre Stellung im neuen Insolvenzrecht und Gläubigeranfechtungsrecht" in FamRZ 1996 S. 1523 ff

*Balz, Manfred* „Das neue Gesetz über den Sozialplan im Konkurs- und Vergleichsverfahren" in DB 1985 S. 689 ff

*Basty, Gregor* „Interessen der Gläubiger in einem künftigen Sanierungsverfahren" Dissertation München 1987

*Baumann, Horst* „Die Kenntnis juristischer Personen des Privatrechts von rechtserheblichen Umständen" in ZGR 1973 S. 284 ff

*Baumbach, Adolf /Hefermehl, Wolfgang* „Wechselgesetz und Scheckgesetz" 18. Auflage München 1993

*Baur, Fritz /Stürner, Rolf* „Zwangsvollstreckungs-, Konkurs- und Vergleichsrecht" 12. Auflage Heidelberg 1990

*Berges, August Maria* „Die rechtlichen Grundlagen der Gläubigergleichbehandlung" in KTS 1957 S. 49 ff

*Berges, August Maria* „Die Anfechtung mittelbarer Zuwendungen im Konkurs" in KTS 1961 S. 49 ff

*Blersch, Jürgen* „Die Auslegung und Ergänzung der Gesamtvollstreckungsordnung" Berlin 1993 zugleich Dissertation Münster 1992

*de Boor, Hans Otto* „Zwangsvollstreckung, Konkurs und Vergleich" 2. Auflage Wiesbaden 1962

*de Boor, Hans Otto* „Kollision von Forderungsrechten" Wiesbaden 1959

*Bork, Reinhard* „Einführung in das neue Insolvenzrecht" Tübingen 1995

*Bichlmeier, Wilhelm /Engberding, Antonius /Oberhofer, Hermann* „Insolvenzrechtshandbuch" Frankfurt a. M. 1998

| | |
|---|---|
| *Biehl, Kristof* | „Wesen und Wirkung der Insolvenzanfechtung nach neuem Recht" in KTS 1999 S. 313 ff |
| *Binz, Fritz /Hess, Harald* | „Der Konkurs der Insolvenzrechtsreform" Neuwied etc. 1987 |
| *Brandes, Helmut* | „Aktuelle Schwerpunkte der BGH-Rechtsprechung zum Konkursrecht" in *Prütting* „Insolvenzrecht" S. 1 ff München 1996 |
| *Braun, Eberhard /Riggert, Rainer /Kind, Thomas* | „Die Neuregelungen der Insolvenzordnung in der Praxis" Stuttgart etc. 1999 |
| *Braun, Eberhard /Uhlenbruck, Wilhelm* | „Unternehmensinsolvenz: Grundlagen, Gestaltungsmöglichkeiten, Sanierung mit der Insolvenzordnung" Düsseldorf 1997 |
| *Bretzke, Ulrike* | „Der Begriff der drohenden Zahlungsunfähigkeit im Konkursstrafrecht - Analyse und Darlegung der Konsequenzen aus betriebswirtschaftlicher Sicht" München 1984 |
| *Breuer, Wolfgang* | „Das neue Insolvenzrecht" München 1998 |
| *Breutigam, Axel /Tanz, Michael* | „Einzelprobleme des neuen Insolvenzanfechtungsrechts" in ZIP 1998 S. 717 ff |
| *Bruski, Johannes* | „Die Voraussetzungen der Konkursanfechtung" Dissertation Bonn 1990 |
| *Burger, Anton /Schellberg, Bernhard* | „Zur Vorverlagerung der Insolvenzauslösung durch das neue Insolvenzrecht" in KTS 1995 S. 563 ff |
| *Campe, Moritz von* | „Insolvenzanfechtung in Deutschland und Frankreich" Köln etc. 1996 zugleich Dissertation Freiburg 1995 |
| *Canaris, Claus-Wilhelm* | „Aktuelle insolvenzrechtliche Probleme" in *Klasmeyer* „Festschrift 100 Jahre KO" S. 73 ff Köln etc. 1977 |
| *Cosack, Konrad* | „Das Anfechtungsrecht des Gläubigers eines zahlungsunfähigen Schuldners nach deutschem Reichsrecht" Stuttgart 1884 |
| *Costede, Jürgen /Kaehler, Michael* | „Haftungszuweisung und -zugriff Dritten gegenüber" in ZZP 84 (1971) S. 395 ff |

*Dampf, Peter* „Die Rückführung von Kontokorrentkrediten in der Unternehmenskrise und ihre Behandlung nach KO und InsO" in KTS 1998 S. 145 ff

*Dauner-Lieb, Barbara* „Die Berechnung des Quotenschadens" in ZGR 1998 S. 617 ff

*Delhaes, Wolfgang* „Im Überblick: Der Insolvenzverwalter im eröffneten Insolvenzverfahren" in NZI 1999 S. 47 ff

*Dieckmann, Albrecht* „Zur Aufrechnung „ in *Leipold* „Insolvenzrecht im Umbruch" S. 211 ff Köln etc. 1991

*Dilcher, Hermann* in *Staudinger* „Kommentar zum BGB" Band I 12. Auflage München 1977

*Drukarczyk, Jochen* „Unternehmen und Insolvenz" Wiesbaden 1987

*Drukarcyk, Jochen /Schüler, Andreas* „Zahlungsunfähigkeit, drohende Zahlungsunfähigkeit und Überschuldung als Insolvenzauslöser" in *Uhlenbruck* „Kölner Schrift zur Insolvenzordnung" S. 57 Herne 1997

*Ebbing, Frank* „Gläubigerbanken in der Unternehmenskrise" in KTS 1996 S. 327 ff

*Eckardt, Diederich* „Die Anfechtungsklage wegen Gläubigerbenachteiligung" Bielefeld 1994 zugleich Dissertation Bonn 1992

*Eckardt, Diederich* „Kreditsicherung versus Insolvenzanfechtung" in ZIP 1999 S. 1417 ff

*Edelmann, Hervé* „Die neue Insolvenzordnung" in AnwBl 1998 S. 489 ff

*Ehrike, Ulrich* „Insolvenzrechtliche Anfechtung gegen Insider - zur Bestimmung nahestehender Personen von GmbH und AG" in KTS 1996 S. 209 ff

*Eichberger, Christian* „Die besondere Konkursanfechtung" Dissertation Regensburg 1990

*Eickmann, Dieter /Flessner, Axel /u.a.* „Heidelberger Kommentar zur Insolvenzordnung" Heidelberg 1999

*Erler, Adalbert* „Handwörterbuch zur Deutschen Rechtsgeschichte" Band II Berlin 1978

*Fehl, Norbert* „Zur Anwendbarkeit des § 31 Nr. 2 KO auf Geschäfte einer Kommanditgesellschaft mit einem ihrer Gesellschafter oder dessen nahen Angehörigen" in ZGR 1978 S. 725 ff

*Fischer, Gero* „Anfechtung von Gläubigerhandlungen nach der Gesamtvollstreckung?" in ZIP 1997 S. 717 ff

*Flatau, Ernst* „Die inkongruente Deckung" in JW 1912 S. 660 ff

*Flume, Werner* „Allgemeiner Teil des bürgerlichen Rechts" Band I Teil 2 Berlin etc. 1983

*Gaugler, Hans* „Die paulianische Anfechtung" Band I Basel 1944

*Gerhardt, Walter* „Die systematische Einordnung der Gläubiger-anfechtung" Göttingen 1969 zugleich Habilitationsschrift Göttingen 1968

*Gerhardt, Walter* „Insolvenzverfahren und Einzelzwangsvollstreckung" in *Klasmeyer* „Festschrift 100 Jahre KO" S. 111 ff Köln etc. 1977

*Gerhardt, Walter* „Grundprobleme der Gläubigeranfechtung" in ZIP 1984 S. 397 ff

*Gerhardt, Walter* „Grundbegriffe des Vollstreckungs- und Insolvenz-rechts" Stuttgart etc. 1985 (zit.: „Grundbegriffe")

*Gerhardt, Walter* „Zur Reform des Insolvenzrechts: das Anfechtungsrecht im Konkurs" in ZIP 1985 S. 582 ff

*Gerhardt, Walter* „Die Anfechtung eines durch Vormerkung gesicherten Anspruchs im Konkurs" in ZIP 1988 S. 749 ff

*Gerhardt, Walter* „Das neue Insolvenzrecht unter besonderer Berücksichtigung der Auswirkung auf die Kreditinstitute" in ÖBA 1995 S. 325 ff

*Gerhardt, Walter* „Gereimtes und Ungereimtes im Anfechtungsrecht der neuen Insolvenzordnung" in *Pfeiffer* Festschrift für Hans Erich Brandner" S. 605 ff Köln 1996

| | |
|---|---|
| *Gerhardt, Walter* | „Verfügungsbeschränkungen in der Eröffnungsphase und nach Verfahrenseröffnung" in *Uhlenbruck* „Kölner Schrift zur Insolvenzordnung" S. 159 ff Herne 1997 |
| *Gerhardt, Walter* | „Probleme der Mobiliar- und Immobiliarvollstreckung nach der InsO" in *Henckel/Kreft* „Insolvenzrecht 1998" S. 217 ff Köln 1999 |
| *Gerhardt, Walter /Kreft, Gerhart* | „Aktuelle Probleme der Insolvenzanfechtung" 6. Auflage Köln 1995 |
| *German, Klaus* | „Die Anfechtung von Unterlassen nach dem Anfechtungsgesetz und der Konkursordnung" Dissertation Würzburg 1968 |
| *Gessner, Volkmar /Rhode, Barbara /u.a.* | „Die Praxis der Konkursabwicklung in der Bundesrepublik Deutschland" herausgegeben vom Bundesministerium der Justiz Köln 1978 |
| *Giebler, Norbert* | „Die Feststellung der Überschuldung einer Unternehmung unter besonderer Berücksichtigung der Beziehungen zur Zahlungsunfähigkeit" Frankfurt a.M. 1982 zugleich Dissertation Bamberg 1982 |
| *Gottwald, Peter* | „Die Interessengemeinschaft der Gläubiger eines insolventen Schuldners" in *Habscheid* „Festschrift für Hans Giger" S. 195 ff Bern 1989 |
| *Gottwald, Peter (Hrsg.)* | „Insolvenzrechts-Handbuch" München 1990 |
| *Gottwald, Peter (Hrsg.)* | „Nachtrag 'Gesamtvollstreckungsordnung' zum Insolvenzrechts-Handbuch" München 1993 |
| *Gottwald, Peter /Adolphsen, Jens* | „Die Rechtsstellung dinglich gesicherter Gläubiger in der Insolvenzordnung" in *Uhlenbruck* „Kölner Schrift zur Insolvenzordnung" S. 805 ff Herne 1997 |
| *Gottwald, Peter* | „Grenzüberschreitende Insolvenzen" München 1997 |
| *Haarmeyer, Hans /Wutzke, Wolfgang /Förster, Karsten* | „Gesamtvollstreckungsordnung" 3. Auflage München 1995 |
| *Haarmeyer, Hans /Wutzke, Wolfgang /Förster, Karsten* | „Handbuch der Insolvenzordnung InsO/EGInsO" 2. Auflage München 1998 |

| | |
|---|---|
| *Habscheid, Walther (Hrsg.)* | „Festschrift für Heinrich Nagel zum 75. Geburtstag" Münster 1987 |
| *Habscheid, Walther (Hrsg.)* | „Festschrift zum 60. Geburtstag von Hans Giger" Bern 1989 |
| *Häsemeyer, Ludwig* | „Die Gleichbehandlung der Konkursgläubiger" in KTS 1982 S. 509 ff |
| *Häsemeyer, Ludwig* | „Vertragsabwicklung, Aufrechnung und Anfechtung im Konkurs" - Entscheidungsrezension zu BGHZ 89 S. 189 in JuS 1986 S. 851 ff |
| *Häsemeyer, Ludwig* | „Aktuelle Tendenzen in der Rechtsprechung zur Konkurs- und Einzelanfechtung" in ZIP 1994 S. 418 ff |
| *Häsemeyer, Ludwig* | „Die Aufrechnung nach der Insolvenzordnung" in *Uhlenbruck* „Kölner Schrift zur Insolvenzordnung" S. 489 ff Herne 1997 |
| *Häsemeyer, Ludwig* | „Insolvenzrecht" 1. Auflage Köln etc. 1992 (zit.: 1. Aufl.) |
| *Häsemeyer, Ludwig* | „Insolvenzrecht" 2. Auflage Köln etc. 1998 |
| *Hahn, Carl* | „Die gesamten Materialien zu den Reichs- Justizgesetzen Bd. IV." Berlin 1881 (zit. „Band IV") |
| *Hahn, Carl /Mugdan, Benno* | „Die gesamten Materialien der Reichs-Justizgesetze Bd. VII" Berlin 1898 |
| *Hanisch, Hans* | „Zur Reformbedürftigkeit des Konkurs- und Vergleichsrecht" ZZP 90 (1977) S. 1 ff |
| *Heile, Bernhard* | „Die Anweisung im Konkurs des Anweisenden" Göttingen 1976 |
| *Heitmann, Steffen* | „Vom Beruf unserer Zeit für die Gesetzgebung" in NJW 1999 S. 33 ff |
| *Hellwig, Konrad* | „Anfechtungsrecht und Anfechtungsanspruch nach der neuen Konkursordnung" in ZZP 26 (1899) S. 474 ff |
| *Henckel, Wolfram* | „Die Gläubigeranfechtung - ein taugliches Mittel zur Beseitigung von Verkürzungen der Konkursmasse" in ZIP 1982 S. 390 ff |
| *Henckel, Wolfram* | „Grenzen der Vermögenshaftung" in JuS 1985 S. 836 ff |

*Henckel, Wolfram* „Die internationalprivatrechtliche Anknüpfung der Konkursanfechtung“ in *Habscheid* „Festschrift für Heinrich Nagel" S. 93 ff Münster 1987

*Henckel, Wolfram* „Zum Begriff der Unentgeltlichkeit und den subjektiven Voraussetzungen bei der Schenkungsanfechtung“ in ZIP 1990 S. 137 ff

*Henckel, Wolfram* „Insolvenzanfechtung“ in *Leipold* „Insolvenzrecht im Umbruch“ S. 239 ff Köln etc. 1991

*Henckel, Wolfram* in *Jaeger* „Konkursordnung“ §§ 1-42 9. Auflage Berlin etc. 1991

*Henckel, Wolfram* „Insolvenzanfechtung“ in *Uhlenbruck* „Kölner Schrift zur Insolvenzordnung" S. 645 ff Herne 1997

*Henckel, Wolfram /Kreft, Gerhart* „Insolvenzrecht 1998" Köln 1999

*Hess, Harald* „Kommentar zur Konkursordnung“ Neuwied etc. 1993

*Hess, Harald /Binz, Fritz /Wienberg, Rüdiger* „Gesamtvollstreckungsordnung" 3. Auflage Neuwied etc. 1997

*Hess, Harald /Weis, Michaela* „Das neue Anfechtungsrecht“ Heidelberg 1996

*Hess, Harald /Kranemann, Karl /Pink, Andreas* „InsO `99 - das neue Insolvenzrecht" KWS-Skript 296 Heidelberg 1998

*Höffner, Dietmar* „Überschuldung: Ein Tatbestandsmerkmal im Schnittpunkt von Bilanz-, Insolvenz- und Strafrecht" in BB 1999 S. 198 ff (Teil I) und S. 252 ff (Teil II)

*Holzer, Johannes* „Die Insolvenzanfechtung“ in WiB 1997 S. 729 ff

*Holzer, Johannes* „Redaktionsversehen in der Insolvenzordnung?“ in NZI 1999 S. 44 ff

*Honsdorf, Wolfgang* „Die Aufrechnung im Konkurs" Dissertation Freiburg i. Br. 1982

*Huber, Michael* in *Gottwald* „Insolvenzrechts-Handbuch“ §§ 35-39 und 48-54 München 1990

| | |
|---|---|
| *Huber, Michael* | in *Gottwald* „Nachtrag 'Gesamtvollstreckungsordnung' zum Insolvenzrechts-Handbuch" Kapitel III 5. und 7. Abschnitt München 1993 |
| *Hüper, Otto* | „Zwangsvollstreckung als inkongruente Deckung" Dissertation Göttingen 1983 |
| *Jaeger, Ernst* | „Die Form der Gläubigeranfechtung" in DJZ 1905 S. 128 ff |
| *Jaeger, Ernst* | „Die Gläubigeranfechtung außerhalb des Konkursverfahrens" 2. Auflage Berlin 1938 |
| *Jaeger, Ernst (Begr.)* | „Konkursordnung - Großkommentar" 8. Auflage Berlin 1958 bis 1977 |
| *Jaeger, Ernst (Begr.)* | „Konkursordnung - Großkommentar" 9. Auflage Berlin 1977 bis 1997 |
| *Jahn, Uwe (Hrsg.)* | „Insolvenzen in Europa" 3. Auflage Bonn 1998 |
| *Jahr, Günther* | „Die gerichtliche Zuständigkeit für das Konkursverfahren und für die Entscheidung von Streitigkeiten, die mit dem Konkursverfahren zusammenhängen" in ZZP 79 (1966) S. 347 ff |
| *Jauernig, Othmar* | „Zwangsvollstreckungs- und Insolvenzrecht" 20. Auflage München 1996 |
| *Kämpfer, Marcus* | „Die Stellung von Sanierungskrediten im Insolvenzrecht" Frankfurt etc. 1993 |
| *Kamlah, Klaus* | „Die Anfechtung in der Insolvenz von Unternehmen" Frankfurt a.M. 1995 zugleich Dissertation Göttingen 1994 |
| *Kilger, Joachim* | „Die Reformbedürftigkeit des Konkurs- und Vergleichsrechts" in ZRP 1976 S. 190 ff |
| *Kilger, Joachim* | „Problematische Masseschulden" in NJW 1980 S. 271 ff |
| *Kilger, Joachim* | „Konkursordnung" 15. Auflage München 1987 |
| *Kilger, Joachim /Schmidt, Karsten* | „Insolvenzgesetze KO/VglO/GesO" 17. Auflage München 1997 |
| *Killinger, Johann* | „Insolvenzanfechtung gegen Insider" Berlin 1990 zugleich Dissertation Freiburg 1989 |

*Kipp, Theodor* — in *Windscheid* „Lehrbuch des Pandektenrechts Bd. II" 9. Auflage Frankfurt a.M. 1908

*Kirchhof, Hans-Peter* — „Anfechtungsrecht und Gläubigerinteresse" in ZInsO 1999 S. 3 ff

*Klasmeyer, Bernd /Kübler, Bruno /Uhlenbruck, Wilhelm* — „Einhundert Jahre Konkursordnung, 1877-1977" Festschrift des Arbeitskreises für Insolvenz- und Schiedsgerichtswesen e.V. Köln etc. 1977

*Köbler, Gerhard* — „Juristisches Wörterbuch" 8. Auflage München 1997

*König, Bernhard* — „Bemerkungen zu den anfechtungsrechtlichen Normen aus österreichischer Sicht" in *Leipold* „Insolvenzrecht im Umbruch" S. 255 ff Köln etc. 1991

*Kreft, Gerhart* — „Ausgesuchte Probleme des Anfechtungsrechts" in ZInsO 1999 S. 370 ff

*Kreft, Gerhart* — in *Eickmann* „Heidelberger Kommentar zur Insolvenzordnung" Heidelberg 1999

*Kübler, Bruno /Prütting, Hanns* — „Kommentar zur Insolvenzordnung" Köln 1998

*Kühnemund, Patrick* — „Die insolvenzrechtliche Anfechtung von Prozeßhandlungen des Insolvenzschuldners nach der InsO" Frankfurt a.M. etc. 1998 zugleich Dissertation Hamburg 1998

*Kühnemund, Patrick* — „Die Insolvenzanfechtung von Prozeßhandlungen in Präklusionslagen" in ZInsO 1999 S. 62 ff

*Kuhn, Georg* — „Die Rechtsprechung des BGH zum Insolvenzrecht" in WM 1964 S. 998 ff

*Kuhn, Georg /Uhlenbruck, Wilhelm* — „Konkursordnung" 10. Auflage München 1986 (zit.: 10. Aufl.)

*Kuhn, Georg /Uhlenbruck, Wilhelm* — „Konkursordnung" 11. Auflage München 1994

*Lange, Hans-Gert* — „Voraussetzungen und Wirkung der Konkursanfechtung" Dissertation Bonn 1973

*Lenhard, Alfred* — „Natur und Wirkung der Gläubigeranfechtung" in ZZP 38 (1909) S. 165 ff

*Lent, Friedrich* — in *Jaeger* „Konkursordnung mit Einführungsgesetzen" 8. Auflage Berlin 1977

*Leipold, Dieter (Hrsg.)* — „Insolvenzrecht im Umbruch" Köln etc. 1991

*Leipold, Dieter /Favoccia, Daniela* — „Die Reform auf dem Prüfstand der Dogmatik - Einführung und Diskussionsbericht" in *Leipold* „Insolvenzrecht im Umbruch" S. 273 Köln 1991

*Lorenz, Robert* — „Anfechtbarkeit einer Aufrechnung" in KTS 1961 S. 147 ff

*Lübchen, Gustaf-Adolf /Landfermann, Hans-Georg* — „Das neue Insolvenzrecht der DDR" in ZIP 1990 S. 829 ff

*Lutter, Marcus* — „Zahlungseinstellung und Überschuldung unter der neuen Insolvenzordnung" in ZIP 1999 S. 641 ff

*Lutter, Marcus /Hommelhoff, Peter* — „GmbH Gesetz - Kommentar" 14. Auflage München 1995

*Lwowski, Jürgen* — „Insolvenzpraxis für Banken" Köln 1983

*Makower, Hans* — „Zur Revision der Deutschen Konkursordnung" in ZZP 20 (1894) S. 441 ff

*Malitz, Michael* — „Konkursanfechtungen von Handlungen des Sequesters" in DZWIR 1997 S. 24 ff

*Marotzke, Wolfgang* — „Dingliche Wirkung der Gläubiger- und Konkursanfechtung" in KTS 1987 S. 1 ff

*Marotzke, Wolfgang* — „Insolvenzrechtsreform und Anfechtungsrecht" in ZG 1989 S. 138 ff

*Medicus, Dieter* — „Allgemeiner Teil des BGB" 6. Auflage Heidelberg 1994

*Menzel, Adolf* — „Das Anfechtungsrecht der Gläubiger nach österreichischem Recht" Wien 1886

*Mesch, Volker* — „Die Rechtsnatur der Gläubigeranfechtung inner- und außerhalb des Konkurs" Regensburg 1993 zugleich Dissertation Münster 1993

*Messer, Herbert* — „Die freiwillige Leistung des Schuldners in der Zwangsvollstreckung" Dissertation Bielefeld 1966

*Meyer, Dieter* „Juristische Fremdwörter, Fachausdrücke und Abkürzungen" 9. Auflage Frankfurt a. M. 1988

*Möhlenbrock, Rolf* „Die Gläubigeranfechtung im deutschen und spanischen Recht" Frankfurt a.M. etc. 1996 zugleich Dissertation Göttingen 1996

*Mohrbutter, Jürgen /Mohrbutter, Harro* „Handbuch der Konkurs und Vergleichsverwaltung" 6. Auflage Köln etc. 1990

*Mohrbutter, Jürgen /Mohrbutter, Harro* „Handbuch der Insolvenzverwaltung" 7. Auflage Köln etc. 1997

*Mohrbutter, Peter* „Der Ausgleich von Verteilungsfehlern in der Insolvenz" Köln etc. 1998 zugleich Dissertation Bayreuth 1998

*Neumann, Ferdinand* „Die Gläubigerautonomie im künftigen Insolvenzverfahren" Bielefeld 1995 zugleich Dissertation Regensburg 1993

*Nowack, Regine* „Rückschlagsperre und Anfechtbarkeit von Vollstreckungsakten - ein Beitrag zur Reform des Insolvenzrechts" in KTS 1992 S. 161 ff

*Obermüller, Manfred* „Insolvenzrecht in der Bankpraxis" 5. Auflage Köln 1997

*Obermüller, Manfred /Hess, Harald* „InsO, eine systematische Darstellung der Insolvenzordnung unter Berücksichtigung kreditwirtschaftlicher und arbeitsrechtlicher Aspekte" 1. Auflage Heidelberg 1995

*Obermüller, Manfred /Hess, Harald* „InsO, eine systematische Darstellung des neuen Insolvenzrechts" 3. Auflage Heidelberg 1999

*Ogris, Werner* „Konkurs" in „Handwörterbuch zur Deutschen Rechtsgeschichte" herausgegeben von *Erler* Band II S. 1083 ff Berlin 1978

*Otto-Brenner-Stiftung (Hrsg.)* „Insolvenzrechtliches Kolloquium" Frankfurt a. M. 1998

*Palandt, Otto* „Bürgerliches Gesetzbuch" 57. Auflage München 1998

*Pape, Gerhard* „Zu den Schwierigkeiten des Sequesters ohne Verwaltungsmacht" in ZIP 1994 S. 89 ff

*Pape, Gerhard* „Die Insolvenzordnung ist in Kraft getreten ..." in NJW 1999 S. 29 ff

*Paulus, Christoph* „Die Rolle der Gläubiger im neuen Insolvenzrecht" in DZWIR 1999 S. 53 ff

*Paulus, Christoph* „Der Anfechtungsprozeß" in ZInsO 1999 S. 242 ff

*Paulus, Christoph /Schröder, Wolfgang* „Über die Verschärfung des Rechts der Insolvenzanfechtung" in WM 1999 S. 253 ff

*Paulus, Gotthard* „Sinn und Formen der Gläubigeranfechtung" in AcP 155 (1956) S. 277 ff

*Petersen, Julius* „Zur Lehre vom Anfechtungsrecht" in ZZP 10 (1887) S. 17 ff

*Pfefferle, Roland* „Konkursanfechtung und Rückschlagsperre" Dissertation Heidelberg 1982

*Pfeiffer, Gerd (Hrsg.)* „Festschrift für Hans Erich Brandner zum 70. Geburtstag" Köln 1996

*Picot, Gerhard /Aleth, Franz* „Unternehmenskrise in der Insolvenz" München 1999

*Planitz, Hans* „Studie zur Geschichte des deutschen Arrestprozesses" in ZRG GermAbt. 34 (1913) S. 49 ff

*Prütting, Hanns* „Insolvenzrecht" München 1996

*Rausch, Werner* „Gläubigerschutz im Insolvenzverfahren" Bergisch-Gladbach 1985

*Rebmann, Kurt /Säcker, Jürgen* „Münchner Kommentar zum BGB" Band IV 2. Auflage München 1986

*Reifferscheid, Adolf* in „Lexikon des Rechts" Bd. 3 Teil IX Darmstadt 1968

*Reinhart, Stefan* „Die neue Insolvenzordnung" in MDR 1999 S. 203 ff

*Reinick, Dietrich* „Der Zeitpunkt, zu dem die subjektiven Voraussetzungen bei der Übernahme eines Vermögens vorliegen müssen" in NJW 1967 S. 1249 ff

*Richardi, Reinhard* „Die Wissensvertretung" in AcP 169 (1969) S. 385 ff

*Richardi, Reinhard* „Sozialplan und Konkurs" Düsseldorf 1975

*Rosenberg, Leo /Gaul, Hans /Schilken, Eberhard* „Zwangsvollstreckungsrecht“ 10. Auflage München 1987

*Rutkowsky, Stefan* „Rechtsnatur und Wirkungsweise der Gläubigeranfechtung“ Dissertation Bonn 1969

*Schilken, Eberhard* „Wissenszurechnung im Zivilrecht“ Bielefeld 1983

*Schlosser, Peter* „Die Eröffnung des Insolvenzverfahrens“ in *Leipold* „Insolvenzrecht im Umbruch“ S. 9 ff Köln etc. 1991

*Schlüchter, Ellen* „Die Krise im Sinne des Bankrottstrafrechts“ in MDR 1978 S. 265 ff

*Schlüter, Martin* „Die konkursrechtliche Behandlung der Sozialansprüche und der Ausgleichsansprüche nach § 113 BetrVG” Berlin 1977

*Schmidt, Karsten* „Sinnwandel und Funktion des Überschuldungstatbestandes“ in JZ 1982 S. 165 ff

*Schmidt, Karsten* „Das Insolvenzrisiko der Bank zwischen ökonomischer Vernunft und Rechtssicherheit“ in WM 1983 S. 49 ff

*Schmidt, Karsten* „Institutionen eines künftigen Insolvenzrechts der Unternehmen“ in ZIP 1985 S. 713 ff

*Schmidt, Karsten* „Zwangsvollstreckung in anfechtbar veräußerte Gegenstände“ in JZ 1987 S. 889 ff

*Schmidt, Karsten* „Konkursanfechtung und Drittwiderspruchsklage“ in JZ 1990 S. 619 ff

*Schmidt, Karsten* „Gesellschaftsrecht“ 3. Auflage Köln etc. 1997

*Schmidt, Karsten* „Insolvenzordnung und Unternehmensrecht - Was bringt die Reform?” in *Uhlenbruck* „Kölner Schrift zur Insolvenzordnung” S. 911 Herne 1997

*Schmidt, Reinhard* „Ökonomische Analyse des Insolvenzrechts“ Wiesbaden 1980

*Schmidt-Räntsch, Jürgen* „Die Anknüpfung der Gläubigeranfechtung außerhalb des Konkursverfahrens“ Dissertation Bonn 1983

*Schmidt-Räntsch, Ruth* „Insolvenzordnung mit Einführungsgesetz“ Köln 1995

*Scholz, Franz* „Kommentar zum GmbH-Gesetz“ Band II 8. Auflage Köln 1995

*Scholz, Hellmut* „Konkursrechtliche Anfechtbarkeit einer in Erfüllung eines inhaltlich unbestimmten Anspruchs gewährten Sicherung” in NJW 1961 S. 2006 ff

*Schulz, Fritz* „System der Rechte auf den Eingriffserwerb“ in AcP 105 (1909) S. 243 ff

*Schwerdtner, Peter* „Der Sozialplan im Eröffnungsverfahren und nach der Verfahrenseröffnung” in *Uhlenbruck* „Kölner Schrift zur Insolvenzordnung” S. 1127 ff Herne 1997

*Seagon, Christopher /Wiester, Roland* „Erste praktische Erfahrungen mit der Insolvenzordnung aus Verwaltersicht“ in ZInsO 1999 S. 627 ff

*Serick, Rolf* „Eigentumsvorbehalt und Sicherungsübertragung“ Band III Heidelberg 1970

*Simeon, Pierre /David, Albert* „Recht und Rechtsgang im Deutschen Reich“ Band II 9. Auflage Berlin 1919

*Smid, Stefan (Hrsg.) /Zeuner, Mark /u. a.* „Gesamtvollstreckungsordnung” 3. Auflage Baden-Baden 1996/1997 (zit.: "GesO")

*Smid, Stefan (Hrsg.) /Zeuner, Mark /u. a.* „Insolvenzordnung” Stuttgart etc. 1999

*Smid, Stefan* „Grundzüge des neuen Insolvenzrechts“ 3. Auflage München 1999

*Staudinger, Julius von (Hrsg.)* „Kommentar zum Bürgerlichen Gesetzbuch mit Einführungsgesetz und Nebengesetzen” 12. Auflage Berlin 1977 bis 1979

*Stein, Friedrich (Hrsg.) /Jonas, Martin* „Kommentar zur Zivilprozeßordnung” 20. Auflage Band IV Tübingen 1986

*Steines, Werner* „Gläubigerbenachteiligung bei Veräußerung eines dem Schuldner gehörenden voll belasteten Gegenstandes ?“ in KTS 1986 S. 21 ff

*Temme, Jürgen* „Die Eröffnungsgründe der Insolvenzordnung" Kalrsruhe 1997

*Terhart, Peter* „Chapter 11 Bankruptcy Code: Eine Alternative für Deutschland ?" Frankfurt a.M. 1996 zugleich Dissertation Regensburg 1995

*Thieme, Jürgen* „Zur Entstehung der Konkursordnung" in *Klasmeyer* „Festschrift 100 Jahre KO" S. 35 ff Köln etc. 1977

*Tilch, Horst (Hrsg.)* „Deutsches Rechts-Lexikon" Band II und III 2. Auflage München 1992

*Tintelnot, Albrecht* „Gläubigeranfechtung kraft Wissenszurechnung" in JZ 1987 S. 795 ff

*Uhlenbruck, Wilhelm* „Einhundert Jahre Konkursordnung" in *Klasmeyer* „Festschrift 100 Jahre KO" S. 3 ff Köln etc. 1977

*Uhlenbruck, Wilhelm* „Gläubigerberatung in der Insolvenz" Köln 1983

*Uhlenbruck, Wilhelm* „Zahlungsunfähigkeit und Überschuldung nach den Vorstellungen der Kommission für Insolvenzrecht" in KTS 1986 S. 27 ff

*Uhlenbruck, Wilhelm* in *Gottwald* „Insolvenzrechts-Handbuch" §§ 7 - 17, 69 - 79 München 1990

*Uhlenbruck, Wilhelm* „Probleme des Eröffnungsverfahrens nach dem Insolvenzrechts-Reformgesetz 1994" KTS 1994 S. 169 ff

*Uhlenbruck, Wilhelm* „Kölner Schrift zur Insolvenzordnung" Schrift des Arbeitskreis für Insolvenz- und Schiedsgerichtswesen e.V. (Hrsg.) Herne etc. 1997

*Ulmer, Peter* „Konkursantragspflicht bei Überschuldung der GmbH und Haftungsrisiken bei Konkursverschleppung" in KTS 1981 S. 469 ff

*Unterberger, Christina* „Erfahrungen mit dem Gesamtvollstreckungsrecht in den neuen Bundesländern" Frankfurt a. M. etc. 1996 zugleich Dissertation Regensburg 1995

*Vallender, Heinz* „Die Anordnung der vorläufigen Insolvenzverwaltung" in DZWIR 1999 S. 265 ff

*Veit, Klaus-Rüdiger* „Die Definition der Zahlungsunfähigkeit als Konkursgrund“ in ZIP 1982 S. 273 ff

*Wacke, Andreas* „Die Nachteile des Grundbuchzwangs in der Liegenschaftsvollstreckung und bei der Gläubigeranfechtung“ in ZZP 82 (1969) S. 377 ff

*Wacke, Andreas* „Zur Geschichte und Dogmatik der Gläubigeranfechtung“ in ZZP 83 (1970) S. 418 ff

*Wacke, Andreas* in *Rebmann* „Münchner Kommentar zum BGB“ Band IV §§ 873-902 2. Auflage München 1986

*Weber, Friedrich* in *Jaeger* „Konkursordnung“ §§ 71-244 8. Auflage Berlin etc. 1958

*Weber, Friedrich* „Fragen der Gestaltung des Konkursverfahrens in rechtspolitischer und rechtsvergleichender Sicht“ in KTS 1959 S. 80 ff

*Weber, Friedrich* „Der Verwalterwechsel während der Ausschlußfrist des § 41 KO“ in KTS 61 S. 49 ff

*Weber, Friedrich* „Ziele und Wege der Insolvenzrechtsreform“ in *Klasmeyer* „Festschrift 100 Jahre KO” S. 321 ff Köln etc. 1977

*Wimmer, Klaus* „Erste Erfahrungen mit der Insolvenzordnung“ in ZInsO 1999 S. 556 ff

*Windscheid, Bernhard* „Lehrbuch des Pandektenrechts“ 9. Auflage Frankfurt a.M. 1906

*Wiringer-Seiler, Ulrike* „Das Anfechtungsrecht im Konkurs“ München 1988 zugleich Dissertation München 1987

*Wittig, Arne* „Insolvenzordnung und Konsumentenkredit“ in WM 1998 S. 157 ff und 209 ff

*Wolf, Manfred* „Allgemeine Wirkung der Insolvenzeröffnung“ in Leipold „Insolvenzrecht im Umbruch“ S. 113 ff Köln etc. 1991

*Wolff, Theodor* „Die Konkursordnung” 2. Auflage Berlin etc. 1921

*Zeuner, Mark* „Die Anfechtung in der Insolvenz“ München 1999

*Zimmermann, Walter* „Insolvenzrecht” 3. Auflage Heidelberg 1999

## § 1 Einleitung

Im deutschen Rechtsgebiet galt seit 1877 die Konkursordnung. Diese leitete ihren Namen aus dem „concursus creditorum", dem Zusammenlauf der Gläubiger um die Masse des Schuldners ab. Mit dieser Diktion wurde deutlich gemacht, daß es Ziel des Konkursverfahrens war, die Gläubiger aus der noch vorhandenen Masse zu befriedigen.

Mit dem 01.01.1999 ist in Deutschland die Insolvenzordnung in Kraft getreten. Allein der neue Name macht deutlich, daß das Insolvenzverfahren sich heute nicht mehr ausschließlich auf die Gläubigerbefriedigung konzentriert, sondern sich vielmehr an der Insolvenz des Schuldners orientiert. [1] Diesen Zustand als Ausgangspunkt wählend, wird daher nicht nur versucht, die Gläubiger durch Masseaufteilung zu befriedigen, vielmehr ist auch eine erhaltende Sanierung möglicher Zielpunkt des Verfahrens. [2] Gesetzessystematisch drückt sich dies dadurch aus, daß in der Insolvenzordnung das frühere Konkurs- und das Vergleichsverfahren zusammengefaßt wurden.

Dieser inhaltlichen Erweiterung des Verfahrens widerspricht es nicht, daß eines der erklärten Ziele der Insolvenzrechtsreform darauf gerichtet war, die allgemeine Massearmut der Konkursverfahren zu beseitigen. [3] Dies sollte zum einen durch eine Erleichterung der Voraussetzungen der schon in der Konkursordnung gebräuchlichen Anfechtung erfolgen, zum anderen durch eine Ausweitung derselben auch auf die Fälle einer erhaltenden Sanierung.

## I. Besondere Insolvenzanfechtung - ein Überblick

Die Insolvenzanfechtung hat die Aufgabe, den Bestand des den Gläubigern haftenden Schuldnervermögens dadurch wiederherzustellen, daß Vermögensverschiebungen rückgängig gemacht werden können, die vor der Verfahrenseröffnung zum Nachteil der Gläubiger vorgenommen wurden. [4] Sie dient daher einem größtmöglichen Masseerhalt und findet ihren gesetzlichen Niederschlag in den §§ 129 bis 147 InsO. [5] Das Kernstück der Insolvenzanfechtung bilden vier Haupttatbestände: die besondere Insolvenzanfechtung, die Absichtsanfechtung, die Schenkungsanfechtung und die Anfechtung von Deckungen für kapitalersetzende Darlehen.

---

1 Vgl.: *Paulus* „Die Rolle der Gläubiger im neuen Insolvenzrecht" in DZWIR 1999 S. 53 f insbesondere Fn. 2

2 Es darf jedoch nicht übersehen werden, daß auch die erhaltende Sanierung auf lange Sicht der Befriedigung der Gläubiger dient.

3 Vgl. nur: Erster Bericht der *Kommission für Insolvenzrecht* herausgegeben vom *Bundesministerium der Justiz* Einführung zum Anfechtungsrecht S. 399; *Referentenentwurf Insolvenzrechtsreform* herausgegeben vom *Bundesministerium der Justiz* Teil II S. 47 und Teil III S. 141 f

4 Einleitung zum dritten Abschnitt des *Gesetzentwurfs der Bundesregierung* in BT-Drucksache 12/2443 S. 156

5 Mit der Überschrift „Insolvenzanfechtung" des dritten Abschnitts des dritten Teils der InsO hat der Gesetzgeber eine unglückliche und ungenaue - wenn auch gebräuchliche - Formulierung gewählt: Zum einen verursacht die Begriffsidentität mit der bürgerlich-rechtlichen Anfechtung mannigfaltige Schwierigkeiten; zum anderen könnte man aus dem Begriff der „Insolvenzanfechtung" schließen, daß das Insolvenzverfahren selbst angefochten wird. Inhaltlich richtig wäre hingegen die Bezeichnung als „Anfechtung in der Insolvenz".

Die **besondere** Insolvenzanfechtung wird in den §§ 130 bis 132 InsO geregelt. Ihre Bezeichnung als „besondere" verdient sie dadurch, daß sich für die hier getroffenen Regelungen keine Parallelen im Einzelanfechtungsrecht außerhalb des Insolvenzverfahrens finden. [6] Ihre Tatbestände unterteilen sich in die Anfechtung zu beanspruchender (kongruenter) Deckungen, nicht zu beanspruchender (inkongruenter) Deckungen sowie die Anfechtung von unmittelbar nachteiligen Rechtshandlungen.

Die besondere Brisanz dieser Regelungen wird deutlich, wenn man sich vor Augen hält, daß beispielsweise im Rahmen der Anfechtung kongruenter Deckungen dem Anfechtungsgegner auch solche Leistungen wieder entzogen werden können, auf die er einen vertraglichen Anspruch hatte; inkongruente Sicherungen oder Befriedigungen können selbst dann rückgängig gemacht werden, wenn der Anfechtungsgegner die Gefahr einer Insolvenz des Schuldners nicht kannte. Entgegen dem zivilrechtlichen Normalfall wird daher durch die Insolvenzanfechtung die Bestandskraft der privatautonom getroffenen Abreden und Handlungen wieder aufgehoben. Im Ergebnis stellt dies einen ganz erheblichen Beeinträchtigung des Vertrauensschutzes der betroffenen Personen dar.

## II. Geschichtliche Entwicklung der Konkurs- /Insolvenzanfechtung

Weder die Insolvenz- noch die Konkursanfechtung stellen Neuerfindungen des Gesetzgebers dar. Vielmehr lassen sich ihre normtragenden Prinzipien bis in die Zeit vor Christi Geburt zurückverfolgen.

### 1. Römisches Recht bis 1876

Der Umstand, daß überschuldete Gläubiger ihre Habe in Sicherheit bringen, um sie so ihren Gläubigern zu entziehen, war schon in frühester Zeit bekannt. Im frühen römischen Recht wurde hiergegen mit der Personalexekution vorgegangen. [7] So hatte nach dem römischen Zwölftafel-Gesetz aus dem Jahre 451 v. Chr. der Gläubiger in einem solchen Fall das Recht, den Schuldner in Stücke zu hauen. [8]

Später wurde die Personalexekution weitgehend durch andere Rechtsinstitute ersetzt. Dies geschah vornehmlich vor dem Hintergrund, daß eine persönliche Strafverbüßung des Schuldners zwar präventive Wirkungen zeigte, nach Vornahme der Handlungen jedoch den Gläubigern keinen Vorteil oder gar Ausgleich brachte. Konnte im späten römischen Recht der Gläubiger daher den Nachweis erbringen, daß Schuldner und Anfechtungsgegner mit dem Willen zusammengearbeitet haben, ihn zu schädigen, so konnte er die entsprechenden Rechtsbehelfe einsetzen. [9] In einem solchen Fall wurde die autonome Handlungsfreiheit zugunsten des Gläubigerschutzes beschränkt.

---

6 *Häsemeyer* „Insolvenzrecht" Rdnr. 21.37

7 Vgl.: *Gerhardt* „Die systematische Einordnung der Gläubigeranfechtung" S. 46 ff.

8 *Uhlenbruck* „Einhundert Jahre Konkursordnung" in FS 100 Jahre KO S. 3 (7)

9 Dies waren nach *Gaugler* das „interdictum fraudatorium" und die „restitutio in integrum" (*ders*.: „Die paulianische Anfechtung" S. 17 ff), im einzelnen sind Bezeichnungen und Ausformungen umstritten.

Im sechsten Jahrhundert wurden dann im justinianischen Recht diese Rechtsbehelfe unter der Bezeichnung „actio pauliana" zu einer einheitlichen Anfechtungsklage verschmolzen. [10]

Eine ähnliche Entwicklung vollzog das mittelalterliche deutsche Recht: [11] Im Mittelalter war die Flucht des Schuldners die typische Folge seiner Insolvenz. [12] In den Stadtrechten der Hansestädte war daher seit Ende des 13. Jahrhunderts vorgesehen, daß im Fall der Flucht das verbleibende Vermögen unter mehreren konkurrierenden Gläubigern quotenmäßig aufgeteilt wird - der Grundsatz der Gläubigergleichbehandlung war im deutschen Recht geboren. [13]

Der Gesichtspunkt der Fluchthilfe bot auch den Anlaß zum Einschreiten der Gläubiger gegen einen bevorteilten **Dritten**; in einem solchen Fall mußte der Helfer das Erlangte wieder herausgeben. Dem folgte die Überlegung, daß Veräußerungen im Rahmen oder zur Ermöglichung der Flucht als ungeschehen betrachtet werden müssen; nachdem zudem oft schwer nachweisbar war, ob der Schuldner zur Zeit des Geschäfts schon insolvent war und dies zur Durchführung der Flucht getätigt hatte, galten bald auch solche Geschäfte als anfechtbar, die der Gläubiger innerhalb eines bestimmten Zeitraums vor der Flucht vorgenommen hatte. [14] Die Grundlagen eines Gläubigerschutzsystem, ähnlich dem heutigen, waren damit entwickelt und auf diese aufbauend entstanden im deutschsprachigen Raum - in unterschiedlicher Ausprägung - die Gläubigerschutzrechte.

Diese Entwicklung wurde allerdings durch die im späten 15. Jahrhundert beginnende Rezeption des römischen Rechts unterbrochen oder zumindest beeinflußt; so fußte im gemeinen Recht der Neuzeit die Gläubigeranfechtung wieder weitgehend auf der Kodifikation von Justinian sowie den oberitalienischen Stadtrechten. [15] Mit der preußischen Konkursordnung von 1855 entfernten sich die Anfechtungstatbestände jedoch wieder vom römischen Recht und insbesondere der Einfluß des französischen Konkursrechts machte sich bemerkbar. [16] Nach der preußischen Konkursordnung reichte die Kenntnis des Anfechtungsgegners von der Zahlungseinstellung des Schuldners als subjektive Tatbestandsvoraussetzung aus und innerhalb der letzten 10 Tage vor Konkurseröffnung sollte für bestimmte Handlungen sogar gänzlich auf subjektive Voraussetzungen verzichtet werden. [17]

---

10 Vgl.: *Wacke* „Zur Geschichte und Dogmatik der Gläubigeranfechtung" in ZZP 83 (1970) S. 418 (420).

11 Vgl. zum Ganzen: *Gerhardt* S. 62 ff - Hierbei ist jedoch immer die Tatsache im Auge zu behalten, daß man nur sehr bedingt von einer einheitlichen mittelalterlichen deutschen Rechtsentwicklung sprechen kann.

12 Diese Folge erklärt sich aus den schweren Folgen der Säumnis des Schuldners; praktisch bedeutete sie die Vernichtung von Person und Vermögen (so: *Planitz* „Studie zur Geschichte des deutschen Arrestprozesses" in ZRG GermAbt. 34 (1913) S. 49 (62 ff)).

13 *Ogris* „Konkurs" in „Handwörterbuch zur Deutschen Rechtsgeschichte" herausgegeben von *Erler/Kaufmann* Band II S. 1083

14 *Gerhardt* S. 65, 67 f und 74: So hieß es etwa in Art. 24 des Lübischen Codex von 1294: Ist der Schuldner binnen 4 Wochen nach Auflassung seines Grundstücks geflohen, so wird der Auflassung jede Rechtswirkung abgesprochen.

15 *Gaugler* S. 63 - Ein wichtiger Unterschied bestand jedoch darin, daß nach gemeinrechtlichen Grundsatz der Schuldner ab Eröffnung des Verfahrens die Verwaltungs- und Verfügungsbefugnis über sein Vermögen verlor (*Gerhardt* S. 79).

16 So: *Cosack* „Das Anfechtungsrecht des Gläubigers eines zahlungsunfähigen Schuldners nach deutschem Reichsrecht" S. 14 f; *Ogris* in Handbuch zur Deutschen Rechtsgeschichte S. 1083; *Thieme* „Zur Entstehung der Konkursordnung" in FS 100 Jahre KO S. 35 (45).

17 Die in Deutschland bis 1998 gültige Zehntagesfrist findet sich zuerst im Reglements von Lyons von

## 2. Konkursordnung von 1877

Weitgehend auf Grundlage der Regelungen der preußischen Konkursordnung von 1855 entstanden auch die §§ 22 bis 34 der Konkursordnung von 1877, [18] welche - abgesehen von einigen Änderungen [19] - bis Ende 1998 in Kraft blieb. [20] Nach *Uhlenbruck* [21] überzeugte die preußische Konkursordnung von 1855 dabei als Ganzes durch ihren klaren Aufbau, durch die energischen Entwicklung ihrer tragenden Prinzipien sowie ihre klare und einfache Sprache.

Allerdings wurde auch Kritik laut; insbesondere in der Rechtsanwendung traten erhebliche Schwächen bezüglich der Konkursanfechtung zutage: Eine 1978 veröffentlichte Untersuchung ergab, daß es nur in jedem fünften Konkursverfahren zu einem Anfechtungsprozeß kam. [22] Nicht umsonst wurde die Konkursanfechtung daher als „Stiefkind des Masseverwalters" [23] oder als „risikobeladenes Abenteuer" [24] bezeichnet. Als Hauptprobleme wurden bestehende Beweisschwierigkeiten, zu kurz bemessene Anfechtungsfristen sowie fehlende Mittel zur Führung der Anfechtungsprozesse genannt. [25] Hier zeigt sich das besondere Dilemma, in dem viele Konkursverwalter steckten: Sollten die Anfechtungsprozesse einerseits gerade dazu dienen, die Masse anzureichern, mußte diese andererseits wegen der Beweisschwierigkeiten oft auf unsicherer Grundlage geführt werden, so stand oft gerade die mangelnde Masse der Anreicherung derselben durch die Konkursanfechtung entgegen. [26]

Noch ein weiterer Aspekt ist zu nennen: Führt eine Verschärfung der Anfechtungsregeln als solche zwar noch nicht direkt zu einer Masseanreicherung, [27] so doch zumindest dazu, daß der spätere Gemeinschuldner und auch dessen Gläubiger vorsichtiger mit Rechtshandlungen in der Krise umgehen. Demgegenüber führte die Ineffizienz des Konkursanfechtungsrechts sogar dazu, daß die Vornahme anfechtbarer Handlungen von Praktikern empfohlen wurde. [28]

---

1667 (so: *Wacke* in ZZP 83 (1970) S. 418 (422)).

18 *Cosack* S. 15

19 So Zwang die Schaffung des BGB zu einigen Änderungen, die 1898 in einer neuen Fassung bekannt gemacht wurden. Eine weitere Novelle gab es 1914.

20 Bezüglich der Entstehung der Konkursordnung von 1877 erscheint als besonders erwähnenswert, daß in einem Entwurf aus dem Jahr 1873 in den §§ 233 bis 256 ein dem Konkursverfahren vorgeschaltetes Vergleichsverfahren vorgesehen war. Diese - in den Insolvenzrechtsreform wieder aktuell gewordene – Idee wurde allerdings im Laufe des Gesetzgebungsverfahrens wieder verworfen.

21 in FS 100 Jahre KO S. 3 (17)

22 So: *Gessner/Rhode/Strate/Ziegert* „Die Praxis der Konkursabwicklung in der Bundesrepublik Deutschland" S. 215.

23 So *von Campe* (*ders.*: „Insolvenzanfechtung in Deutschland und Frankreich S. 2 Fn. 3) unter Bezugnahme auf einen Titel eines Vortrages von *Reimer* auf dem Internationalen Symposium für Kreditschutz in Wien, 1980.

24 Erster Bericht der *Kommission für Insolvenzrecht* Einführung zum Anfechtungsrecht S. 399

25 Vgl. zur Studie: *Gessner/Rhode/Strate/Ziegert* S. 215.

26 Vgl.: *Weber* „Ziele und Wege der Insolvenzrechtsreform" in FS 100 Jahre KO S. 321 (337) – Gerade bei unsicherem Prozeßausgang ist eine ausreichende Kostendeckung Voraussetzung für das Führen von Prozessen.

27 Immerhin wurden durchschnittlich 75 % aller Konkursverfahren mangels Masse abgelehnt (vgl. die Darstellung von *Eichberger* (*ders.*: „Die besondere Konkursanfechtung" S. 3 Fn. 13)).

28 So: *Uhlenbruck* „Gläubigerberatung in der Insolvenz" S. 16.

### 3. Reformbestrebungen

Auf Grundlage dieser aus der Praxis der Konkursanfechtung folgenden Kritik wurden schon bald nach Einführung der Konkursordnung Reformbestrebungen geäußert. So wurden die Regelungen zur Anfechtung im Konkurs schon 1894 als revisionsbedürftig bezeichnet. [29]

Später wurden insbesondere die zu strengen subjektiven Voraussetzungen der Konkursanfechtung von weiten Teilen der Literatur kritisiert; [30] zum Teil wurde sogar gefordert, auf die subjektiven Voraussetzungen gänzlich zu verzichten. [31] Ein Teil der Kritik zielte zudem darauf ab, einerseits den zu kurz befundenen anfechtungsrelevanten Zeitraum, andererseits die Anfechtungsfrist von einem Jahr ab Verfahrenseröffnung zu verlängern. [32] Auch wurde angeregt, ein besonderes Verfahren für eine einheitliche Feststellung des Zeitpunkts der Zahlungseinstellung einzuführen, [33] oder die Kompetenz für Entscheidungen von materiellrechtlichen Streitigkeiten, die mit dem Konkursverfahren zusammenhängen, sogar ganz dem Konkursgericht zu übertragen. [34]

Ein wichtiges - wenn auch selten formuliertes - Ziel war zudem, das Richterrecht, welches sich in 120 Jahren besonderer Konkursanfechtung herausgebildet hat, zu überprüfen und gegebenenfalls zu kodifizieren. [35]

Auf weite Teile dieser Kritik ging die vom *Bundesministerium der Justiz* im Jahr 1978 einberufene *Kommission für Insolvenzrecht* ein. Sie legte 1985 ihren ersten Bericht [36], 1986 den zweiten Bericht [37] vor. Darin wurde eine Beseitigung subjektiver Tatbestandsvoraussetzungen oder jedenfalls deren erleichterter Nachweis, die Verlängerung der Fristen, die Einführung eines Verfahrens zur Feststellung des Zeitpunkts der Zahlungsunfähigkeit und die redaktionelle Vereinfachung der Anfechtungstatbestände vorgeschlagen. Insgesamt sollte dadurch die Anfechtung als Mittel zur Masseanreicherung wirksamer ausgestattet werden. [38]

---

29 Vgl.: *Makower* „Zur Revision der Deutschen Konkursordnung“ in ZZP 20 (1894) S. 441 (453 ff).

30 *Kilger* „Die Reformbedürftigkeit des Konkurs- und Vergleichsrechts“ in ZRP 1976 S. 190 (194); *Pfefferle* „Konkursanfechtung und Rückschlagsperre" S. 109; *Weber* FS 100 Jahre KO S. 321 (348 f)

31 *Häsemeyer* „Insolvenzrecht“ 1. Aufl. S. 468; *Weber* „Fragen der Gestaltung des Konkursverfahrens in rechtspolitischer und rechtsvergleichender Sicht“ in KTS 1959 S. 80 (85)

32 *Hanisch* „Zur Reformbedürftigkeit des Konkurs- und Vergleichsrechts“ in ZZP 90 S. 1 (22)

33 So: *Henckel* „Die Gläubigeranfechtung - ein taugliches Mittel zur Beseitigung von Verkürzungen der Konkursmasse“ in ZIP 1982 S. 390 (397); *Kilger* in ZRP 1976 S. 190 (194); *Rausch* „Gläubigerschutz im Insolvenzverfahren“ S. 251 f.

34 Besonders energisch trat *Jahr* für die Einführung einer „vis attractiva concursus“ ein (*ders.*: „Die gerichtliche Zuständigkeit für das Konkursverfahren und für die Entscheidung von Streitigkeiten, die mit dem Konkursverfahren zusammenhängen“ in ZZP 79 (1966) S. 347 ff); für eine Ausdehnung derselben auf das gesamte Konkursanfechtungsrecht war auch *Weber* (*ders.*: in FS 100 Jahre KO S. 321 (347 ff).

35 Man denke nur an die Anfechtung unentgeltlicher Leistungen, welche jetzt in § 134 InsO geregelt ist, oder an die in §§ 130 III und 131 III InsO gesetzlich manifestierte vermutete Kenntnis der nahestehenden Personen.

36 Erster Bericht der *Kommission für Insolvenzrecht*

37 Zweiter Bericht der *Kommission für Insolvenzrecht* herausgegeben vom *Bundesministerium der Justiz*

38 Siehe: Erster Bericht der *Kommission für Insolvenzrecht* Einführung zum Anfechtungsrecht S. 399.

Auf Grundlage dieser Berichte wurde durch das *Bundesjustizministerium* 1988 der *Diskussionsentwurf* [39] und 1989 der *Referentenentwurf* [40] eines Gesetzes zur Reform des Insolvenzrechts ausgearbeitet. Aus diesen Entwürfen ging 1992 der *Gesetzentwurf der Bundesregierung* [41] für eine Insolvenzordnung hervor. Nach der ersten Lesung wurde durch den *Rechtsausschuß* über den Entwurf beraten und 1994 ein Bericht [42] vorgelegt, aufgrund dessen die Insolvenzordnung am 21. April 1994 [43] verabschiedet wurde.

## 4. Anfechtung nach der Gesamtvollstreckungsordnung

Innerhalb dieses Gesetzgebungsprozesses sah sich der Gesetzgeber zudem dazu gezwungen, eine andere Problematik zu lösen: Die deutsch-deutsche Wiedervereinigung und die damit einhergehende Umstellung der ostdeutschen Staatswirtschaft auf eine soziale Marktwirtschaft mußte auch im insolvenzrechtlichen Bereich - und gerade dort - vollzogen werden.

Nachdem sich im Rahmen der Wiedervereinigung die Frage stellte, welches Insolvenzrecht den besonderen wirtschaftlichen Gegebenheiten in den neuen Bundesländern am besten gerecht werden würde, entschied sich der Einigungsgesetzgeber dazu, das Gesamtvollstreckungsrecht der DDR [44] mit einigen Änderungen zunächst beizubehalten. [45] Als Gründe hierfür wurde angeführt, daß so eine fachliche Überforderung der Rechtspflegeorgane in den neuen Bundesländern sowie Mißstände des bundesdeutschen Insolvenzrechts vermieden werden und Überlegungen der Insolvenzrechtsreform probeweise verwirklicht werden sollten. [46]

Im *Staatsvertrag über die Schaffung einer Wirtschafts-, Währungs- und Sozialunion* [47] verpflichtete sich daher die DDR, im Rahmen der Rechtsangleichung die geltende Gesamtvollstreckungsordnung um Vorschriften über den Konkurs von Unternehmen zu ergänzen. Weitere Änderungen der Gesamtvollstreckungsordnung wurden durch das *Hemmnisbeseitigungsgesetz* [48] vorgenommen.

Bezüglich der in § 10 Nr. 1 bis 4 GesO geregelten Anfechtungstatbestände stellt die Gesamtvollstreckungsordnung eine Mischung aus den Regelungen der Konkursordnung und vorweggenommenen Regelungen der Insolvenzordnung dar. *Zeuner* [49] geht diesbezüglich davon aus, daß die in § 10 I Nr. 4 GesO geregelte besondere Anfechtung nach der Gesamtvollstreckungsordnung die Regelungen der §§ 130 bis 132 InsO vorwegnimmt.

---

39 *Diskussionsentwurf Insolvenzrechtsreform* herausgegeben vom *Bundesministerium der Justiz*

40 *Referentenentwurf*

41 Abgedruckt in: BR-Drucksache 1/92 sowie BT-Drucksache 12/2443.

42 *Bericht des Rechtsausschusses* zu dem *Gesetzentwurf der Bundesregierung* - Entwurf einer Insolvenzordnung in BT-Drucksache 12/7302

43 BR-Drucksache 336/94

44 Mit der „Verordnung über die Gesamtvollstreckung" verfügt auch das Rechtssystem der DDR über eine konkursrechtliche Regelung; aufgrund des Wirtschaftssystems hatte sie allerdings praktisch nur eine äußerst geringe Bedeutung.

45 *Unterberger* „Erfahrungen mit dem Gesamtvollstreckungsrecht in den neuen Bundesländern" S. 1

46 Vgl. dazu: *Blersch* „Die Auslegung und Ergänzung der Gesamtvollstreckungsordnung" S. 16 f.

47 vom 18. Mai 1990, BGBl. II 1990 S. 537 ff

48 vom 22. März 1991, BGBl. I 1991 S. 766 ff

49 in *Smid/Zeuner* „Gesamtvollstreckungsordnung" § 10 Rdnr. 3; ebenso: *Haarmeyer/Wutzke/Förster* „Gesamtvollstreckungsordnung" § 10 Rdnr. 1

Dem ist zu widersprechen: So fehlt es in § 10 I Nr. 4 GesO schon an der Differenzierung zwischen kongruenten und inkongruenten Deckungen, Rechtshandlungen Dritter werden nicht miteinbezogen und für inkongruente Deckungen wird nicht einmal die in der Konkursordnung übliche Beweislastumkehr geregelt. Letztlich bleibt § 10 I Nr. 4 GesO daher nicht nur hinter den Bestrebungen der Insolvenzrechtreform, sondern auch hinter der Konkursordnung selbst zurück. [50]

### 5. Anfechtung nach der Insolvenzordnung

Die Regelungen der besonderen Anfechtung in der Insolvenz haben bei manchen die Erwartungen, welche sie in die Reform des Insolvenzrechts gesetzt hatten, enttäuscht. [51] Insbesondere wird bemängelt, daß viele der ursprünglichen Reformbestrebungen nicht umgesetzt wurden. [52] Anderen wiederum gehen schon die vorgenommenen Verschärfungen der Anfechtungsregelungen zu weit. [53]

Diese Kritik betrifft allerdings weniger das Gesamtkonzept der §§ 130 bis 132 InsO, als vielmehr einzelne Punkte. Daher darf nicht übersehen werden, daß die besondere Insolvenzanfechtung in Systematik und Konzeption fast ausnahmslos für gut befunden wird. [54] Auch regt sich keine Kritik an dem Rechtsinstitut an sich. Insofern sind alle - und auch die folgenden - Einwände immer nur als Anmerkung und Verbesserungsvorschlag des vom Gesetzgeber richtig gewählten Konzepts zu verstehen.

## III. Ziele der Wissenschaft nach positiver Gesetzgebung

Ähnlich dem Prüfling nach Abschluß der Prüfung scheint auch die Rechtswissenschaft nach Abschluß großer Gesetzgebungswerke in ein Vakuum zu fallen: War man nämlich während des Gesetzgebungsprozesses noch bis aufs äußerste gefragt, wurden Kritik und Anregung

---

50 *Huber* in Gottwald „Nachtrag Gesamtvollstreckungsordnung zum Insolvenzrechts-Handbuch" Kapitel III 7 D Rdnr. 2 - Als einzige Verbesserung beziehungsweise Umsetzung der Reformbestrebungen wird das „Kennen müssen" der Kenntnis gleichgesetzt.

51 Zu nennen sind hier insbesondere: *von Campe* S. 421 f; *Häsemeyer* „Insolvenzrecht" 1. Auflg. S. 468; Eichberger S. 152 f; *Gerhardt* „Gereimtes und Ungereimtes im Anfechtungsrecht der neuen Insolvenzordnung" in Festschrift für Brandner 1996 S. 605 (615 f); *Henckel* „Insolvenzanfechtung" in „Kölner Schrift zur Insolvenzordnung" S. 645 ff Rdnr. 8.

52 So zum Beispiel: *Kreft* in „Heidelberger Kommentar zur Insolvenzordnung" herausgegeben von *Eickmann u. a.* § 129 Rdnr. 2.

53 Siehe dazu insbesondere: *Paulus* „Der Anfechtungsprozeß" in ZInsO 1999 S. 242 ff; *Paulus/Schröder* „Über die Verschärfung des Rechts der Insolvenzanfechtung" in WM 1999 S. 253 ff; kritisch bezüglich § 131 InsO auch: *Dampf* „Die Rückführung von Kontokorrentkrediten in der Unternehmenskrise und ihre Behandlung nach KO und InsO" in KTS 1998 S. 145 ff.

54 So neben den oben genannten Kritikern auch: *Breutigam/Tanz* „Einzelprobleme des neuen Insolvenzanfechtungsrechts" in ZIP 1998 S. 717 ff; *Gerhardt* „Probleme der Mobiliar- und Immobiliarvollstreckung nach der InsO" in *Henckel/Kreft* „Insolvenzrecht 1998" S. 217 (232); *Zeuner* „Die Anfechtung in der Insolvenz" Rdnr. 2 ff.

daher nicht nur erwartet, sondern hatte sie auch einen direkten Einfluß auf die Gesetzgebung, so hat man sich jetzt mit den vom Gesetzgeber gewählten Lösungen zufrieden zu geben.

Dennoch wäre es verkehrt, sich vom Endgültigkeitsanspruch eines neuen Gesetzeswerkes abschrecken zu lassen. Nicht selten folgte einer großartigen gesetzgeberischen Leistung eine noch großartigere Novelle derselben. [55] Zudem ändert sich nach positiver Gesetzgebung auch der Umgang der Wissenschaft mit dem Reformwerk; neue Aufgaben treten hierbei zu den alten: Galt es früher, Einfluß auf den Gesetzgeber zu nehmen, so muß jetzt versucht werden, die Rechtsprechung in die richtigen Bahnen zu leiten - gab es früher Änderungsvorschläge, so gibt es jetzt Auslegungsvorschläge. Letztlich wird die Aufgabe der Wissenschaft nach positiver Gesetzgebung daher auch nicht kleiner, sondern vielmehr größer. Von einem Vakuum kann aus diesem Grund keine Rede sein.

Die wichtigste Aufgabe der rechtswissenschaftlichen Forschung nach Abschluß einer Gesetzeskodifikation stellt dabei die **vollständige Erfassung des Reformwerks** dar. Das volle Verständnis der vom Gesetzgeber gewählten Lösung ist die Grundlage für jedes weitere Arbeiten mit der neuen Materie.

Dies führt schon zum zweiten Schritt: Mit einem Blick in die Vergangenheit muß das neue Gesetz in **Beziehung zu dessen Vorgänger** gesetzt werden. So sind die alte und die neue Kodifikation zu vergleichen, es gilt seinen Blick auf die ursprünglichen und weiterentwickelten Ziele der Reform zu richten und es ist festzustellen, inwieweit diese Ziele umgesetzt wurden. Die Begutachtung des Weges der Gesetzgebung stellt hierbei geradezu einen „Blick hinter die Kulissen des Gesetzes“ dar.

Letztlich muß die Wissenschaft einen **Ausblick auf die Probleme der Rechtsanwendung** mit dem neuen Gesetz wagen. Hierbei gilt es, mögliche Probleme zu erfassen und diese unter Zugrundelegung des neuen Gesetzes zu lösen.

## IV. Ziel dieser Arbeit

Diesen drei Zielen fühlt sich auch die vorliegende Arbeit verpflichtet: So soll sie zum einen dazu beitragen, die besondere Anfechtung nach der Insolvenzordnung umfassend zu durchdringen und deren Regelungsmechanismen darzustellen. Dabei nimmt diese Aufgabe unter den drei oben genannten die wichtigste Stellung ein. Dies hat seinen Grund darin, daß die rechtswissenschaftliche Forschung bis zum Inkrafttreten der Insolvenzordnung weitgehend noch der auf Veränderung hinwirkenden Kritik verhaftet war. Sie hat sich daher bisher mehr der Ausarbeitung von Alternativlösungen gewidmet, als der Durchdringung von - mißglückten - Regelungen. Diesen Mißstand zu beseitigen, soll mit dieser Arbeit versucht werden.

Eine Durchdringung der besonderen Insolvenzanfechtung kann nicht erfolgen, ohne auf die Rechtsprechung und Lehre zu über 120 Jahren besonderer Konkursanfechtung Bezug zu nehmen. Dies ist nicht nur zweckdienlich, entsprechen doch weite Teile der besonderen

55 Man denke nur an die Novelle zur Konkursordnung von 1898.

Insolvenzanfechtung den Regelungen der Konkursordnung. Auch wird an vielen Stellen erst durch einen Vergleich von Neu und Alt eine Änderung im Regelungsinhalt deutlich und erklärbar. Besonders interessant wird dieser Vergleich, wenn - quasi als Zwischenstufe - der Reformweg miteinbezogen wird. So dient ein Verweis auf die ursprünglichen und nicht umgesetzten Reformziele nicht nur dazu, den Gesetzgeber auf verpaßte Chancen hinzuweisen, sondern es wird auch deutlich, welchen Weg er trotz Anregung anscheinend gerade nicht gehen wollte.

Als Drittes wird mit der vorliegenden Arbeit versucht, Probleme, die in der Rechtsanwendung auftreten werden, aufzuspüren und diesbezüglich Lösungsvorschläge zu bieten. Hierbei zeigt allerdings ein Blick in die Geschichte der Rechtswissenschaft, daß die Praxis zumeist Probleme aufwirft, die gerade nicht vorausgesehen wurden. Dies wird auch für die besondere Insolvenzanfechtung gelten, auch wenn hier die Wissenschaft den Vorteil hat, auf das Fundament der besonderen Konkursanfechtung aufbauen zu können. Dennoch wird die Zukunft sicherlich deutlich machen, daß im Folgenden Problematisiertes bei weitem nicht alle tatsächlich relevanten Problemschwerpunkte umfaßt.

## V. Gang der Untersuchung

In ihrem Aufbau folgt die vorliegende Arbeit dem System der Anfechtung innerhalb der Insolvenzanfechtung. Als Prolog wird im § 2 die besondere Insolvenzanfechtung in Beziehung zu den übrigen Anfechtungsarten gesetzt, werden die der Insolvenzanfechtung zugrundeliegende Regelungsgründe dargestellt sowie versucht, die Frage nach der Rechtsnatur der besonderen Insolvenzanfechtung zu beantworten.

In den folgenden Paragraphen wird dann nach dem der Insolvenzanfechtung zugrundeliegenden Klammersystem vorgegangen: So werden in § 3 zunächst - ähnlich wie in § 129 InsO - die Voraussetzungen behandelt, die für alle Tatbestände der besonderen Insolvenzanfechtung maßgeblich sind. § 4 behandelt die Anfechtung von Deckungshandlungen und setzt dabei wieder deren gemeinsame Voraussetzungen der Betrachtung der einzelnen Regelungen voraus. In § 5 wird schließlich die Anfechtung unmittelbar nachteiliger Rechtshandlungen gemäß § 132 InsO behandelt.

## § 2 Einordnung der besonderen Insolvenzanfechtung

Wie bereits erläutert [1], stellt die Insolvenzanfechtung ein Instrument dar, um Schmälerungen der Insolvenzmasse auszugleichen. Vermögensstücke, die vor Verfahrenseröffnung in einer die Masse beeinträchtigenden Weise aus dem Vermögen des Schuldners weggegeben wurden, sollen dabei wieder in dieses zurückgeführt werden. [2]

Die Insolvenzanfechtung zielt somit, wie die Anfechtung nach dem BGB und dem Anfechtungsgesetz, auf eine Umkehrung eines eingegangenen Rechtsverhältnisses. Dennoch bestehen ganz erhebliche Unterschiede zwischen diesen mit dem Begriff „Anfechtung" bezeichneten Rechtshandlungen.

### I. Regelungsarten der Anfechtung

Der Begriff der Anfechtung ist im deutschen Rechtssystem zum einen im Rahmen der zivilrechtlichen Anfechtung zu finden. Zum anderen wird er bei der Anfechtung wegen Gläubigerbenachteiligung verwandt. Als diese bezeichnet man die Anfechtung nach der Insolvenzordnung sowie nach dem Anfechtungsgesetz, da beide das gleiche Ziel verfolgen, Gläubigerbenachteiligungen auszugleichen.

#### 1. Unterscheidung der Anfechtungsarten

Da die unterschiedlichen Anfechtungsarten in ihren Voraussetzungen und in ihren Wirkungen differieren, gilt es im folgenden zunächst, diese zu unterscheiden.

a) Allgemeine zivilrechtliche Anfechtung

Nach dem BGB sind Rechtsgeschäfte anfechtbar, deren Abschluß mit einem Mangel behaftet war. Bei diesen tritt die gewollte Wirkung trotz dieses Mangels zunächst ein, jedoch kann sie mit rückwirkender Kraft wieder entfallen. Voraussetzung für die zivilrechtliche Anfechtung ist, daß das Rechtsgeschäft unter einem Willensmangel vorgenommen wurde. Die Anfechtung nach dem BGB schützt daher die Willensfreiheit der Vertragsparteien. Anfechtungsberechtigt ist der in seiner Willenssphäre Beeinträchtigte. [3]

b) Anfechtung wegen Gläubigerbenachteiligung

Die Anfechtung wegen Gläubigerbenachteiligung unterteilt sich in die Anfechtung außerhalb und innerhalb des Insolvenzverfahrens. Gemeinsam haben beide das Ziel, Gläubigeransprüche zu schützen.

---

1 Siehe oben: § 1 I.
2 *Baur/Stürner* „Zwangsvollstreckungs-, Konkurs- und Vergleichsrecht" § 64 Rdnr. 1106
3 *Dilcher* in Staudinger „Kommentar zum BGB" Einl. zu §§ 104-185 Rdnr. 75

aa) Anfechtung außerhalb des Insolvenzverfahrens

Die Anfechtung außerhalb des Insolvenzverfahrens ist in dem *Gesetz über die Anfechtung von Rechtshandlungen eines Schuldners außerhalb des Insolvenzverfahrens* (AnfG 1999 [4]) geregelt. Dieses Gesetz hat das Ziel, die Gläubiger davor zu schützen, daß der Schuldner pfändbare Vermögensgegenstände noch vor Verfahrenseröffnung ihrem Zugriff entzieht. [5] Anfechtungsberechtigter ist hier der benachteiligte Gläubiger.

bb) Anfechtung innerhalb des Insolvenzverfahrens

Die Anfechtung innerhalb des Insolvenzverfahrens ist ein gesetzliches Mittel des Insolvenzverwalters, um Rechtshandlungen des späteren Gemeinschuldners oder einzelner Gläubiger, welche vor Verfahrenseröffnung zum Nachteil der Gläubigergesamtheit vorgenommen wurden, wieder zu beseitigen. [6]

Ist daher das Ziel das gleiche wie in der Anfechtung nach Anfechtungsgesetz, so unterscheiden sich schon die Berechtigten zur Rechtsvornahme. [7] Ein weiterer Unterschied liegt in der Entstehung des Rechtes: Während das insolvenzrechtliche Anfechtungsrecht in dem Augenblick entsteht, in dem das Verfahren eröffnet wird, entsteht das Anfechtungsrecht außerhalb der Insolvenz nicht vor dem Augenblick, in dem der einzelne Gläubiger einen vollstreckbaren Schuldtitel erlangt. [8]

### 2. Verhältnis der Anfechtungsarten zueinander

Das Verhältnis der beiden Anfechtungsarten zueinander, die auf Gläubigerbenachteiligung beruhen, wird deutlich, wenn man deren Bezeichnung als Anfechtung innerhalb und außerhalb des Insolvenzverfahrens beachtet. Ist ein Verfahren nicht oder noch nicht eröffnet, so kommt eine Anfechtung nach dem AnfG 1999 in Betracht; wird ein Insolvenzverfahren eröffnet, so geht gemäß § 16 AnfG 1999 das Recht zur Anfechtung auf den Insolvenzverwalter über. [9] Die Anfechtung richtet sich dann, wie bei Geltendmachung erst im Verfahren, nach den Regeln der §§ 129 ff InsO. [10]

Ein weiterer Unterschied besteht darin, daß im Rahmen der Gläubigeranfechtung lediglich ein Gläubiger versucht, nach fehlgeschlagenem Vollstreckungsversuch auf früheres Vermögen des Schuldners zurückzugreifen; mit der Insolvenzanfechtung wird hingegen versucht, allen

---

4 vom 05.10.1994 in BGBl. I S. 2911

5 *Schmidt-Räntsch* „Insolvenzordnung mit Einführungsgesetz" Teil 3 II Art. 1 Rdnr. 1

6 *Reifferscheid* in „Lexikon des Rechts Bd. 3" Teil IX S. 18

7 Nach *Kuhn/Uhlenbruck* war bzgl. der KO der Anfechtungsberechtigte der Konkursverwalter (*dies.*: „Konkursordnung" 29 Rdnr. 1b); anderer Ansicht ist allerdings *Hess*, nach welchem der Gemeinschuldner der Berechtigte ist (*ders.*: „Kommentar zur Konkursordnung" § 29 Rdnr. 9). Nach der InsO entfällt dieser Streit jedoch, da nun in § 129 InsO ausdrücklich vom „Insolvenzverwalter" die Rede ist.

8 *BGHZ* 15 S. 333 (337); *Schmidt-Räntsch* Teil 3 II Art. 1 Rdnr. 1

9 Vgl.: *Baur/Stürner* § 24 Rdnr. 402 und 412.

10 Zur Rechtslage gemäß KO und AnfG 1879: *BGH* ZIP 1995 S. 1204 ff.

Gläubiger innerhalb des für sie als Gesamtheit vorgesehenen Verfahrens, Befriedigung zu verschaffen. [11] Beide Anfechtungsarten schließen sich somit gegenseitig aus.

Die zivilrechtliche Anfechtung und die Anfechtung aufgrund Gläubigerbenachteiligung unterscheiden sich nach Zweck, Voraussetzung und Wirkung. Zweck der zivilrechtlichen Anfechtung ist die Vernichtung einer Willenserklärung, die mit dem wirklichen Willen des Erklärenden nicht übereinstimmt. Demgegenüber soll durch die Insolvenzanfechtung ein dem Vermögen des Gemeinschuldners entzogener Gegenstand der Masse wieder zugeführt werden. Sie haben daher nichts miteinander gemein, [12] schließen sich aber weder aus, noch bedingen sie sich gegenseitig. Es handelt sich vielmehr um zwei unterschiedliche Rechtsinstitute, welche lediglich den gleichen Namen teilen.

## II. Regelungsgrund der Insolvenzanfechtung

Durch die Insolvenzanfechtung wird dem Anfechtungsgegner eine - bei kongruenter Deckung berechtigt - erlangte Rechtsposition wieder genommen. Es stellt sich daher die Frage, welche Ziele der Gesetzgeber damit verfolgt und welchen Grund er vorweisen kann, in so erheblicher Weise in die Rechtsstellung des Anfechtungsgegners einzugreifen.

### 1. Ziele des Insolvenzverfahrens

Das einheitliche Insolvenzverfahren nach der Insolvenzordnung vereint das bis 1998 getrennt geregelte Vergleichsverfahren mit dem Konkursverfahren unter einem Dach. Dieses Dach bildet die Insolvenzordnung, die dabei unterschiedliche Regelungen je nach Verfahrensziel vermeidet. [13]

Dieser Zweiklang innerhalb der Insolvenzordnung ist auch in der Antwort auf die Frage nach deren Zielen zu hören. Noch ganz Konkursrecht bezweckt die Insolvenzordnung die Liquidation des Schuldnervermögens und eine gleichmäßige Verteilung des Erlöses an die Gläubiger. Als Mittel zur Sanierung verfolgt sie zum anderen aber auch das Ziel, das Unternehmen in der Hand des Schuldners zu halten und zu sanieren.

#### a) Vermögensliquidierung

Klassisch konkursrechtliches Ziel der Insolvenzordnung ist die Gesamtvollstreckung in das Vermögen des Schuldners zur Befriedigung der Gläubiger. Statt privatautonomer Gläubigerbefriedigung und Einzelzwangsvollstreckung findet jetzt eine Verwaltung und Verteilung des Schuldnervermögens durch den Insolvenzverwalter statt. Als Insolvenzmasse wird es dem

---

11 Vgl.: *Paulus* „Die Rolle der Gläubiger im neuen Insolvenzrecht" in DZWIR 1999 S. 53 (54).

12 *Baur/Stürner* § 64 Rdnr. 1107; *Kuhn/Uhlenbruck* § 29 Rdnr. 43 und 1 e; *Smid/Zeuner* „Insolvenzordnung" § 129 Rdnr. 14

13 *Henckel* „Insolvenzanfechtung" in „Kölner Schrift zur Insolvenzordnung" S. 645 ff Rdnr. 1

Verwaltungs- und Verfügungsrecht des Insolvenzverwalters unterworfen. [14] Ziel dieses Verfahrens ist es, das Schuldnervermögen umfassend zu liquidieren und eine gerechte Verteilung auf die Gläubiger zu erzielen.

b) Unternehmenssanierung

Zu den Charakteristika des einheitlichen Insolvenzverfahrens gehört zudem, daß eine erhaltende Sanierung neben der Liquidation als gleichwertiges Verfahrensziel zu finden ist. [15] Aus diesem Grund kann neben einer Zerschlagung des Schuldnervermögens auch eine Fortführung des Unternehmens des Schuldners Ziel des Insolvenzverfahrens sein.

## 2. Grund der Anfechtung bei Vermögensliquidierung

Diesem übergeordneten Ziel des Insolvenzverfahrens versucht im Kleinen die Insolvenzanfechtung gerecht zu werden: Ziel der Anfechtung bei Vermögensliquidierung ist daher beispielsweise die Rückführung eines Gegenstandes in die Insolvenzmasse.

Der Grund für eine solche Rückführung in die Insolvenzmasse ist dabei die möglichst wirkungsvolle Durchführung der Gesamtvollstreckung. Alle Gläubiger eines Schuldners sollen durch die Verteilung einer möglichst großen Insolvenzmasse so umfassend wie möglich befriedigt werden. [16]

a) Gerechte Vermögensverteilung

Im gesamten Insolvenzrecht steht die gerechte Verteilung des Schuldnervermögens im Vordergrund des Interesses. Reicht das Schuldnervermögen zur Befriedigung der Gläubiger nicht aus, so muß die Einzelzwangsvollstreckung der Gesamtvollstreckung weichen, da nur so die geforderte gerechte Verteilung erreicht werden kann.

aa) Befriedigungsfunktion

Eine Gesamtvollstreckung liefe jedoch oftmals ins Leere, wenn den Gläubigern „bis zur letzten Sekunde" die Möglichkeit der Einzelvollstreckung offenstände. Von dem ursprünglichen Schuldnervermögen bliebe dann kaum etwas beziehungsweise gar nichts mehr übrig; eine Gesamtvollstreckung würde ihren Sinn verfehlen.

Dies erklärt den ersten und wichtigsten Grund der Insolvenzanfechtung. Die Anfechtung dient der Erweiterung der Aktivmasse und der Schmälerung der Passivmasse. [17] Indem sich der Vollstreckungszugriff der Gläubiger auf sachlich ungerechtfertigte Vermögensverschiebungen

---

14 *Häsemeyer*,„Insolvenzrecht" Rdnr. 2.04
15 *Gesetzentwurf der Bundesregierung* in BR-Drucksache 1/92 S. 77
16 Vgl.: *Jauernig* „Zwangsvollstreckungs- und Insolvenzrecht" § 38 I S. 164.
17 *Henckel* in Jaeger „Konkursordnung" § 29 Rdnr. 1

erweitert, dient die Anfechtung insbesondere der Wiederherstellung der Haftungsrealisierungsmöglichkeit. [18] Diese soll durch die Vorverlegung der Einschränkung der Einzelzwangsvollstreckung zu einer möglichst umfassenden Befriedigung aller Gläubiger führen.

Bezeichnend dafür ist die Regelung des § 129 InsO: Nach dieser kommt eine Anfechtung nur dann in Betracht, wenn die Insolvenzgläubiger benachteiligt worden sind. Von einer solchen Nachteiligkeit wiederum ist in der Begründung zum *Gesetzentwurfe der Bundesregierung* [19] „bei einer Verminderung, Vereitelung, Erschwerung oder Verzögerung der Befriedigungsmöglichkeit" die Rede. Setzt die Insolvenzanfechtung daher zum einen eine Benachteiligung der Gläubigergemeinschaft voraus, wird diese zum anderen durch eine Einschränkung von deren Befriedigungsmöglichkeit hervorgerufen, läßt dies im Umkehrschluß die Befriedigungsfunktion der Anfechtung erkennen. [20]

Den Grund der Insolvenzanfechtung allein in der Befriedigungsfunktion zu sehen, würde jedoch Wesentliches beiseite lassen und müßte darüber hinaus Erstaunen verursachen: Hat der Schuldner bei zu geringer Befriedigungsmasse nicht grundsätzlich das Recht sich seine bevorzugten Gläubiger auszusuchen? Stehen nicht auch die Gläubiger ihrerseits in einem Konkurrenzverhältnis um die Gunst des Schuldners und hat nicht der befriedigte Gläubiger ein schutzwürdiges Interesse, seine Rechtsposition zu behalten?

bb) Sanktion unredlich erlangten Besitzes

Ein Grund für eine solch drastische Einschränkung der Privatautonomie, der auch in der geschichtlichen Entwicklung der Anfechtung eine wichtige Rolle spielte, ist die nur eingeschränkte Schutzwürdigkeit desjenigen, der eine Rechtsposition durch ein zu mißbilligendes Verhalten erlangt hat. Konnte der Gläubiger im römischen Recht den Nachweis erbringen, daß der Schuldner und der Anfechtungsgegner mit dem Willen zusammengearbeitet haben, ihn zu schädigen, so konnte er die entsprechenden Rechtsbehelfe einsetzen. [21]

Dieser Aspekt findet sich auch heute noch in der Anfechtung wegen vorsätzlicher Benachteiligung. Gemäß § 133 InsO läßt sich kollusives Zusammenwirken zwischen Schuldner und Anfechtungsgegner rückgängig machen. Fraglich ist jedoch, ob sich dieser Grund auch in der besonderen Insolvenzanfechtung nach den §§ 130 bis 132 InsO wiederfindet.

Nach der sogenannten Unredlichkeitstheorie [22] ist dies der Fall. [23] Nur seien in der besonderen Insolvenzanfechtung die subjektiven Elemente teilweise durch die Fiktion eines kollusiven Zusammenwirkens ersetzt worden.

---

18 *Gerhardt* „Grundprobleme der Gläubigeranfechtung" in ZIP 1984 S. 397 (399)

19 in BR-Drucksache 1/92 Begr. S. 157

20 Vgl.: *von Campe* „Insolvenzanfechtung in Deutschland und Frankreich" S. 8.

21 Siehe oben: § 1 II 1.

22 Die Bezeichnung läßt sich auf *Canaris* zurückführen (*ders.*: „Aktuelle insolvenzrechtliche Probleme" in FS 100 Jahre KO S. 73 (77 f)).

23 So Teile der Literatur: *Gerhardt* „Insolvenzverfahren und Einzelzwangsvollstreckung" in FS 100 Jahre KO S. 111 (130); *Lorenz* „Anfechtbarkeit einer Aufrechnung" in KTS 1961 S. 147 (150); differenzierend: *Canaris* in FS 100 Jahre KO S. (73) 77.

Gegen diese Meinung spricht sich indes die heute herrschende Ansicht aus: [24] Zum einen zeige § 88 InsO, der die §§ 130 ff InsO ergänzt, daß subjektive Gesichtspunkte als Grund für die Vermögensrückführung nicht ausschlaggebend sind. Auch frage sich, worauf bei einer kongruenten Deckung, d.h. bei der Befriedigung einer Forderung, auf die man einen Anspruch hat, die Fiktion der Unredlichkeit beruhen soll. Bei der Geltendmachung einer berechtigten Forderung müsse sich der Gläubiger nicht über die Situation seiner Mitgläubiger sorgen; und selbst dann stellt dies nach den Grundsätzen der Privatautonomie keine Unredlichkeit dar.

Für die besondere Insolvenzanfechtung kommt somit die Sanktion unredlich erlangten Besitzes nicht als Grund für die Einschränkung der Vollstreckungsautonomie in Betracht.

cc) Grundsatz der Gläubigergleichbehandlung

Der wohl wichtigste Grund für das Rechtsinstitut der Insolvenzanfechtung ist der Gedanke der Gläubigergleichbehandlung, der auch als Prinzip der „par conditio creditorum" [25] bezeichnet wird. Nach *Häsemeyer* [26] kann man diesen Grundsatz - im Gegensatz zu dem die Einzelvollstreckung beherrschenden Prioritätsprinzip - auch als das wichtigste und eigentümlichste Kennzeichen für den Beginn konkursrechtlicher Anschauungen nennen.

Sowohl in den Motiven zur Konkursordnung von 1877 [27] als in den hinführenden Berichten zur Insolvenzordnung [28] finden sich ausdrückliche Bekenntnisse zum Grundsatz der Gläubigergleichbehandlung. Auch in der Literatur besteht Einigkeit darüber, daß die Gleichbehandlung ein das Insolvenzverfahren tragendes - wenn nicht das tragendste - Prinzip ist. [29] Dem stimmt auch die Rechtsprechung zu. [30]

Schwierigkeiten bereitet jedoch bis heute die dogmatische Begründung für diese gesetzlich verordnete Gleichbehandlung eines Personenkreises, den nichts weiter verbindet, als daß sie Gläubiger des gleichen Schuldners sind. [31]

Geht *Häsemeyer* [32] von einem auf wechselseitige Abhängigkeit beruhenden Rechtsverhältnis der Gläubiger untereinander aus, so sehen andere Autoren [33] das Wesen der Gleichbehandlung

---

24 *von Campe* S. 13 f (m.w.N.); *Eichberger* „Die besondere Konkursanfechtung" S. 9 ff; *Pfefferle* „Konkursanfechtung und Rückschlagsperre" S. 53 ff

25 Der Name stammt aus dem CIC, *Ulpian*, Digesten, 42. 8. 6. 7.

26 „Die Gleichbehandlung der Konkursgläubiger" in KTS 1982 S. 509 (511)

27 *Hahn* „Die gesamten Materialien zu den Reichs-Justizgesetzen Bd. IV." S. 44 und 133

28 Erster Bericht der *Kommission für Insolvenzrecht* herausgegeben vom Bundesministerium der Justiz Begründung zu LS 5.2 S. 403 (In den Gesetzesmaterialien und -begründungen fehlt allerdings ein ausdrückliches Bekenntnis zum Gleichbehandlungsgrundsatz.)

29 *Canaris* in 100 Jahre KO S. (73) 77 ff; *Eichberger* S. 18 ff; *Häsemeyer* in KTS 1982 S. 509 bis 575; *Henckel* in Jaeger § 30 Rdnr. 1; *Huber* in Gottwald „Insolvenzrechts-Handbuch" § 49 Rdnr. 1; *Kuhn/Uhlenbruck* § 30 Rdnr. 1; *Pfefferle* S. 53 f

30 *BGHZ* 41 S. 98 (101); *BGHZ* 58 S. 240 (242 f)

31 Eine ausführliche Darstellung der verschiedenen Ansätze findet sich bei: *Eichberger* S. 10 bis 16.

32 in KTS 1982, S. 509 (517) - Dem wird entgegengesetzt, daß die Abhängigkeit nur Folge der Konkurrenz der Gläubiger ist. Auch begründet dieser Ansatz nicht die Abstufungen in den einzelnen Gläubigerrechten je nach Forderungshöhe (so: *Eichberger* S. 10 f).

33 *Berges* „Die rechtlichen Grundlagen der Gläubigergleichbehandlung" in KTS 1957 S. 49 (52); *Lent* in

in einer Gemeinschaft der Gläubiger begründet, wieder andere gehen von einem fiktiven Gläubigervertrag [34] oder einer Interessengemeinschaft [35] aus.

Ein Ansatz wird auch im allgemeinen Gleichheitssatz des Art. 3 I GG gesehen. Demgemäß muß auch das Insolvenzverfahren in einer Weise ausgestaltet sein, daß die Gleichbehandlung aller Gläubiger gewährleistet ist. [36] Dieser Meinung kommt heute zur Insolvenzordnung ein besonderes Gewicht zu, da der Gesetzgeber - im Gegensatz zur Konkursordnung [37] - bei deren Erlaß auf der Grundlage des Grundgesetzes arbeitete.

Ein weiterer wesentlicher Gedanke liegt in der wirtschaftlichen Betrachtungsweise. Wie *Häsemeyer* [38] richtig andeutet, würde ein „Andringen" der Gläubiger auf das Schuldnervermögen offene, gemeinschädliche Konflikte der Gläubiger untereinander heraufbeschwören. Daher verlange es schon die Ordnung der Haftungsabwicklung, die Gläubigergleichbehandlung einzuführen. Ist dieser Ansatz richtig, so muß das Augenmerk noch auf die Phase davor gerichtet werden: Würde nämlich auf den Gleichbehandlungsgrundsatz verzichtet werden, so käme wieder der Prioritätsgrundsatz zum Zuge. Dies würde dazu führen, daß die Gläubiger ihre Sicherheiten und Forderungen früher und länger beim Schuldner einfordern würden, da ihnen bei mangelnder Priorität der vollständige Verlust droht. Erst der Gleichbehandlungsgrundsatz gibt den Gläubigern die „Sicherheit", wenigstens einen Teil ihrer Forderungen zu erlangen und räsoniert sie dadurch. Diese Betrachtungsweise stellt daher eine Erweiterung des Utilitaritätsgedankes [39] dar.

Hat das Prinzip der Gläubigergleichbehandlung für die Insolvenz einschlägige Bedeutung, so gilt dies erst recht für die Insolvenzanfechtung. In ihr ist ein Mittel zu sehen, den Zeitraum, den Umfang und die Adressaten der Gleichbehandlung zu erweitern. [40] Das Anfechtungsrecht innerhalb des Insolvenzverfahrens stellt somit ein besonderes Mittel zur Durchsetzung des Grundsatzes der „par conditio creditorum" dar. Es schützt damit die Insolvenzgläubiger schon vor Verfahrenseröffnung vor Ungleichbehandlung. [41]

---

Jaeger Vor §§ 61-70 S. 831(832); *Pfefferle* S. 57 - Dagegen wird vorgebracht, daß die Gläubiger vielmehr widerstreitende als gemeinsame Interessen verfolgen (so: *de Boor* „Kollision von Forderungsrechten" S. 23; *Häsemeyer* S. 523).

34 *Schmidt* „Ökonomische Analyse des Insolvenzrechts" S. 44 f - Jedoch ist eine Fiktion dort unmöglich, wo eine ausdrückliche Ablehnung vorliegt (vgl.: *Eichberger* S. 12).

35 *Gottwald* „Die Interessengemeinschaft der Gläubiger eines insolventen Schuldners" S. 196; *Kuhn/Uhlenbruck* § 3 Rdnr. 2; *Wiringer-Seiler* „Das Anfechtungsrecht im Konkurs" S. 94 - Auch hier muß aber gerade auf die widerstreitenden Interessen verwiesen werden (so: *Häsemeyer* in KTS 1982 S. 509 (523 f)).

36 *Basty* „Interessen der Gläubiger in einem künftigen Sanierungsverfahren" S. 27; *Kilger* „Die Reformbedürftigkeit des Konkurs- und Vergleichsrechts" in ZRP 1976 S. 190 (192)

37 Daher ist ein Hauptkritikpunkt des Ansatzes über Art. 3 GG zur Diskussion über die KO heute hinfällig.

38 in KTS 1982 S. 509 (513)

39 Dieser Gedanke wird von *Häsemeyer* besonders geprägt (*ders.*: in KTS 1982 S. 509 (511ff)).

40 Vgl.: *Canaris* in FS 100 Jahre KO S. 73 (78).

41 Zur KO: *Eichberger* S. 17; *Henckel* „Die Gläubigeranfechtung - ein taugliches Mittel zur Beseitigung von Verkürzungen der Konkursmasse" in ZIP 1982 S. 390 (393)

dd) Verhinderung vorgreiflicher Masseverkürzung

Einen weiteren Grund für die Insolvenzanfechtung führt § 132 II InsO ein. Mit dieser Regelung soll die Haftungsmasse gegen Wertabflüsse vor Verfahrenseröffnung geschützt werden. [42] Dieser Schutz erfolgt jedoch nicht gegenüber den Mitgläubigern, sondern ist direkt auf die Haftungsmasse gerichtet. Diese soll direkt vor Verringerungen geschützt werden. [43] Daher fällt der „Auffangtatbestand" [44] des § 132 II InsO auch nicht mehr unter den Grund der Gläubigergleichbehandlung.

Dennoch ist dieser Tatbestand der besonderen Konkursanfechtung zuzurechnen, wenn er auch primär aus der praktischen Erwägung dieser zugeordnet wurde, daß die Anfechtungsvoraussetzungen mit denen des § 132 I InsO mit nur geringfügigen Abweichungen übereinstimmen .

In der Verhinderung vorgreiflicher Masseverkürzung ist somit ein neuer Grund für die besondere Insolvenzanfechtung zu sehen. Dies liegt jedoch weniger an einer neuen dogmatischen Ausrichtung als vielmehr an der („unsystematischen" [45]) Hinzufügung eines neuen Tatbestandes.

ee) Präventionsfunktion

Auf eine weitere Funktion der besonderen Insolvenzanfechtung weist *von Campe* [46] richtigerweise hin: Die Anfechtung im Insolvenzrecht habe auch präventive Funktion. Zum einen sollen durch eine spätere Sanktion von masseschädigenden Vermögensverschiebungen die mit dem Schuldner kontrahierenden Personen und der Schuldner selbst von solchen Handlungen abgehalten werden. So kann unter Umständen die Krise schon im voraus verhindert werden.

Zum anderen schädigt die Abführung von Vermögensgegenständen gerade in oder kurz vor der Krise das Unternehmen oft unwiderruflich - eine Anfechtung kann die Schmälerung zwar tatsächlich ausgleichen, wirtschaftlich aber in der Regel nicht. Das „gesetzliche Damoklesschwert" der Anfechtung hat daher - ähnlich wie die strafrechtlichen Sanktionsvorschriften [47] - auch das Ziel, vorzeitige Masseschmälerungen zu verhindern. [48]

Ein dritter Präventionsaspekt wurde schon als Utilitaritätsgedanke erwähnt: Dürften die Gläubiger bis „zur letzten Sekunde" unwiderruflich in das Schuldnervermögen vollstrecken und würde das Prioritätsprinzip demnach nicht durch die Anfechtung auch schon vor Verfahrenseröffnung verdrängt werden, so würde dies zu einer größeren Vermögensauszehrung führen. Der Wettlauf der Gläubiger würde bis zum Moment der Antragstellung fortgeführt werden, da man auf diese Weise noch einen Verweis auf seine Quote verhindern könnte.

---

42 *Häsemeyer* Rdnr. 21.09 und 21.72
43 Vgl. dazu auch genauer unten: § 5 III 2.
44 Dieser Begriff wird schon in der Begründung zum *Gesetzentwurf der Bundesregierung* verwendet (in BR-Drucksache 1/92 S. 159).
45 So: *Häsemeyer* Rdnr. 21.72.
46 S. 18
47 Etwa: §§ 283 I Nr. 1 und 8; 283 c StGB.
48 Zum Ganzen sehr anschaulich: *Drukarczyk* „Unternehmen und Insolvenz" S. 229; *König* „Bemerkungen zu den anfechtungsrechtlichen Normen" in Leipold „Insolvenzrecht im Umbruch" S. 255 ff.

Durch die Insolvenzanfechtung ist eine solche Vollstreckung bis zuletzt nicht sinnvoll, da das daraus Erlangte im Wege der Anfechtung wieder herausgeben werden muß. Auch auf diesem Weg wirkt die Insolvenzanfechtung daher präventiv gegen eine drohende Insolvenz.

b) Verkehrsschutz als Beschränkung

Wie dargestellt, dient die Insolvenzanfechtung dazu, im Vorfeld des Insolvenzverfahrens das Schuldnervermögen und damit die Gläubiger zu schützen. Dieser Schutz wird erzielt, indem die Privatautonomie zugunsten einer amtlichen Haftungsabwicklung zurückgesetzt wird. [49] Jedoch kann dieser Schutz nicht uneingeschränkt gelten.

Die Insolvenzanfechtung ist ein haftungsrechtliches Instrument und muß sich deshalb an den allgemeinen Haftungsprinzipien des deutschen Zivilrechts orientieren. Nach diesen Prinzipien gilt ein den Haftungsregeln zumindest gleichgestellte Sicherung des Verkehrsschutzes. Wer ein Geschäft tätigt, darf grundsätzlich darauf vertrauen, daß dieses seine Gültigkeit behält. Dieser Vertrauensschutzgedanke ist ein allgemeines Prinzip unseres Rechtssystems. [50]

Daher werden auch die Anfechtungsregeln von diesem Prinzip beschränkt. [51] Wird somit einerseits in die Privatautonomie der Parteien durch die Anfechtung eingegriffen, indem der Erwerb rückgängig gemacht wird, so darf andererseits derjenige, der die drohende Krise nicht kannte, in sein Vertrauen auf die Gültigkeit des Geschäftes nicht erschüttert werden. Was dieser Vertrauensschutz konkret für den Einzelnen bedeutet, verwirklicht der Verkehrsschutz abstrakt für den Rechtsverkehr. [52] *Bruski* [53] bezeichnet die Anfechtungsregeln daher auch als Instrument des Ausgleichs zwischen Gläubiger- und Verkehrsinteresse.

Der spezifische anfechtungsrechtliche Mechanismus setzt daher eine sorgfältige Abwägung der involvierten Verkehrs- und Gläubigerinteressen voraus. [54] Als Mittel zur Balance zwischen diesen beiden Prinzipen dienen im deutschen Insolvenzrecht die subjektiven Voraussetzungen für eine Anfechtung. [55] Diese beschränken unter Berücksichtigung des Verkehrsschutzes das Ziel der gerechten Vermögensverteilung.

### 3. Grund der Anfechtung bei Unternehmenssanierung

Die Insolvenzanfechtung ist, wie schon dargestellt, ein Institut des einheitlichen Insolvenzverfahrens. Es ist somit unabhängig davon anwendbar, ob das Verfahren der Liquidation des

---

49 *Häsemeyer* Rdnr. 21.03

50 Vgl.: *Eichberger* S. 17; *Henckel* in ZIP 1982 S. 390 (393 f).

51 Begründung zum *Gesetzentwurf der Bundesregierung* in BR-Drucksache 1/92 S. 157 f; *Huber* in Gottwald § 49 Rdnr. 20; *Lange* „Voraussetzungen und Wirkung der Konkursanfechtung" S. 79; *Pfefferle* S. 58

52 *Von Campe* S. 16

53 „Die Voraussetzungen der Konkursanfechtung" S. 139

54 *Paulus* „Der Anfechtungsprozeß" in ZInsO 1999 S. 242 (242)

55 Dazu s.u.: § 3 IV.

Schuldnervermögens dient oder auf der Grundlage eines (Sanierungs-) Plans abgewickelt werden soll. [56]

Bedenklich erscheint diese Erweiterung der Anfechtung auch auf das Vergleichsverfahren, wenn man beachtet, daß die verschiedenen Verfahrensziele unter einheitlichen Verfahrensregeln erreicht werden sollen. Blickt man auf die Insolvenzanfechtung, so bedeutet dies, daß der Insolvenzverwalter, unabhängig ob Liquidierung oder Sanierung erfolgt, durch die Anfechtung Vermögensgegenstände wieder zur Masse zurückführen kann. [57] Die Insolvenzanfechtung bildet somit nicht nur ein Mittel, um einen Vermögensgegenstand einem Gläubiger zu „entreißen", um ihn allen Gläubigern gemeinsam zuzuführen; auch eine Rückführung in das Schuldnerunternehmen zu einem Verbleib in demselben ist denkbar.

### a) Lage nach der Vergleichsordnung

Schon bezüglich der Konkursordnung war ein Anfechtungsrecht des Konkursverwalters vorhanden. In der Vergleichsordnung wurde hingegen auf ein solches verzichtet. Fraglich ist, worauf dieser Verzicht beruhte. [58] Denkbar wäre, daß die bis 1998 geltende Vergleichsordnung deswegen keine Anfechtungsregel enthielt, weil der Gesetzgeber verhindern wollte, daß die Anfechtung sich zugunsten des Schuldners auswirke.

In der Begründung zum *Gesetzentwurf zur Vergleichsordnung von 1927* [59] findet sich jedoch kein Hinweis für diese Behauptung: Grund für einen Verzicht auf das Anfechtungsrecht war vielmehr die Vermeidung von Verzögerungen durch Anfechtungsprozesse. Zwar war sich der Gesetzgeber bewußt, daß die Gläubiger auch im Vergleichsverfahren Schutz vor Vermögensverschiebungen verdienten; jedoch befand er es für wichtiger, dem Schuldner die Möglichkeit zur rechtsgeschäftlichen Tätigkeit zu erhalten und verwies darauf, daß die Gläubiger den Vergleichsvorschlag jederzeit ablehnen und dann im Konkurs anfechten konnten. [60]

Zudem mußte die Vergleichsordnung deshalb kein besonderes Anfechtungsrecht enthalten, da das Anfechtungsgesetz in seiner alten Fassung gemäß § 13 vor Eröffnung des Konkursverfahrens auch bei Anhängigkeit eines Vergleichsverfahrens anwendbar war. Diese Möglichkeit der Einzelanfechtung durch den Gläubiger sah man als ausreichend an.

Der Grund für die Unanfechtbarkeit von Rechthandlungen im Rahmen von Vergleichen nach der Vergleichsordnung war insofern auch nicht eine ablehnende Haltung des Gesetzgebers gegenüber Rückführungen von Vermögensgegenständen in die Hand des Schuldners.

---

56 Begründung zum *Gesetzentwurf der Bundesregierung* in BR-Drucksache 1/92 S. 156; vgl. auch: *Delhaes* „Im Überblick: Der Insolvenzverwalter im eröffneten Insolvenzverfahren" in NZI 1999 S. 47 (50)

57 Vgl. zum Ganzen: *von Campe* S. 19 ff; *Henckel* in Kölner Schrift zur Insolvenzordnung Rdnr. 3.

58 Diese Frage wirft *Henckel* auf (*ders.*: in Kölner Schrift zur Insolvenzordnung Rdnr. 3).

59 in RT-Drucksache 2340/24 S. 26 - Auch in der Begründung zur Vergleichsordnung vom 26.02.1935 gilt nichts anderes: in dieser wird vielmehr auch auf die Begründung zur Vergleichsordnung von 1927 verwiesen.

60 So auch: *Henckel* in Kölner Schrift zur Insolvenzordnung Rdnr. 3.

b) Lage nach der Insolvenzordnung

Der Gesetzgeber der Insolvenzordnung hat sich dafür entschieden, auch bei einem Sanierungsversuch die Möglichkeit der Insolvenzanfechtung zu gewähren und so Vermögensgegenstände wieder in die Schuldnerhand zu bringen. In Zukunft kann der Ertrag der erfolgreichen Anfechtung statt zu Liquidationszwecken auch dafür eingesetzt werden, den Insolvenzschuldner zu sanieren. [61]

Ein Ansatz für diese Entscheidung war ein rein technischer: Gesetzgeberisches Ziel war die Schaffung einer Verfahrensordnung, in der zwischen Sanierung und Liquidation nicht unterschieden wird. [62] Dies hatte jedoch auch zur Folge, daß man auf überflüssige Verfahrensunterschiede verzichtete. Eine Beschränkung der Anfechtung auf die Liquidation befand man jedoch für überflüssig: Zum einen zeige die lange Dauer von zuletzt abgewickelten Vergleichsverfahren, daß das Beschleunigungsinteresse nicht erfüllt wurde. Zum anderen erhält die Regelung des § 142 InsO die wirtschaftliche Betätigungsfreiheit des Schuldners auch in der Krise. [63] Die Gründe, die den Gesetzgeber dazu bewegt hatten, eine Anfechtung im Vergleich nicht zuzulassen, waren demnach hinfällig und eine Beschränkung der Anfechtung auf die Liquidation überflüssig.

Weiterhin stellt die Rückführung der Vermögensgegenstände auch keine ungerechtfertigte Bevorteilung des Schuldners dar: Ist in § 1 InsO zwar von dem Erhalt des Unternehmens als Verfahrensziel die Rede, so dient die Sanierung auch (nur) dazu, im zweiten Schritt zu einer möglichst umfassenden Befriedigung der Gläubiger zu gelangen. Wird nämlich das schuldnerische Unternehmen saniert, so kann es in der Zukunft Gewinne erwirtschaften, mit denen die Gläubiger langfristig befriedigt werden können. [64] Letztlich ist die Sanierung daher auch nur eine weitere „Spielart", um die bestmögliche Befriedigung der Gläubiger zu bewirken. [65]

Darüber hinaus wird auch im Rahmen der Sanierung das Prinzip der Gläubigergleichbehandlung von Beginn der Krise an durchgesetzt. Den einzelnen Gläubiger kann so eine Vorzugsstellung wieder genommen werden, um durch die Sanierung eine Befriedigung aller Gläubiger zu erreichen. [66] Daher ist eine Anfechtung auch bei der Sanierung nicht nur zweckmäßig, sondern auch angemessen.

---

61 *Paulus* in ZInsO 1999 S. 242 (243)

62 Begründung zum *Gesetzentwurf der Bundesregierung* in BR-Drucksache 1/92 S. 77 f

63 Begründung zum *Gesetzentwurf der Bundesregierung* in BR-Drucksache 1/92 S. 167; *Henckel* in Kölner Schrift zur Insolvenzordnung Rdnr. 3

64 *Bericht des Rechtsausschusses* in BT-Drucksache 12/7302 S.155; *von Campe* S. 21 f; vgl. auch: *Picot/Aleth* „Unternehmenskrise in der Insolvenz" Rdnr. 666.

65 Vgl.: *Biehl* „Wesen und Wirkung der Insolvenzanfechtung nach neuem Recht" in ZInsO 1999 S. 313 (313).

66 *Henckel* in Kölner Schrift zur Insolvenzordnung Rdnr. 4

## III. Regelungsnatur der Insolvenzanfechtung

Die Frage nach der Regelungsnatur der Anfechtung innerhalb und außerhalb des Konkurses hat die Wissenschaft schon im Ausgang des letzten Jahrhunderts bewegt. [67] Bis heute ist die Forschung zu keiner eindeutigen Lösung gelangt. So wird weiterhin die Frage gestellt, welche Rechtsnatur und Wirkung die Anfechtung hat.

Einer der Auslöser für den Disput war die Tatsache, daß schon in den Motiven zur Konkursordnung keine klare Antwort auf die Frage der rechtlichen Einordnung der Konkursanfechtung zu finden ist. So ist einerseits davon die Rede, die „angefochtene Handlung übe gegen den Konkursgläubiger keine Wirkung aus“ [68]. Andererseits wird als mögliche Folge der Konkursanfechtung erwähnt, daß der Anfechtungsgegner „die Verpflichtung aufheben“ [69] solle. Diese Auslegungsmöglichkeiten sind auch in der Konkursordnung von 1877 wiederzufinden. Gaben somit weder Gesetzesmotive noch Gesetz selbst einen eindeutigen Fingerzeig - *Paulus* [70] spricht von „Zwiespältigkeit“, *Gerhardt* [71] von „Januskopfigkeit“ -, so verschärfte die Wiederverwendung des Begriffes „Anfechtung“ bei der Schaffung des BGB die Verwirrung und damit den Streit.

Auch mit der Schaffung der Insolvenzordnung konnte dieser Streit nicht beigelegt werden. [72] Allerdings wollte die *Kommission für Insolvenzrecht* [73] die Frage nach der Rechtsnatur der Insolvenzanfechtung auch gar nicht beantworten. Vielmehr sollte dies der Rechtsprechung überlassen werden. Bedauerlicherweise kam der Gesetzgeber daher seiner eigentlichen Pflicht, Klarheit über dogmatische Grundlagen zu schaffen, nicht nach. [74]

Wie *Wiringer-Seiler* [75] eindrucksvoll nachweist, handelt es sich bei der Diskussion um die Rechtsnatur auch nicht um einen Gelehrtenstreit, vielmehr hat dieser praktische Bedeutung in der Rechtswirklichkeit. *Gerhardt* [76] spricht sogar von einer „erheblichen praktischen Bedeutung“; diese ergebe sich zum Beispiel schon aus der Frage nach der Form der Geltendmachung des Anfechtungsrechts.

Aus diesen Gründen verdient es der Theorienstreit bis heute dargestellt zu werden. Im folgenden wird zunächst auf den Meinungsstand während der über 120 Jahre geltenden Konkursordnung eingegangen, um anschließend eventuelle Änderungen durch die Insolvenzordnung darzulegen.

---

67 *Gerhardt* „Die systematische Einordnung der Gläubigeranfechtung“ S. 1

68 *Hahn* S. 151 - Diese Formulierung deutet auf eine „Unwirksamkeit“ i.S.d. der Wirkung der Anfechtung im BGB und somit auf die Dinglichkeitstheorie (siehe sogleich) hin.

69 *Hahn* S. 124 - Diese Formulierung deutet auf eine schuldrechtliche Wirkung hin.

70 „Sinn und Formen der Gläubigeranfechtung“ in AcP 155 (1956) S. 277 (322)

71 S. 275

72 Vgl.: *Smid/Zeuner* „Insolvenzordnung“ § 129 Rdnr. 6.

73 Erster Bericht der *Kommission für Insolvenzrecht* Begründung zu LS 5.1 S. 402

74 Vgl.: *Henckel* „Insolvenzanfechtung“ in Leipold S. 239.

75 S. 126 ff

76 S. 17

### 1. Meinungsstand zur Konkursanfechtung

Schon im vergangenen Jahrhundert standen sich in verschiedenen Ausprägungen die sogenannte „dingliche Theorie“ (s.u.: a) und die „schuldrechtliche Theorie“ (s.u.: b) gegenüber. Diese Meinungen wurden in den fünfziger Jahren durch die sogenannte „haftungsrechtliche Theorie“ (s.u.: c) ergänzt.

#### a) Dingliche Theorie

Nach den dinglichen Theorien ist eine vom Schuldner vorgenommene Verfügung „dinglich" unwirksam. [77] Im Rahmen dieser Theorie wurden im wesentlichen zwei verschiedene Spielarten entwickelt, die dem Grund nach beide auf dem Wortlaut des § 29 KO basieren, wonach „Rechtshandlungen als den Konkursgläubigern gegenüber unwirksam“ angefochten werden können. [78]

#### aa) Rechtsgestaltungstheorie

Nach dieser im wesentlichen auf *Hellwig* [79] zurückgehenden Auffassung hat die Anfechtungserklärung rechtsgestaltende Kraft und bewirkt, daß die anfechtbare Handlung rückwirkend dem Gläubiger gegenüber (relativ) unwirksam wird. Verfügungsgeschäfte lassen daher einen dinglichen Anspruch auf Rückgewähr entstehen, Verpflichtungsgeschäfte zeigen infolge der Anfechtung keine Wirkung.

Zur Begründung dieser Meinung wird zum einen auf die Wirkung der zivilrechtlichen Anfechtung [80] hingewiesen. Zum anderen wird auf die Motive der Konkursnovelle von 1898 [81] verwiesen, in welchen der Gesetzgeber insbesondere durch die Umgestaltung des § 41 KO von einer Verjährungs- in eine Ausschlußfrist der Anfechtung den Charakter eines Anspruchs abgesprochen habe. [82]

#### bb) Unwirksamkeitstheorie

Nach dieser Meinung ermangelt der anfechtbare Erwerb den benachteiligten Gläubigern gegenüber von vornherein der dinglichen Wirkung. So sei die dingliche Unwirksamkeit nicht die Konsequenz der Anfechtung, sondern ihre Voraussetzung. [83]

---

77 *Mesch* „Die Rechtsnatur der Gläubigeranfechtung inner- und außerhalb des Konkurses" S. 14

78 *Gerhardt* S. 2

79 „Anfechtungsrecht und Anfechtungsanspruch nach der neuen Konkursordnung“ in ZZP 26 (1899) S. 474 ff; *Henckel* in Jaeger § 37 Rdnr. 3

80 Mit Schaffung des BGB erlebte die Dinglichkeitstheorie eine beachtliche Renaissance (*Gerhardt* S. 3 f). *Paulus* spricht hierbei von einem übertriebenen Assimilationseifer (*ders.*: in AcP 155 (1956) S. 277 (287)).

81 *Hahn* „Die gesamten Materialien der Reichs-Justizgesetze Bd. VII“ S. 241 f

82 *Kipp* in Windscheid „Lehrbuch des Pandektenrechts Bd. II“ S. 1020 ff

83 *Lenhard* „Natur und Wirkung der Gläubigeranfechtung“ in ZZP 38 (1909) S. 165 (175)

Heute wird die dingliche Theorie in Bezug auf die Konkursordnung noch von *Marotzke* [84] vertreten. Die Wirkung der Anfechtung besteht nach der von ihm vertretenen Variante darin, daß die angefochtene Handlung relativ unwirksam ist, wobei die Relativität jedoch nicht in personaler, sondern in sachlicher Hinsicht gelten soll.

cc) Kritik der dinglichen Theorie

Der dinglichen Theorie wird zum einen entgegengesetzt, daß zumindest bei der Anfechtung außerhalb des Konkursverfahrens die Unwirksamkeitsfolge über das Ziel hinausschießen würde. [85] Ficht zum Beispiel ein Gläubiger, der eine Forderung in Höhe von DM 1000 hat, eine Rechtshandlung des Schuldners an, mit der ein Gegenstand mit Wert von DM 5000 übertragen wurde, so würde die dingliche Theorie dazu führen, daß der ganze Gegenstand noch dem Schuldner gehöre. Diese Unbilligkeit sehend, wird versucht [86], die dingliche Wirkung auf den sachlichen Umfang der schädigenden Rechtshandlung zu begrenzen. Hierfür wird jedoch ein Mittel für eine wertmäßige Beschränkung der dinglichen Wirkung benötigt werden, welches allerdings unserem Recht fremd ist. [87]

Zum anderen ist der dinglichen Theorie entgegengehalten, daß der insolvenzrechtlichen Anfechtung auch Vollstreckungshandlungen unterworfen sind. Die Annahme, es könnten solche staatlichen Handlungen durch eine private Willenserklärung unwirksam gemacht werden, ist aber mit dem gesamten Aufbau des Vollstreckungsrechts unvereinbar. [88] Kann der Anfechtung bei Vollstreckungsakten indes keine dingliche Wirkung zukommen, so muß gleiches für privatrechtliche Erklärungen gelten.

b) Schuldrechtliche Theorie

Nach wohl noch herrschender Auffassung in Literatur [89] und Rechtsprechung [90] wird mit der Anfechtung ein schuldrechtlicher Anspruch auf Rückgängigmachung der gläubigerbenachteiligenden Rechtshandlung erhoben.

---

84 „Dingliche Wirkung der Gläubiger- und Konkursanfechtung" in KTS 87 S. 1 (4 und 21)

85 So: *Henckel* „Grenzen der Vermögenshaftung" in JuS 1985 S. 836 (840); *ders.*: in Jaeger § 37 Rdnr. 14; *Mesch* S. 65.

86 Vgl.: *Marotzke* in KTS 1987 S. 22 und 25.

87 *Henckel* in Jaeger § 37 Rdnr. 15 - Aus diesem Grund wird *Marotzke* zu recht - wenn auch entgegen seines ausdrücklichen Bekenntnisses - als ein Vertreter der haftungsrechtlichen Theorie angesehen (*Henckel* in Jaeger § 37 Rdnr. 11; siehe auch unten: § 2 III 1 c cc), da diese die Möglichkeit der wertmäßigen Beschränkung ermöglicht.

88 *Von Campe* S. 260; *Lent* in Jaeger „Konkursordnung mit Einführungsgesetzen" Vorb. zu § 29-42 S. 401

89 *Canaris* in FS 100 Jahre KO S.73 (79); *Jauernig* a.a.O.: § 50 II 1 b; *Kilger* „Konkursordnung" § 37 Anm. 1; *Kühnemund* „Die Insolvenzanfechtung von Prozeßhandlungen in Präklusionslagen" in ZInsO 1999 S. 62 (63); *Kuhn/Uhlenbruck* § 29 Rdnr. 1c, 38 f; *Mohrbutter* „Handbuch der Konkurs und Vergleichsverwaltung" Rdnr. 546

90 *RGZ* 13 S. 5 (6); *RGZ* 20 S. 29 (30); *BGHZ* 72 S. 39 (42); *BGHZ* 101 S. 286 (288); *BGHZ* 106 S. 127 (129); *BGHZ* 135 S. 140 (149 f); *BGH* NJW 1990 S. 990; *BGH* NJW-RR 1992 S. 612 (613 f)

Kennzeichnend für die schuldrechtliche Theorie ist hierbei, daß der Zweck der Insolvenzanfechtung durch ein Schuldverhältnis zwischen dem Anfechtenden und dem Anfechtungsgegner erreicht werden soll. [91] Diese Theorie läßt sich in drei Meinungen untergliedern, welche zwischen der Rechtsnatur des durch die Anfechtungsregeln erzeugten Schuldverhältnisses unterscheiden. [92]

aa) Deliktstheorie

Die Deliktstheorie findet ihren Ursprung im römischen Recht. Dort beruhte die der heutigen Absichtsanfechtung entsprechende „actio paulina" auf dem „animus fraudandi creditores", daß heißt ein Verschulden sowohl beim Schuldner als auch beim Anfechtungsgegner wurde vorausgesetzt. [93] Somit deutete man - jedenfalls für die Absichtsanfechtung - das Rechtsverhältnis, auf welchem die Anfechtung beruhte, als deliktsrechtlich begründet. [94] Indem sich die Forschung auf eine einheitliche Rechtsnatur für das gesamte Konkursanfechtungsrecht besann, wurde diese Meinung allerdings aufgegeben. [95]

bb) Bereicherungsrechtliche Einordnung

Ein anderer Ansatz bewertet die Anfechtungswirkung als eine bereicherungsrechtliche. Diese Meinung liegt insoweit nahe, als § 37 II KO auf das Bereicherungsrecht verweist. So stellt *Menzel* [96] auf ein den Gläubigern zugeordnetes Befriedigungsrecht ab, das letztlich den Anspruch auf Eingriffserwerb rechtfertige.

Auch diese Meinung wird heute weitgehend abgelehnt. Es wird darauf verwiesen, daß zwar deutliche Parallelen zwischen Eingriffskondiktion und Gläubigeranfechtung vorhanden sind, dies jedoch auf dem vergleichbaren Schutz der Rechtsinstitute bei Gutgläubigkeit und Entgeltlichkeit beruhe und diese Schutzkriterien ebenfalls eine vindikationsausschließende Wirkung haben. [97] So darf ein Erwerber nicht nur den Gegenstand, sondern auch den Vermögenswert behalten, wenn er das Recht gutgläubig und entgeldlich erworben hat. Gleiches gilt bei der Entscheidung über die Anfechtbarkeit. [98] Somit sind diese Kriterien sowohl kondiktions- als auch vindikationsbestimmend und begründen daher gerade nicht zwingend eine bereicherungsrechtliche Einordnung.

Weiterhin wird der bereicherungsrechtlichen Einordnung damit widersprochen, daß sich das Objekt des Eingriffs nicht bestimmen läßt. Dieses Objekt kann nur ein absolutes Recht sein; eine absolute Zuordnung des Vermögens kennt unser Recht jedoch nicht. [99] Auch fehle es

---

91 *Mesch* S. 4
92 Ausführlich und übersichtlich zum Ganzen: *Gerhardt* S. 8 ff.
93 *Wiringer-Seiler* S. 116 unter Bezugnahme auf *Gaugler* S. 19
94 *Petersen* „Zur Lehre vom Anfechtungsrecht" in ZZP 10 (1887) S. 17 (42 ff)
95 *Gerhardt* S. 9
96 „Das Anfechtungsrecht der Gläubiger nach österreichischem Recht" S. 232 ff
97 *Henckel* in Jaeger § 37 Rdnr. 17
98 *Gerhardt* S. 214 und 219 als Zusammenfassung von S. 208 ff
99 *Henckel* „Die internationalprivatrechtliche Anknüpfung der Konkursanfechtung" in FS für Nagel S. 93 (101); a.A.: *Costede/Kaehler* „Haftungszuweisung und -zugriff Dritten gegenüber" in ZZP 84

regelmäßig an der Rechtsgrundlosigkeit des Rechtserwerbs, da das begründete Schuldverhältnis meist wirksam bleibt. [100]

cc) Lehre von der Legalverbindlichkeit

Die Lehre von der Legalverbindlichkeit geht davon aus, daß es sich bei dem Anspruch auf Rückgewähr um ein gesetzliches Schuldverhältnis handelt, welches mit Konkurseröffnung allein aufgrund der Verwirklichung des Anfechtungstatbestandes begründet wird. Danach ist der Anfechtungsanspruch ein Rückgewähranspruch sui generis. [101] Diese Meinung ist bis heute die wohl herrschende in Literatur und Rechtsprechung. [102]

Als Begründung wird zum einen angeführt, daß die Vorstellung von einem gesetzlichen Schuldverhältnis der anfechtungsrechtlichen Praxis am besten entspricht. Zum anderen beschreibt diese Meinung zutreffend, wie der Schutz der gesetzlichen Haftungsordnung verwirklicht wird: Die Rechte müssen in einer für den Rechtsverkehr erkennbaren Weise dem Insolvenzbeschlag zugeführt werden. [103]

dd) Kritik der schuldrechtlichen Theorie

An genau dieser Stelle setzt die Kritik an der schuldrechtlichen Theorie ein: So wird zum einen behauptet, die herrschende Meinung beschreibe den Rückgewähranspruch nur instrumentell [104]; andererseits hat schon 1909 *Schulz* [105] der schuldrechtlichen Theorie vorgeworfen, daß sie keine Konstruktion biete, sondern einen Verzicht auf diese darstelle.

Weiterhin wird angeführt, daß die dogmatische Einordnung der herrschenden Meinung oft gerade nicht mit der Rechtspraxis übereinstimmt: So gewährte die Praxis [106] dem Konkursverwalter ein Drittwiderspruchsklagerecht, wenn ein Gläubiger des Gemeinschuldners einen diesem gehörenden Gegenstand pfänden ließ. Bei konsequenter Anwendung der schuldrechtlichen Theorie stellt der Anfechtungsanspruch jedoch einen Verschaffungsanspruch dar. Ein solcher berechtigt indes nie zur Drittwiderspruchsklage. [107] Auch vermag die schuldrechtliche Theorie das in der Praxis bewährte und sinnvolle Ergebnis [108], daß Klageantrag und Tenor bei der Anfechtung außerhalb des Konkursverfahrens auf Duldung und Zwangsvollstreckung lauten, nicht überzeugend begründen. [109]

---

(1971) S. 395 (401 ff)

100 *BGHZ* 41 S. 98 (103); *Eichberger* S. 23; *Lange* S. 222

101 *Kühnemund* in ZInsO 1999 S. 62 (63)

102 Siehe oben: Fußnoten unter II 1 b.

103 *Mohrbutter* Rdnr. 546; *Häsemeyer* Rdnr. 21.13

104 *Häsemeyer* Rdnr. 21.13

105 „System der Rechte auf den Eingriffserwerb“ in AcP 105 (1909) S. 243 (246)

106 *RGZ* 30 S. 394 (397); KG JZ 1958 S. 401; a.A. allerdings *BGH* JuS 1990 S. 654

107 *Henckel* in JuS 1985 S. 836 (842) ; kritisch äußert sich allerdings *Mesch*, der anführt, daß durch die Anfechtung selbst - also nach Vollstreckungszugriff - ein „die Vollstreckung hinderndes Recht“ entsteht, welches das Drittwiderspruchsklagerecht begründet ( S. 122 ff insb. 126).

108 *RGZ* 60 S. 423 (426); *LG Lüneburg* BB 1979 1633; *BGHZ* 100 S. 36 (42)

109 *Von Campe* S. 262; *Rutkowsky* „Rechtsnatur und Wirkungsweise der Gläubigeranfechtung“ S. 50

Des weiteren zwingt die herrschende Meinung den Konkursverwalter dazu, einen Herausgabetitel auch dann zu erstreiten, wenn es für die Masse kostengünstiger wäre, den Sachwert gleich durch Zwangsvollstreckung zu realisieren. Gleiches gilt, wenn nur ein Wertanteil vollstreckt werden müßte und die Zwangsvollstreckung daher das schonendere Mittel wäre. [110]

Letztlich ausschlaggebend für die Bewertung der verschiedenen Theorien wird aber folgendes sein: Genau wie die schuldrechtliche Theorie vor allem aus Unzulänglichkeiten der dinglichen Theorie entstanden ist [111], so spricht jetzt gegen dieselbe, daß die haftungsrechtliche Theorie zu besseren und sinnvolleren Ergebnissen kommt. [112]

c) Haftungsrechtliche Theorie

Die haftungsrechtliche Theorie ist die neueste der drei großen Theorien zur Rechtsnatur der Konkursanfechtung. Begründet im Jahre 1956 von *Paulus* [113], findet sie in der neueren Literatur vermehrt Anklang [114], so daß die schuldrechtliche Theorie zu recht nur als die noch herrschende Meinung bezeichnet werden kann.

Nach der haftungsrechtlichen Theorie besteht die Rechtsfolge der Gläubigeranfechtung darin, daß der Anfechtungsgegenstand dem Anfechtenden trotz Vornahme der anfechtbaren Rechtshandlung weiterhin haftet. [115] Auch zu dieser Theorie werden inzwischen verschieden Unterscheidungen vorgenommen.

aa) Ausgangspunkt von *Paulus*

Ausgangspunkt der Überlegung ist die Unterscheidung zwischen der Primärform der Anfechtung und der sogenannten sekundären Wertersatzpflicht. Die Primärform ist auf Zwangsverwertung gerichtet und findet dann Anwendung, wenn der Erwerbsgegenstand beim Anfechtungsgegner noch vorhanden ist. Die Wertersatzpflicht bildet hingegen dann den Inhalt des Anfechtungsanspruchs, wenn die Rückgewähr unmöglich geworden ist. Während die Wertersatzpflicht ein schuldrechtlicher Anspruch ist, beruht nach *Paulus* der Primärbehelf auf einer erweiterten Vollstreckungsmöglichkeit auf die aus dem Schuldnervermögen ausgeschiedenen Haftungswerte. [116] Werde durch die Weggabe des Gegenstandes aus dem Schuldnervermögen dieser nicht seiner Haftung für dessen Verbindlichkeiten entzogen, so

110 *Häsemeyer* Rdnr. 21.13; *OLG Hamm* ZIP 1992 S. 1758; *BGHZ* 90 S. 207 (218)

111 *Cosack* „Das Anfechtungsrecht des Gläubigers eines zahlungsunfähigen Schuldners nach deutschem Reichsrecht" S. 24

112 siehe dazu sogleich unten: § 2 III 1 c dd

113 in AcP 155 (1956) S. 277 bis 374

114 *von Campe* S. 263 ff; *Eckardt* S. 40 ff; *Häsemeyer* Rdnr. 21.14 ff; *Henckel* in Jaeger § 37 Rdnr. 19 ff; *ders.*: in JuS 1985 S. 836 (841 f); *K. Schmidt* „Zwangsvollstreckung in anfechtbar veräußerte Gegenstände" in JZ 1987 S. 889 ff; *ders.*: „Konkursanfechtung und Drittwiderspruchsklage" in JZ 1990 S. 619 (621); *Wacke* „Zur Geschichte und Dogmatik der Gläubigeranfechtung" in ZZP 83 (1970) S. 418 ff

115 *Mesch* S. 66

116 *Paulus* in AcP 155 (1956) S. 277 (299) - Die von *Paulus* ursprünglich für die Einzelanfechtung (S. 294 ff) entwickelte Theorie wird von ihm auch für die Konkursanfechtung (S. 319 ff) übernommen. Die folgenden Zitate beziehen sich jeweils auf die Einzelanfechtung.

habe die anfechtbare Handlung auch keine enthaftende Wirkung, sondern ist vielmehr haftungsrechtlich unwirksam. [117]

In Bezug auf den Primärbehelf auf Zwangsverwertung unterscheidet *Paulus* zwischen der haftungsrechtlichen und der verfügungsrechtlichen Komponente des Vermögensbegriffs. [118] Das Anfechtungsrecht will nur die haftungsrechtliche Seite regeln und führe daher auch nur zu einer haftungsrechtlichen Unwirksamkeit als Anfechtungsfolge. Dies bedeutet, daß, obwohl der veräußerte Gegenstand dinglich auf den Erwerber übergegangen ist, die Haftungsfunktion beim Veräußerer verbleibt.

Darauf aufbauend geht *Paulus* davon aus [119], daß im Falle des Konkurses der anfechtbar weggegebene Gegenstand wertmäßig zur Konkursmasse gehöre, da er dieser haftungsrechtlich zuzurechnen sei. Die anfechtbare Verfügung als Inhaberschaft ohne Wert („nuda proprietas") bleibe jedoch wirksam. Daher muß der Anfechtungsgegner dem Konkursverwalter die Verfügungsmacht über den Gegenstand verschaffen, damit dieser die Haftung realisieren könne. Soweit sich diese Pflicht auch mit der in der schuldrechtlichen Theorie angenommenen decken mag, dürfe jedoch nicht übersehen werden, daß die Rechtsbeziehung nicht dem Normaltypus eines Schuldverhältnisses entspricht. Vielmehr diene die Rückgabepflicht dazu, daß die Rechtszuständigkeit der wertmäßigen Zugehörigkeit angepaßt werde. Sie habe daher die Bedeutung einer „Berichtigung".

Richtigerweise ist dennoch davon auszugehen, daß sich die Verschaffenspflicht des Anfechtungsgegners in dem Umfang, in dem sie zur „Berichtigung" benötigt wird, weitgehend mit dem Rückgewähranspruch der herrschenden Meinung zur schuldrechtliche Theorie deckt. Daher wird die herrschende Meinung auch „rein-schuldrechtliche" und die von *Paulus* „haftungsrechtlich-schuldrechtliche" genannt. [120]

bb) Abwandlung in der haftungsrechtlichen Begründung

*Gerhardt* [121] wiederum versteht die Gläubigeranfechtung als Sonderfall der Eingriffskondiktion. Deren Besonderheit liege darin, daß sie in den Voraussetzungen an den Eingriff in die Haftungsordnung der Vermögenswerte anknüpft. Darum führe die Anfechtung in der Rechtsfolge primär zur haftungsrechtlichen Unwirksamkeit, während der auf Wertersatz gerichtete Sekundärbehelf sich nach den allgemeinen Wertungen des Bereicherungsrechts bemißt. Der Primärbehelf finde seine Rechtfertigung hierbei in der einschränkenden Präferenz der Haftungsfunktion.

Mit *Paulus* [122] hat diese Meinung vor allem die Betonung der vom Anfechtungsrecht geschützten Haftungsfunktion gemeinsam, weicht jedoch in der Begründung grundlegend von

---

117 *Kreft* „Ausgesuchte Probleme des Anfechtungsrechts" in ZInsO 1999 S. 370 (371)
118 Vgl.: *Paulus* in AcP 155 (1956) S. 277 (300 und 302 f).
119 *Paulus* in AcP 155 (1956) S. 277 (331 ff; insbesondere S. 334)
120 *Eckardt* S. 38
121 S. 177 ff; 262 ff und insbesondere als Zusammenfassung S. 273 f sowie bezüglich der Anfechtung im Konkursverfahren S. 276 ff.
122 Siehe oben: § 2 III 1 c aa.

dessen Ansicht ab: So stellt *Paulus* allein auf die haftungsrechtliche Unwirksamkeit ab und folgert hieraus Inhalt und Umfang der Rechtsbeziehung; *Gerhardt* sieht dagegen als einheitlichen Rechtsgrund für die Beziehung ein Kondiktionsverhältnis. [123] Führen demnach beide Meinungen zum Ergebnis der haftungsrechtlichen Unwirksamkeit bezüglich des Primärbehelfs, so ist dies für den einen Ausgangsthese, für den anderen Folge des Kondiktionsverhältnisses. *Gerhardts* Meinung kann man daher auch als „haftungsrechtlich-bereicherungsrechtliche" bezeichnen.

cc) Neuere Ansichten

Auch *Marotzke* [124] ist zumindest auf den zweiten Blick Anhänger der haftungsrechtlichen Theorie. [125] „Unwirksam" ist nach ihm die angefochtene Handlung in dem sachlichen Umfang, der erforderlich ist, um annehmen zu können, daß der Gegenstand noch der Zwangsvollstreckung des Konkursverwalters unterliegt. Im Unterschied zu den zuvor dargestellten Meinungen geht dieser jedoch davon aus, daß der Primärbehelf dinglich begründet sei.

An dieser Stelle setzt auch *Henckel* [126] an: Er beurteilt das haftungsrechtliche Verbleiben des Gegenstandes in der Konkursmasse als „haftungsrechtlich-dinglich" und begründet dies mit einer nach Funktionen gespaltenen dinglichen Zuordnung des anfechtbar erworbenen Gegenstandes. Gehört der Gegenstand somit zwar tatsächlich zum Vermögen des Anfechtungsgegners, so ist er dennoch „haftungsrechtlich-dinglich" dem Schuldner zuzurechnen. Aufgrund dieser Zuordnung habe der Verwalter die Befugnis, auch ohne Übertragung des Vollrechts über den anfechtbar veräußerten Gegenstand in dem Maße zu verfügen, wie dies ihm die Rechtsordnung erlaube.

Hieraus zieht er jedoch nicht die Konsequenz, daß der Primärbehelf dinglicher Natur sei. Vielmehr handele es sich wie bei der „haftungsrechtlich-schuldrechtlichen" Meinung um einen schuldrechtlichen Verschaffungsanspruch, der auf Rückübertragung des Vollrechts gerichtet ist. [127] Im Unterschied zu diesen Meinungen bedürfe es nach *Henckel* des schuldrechtlichen Übertragungsanspruches aber nur, wenn der Verwalter rein tatsächlich außerstande ist, über die Sache zu verfügen, etwa weil die von den zivilrechtlichen Übereignungstatbeständen vorausgesetzte besitzrechtliche Beziehung zur Sache fehlt. [128]

---

123 *Gerhardt* S. 284

124 in KTS 1987 S. 1 ff (22 ff); *ders.*: in „Insolvenzrechtsreform und Anfechtungsrecht" in ZG 1989 S. 138 ff

125 Siehe oben: § 2 III 1 a cc sowie *Eckardt* S. 40; *Henckel* in Kölner Schrift Rdnr. 84; a.A. ist jedoch *von Campe* (*ders.*: S. 257) sowie *Marotzke* selbst, der sich als Anhänger der dinglichen Theorie versteht (*ders.*: in KTS 1987 S. 1 (25)).

126 in Jaeger § 37 Rdnr. 19 ff; *ders.*: in JuS 1985 S. 836 ff; *ders.*: in Leipold S. 239 ff; *ders.*: in FS für Nagel S. 93 ff; *ders.*: in Kölner Schrift Rdnr. 83 f

127 *Eckardt* S. 39

128 Vgl.: *Henckel* in Jaeger § 37 Rdnr. 24.

### dd) Kritik der haftungsrechtlichen Theorie

Ausgangspunkt der haftungsrechtlichen Theorie ist die Anerkennung der Haftung als selbständiges Element der Forderung. Gerade dies wird jedoch von den Gegnern dieser Lehre bestritten: [129] Nach diesen folge die Begründung der Haftung allein dem Eigentum. Beides sei somit untrennbar miteinander verbunden und ein selbständiges Element der Haftung sei abzulehnen. Dem halten die Befürworter der haftungsrechtlichen Theorie jedoch richtigerweise entgegen, daß es im deutschen Recht Fälle gibt, in denen ein Gegenstand nicht für die Verbindlichkeit seines Eigentümers haftet und die Haftung sich daher auch „verselbständigen" kann. [130]

Weiterhin weist *K. Schmidt* [131] nach, daß die haftungsrechtliche Theorie als einzige mit dem in den Motiven dargelegten Willen des BGB-Gesetzgebers in Einklang zu bringen ist: Nur durch diese Theorie lassen sich die in § 29 KO manifestierte Unwirksamkeit der Veräußerung und die Verpflichtung zur Rückgewähr gemäß § 37 KO logisch richtig miteinander verknüpfen. Der Anspruch aus § 37 KO werde hierbei als ein „Hilfsanspruch" [132] dann gebraucht, wenn dies der in § 29 KO dargelegten haftungsrechtlichen Unwirksamkeit dient. [133]

Wichtigstes Argument für die haftungsrechtliche Theorie ist jedoch, daß durch sie viele Schwächen der schuldrechtlichen Theorie umgangen werden können oder gar nicht erst entstehen: [134]

So kann diese Meinung als einzige das Recht des Konkursverwalters zur Drittwiderspruchsklage begründen. Weiterhin erspart sich diese Theorie bei einer anfechtbaren, noch nicht erfüllten Schuldbegründung eine Erweiterung des § 37 KO dahingehend, daß sich aus diesem auch eine Pflicht des Anfechtungsgegners ergebe, die erworbene Forderung nicht geltend zu machen. Der Verwalter kann sich vielmehr aufgrund der haftungsrechtlichen Unwirksamkeit direkt gegen die Forderung wehren.

Als Beispiel sei noch der Schulderlaß genannt: Nach der haftungsrechtlichen Theorie kann sich der Verwalter bei der Einforderung einer vom Gemeinschuldner dem Anfechtungsgegner erlassenen Forderung gegenüber den Einwand des Gegners, die Forderung sei erlassen, auf die - durch haftungsrechtliche Unwirksamkeit begründete - Anfechtbarkeit des Erlaßvertrags berufen. Nach der schuldrechtlichen Theorie soll in einem solchen Fall hingegen der Gegner verpflichtet sein, die erlassene Verbindlichkeit so zurückzugewähren, wie sie ohne den Erlaß bestehen würde. [135] Auch hier erspart die haftungsrechtliche Theorie daher einen unnötigen Umweg. [136]

---

129 *Kuhn/Uhlenbruck* § 29 Rdnr. 1 c; *Rutkowsky* S. 97 und 122

130 So führt etwa *Henckel* das Beispiel des § 1121 BGB an (*ders*.: in Jaeger § 37 Rdnr 21). *Von Campe* verweist weiterhin auf § 392 II HGB (*ders*.: S. 264).

131 in JZ 1990 S. 619 (621 f)

132 Diesen Begriff prägt *Eckardt* (*ders*.: S.53) unter Verweis auf *Henckel* (*ders*.: in Jaeger § 41 Rdnr. 44).

133 *Von Campe* S. 265; *Henckel* in Jaeger § 37 Rdnr. 78; *Kreft* in Eickmann „Heidelberger Kommentar zur Insolvenzordnung" § 129 Rdnr. 69 ff

134 Siehe auch die sehr detaillierten Darstellung von *Henckel* (*ders*.: in Jaeger § 37 Rdnr. 25 bis 78; *ders*.: in JuS 1985 S. 836 (842)), die Ausführungen von *Biehl* zur InsO (*ders*.: in ZInsO 1999 S. 313 (318 ff)), sowie die Darstellung der Schwächen der schuldrechtlichen Theorie, oben: § 2 III 1 b dd.

135 Zur schuldrechtlichen Theorie: *Lent* in Jaeger § 37 Anm. 3; zur haftungsrechtlichen Theorie: *Henckel*

Somit läßt sich feststellen, daß die sich im Vordringen befindliche Lehre von der haftungsrechtlichen Unwirksamkeit nicht nur als die modernste der drei vertretenen Ansichten darstellt, sondern auch hinsichtlich praktischer Einzelfragen zu den besseren und insbesondere sinnvolleren Ergebnissen gelangt.

## 2. Änderung durch die Insolvenzordnung

Wie schon dargestellt [137] konnte auch mit der Schaffung der Insolvenzordnung der Streit über die Rechtsnatur der Gläubigeranfechtung nicht endgültig beigelegt werden. Es fehlt vielmehr an einer ausdrücklichen Stellungnahme des Gesetzgebers sowohl in den Materialien als auch in der Insolvenzordnung selbst.

Jedoch schließt dieser Mangel an einer ausdrücklichen Stellungnahme nicht aus, daß der Gesetzgeber in seinen Materialien oder durch die in der Insolvenzordnung vorgenommenen Änderungen einen tatsächlichen Anstoß in die eine oder andere Richtung vorgenommen hat. In diese Überlegungen sind neben den Reformentwürfen speziell die Neufassungen des § 29 KO (~ § 129 InsO), des § 37 KO (~ § 143 InsO) und des § 41 KO (~ § 146 InsO) miteinzubeziehen. Auch gilt es, die Vereinheitlichung des Insolvenzverfahrens sowie die Vollstreckungssperre des § 88 InsO zu beachten.

### a) Reformentwürfe

In Leitsatz 5.1 des ersten Berichts der *Kommission für Insolvenzrecht* (~ § 29 KO ~ § 129 InsO) [138] als auch in den Folgeentwürfen sowie in der Insolvenzordnung werden die Worte „als den Konkursgläubigern gegenüber unwirksam“ weggelassen. In der Begründung dazu legt die *Kommission für Insolvenzrecht* [139] dar, daß sie damit auf eine Stellungnahme zum Theorienstreit über die Rechtsnatur der Anfechtung verzichte, diesen vielmehr der Wissenschaft und der Rechtsprechung überlasse. Diese Zurückhaltung wird an anderer Stelle jedoch aufgegeben: [140] So ist die *Kommission für Insolvenzrecht* - was oft übersehen wird - in der Begründung zu Leitsatz 5.15 (~ § 41 KO ~ § 146 InsO) der Meinung, daß „sich die Auffassung durchgesetzt habe, daß die Anfechtbarkeit einen Anspruch auf Rückführung in die Insolvenzmasse begründe“. Wollte sich die *Kommission* somit einerseits neutral verhalten, so hat sie andererseits doch ihre Präferenz für die schuldrechtliche Theorie zum Ausdruck gebracht.

Noch deutlicher wurden die Verfasser des *Referentenentwurfs*. In diesem heißt es nämlich: [141] „Schon im geltenden Recht hat sich die Auffassung durchgesetzt, daß die Anfechtbarkeit einer

---

in Jaeger § 37 Rdnr. 32.

136 Im Ergebnis ebenso: *Mesch* S. 12 f und 107 ff.

137 Siehe oben: Einleitung zu § 2 III.

138 Im folgenden wird in dieser Form sowohl zu den Leitsätzen als auch zu den Paragraphen des Entwurfes jeweils der entsprechende Paragraph der KO und der InsO genannt.

139 Begründung zu LS 5.1 S. 402

140 Erster Bericht der *Kommission für Insolvenzrecht* Begründung zu LS 5.15 S. 432

141 *Referentenentwurf Insolvenzrechtsreform* herausgegeben vom Bundesministerium der Justiz Teil III S. 144

Rechtshandlung nicht als relative Unwirksamkeit aufzufassen ist, sondern lediglich einen obligatorischen Rückgewähranspruch begründet".

Für diese Stellungnahme wurden die Verfasser stark kritisiert: So wehrt sich *Henckel* [142] heftig dagegen, daß sich der Gesetzgeber in so lapidarer Form zu einem jahrelang schwelenden und keineswegs entschiedenen Streit Stellung nimmt. Auch weist *Eckardt* [143] mit Recht darauf hin, daß sich die Mehrzahl der Autoren, die sich in jüngerer Zeit mit dem Thema befaßt haben, gegen die schuldrechtliche Theorie aussprechen und daher von einer „durchgesetzten Meinung" keine Rede sein kann.

Im § 144 der Begründung des *Gesetzentwurf der Bundesregierung* (~ § 29 KO ~ § 129 InsO) wird die Formulierung dann auch abgeschwächt. Darin heißt es: [144] „Schon im geltenden Recht hat sich die Auffassung durchgesetzt, daß (...) **im Regelfall** ein obligatorischer Rückgewähranspruch begründet wird. **Eine weitergehende Stellungnahme zum Streit über die Einordnung der Anfechtung ergibt sich aus dem Entwurf nicht.**"

Aus dieser Klarstellung wird deutlich, daß die Gesetzgeber zumindest nicht die Absicht hatten, schon im Ansatz den Streit zwischen der schuldrechtlichen und der haftungsrechtlichen Theorie zu entscheiden.

b) Neufassung des § 29 KO

Vergleicht man die alte und die neue Fassung des konkursrechtlichen Anfechtungsgrundsatzes (§ 29 KO ~ § 129 InsO), so fallen zweierlei Dinge auf: Zum einen die schon erwähnte Weglassung der Anfechtungsfolge „als den Konkursgläubigern gegenüber unwirksam". Zum anderen das Verbleiben bei der Diktion „Anfechtung".

Nach einer Ansicht war es das Ziel der Weglassung des Satzteils, der dinglichen Theorie eine Absage zu erteilen. [145] Richtig daran ist, daß die Vertreter dieser Theorie in dem weggelassenen Satz ein Argument für ihre Meinung gesehen haben. Jedoch wird hierbei übersehen, daß das zweite wesentliche Argument für die dingliche Theorie in der Parallele zur zivilrechtlichen Anfechtung zu sehen ist. Diese Parallele wurde zumeist mit Hilfe der Wortwahl „Anfechtung" beschrieben. Wollte somit der Gesetzgeber der dinglichen Theorie eine ausdrückliche Absage erteilen, so hätte er dies besser mit der Umbenennung des Rechtsbehelfes getan.

Allein aus der Ablehnungshaltung gegenüber der dinglichen Theorie kann die Weglassung daher nicht begründet werden. Andererseits ist jedoch unbestritten, daß der Gesetzgeber der Insolvenzordnung nicht eine heute kaum mehr vertretene Theorie [146] wieder aus dem Schlaf

142 in Leipold S. 239 (239 f)
143 S. 375 mit Nachweisen auf S. 37
144 *Gesetzentwurf der Bundesregierung* in BR-Drucksache 1/92 S. 157
145 So im Ergebnis: *Eckardt* S. 377.
146 Als einziger Vertreter wird noch *Marotzke* (*ders.*: KTS 1987 S. 1 ff) genannt, der aber - wie nachgewiesen (siehe oben: III. 1. c) cc)) – eigentlich der haftungsrechtlichen Theorie zuzurechnen ist.

erwecken wollte. [147] Nur um diesen Willen zu verdeutlichen, sah er aber keine Notwendigkeit, auf schon gewohnte Begrifflichkeiten zu verzichten.

*Henckel* [148] wiederum geht davon aus, daß der weggelassene Satz in der Weise ausgelegt wurde, daß daraus die allgemeine Voraussetzung der Gläubiger**benachteiligung** herauszulesen sei. Die Weglassung begründe sich daher damit, daß die Gläubigerbenachteiligung jetzt ausdrücklich in § 129 InsO festgeschrieben wurde. Mit dieser Argumentation versucht *Henckel* als Vertreter der haftungsrechtlichen Theorie jedoch, vom Hauptschauplatz abzulenken: Hat die haftungsrechtliche Theorie sich der „Unwirksamkeit den Konkursgläubigern gegenüber" bisher als Begründung bedient [149], so wird jetzt der Verlust eines die Theorie stützenden Wortlauts befürchtet. Entgegen *Henckels* Befürchtung ergibt aber auch dieser Verlust - und daher ist sein Ablenkungsversuch überflüssig - keine Ablehnung der haftungsrechtlichen Theorie durch den Gesetzgeber. Wurde diese Meinung zwar eines ihrer Argumente beraubt, welches auf der Unstimmigkeit des Gesetzestextes der Konkursordnung beruhte, so bedeutet der Wegfall dieser Schwäche der Konkursordnung dennoch keine Ablehnung der gesamten Theorie.

Das Hauptziel der Weglassung ist vielmehr in der Beseitigung einer Formulierung zu sehen, die in ihrer über 100-jährigen Bestehenszeit durch ihrer dogmatische Unschärfe und schwer zu systematisierende Regelungswirkung dem Streit über die Rechtsnatur der Gläubigeranfechtung mehr geschadet als genutzt hat. In genau dieser Weglassung jetzt jedoch eine Entscheidung dieses Streites zu sehen, würde bedeuten, den vom Konkursgesetzgeber im letzten Jahrhundert gemachten Fehler in die Insolvenzordnung und somit in das 21. Jahrhundert „mitzunehmen".

c) Neufassung des § 37 KO

Bei der Neufassung des § 37 KO (~ § 143 InsO) fallen zwei Dinge auf: Zum einen wurde die - nun amtliche - Überschrift in „Rechtsfolgen" geändert; zum anderen verweist § 143 I 2 InsO ausdrücklich auf die Rechtsfolgen einer ungerechtfertigten Bereicherung. Stellt die Verweisung dabei lediglich eine Gesetzespositivierung geltender Rechtsprechung dar, so ist die Neufassung der Überschrift eine echte Änderung.

Bei der Frage, ob die Änderung der Überschrift Auswirkungen auf den Streit um die Rechtsnatur der Anfechtung hat, ist entscheidend, welche Funktion man dem § 143 InsO zurechnet: Sieht man in dieser Vorschrift die **alleinige** Anfechtungsrechtsfolge geregelt, so würde dies einen alleinigen schuldrechtlichen Rückgewähranspruch und somit die schuldrechtliche Theorie begründen. Dafür spricht die auf Exklusivität hinweisende amtliche Überschrift „Rechtsfolgen". Aus Sicht der haftungsrechtlichen Theorie ist jedoch der § 143 InsO nur eine

---

147 So auch: *Gerhardt* „Zur Reform des Insolvenzrechts: das Anfechtungsrecht im Konkurs" in ZIP 1985 S. 582 (588).

148 in Leipold S. 239 (240)

149 So: *Henckel* in Jaeger § 37 Rdnr. 78: „(...) die haftungsrechtliche Unwirksamkeit kann aus § 29 abgeleitet werden." Zwar geht *Henckel* in einer späteren Stellungnahme davon aus, daß auch nach seiner Meinung der § 29 KO „uminterpretiert werden mußte" (*ders.*: in Kölner Schrift zur Insolvenzordnung Rdnr. 84). Dies ändert jedoch nichts an der Begründungshilfe.

Regelung für den **Teilbereich**, daß etwas anfechtbar „veräußert, weggegeben oder aufgegeben ist". Nur in diesem Fall käme der „Hilfsanspruch" des § 143 InsO zur Anwendung, während anderenfalls die haftungsrechtliche Unwirksamkeit direkt wirken würde. [150]

Auch hier gibt daher der Gesetzeswortlaut keine genaue Auskunft über die vom Gesetzgeber vertretene Meinung. Vielmehr lassen sich mit ihm, wie schon mit § 37 KO, beide Ansichten begründen. Sah einerseits schon *Uhlenbruck* [151] wegen des § 37 KO eine Verwirklichung der haftungsrechtlichen Unwirksamkeit nur de lege ferenda als möglich, *Henckel* [152] andererseits jedoch § 37 KO nur als Sonderregel neben der generellen haftungsrechtlichen Unwirksamkeit, so kann allein die nun amtliche Überschrift an der Zweideutigkeit des § 37 KO bzw. des § 143 InsO nichts ändern.

d) Neufassung des § 41 KO

In der Entwicklung des § 41 KO und des jetzigen § 146 InsO spiegelt sich die gesamte Unsicherheit des Gesetzgebers über die Rechtsnatur der Konkursanfechtung wider. Die ursprüngliche Fassung der Konkursordnung von 1877 sprach in ihrem dem § 41 entsprechenden § 34 von einer „Verjährung des Anfechtungsrechts". In der Konkursnovelle von 1898 glaubte man, die Verjährungsfrist in eine Ausschlußfrist umwandeln zu müssen. [153] Als Grund dafür heißt es in den Motiven zur Konkursnovelle: [154] „Nach dem BGB unterliegen nur Ansprüche einer Verjährung, das Anfechtungsrecht ist aber nicht als Anspruch im Sinne des Gesetzbuches zu sehen".

Grundlage für die Änderung der Verjährungsregel war insoweit die Fehlvorstellung, daß auch das Anfechtungsrecht der Gläubiger ein Gestaltungsrecht sei und die Angleichung an das BGB daher diese Änderung erzwänge. [155] *Weber* [156] weist diesbezüglich darauf hin, daß sich die aus dieser Regelung ergebenen Probleme heute (1961) nur deshalb nicht mehr verwirrend auswirken, weil sie so groß waren, daß sich Rechtsprechung und Lehre vollends von der dinglichen Theorie und dem Wortlaut des § 41 KO abgewendet und der Anwendung der Verjährungsvorschriften des BGB zugewendet haben.

Aus diesen Gründen kehrt der Gesetzgeber in der Insolvenzordnung wieder zu dem in der Konkursordnung 1877 vorgesehenen Verjährungsmodell zurück. Darin ist eine - im Hinblick auf den Streit neutrale - Abkehr von den (Fehl-) Vorstellungen des Novellengesetzgebers zu erkennen. Mit dieser Änderung ermöglicht der Gesetzgeber vielmehr wieder die unmittelbare Anwendung der Vorschriften des BGB über Unterbrechung und Hemmung. [157]

---

150 Vgl. nur: *Eckardt* S. 378 und S. 53.
151 § 37 Rdnr. 9
152 in Jaeger § 37 Rdnr. 78
153 *Gerhardt* in ZIP 1985 S. 582 (590); *Henckel* in Jaeger § 41 Rdnr. 4
154 *Hahn* S. 293 f
155 *Gerhardt* S. 94 ff insbesondere S. 105 f und 137; erster Bericht der *Kommission für Insolvenzrecht* S. 431
156 „Der Verwalterwechsel während der Ausschlußfrist des § 41 KO" in KTS 1961 S. 49 (50)
157 *Gesetzentwurf der Bundesregierung* in BR-Drucksache 1/92 S. 169

Ein Impuls zugunsten der schuldrechtlichen Theorie könnte sich jedoch dennoch daraus ergeben, da der Wortlaut der Verjährungsregel sich gemäß § 146 InsO auf den „Anfechtungsanspruch“ anstatt - wie in § 41 KO - auf die „Anfechtung“ bezieht. Würde man nämlich mit der haftungsrechtlichen Theorie den Anfechtungsanspruch allein als Hilfsanspruch in Form des § 143 InsO erblicken, so hätte dies zur Folge, daß in dem Fall der direkten haftungsrechtlichen Unwirksamkeit eine Verjährung nicht eingreift. Dies entspräche jedoch weder den Vorstellungen des Gesetzgebers noch denen der Vertreter der haftungsrechtlichen Theorie.

Nach *Eckardt* [158] ist eine so verstandene Beschränkung der Anwendbarkeit des § 146 InsO bei Anwendung der haftungsrechtliche Theorie jedoch zum einen schon deswegen abzulehnen, weil dies der Strukturgleichheit von Insolvenz- und Einzelanfechtung widerspräche und der Gesetzgeber bei der Neufassung des Anfechtungsgesetzes bei einer Ausschlußregel geblieben sei. Zum anderen könne der Bezug auf den „Anfechtungsanspruch“ auch so verstanden werden, daß darunter alle anfechtungsrechtlich begründeten Ansprüche zu verstehen sind und somit auch die aus der haftungsrechtlichen Unwirksamkeit resultierenden.

Dem ist insoweit zuzustimmen, als auch die neuere Literatur [159] zur haftungsrechtlichen Theorie deutlich macht, daß sie § 146 InsO für alle anfechtungsrechtlichen Vorschriften als maßgeblich erachtet. Bei der älteren Literatur [160] ergibt sich dieses Problem nicht, da sich nach ihr der aus der haftungsrechtlichen Unwirksamkeit resultierende Rückgewähranspruch in Voraussetzung und Wirkung weitgehend mit einem schuldrechtlichen Anspruch deckt.

Die Begründungsschwierigkeiten jedoch, wie von *Eckardt* vorgeschlagen, über die Strukturgleichheit von Insolvenz- und Einzelanfechtung zu lösen, ist bedenklich. Man könnte nämlich e contrario genauso zu dem Ergebnis kommen, daß eine durch den Wortlaut des § 146 InsO begründete Verjährungsregel wegen der Strukturgleichheit mit der Ausschlußregel des Anfechtungsgesetzes eben auch für dieses gelten müsse. Darüber hinaus entstehen die Schwierigkeiten ja gerade nicht aus der Umformung in eine Verjährungsregel, sondern aufgrund des Wortlautes „Anfechtungsanspruch“.

### e) Änderungen durch die Verfahrensvereinheitlichung

Eine weitere - wenn nicht die grundlegende - Änderung durch die Einführung der Insolvenzordnung ist die Vereinheitlichung des Konkurs- und des Vergleichsverfahrens. Aus dieser Vereinheitlichung folgt, daß eine Anfechtung nach der Insolvenzordnung unabhängig davon durchgeführt werden kann, ob das Verfahren zur Liquidation oder zur Sanierung führt.

Dies ist nicht unproblematisch, da die haftungsrechtliche Theorie ihre Grundlage darin sieht, daß ein anfechtbar veräußerter Gegenstand in der Hand des Anfechtungsgegners für die Verbindlichkeiten des Schuldners weiter haftet. [161] Diese Theorie stellt somit allein auf die

---

158 Vgl.: S. 378: Aus diesem Grunde könne aufgrund der Strukturgleichheit keine andere Wirkung der Anfechtung nach der InsO beschrieben werden, als diese auch nach dem AnfG gewollt sei.

159 *Von Campe* S. 324 f; *Häsemeyer* Rdnr. 21.103; *Henckel* in Kölner Schrift zur Insolvenzordnung Rdnr. 80

160 *Gerhardt* S. 284; *Paulus* in AcP 155 (1956) S. 277

161 So schon: *Paulus* in AcP 155 (1956) S. 277 (300).

Haftungsfunktion des weggegebenen Gegenstandes ab, während das einheitliche Insolvenzverfahren daneben auch die Sanierungsfunktion berücksichtigt. Fraglich ist daher, ob die Sanierungsfunktion auch mit der haftungsrechtlichen Theorie in Einklang zu bringen ist. [162]

Wie schon dargestellt [163] ist in der Begründung des *Gesetzentwurfs der Bundesregierung* zu § 1 InsO zwar von dem Erhalt des Unternehmens als Verfahrensziel die Rede. Nach der Begründung dient die Sanierung jedoch ebenfalls einer möglichst umfassenden Befriedigung der Gläubiger. Im *Bericht des Rechtsausschusses* [164] wird insoweit auch die Sanierung ausdrücklich als ein Weg der Gläubigerbefriedigung angesehen. Letztlich bildet die Sanierung daher lediglich eine zeitlich nach hinten verschobene Befriedigung des Haftungsinteresses der Gläubiger.

Demzufolge steht die Sanierungsfunktion des einheitlichen Insolvenzverfahrens ebenfalls unter der Prämisse des Schutzes der Masse, die den Gläubigern des Insolvenzschuldners zur Verfügung steht. Die auf die haftungsrechtliche Zuweisung beruhende haftungsrechtliche Theorie bleibt daher auch unter dem Aspekt der Sanierung schlüssig.

f) Vollstreckungssperre des § 88 InsO

Mit der Neuschaffung der Insolvenzordnung wurde mit § 88 InsO eine der Vergleichsordnung nachgebildete sogenannte Vollstreckungssperre eingeführt. Gemäß § 88 InsO werden in Folge von Zwangsvollstreckungsmaßnahmen erlangte Sicherungen innerhalb einer kritischen Zeitspanne vor dem Antrag auf Eröffnung des Insolvenzverfahrens für unwirksam erklärt. [165]

Bezüglich der Frage nach der Rechtsnatur der Anfechtung könnte der § 88 InsO einerseits zur Begründung der haftungsrechtlichen Theorie insoweit dienen, als daß in dieser Vorschrift ebenfalls eine Unwirksamkeit durch Gesetz geregelt wird. Wirkt diese bei Zwangsvollstreckungsmaßnahmen als absolute, so ist der Weg zu einer haftungsrechtlichen Unwirksamkeit der Insolvenzanfechtung bei den übrigen Maßnahmen nur ein kurzer.

Auf der anderen Seite könnten die Befürworter der schuldrechtlichen Theorie anführen, daß ein haftungsrechtliche neben einer absoluten Unwirksamkeit sinnlos wäre. Dagegen ist jedoch zu sagen, daß ein solches Nebeneinander gar nicht denkbar ist: [166] Ergänzt zwar die Vollstreckungssperre die Insolvenzanfechtung, so entsteht jedoch durch die Unwirksamkeitsfolge des § 88 InsO bei den Gläubigern keine in den §§ 129 ff InsO vorausgesetzte benachteiligende Wirkung. Die aus § 88 InsO folgende Unwirksamkeit schließt daher eine Insolvenzanfechtung prinzipiell aus.

Indes sehen weite Teilen der Literatur [167] den § 88 InsO als neben der Insolvenzanfechtung unnötiges und systemwidriges Überbleibsel der Vergleichsordnung, in welcher die Vollstrek-

---

162 Auf dieses Problem wurde erstmalig durch *von Campe* hingewiesen (*ders.*: S. 266 und 21 f).
163 Siehe oben: II 3 b: *Gesetzentwurf der Bundesregierung* in BR-Drucksache 1/92 S. 108.
164 in BT-Drucksache 12/7302 S. 155
165 *Gesetzentwurf der Bundesregierung* in BR-Drucksache 1/92 S. 137; siehe dazu auch unten: § 4 III 4 c.
166 Im Ergebnis - jedoch zur Konkurs- / Vergleichsordnung - ebenso: *OLG Stuttgart* ZIP 94 S. 722.
167 *Baur/Stürner* Rdnr. 19.38; *Wolf* „Allgemeine Wirkung der Insolvenzeröffnung" in Leipold S. 113

kungssperre dadurch seine Berechtigung fand, daß eine Anfechtung nicht möglich war; diese Berechtigung fehle ihr heute. Aufgrund dieser Systemwidrigkeit kann die Vollstreckungssperre aber auch nicht als Begründung für die eine oder andere Theorie dienen. Vielmehr ist diese gesondert zu beurteilen.

### 3. Ergebnis

Ausgangspunkt der Betrachtung muß der oben dargestellte Wille des Gesetzgebers sein, sich einer ausdrücklichen Stellungnahme über die Rechtsnatur der Insolvenzanfechtung zu enthalten. Dennoch ist eine gesetzgeberische Tendenz dahingehend zu erkennen, der Anfechtung eine schuldrechtliche Wirkung beizumessen: Hier sind die Streichung in § 129 InsO, die Überschrift in § 143 InsO, die Rückkehr zur Verjährungsregel oder der Verweis auf den „Anfechtungsanspruch" in § 146 InsO zu nennen.

Jedes dieser Einzelargumente läßt sich zwar auch zugunsten der haftungsrechtlichen Theorien auslegen oder zumindest als neutral bewerten. [168] In ihrer Gesamtheit aber lassen sie eindeutig die - von der *Kommission für Insolvenzrecht* und im *Referentenentwurf* deutlich gemachte, im *Gesetzentwurf der Bundesregierung* unter Druck zurückgenommene - Präferenz des Gesetzgebers für die schuldrechtliche Theorie erkennen.

Jedoch hat die Entwicklung zur Konkursordnung gezeigt, daß von der Lehre wie von der Rechtsprechung dem gesetzgeberischen Wille nicht immer gefolgt wurde. So hat zum Beispiel die klare Entscheidung für die dingliche Theorie in der Novelle zur Konkursordnung weder die Lehre noch die Rechtsprechung nicht davon abgehalten, sich von dieser letztlich vollständig zu lösen. [169]

Die Vorzüge [170] der haftungsrechtlichen Theorie geben neben der ausdrücklichen Offenlassung des Streites durch den Gesetzgeber der Praxis somit auch heute, trotz einer in der Kodifikation erkennbaren Präferenz für die schuldrechtliche Theorie, die Möglichkeit, sich der haftungsrechtlichen Theorie zuzuwenden.

---

(115 ff); gegen die Zweigleisigkeit von rechtsgeschäftlichen und vollstreckungsrechtlichen Maßnahmen auch: *Gerhardt* in 100 Jahre KO S 111 (132); *Pfefferle* S. 106 ff

168 Dies wird mit Vorliebe unter Verweis auf die im Gesetzentwurf der Bundesregierung betonte „Neutralität" des Gesetzgebers gemacht. Jedoch verbietet sich diese Betrachtungsweise gerade dann, wenn gefragt wird, ob der Gesetzgeber sich durch tatsächliche Handlungen für eine Theorie entschieden hat.

169 Zur Novelle: *Hahn* S. 294; zur Lehre: z. B. *Jaeger* „Die Form der Gläubigeranfechtung" in DJZ 1905 S. 128 ff; zur Rechtsprechung: z. B. *RG* LZ 1907 S. 837 (838).

170 Siehe oben: § 2 III 1 c dd.

## § 3 Allgemeine Voraussetzungen der Insolvenzanfechtung

§ 129 InsO bestimmt als Grundsatz, daß Rechtshandlungen angefochten werden können, welche vor Eröffnung des Insolvenzverfahrens vorgenommen worden sind und dabei die Insolvenzgläubiger benachteiligen. Damit bezeichnet diese Vorschrift die Tatbestandsvoraussetzungen, die unabhängig davon vorliegen müssen, welcher spezielle Anfechtungstatbestand vorliegt. So werden zum einen Rechtshandlungen innerhalb eines gewissen Zeitraums als bestimmter Anfechtungsgegenstand bezeichnet; zum anderen wird gefordert, daß die Gläubiger durch diese Handlungen benachteiligt werden.

Neben diesen durch § 129 InsO begründeten allgemeinen Tatbestandsvoraussetzungen gibt es noch zwei weitere Erfordernisse, die bei allen Arten der Insolvenzanfechtung vorliegen müssen: Hierbei handelt es sich einmal um eine zeitliche Nähe zur materiellen Insolvenz des Gemeinschuldners sowie des weiteren um die subjektive Voraussetzung der Kenntnis der materiellen Insolvenz bzw. der auf diese hindeutenden Tatsachen.

### I. Gegenstand der Insolvenzanfechtung

Im Folgenden wird die den Insolvenzverwalter zur Anfechtung berechtigende Handlung näher untersucht. Hierfür muß gemäß § 129 InsO eine Rechtshandlung vorliegen, die entweder vom Gemeinschuldner oder einem Dritten vor der Eröffnung des Verfahrens vorgenommen wurde.

### 1. Rechtshandlung

Auch in der Insolvenzordnung wie schon in der Konkursordnung hat der Gesetzgeber den Begriff Rechtshandlung verwendet. Eine Definition dieses Begriffes nimmt die Insolvenzordnung hingegen selbst nicht vor. [1]

#### a) Begriff der Rechtshandlung

Der Gesetzgeber tat sich schon bezüglich der Konkursordnung mit einer Definition des Begriffs Rechtshandlung schwer. Die Motive [2] zu ihr verweisen lediglich darauf, daß „in Anlehnung an fast alle neuen Gesetzgebungen der Begriff als möglichst weitgehend gewählt werde". Diese Tendenz, einen möglichst weitgehenden Begriff für die Umschreibung der anfechtbaren Handlungen zu suchen, fand ihren Ursprung in der preußischen Konkursordnung von 1855; Ziel der Verwendung dieses Begriffes war dabei die Vereinheitlichung der bisher üblichen - jedoch differierenden - Bezeichnungen. [3]

---

1 Allgemein wird eine Rechtshandlung definiert als jedes rechtlich bedeutsame menschliche Verhalten, an das die Rechtsordnung Folgen knüpft. In einem engerem Sinne ist eine Rechtshandlung im Privatrecht jedes menschliche Verhalten, das nicht Rechtsgeschäft ist (so: *Köbler* „Juristisches Wörterbuch" S. 319).

2 *Hahn* „Die gesamten Materialien zu den Reichs-Justizgesetzen Bd. IV." S. 122

3 *German* „Die Anfechtung von Unterlassen nach dem Anfechtungsgesetz und der Konkursordnung"

aa) Definitionsversuch zu § 29 KO

In der Folgezeit bemühten sich daher Lehre und Rechtsprechung den Begriff der Rechtshandlung, der sich allein durch seine Weite auszeichnete, zu konkretisieren: So wurde die Rechtshandlung teils [4] als „jedes vorkonkursliche Handeln, das eine rechtliche Wirkung auslöst“, definiert, teils [5] als „alle Handlungen mit rechtlicher Wirkung“, gleich ob diese gewollt oder nicht gewollt sind. Nach *Henckel* [6] ist der Begriff der Rechtshandlung im weitesten Sinne zu verstehen; er umfaßt daher alle Rechtsgeschäfte aber auch alle rechtsgeschäftsähnlichen Handlungen des materiellen sowie prozessualen Rechts sowie Realakte. Der *BGH* [7] versteht unter einer Rechtshandlung jedes Handeln, das eine rechtliche Wirkung auslöst und dem ein gewisser Vermögensbezug innewohnt.

Diese Definitionsversuche zeigen, daß diese sich gerade deshalb so schwierig gestalten, da die gewollte Weite des Begriffes letztlich fast jede Einschränkung verbietet. Richtigerweise wird jedoch auf eine inhaltliche Beschränkung hingewiesen: Nur solche Handlungen sind als Rechtshandlungen anzusehen, die auch von einem Handlungswillen getragen werden. [8]

bb) Definitionsversuche zu § 129 InsO

Die Gesetzesmaterialien zur Insolvenzordnung [9] wiederum verweisen auf den im Rahmen der Konkursordnung geltenden Rechtszustand. So soll der Anwendungsbereich der Insolvenzanfechtung in Anlehnung an § 29 KO umschrieben werden. Somit erfolgte die Übernahme der Bezeichnung „Rechtshandlung“ nahezu kommentar- aber auch kritiklos. [10] Auch bezüglich der Insolvenzordnung wird eine Rechtshandlung daher als jede Handlung definiert, die eine rechtliche Wirkung auslöst. [11]

Lediglich *Henckel* [12] äußert Kritik dahingehend, daß die Begrifflichkeit wohl auf überholte deliktsrechtliche Vorstellungen vom Anfechtungsrecht zurückzuführen sei. Beziehen sich nämlich heute nach allen vertretenen Anfechtungstheorien die Rechtsfolgen der Anfechtung auf die Wirkung der Handlung, so hätte die Formulierung des neuen Gesetzes Gelegenheit geboten, eine dogmatische Ungenauigkeit zu beseitigen: Anfechtungsgegenstand ist nicht die Handlung, sondern deren Wirkung.

---

S. 33

4 *Kuhn/Uhlenbruck* „Konkursordnung“ § 29 Rdnr. 6

5 *Huber* in Gottwald „Insolvenzrechts-Handbuch“ § 48 Rdnr. 13

6 in Jaeger „Konkursordnung“ 9. Auflage § 29 Rdnr. 4

7 *BGH* WM 1975 S. 1181; *BGHZ* 72 S. 39 (41)

8 *Baur/Stürner* „Zwangsvollstreckungs-, Konkurs- und Vergleichsrecht“ Band II Rdnr. 18.22; *Hess/Weis* „Das neue Anfechtungsrecht“ Rdnr. 70

9 *Referentenentwurf Insolvenzrechtsreform* herausgegeben vom Bundesministerium der Justiz Teil III S. 143; *Gesetzentwurf der Bundesregierung* in BR-Drucksache 1/92 S. 157

10 *Kühnemund* „Die insolvenzrechtliche Anfechtung von Prozeßhandlungen des Insolvenzschuldners nach der InsO“ S. 20 f

11 Vgl. nur: *Haarmeyer/Wutzke/Förster* „Handbuch der Insolvenzordnung“ Kap. 5 Rdnr. 211; *Smid/Zeuner* „Insolvenzordnung“ § 129 Rdnr. 40

12 „Insolvenzanfechtung“ in Leipold „Insolvenzrecht im Umbruch“ S. 239 (240 f); *ders.*: „Insolvenzanfechtung“ in „Kölner Schrift zur Insolvenzordnung“ S. 645 ff Rdnr. 83; ebenso: *Kreft* in Eickmann „Heidelberger Kommentar zur Insolvenzordnung“ § 129 Rdnr. 5

Ist dieser Einwand zwar nicht von der Hand zu weisen, so ist zugunsten des Gesetzgebers und der herrschenden Meinung jedoch anzuführen, daß diese den Begriff mehr aus der Sicht einer Tatbestandsvoraussetzung als aus der einer Rechtsfolgenbeschreibung betrachten. So wird bei der Verwendung des Begriffs auch vom Anwendungsbereich der Insolvenzanfechtung gesprochen oder von den Voraussetzungen der Anfechtungstatbestände. [13]

Aus der Sichtweise einer Anwendungsregel heraus ist auch zu verstehen, warum der Gesetzgeber gerade auf eine konkretere Eingrenzung des Begriffes verzichtet hat. Wie *Häsemeyer* [14] richtigerweise ausführt, ermöglicht die Privatautonomie dem Rechtsverkehr, Beeinträchtigungen der insolvenzrechtlichen Haftungsabwicklung mit vielfältigen Mitteln zu erreichen. Ihm steht dabei die privatautonome Gestaltungsfreiheit zu Gebote - beliebige Tatbestände können um beliebiger Rechtsfolgen willen geschaffen werden. Wegen dieser Wirkungsvielfalt, welcher der Gesetzgeber mittels Tatbestandsbildungen nur hinterherhinken könnte, wird daher im Insolvenzrecht mit dem Begriff „Rechtshandlung" praktisch auf jede gesetzliche Tatbestandsbildung verzichtet. Eine Umgehungsproblematik entfällt damit.

Unter Verzicht auf eine abschließende Regelung ist der Beschreibung des Begriffs daher am besten mit einer Aufzählung gedient; so werden im allgemeinen drei Kategorien von Handlungen erfaßt: [15] Zum einen Willenserklärungen, zum zweiten rechtsgeschäftsähnliche Handlungen und zum dritten Prozeß- sowie Vollstreckungshandlungen.

b) Anfechtbare Rechtshandlungen

Erscheint die Definition des Begriffs Rechtshandlung somit als leicht, so ergeben sich aus dessen Konturlosigkeit doch einige Probleme. Auf die Wichtigsten soll in der Folge eingegangen werden.

aa) Unterlassen als Handlung

Schon das römische Recht hat die Notwendigkeit der Anfechtbarkeit von Unterlassungen erkannt. So wurde unter einem „gestum" des Schuldners auch eine „non facere quod debet facere" verstanden. [16] Der Gesetzgeber zur Konkursordnung hingegen hatte die Anfechtbarkeit von Unterlassungen verneint und hierbei argumentiert, die Anfechtung wollte etwas Geschehens ungeschehen machen und nicht etwas Ungeschehenes als geschehenes fingieren. [17]

Sehr bald erkannte jedoch die Rechtsprechung und die herrschende Lehre, daß ein umfassender Schutz der Gläubiger nur erreicht werden kann, wenn auch ein Unterlassen als

---

13 *Gesetzentwurf der Bundesregierung* in BR-Drucksache 1/92 S. 157; so auch *Henckel* selbst: *ders.* in Jaeger Überschrift zu § 29 Rdnr. 4 ff

14 „Insolvenzrecht" Rdnr. 21.28 f

15 Zur KO: *Kuhn/Uhlenbruck* § 29 Rdnr. 6; zur InsO: *von Campe* „Insolvenzanfechtung in Deutschland und Frankreich" S. 25.

16 *Kühnemund* S. 23

17 *Hahn* S. 125 ff

Rechtshandlung i.S.d. § 29 KO interpretiert wird. [18] In der Insolvenzordnung findet diese Erweiterung jetzt auch ihren gesetzlichen Niederschlag: Gemäß § 129 II InsO ist „eine Unterlassung" einer Rechtshandlung gleichgestellt. Hierbei verwies der Gesetzgeber auf die lange und einheitliche Auffassung in Rechtsprechung und Schrifttum über die notwendige Gleichbehandlung von Tun und Unterlassen. [19]

Bei dieser Begründung hat der Gesetzgeber jedoch unberücksichtigt gelassen, daß auch nach der Auffassung zur Konkursordnung keineswegs jegliches Unterlassen als Rechtshandlung anzusehen war, noch hat er bestimmt, nach welchem Umfang Unterlassungen nach der Insolvenzordnung anfechtbar sind. [20] Jedoch wird insoweit auf die zu § 29 KO entwickelten Grundsätze zu verweisen sein: [21] Hiernach ist nur bewußtes Unterlassen anfechtbar, da es ansonsten an der zum Begriff der Rechtshandlung notwendigen Willensbetätigung fehlt.

bb) Anfechtung wirkungsloser Rechtshandlungen

Fraglich ist weiterhin, ob ein nichtiges Rechtsgeschäft anfechtbar ist. In der Insolvenzordnung finden sich keine Regelungen darüber. In der Literatur ist diese Frage umstritten.

Eine Meinung [22] geht davon aus, daß auch ein nichtiges Rechtsgeschäft grundsätzlich anfechtbar ist. Diese von Anhängern der haftungsrechtlichen Theorie [23] vertretene Auffassung wird damit begründet, daß es nur empirischen Betrachtungen als Widerspruch erscheint, wenn man sich auf die haftungsrechtliche Unwirksamkeit neben allgemeinen Unwirksamkeitsgründen berufen kann. Zudem sprechen Günstigkeitsgesichtspunkte dafür, da unter Umständen die Anfechtungsvoraussetzungen leichter nachweisbar sind als die der Nichtigkeit.

Die wohl herrschende Meinung [24] verneint jedoch die Anfechtungsmöglichkeit nichtiger Rechtsgeschäfte. Vielmehr setze die Anfechtung die Wirksamkeit des Rechtsgeschäftes voraus, da beim Fehlen dieser Voraussetzung im allgemeinen schon eine Gläubigerbenachteiligung nicht vorliege. Eine Ausnahme von diesem Grundsatz ist dieser Auffassung nach jedoch dann zu machen, wenn durch das nichtige Rechtsgeschäft eine tatsächliche Besitzveränderung oder ein anderer tatsächlicher Zustand entstanden ist, durch den der Zugriff des Gläubigers erschwert oder ein Scheintatbestand geschaffen wurde, der einen gutgläubigen Erwerb ermöglicht. [25] Dies gelte etwa für den Grundbucheintrag nach nichtiger Auflassung, da

---

18 *RGZ* 6 S. 367 (369); *BGH* WM 1959 S. 891; *German* S. S. 43 ff; *Henckel* in Jaeger § 29 Rdnr. 5; *Kilger/Schmidt* „Konkursordnung" § 29 Anm. 8 c; *Kuhn/Uhlenbruck* § 29 Rdnr. 6; *Simeon/David* „Recht und Rechtsgang im Deutschen Reich" Band II S. 676

19 Vgl.: Begründung zum *Gesetzentwurf der Bundesregierung* in BR-Drucksache 1/92 S. 157.

20 *Von Campe* S. 25; *Kühnemund* S. 24

21 So auch: *von Campe* S.25; *Eichberger* „Die besondere Konkursanfechtung" S. 28; *Hess/Weis* Rdnr. 81; *Kamlah* „Die Anfechtung in der Insolvenz von Unternehmen" S. 23; *Kühnemund* S. 24; *Smid/Zeuner* § 129 Rdnr. 45

22 *Bruski* „Die Voraussetzungen der Konkursanfechtung" S. 25; *Häsemeyer* Rdnr. 21.33; *ders.*: „Aktuelle Tendenzen in der Rechtsprechung zur Konkurs- und Einzelanfechtung" in ZIP 1994 S. 418 (422 f)

23 Siehe oben: § 2 III 1 c.

24 *Von Campe* S. 27; *Eichberger* S. 29; *Huber* in Gottwald § 48 Rdnr. 9; *Kuhn/Uhlenbruck* § 29 Rdnr. 11; *Serick* „Eigentumsvorbehalt und Sicherungsübertragung" Band III S. 155

25 *BGH* NJW 1979 S. 102; *BGH* NJW 1996 S. 3147 (3148); *von Campe* S. 27; *Holzer* „Die Insolvenzanfechtung" in WiB 1997 S. 729 (733); *Huber* in Gottwald § 48 Rdnr. 9, *Kuhn/Uhlenbruck* § 29

dieser zu einer Änderung der formalen Rechtslage führt und der Gesamtheit der Gläubiger den Zugriff erschwert.

Nach *Henckel* [26] gelte diese Ausnahme jedoch nur dann, wenn sich die Gefahr für die Gesamtgläubigerschaft **realisiert** habe; die reine Gefährdung - zum Beispiel die reine Möglichkeit eines gutgläubigen Erwerbs - reiche nicht aus. Diese Einschränkung ist jedoch abzulehnen, da maßgebendes Kriterium das der Gläubigerbenachteiligung ist und für eine solche die bloße Erschwerung oder Verzögerung der Zugriffsmöglichkeit genügt. [27] Für eine Erschwerung oder Verzögerung bedarf es jedoch keiner realisierten Gefahr, bloße Besitzverschiebungen oder Grundbuchpositionen reichen aus. [28]

Einigkeit [29] besteht hingegen darüber, daß es notwendig sein kann, beide Ansprüche nebeneinander geltend zu machen. Verlangt zum Beispiel der Insolvenzverwalter die Herausgabe eines Gegenstandes wegen Nichtigkeit des Vertrages, so kommt hierfür ein Anspruch gemäß § 985 BGB in Betracht; will er den gleichen Gegenstand mit Hilfe der Anfechtung herausverlangen, so muß er nach der noch herrschenden schuldrechtlichen Theorie die Rückübereignung verlangen. Ist er daher unsicher, welcher Rechtsbehelf der richtige ist - etwa weil neben der Anfechtbarkeit noch eine Nichtigkeit wegen Wuchers in Betracht kommt - so muß es dem Konkursverwalter gestattet sein, beide Ansprüche nebeneinander geltend zu machen. Dieser Auffassung hat sich im Ergebnis auch die Rechtsprechung angeschlossen. [30]

cc) Anfechtung von Grund- oder Erfüllungsgeschäft

Fraglich ist weiterhin, ob sowohl das Grund- als auch das Erfüllungsgeschäft anfechtbar ist, oder nur eines von beiden. Nach dem den deutschen Recht zugrundeliegenden Abstraktionsprinzip handelt es sich nämlich bei beiden um selbständige Geschäfte. [31]

Die Lehre hat sich inzwischen nahezu einheitlich für eine strikten Vollzug des Abstraktionsprinzips entschieden: [32] Soll das gesamte Rechtsgeschäft - also etwa der Kauf gemäß § 433 BGB und die Übereignung gemäß § 929 BGB - rückgängig gemacht werden, so ist die Anfechtung beider Geschäfte erforderlich und die Tatbestandsvoraussetzungen müssen sowohl für das Grund- als auch für das Erfüllungsgeschäft vorliegen. [33]

---

Rdnr. 11; *Smid/Zeuner* § 129 Rdnr. 40

26 in Jaeger § 29 Rdnr. 215

27 Vgl. nur: *BGH* NJW 1989 S. 1037.

28 So auch: *von Campe* S. 27.

29 *Häsemeyer* Rdnr. 21.33; *Henckel* in Jaeger § 29 Rdnr. 217

30 *BGHZ* 118 S. 374 (380 f); *BGH* ZIP 1996 S. 1516 (1518)

31 Siehe anstatt vieler: *Medicus* „Allgemeiner Teil des BGB" Rdnr. 220 ff.

32 *Von Campe* S. 28 f; *Huber* in Gottwald § 48 Rdnr. 27, *Kuhn/Uhlenbruck* § 29 Rdnr. 8; *Kreft* in Heidelberger Kommentar zur Insolvenzordnung § 129 Rdnr. 12; *Lent* in Jaeger „Konkursordnung mit Einführungsgesetzen" § 29 Anm. 17 a Nr. 4 a; *Smid/Zeuner* § 129 Rdnr. 48

33 Hiervon zu unterscheiden ist die Frage, ob bei einer Anfechtbarkeit des Grundgeschäfts grundsätzlich auch das Erfüllungsgeschäft anfechtbar ist (so: *Kilger /Schmidt* „Insolvenzgesetze" § 29 Anm. 10; *Lent* in Jaeger § 29 Anm. 17 a Nr. 4 b; a.A.: *Henckel* in Jaeger § 30 Rdnr. 114). Diese Unterscheidung wird von manchen übersehen, mit der Folge, daß fälschlicherweise eine starke Literaturmeinung zugunsten der „Einheitslehre" angeführt wird. Nach richtiger Betrachtung wird jedoch oftmals - etwa beim „Ver-

Demgegenüber hat sich in der Rechtsprechung die Tendenz durchgesetzt, Grund- und Erfüllungsgeschäft als einheitlichen Vorgang zu betrachten. So hat der *BGH* [34] die Anfechtung auch des Grundgeschäftes zugelassen, obwohl dieses im Gegensatz zum Erfüllungsgeschäft nicht mehr in der Jahresfrist des § 32 Nr. 1 KO vorgenommen wurde.

Diese Ansicht ist jedoch abzulehnen: Sie verstößt nicht nur gegen das Abstraktionsprinzip, sondern untergräbt auch die dem Verkehrs- und Vertrauensschutz dienenden subjektiven und objektiven zeitlichen Voraussetzungen für eine Anfechtung. [35] Galt dies schon bezüglich der Konkursordnung, so muß dies erst recht für die Insolvenzordnung gelten, da in ihr die Fristen verlängert wurden. Hat die Rechtsprechung sich daher bezüglich der Konkursordnung bemüht, die zu kurzen zeitlichen Voraussetzungen durch eine „Gesamtbetrachtung" zu erweitern, so bedarf es dieses dogmatisch sehr bedenklichen Mittels jedenfalls nach dem neuen Recht nicht mehr. Grund- und Erfüllungsgeschäft sind demnach getrennt anzufechten.

dd) Teilanfechtung

Von der getrennten Anfechtung von Grund- und Erfüllungsgeschäft ist die Frage zu unterscheiden, ob Rechtshandlungen nur im ganzen angefochten werden können oder aber eine Teilanfechtung zulässig ist.

Nach allgemeiner Meinung [36] sind Rechtsgeschäfte und Rechtshandlungen nur als Ganzes anfechtbar, eine Teilanfechtung hingegen in der Regel ausgeschlossen. Etwas anderes soll nur dann gelten, wenn sich das Geschäft in mehrere selbständige Teile zerlegen läßt. Die Annahme einer Teilbarkeit würde jedoch im Gegensatz zur Ansicht des *BGH* [37] zu weit gehen, wenn eine Zerlegung allein der Höhe nach vorgenommen werden kann. Gemäß Insolvenzordnung ist nämlich ein Rechtsgeschäft anfechtbar, **wenn** es einen Gläubiger unmittelbar benachteiligt und nicht **soweit** es dies tut. [38]

In Betracht kommt allerdings zum Beispiel die Teilanfechtung einer im Zusammenhang mit einem Kaufvertrag getroffenen Verrechnungsabrede: Hat beispielsweise der Gemeinschuldner mit einem Käufer vereinbart, daß dieser den Kaufpreis mit Gegenforderungen verrechnen solle, so erscheint die Zulässigkeit einer Teilanfechtung dann sinnvoll, wenn zum einen der Kauf nicht ausschließlich wegen der eingeräumten Verrechnungsmöglichkeit eingegangen wurde, zum anderen dieser für den Gemeinschuldner vorteilhaft war. [39]

---

schleuderungskauf" - die Gläubigerbenachteiligung nur im Grundgeschäft zu erkennen sein. Dieses ist dann anzufechten und das Verfügungsgeschäft ist nach § 812 BGB rückabzuwickeln.

34 *BGH* KTS 55 S. 140 (141); *BGH* ZIP 1988 S. 585 (586); ebenso: *RGZ* 116 S. 136 f

35 Vgl.: *Baur/Stürner* Rdnr. 18.27; *von Campe* S. 29; *Gerhard* „Die Anfechtung eines durch Vormerkung gesicherten Anspruchs im Konkurs" in ZIP 1988 S. 749 (751); *OLG.Bremen* ZIP 1987 S. 1067.

36 *Hess* „Kommentar zur Konkursordnung" § 29 Rdnr. 32; *Huber* in Gottwald § 48 Rdnr. 26; *Kuhn/Uhlenbruck* § 29 Rdnr. 8; *Kilger/Schmidt* § 29 Anm. 10; *Lent* in Jaeger § 29 Anm. 17 a Nr. 1 – 3; *RGZ* 21 S. 95 (99 f); *OLG Köln* ZIP 1995 S. 138

37 *BGHZ* 77 S. 250 ff: Dort hat der BGH das Rechtsgeschäft dahingehen zerlegt, ob es noch angemessen hoch oder schon unangemessen war.

38 So: *von Campe* S. 28; *Henckel* in Jaeger § 29 Rdnr. 184; a.A. *Huber* in Gottwald § 29 Rdnr. 26 bezüglich eines unangemessen hohen Anwaltshonorars.

39 Das *OLG Köln* wies in einem solchen Fall jedoch die nur auf die Verrechnungsabrede gerichtete Klage

ee) Anfechtung von Prozeßhandlungen

Nach allgemeiner Meinung [40] gehören zu den anfechtbaren Rechtshandlungen auch Prozeßhandlungen; dies gilt gemäß § 129 II InsO auch für unterlassene Prozeßhandlungen. Fraglich ist allerdings, inwieweit der Verwalter durch unterlassene Handlungen des Gemeinschuldners verursachte **präkludierte Prozeßlagen** mit normalen zivilprozessualen Mitteln oder durch Anfechtung der zugrundeliegenden Prozeßhandlung beseitigen kann. [41]

In § 85 I InsO heißt es, Rechtsstreitigkeiten können durch den Verwalter in der Lage, in der sie sich befinden, aufgenommen werden. Der Verwalter muß daher damit rechnen, daß das Gericht in der mündlichen Verhandlung seinen neuen Tatsachenvortrag gemäß § 296 I i.V.m. § 528 I, II ZPO als verspätet zurückweist. Hat der Gemeinschuldner seinerzeit die Präklusion absichtlich herbeigeführt, so dient auch die bloße Tatsache des zwischenzeitlichen Vorliegens eines Insolvenzverfahrens nicht als Entschuldigungsgrund, da dieses nach der Vollendung des Präklusionstatbestands eröffnet wurde. [42]

Dem Insolvenzverwalter bleibt daher letztlich nur die Möglichkeit, das Unterlassen des Insolvenzschuldners, welches zur Präklusion geführt hat, anzufechten, da dieses die Insolvenzgläubiger benachteiligt hat. [43] Im Rahmen der geltendgemachten Anfechtung hat das Gericht dann im Wege eines Zwischenstreites zu entscheiden, ob das eigentlich präkludierte Vorbringen doch noch zu berücksichtigen ist.

## 2. Handelnde Personen

In § 129 InsO wird nicht dahingehend differenziert, ob Rechtshandlungen vom Gemeinschuldner selbst, unter seiner Mitwirkung oder von Dritten, womöglich mittels Zwangsvollstreckung auch gegen ihn, vorgenommen worden sind. [44]

Dies entspricht zum einen der schon bezüglich des Begriffs der Rechtshandlung dargestellten Bemühungen des Gesetzgebers, möglichst viele Beeinträchtigungen des Schuldnervermögens zu erfassen. Zum anderen entspricht die Möglichkeit, auch gegen den Schuldner gerichtete Rechtsgeschäfte anzufechten, der gegenüber der zivilrechtlichen Anfechtung grundverschiedenen Ausrichtung der Insolvenzanfechtung: Dient die eine dem Schutz des Anfechtenden vor Mängeln beim Rechtsgeschäftsabschluß, so dient die andere dem Schutz der **Vermögensmasse** des Schuldners, nicht jedoch des Schuldners selbst.

---

jedoch ab, weil seiner Ansicht nach beide Vereinbarungen zu eng voneinander abhingen (*OLG Köln* in ZIP 1995 S. 138 (139)).

40 *Haarmeyer/Wutzke/Förster* Kap. 5 Rdnr. 207; *Henckel* in Jaeger § 29 Rdnr. 6, 9, 11 und 19; *Hess/Weis* Rdnr. 719

41 Siehe zum Problembereich sehr ausführlich: *Kühnemund* „Die Insolvenzanfechtung von Prozeßhandlungen in Präklusionslagen" in ZInsO 1999 S. 62 (62 f); *ders*: S. 30 ff.

42 *Kühnemund* S. 93

43 Durch *Kühnemund* wird auch nachgewiesen, daß die auf dem Grundsatz der „par conditio creditorum" basierende Anfechtung Vorrang vor der zivilprozeßlichen Konzentrationsmaxime haben muß, auf welche die Präklusionsregeln basieren (*ders*.: in ZInsO 1999 S. 62 (63)).

44 *Häsemeyer* Rdnr. 21.30

a) Rechtshandlungen des Gemeinschuldners

Als zur Anfechtung berechtigende Rechtshandlungen im Sinne des § 129 InsO kommen grundsätzlich alle Rechtshandlungen des späteren Gemeinschuldners in Betracht. Einschränkungen erfährt dieser Grundsatz nur, falls die besonderen Tatbestandsvoraussetzungen solche beinhalten. So fordert zum Beispiel § 132 I InsO ein Rechtsgeschäft, § 133 II InsO einen entgeltlichen Vertragsschluß des Schuldners.

b) Rechtshandlungen Dritter

Neben den Rechtshandlungen des Schuldners können auch Rechtshandlungen Dritter zu einer Anfechtung nach der Insolvenzordnung führen. Damit folgte der Gesetzgeber zur Insolvenzordnung den Regelungen der Konkursordnung, welche ebenfalls die Anfechtung von Rechtshandlungen Dritter erlaubte. Eine Einschränkung galt allerdings auch bezüglich der Konkursordnung gemäß § 30 Nr. 1 Alt. 1 KO; dieser setzte für die Anfechtbarkeit ein vom **Gemeinschuldner** eingegangenes Rechtsgeschäft voraus. Diese Einschränkung wurde in § 132 I InsO übernommen. [45]

Demgegenüber erklärte § 10 I GesO generell nur Rechtshandlungen des Schuldners für anfechtbar. Allerdings bereitete diese Einschränkung in der Praxis häufig Probleme. [46] Insbesondere wird die daraus resultierende Unanfechtbarkeit vieler Rechtshandlungen - zu Recht - als unbillig und nur schwer mit dem Prinzipien der besonderen Insolvenzanfechtung vereinbar empfunden. [47]

aa) Handlungen durch Vertreter des Gemeinschuldners

Das Anfechtungsrecht umfaßt auch Rechtshandlungen eines Vertreters des Gemeinschuldners. Hierbei ist es unbeachtlich, ob es sich um einen gewillkürten oder einen gesetzlichen Vertreter handelt. [48] So sind etwa Handlungen des Nachlaßverwalters oder Testamentsvollstreckers anfechtbar. Auch Rechtshandlungen eines Dritten, der ohne Vertretungsmacht des Gemeinschuldners handelte, werden durch rückwirkende Genehmigung diesem zugerechnet. [49]

---

45 Siehe dazu unten: § 5 I 3 c.

46 *Smid/ Zeuner* „Gesamtvollstreckungsordnung" § 10 Rdnr. 32 ff; das *LG Halle* erklärt jetzt allerdings im Wege der teleologischen Extension auch Gläubigerhandlungen für anfechtbar (in ZIP 1997 S. 1849); diese Erweiterung wird indes aufgrund des eindeutigen Wortlauts von weiten Teilen der Lehr und Rechtsprechung abgelehnt: *OLG Dresden* ZIP 1994 S. 1128 ff; *OLG Jena* WM 1995 S. 858 ff; *Huber* in Gottwald „Nachtrag 'Gesamtvollstreckungsordnung' zum Insolvenzrechts-Handbuch" III 7 A Rdnr. 10

47 So z.B.: *Fischer* „Anfechtung von Gläubigerhandlungen nach der Gesamtvollstreckung?" in ZIP 1997 S. 717 ff

48 Bezüglich der Kenntnis anfechtungsbegründender Umstände kommt es dann gemäß § 166 I BGB auf die Person des Vertreters an (*Eichberger* S. 32).

49 So: *Henckel* in Jaeger § 29 Rdnr. 21; *Hess/Weis* Rdnr. 95.

bb) Handlungen durch Anfechtungsgegner

Wie schon dargestellt, kann auch der Anfechtungsgegner Urheber der anfechtbaren Rechtshandlung sein. Hierunter sind Handlungen zu rechnen, die Vollstreckungsorgane für den Anfechtungsgegner vornehmen; unterliegen diese der Anfechtung, so ist nach überwiegender Meinung [50] die anfechtbare Handlung nicht die des Vollstreckungsorgans, sondern die des Vollstreckungsgläubigers. Gleiches gilt für Handlungen von Organen der freiwilligen Gerichtsbarkeit. [51]

Richtet sich die Anfechtung gegen ein Unterlassen, so gilt der Grundsatz, daß nur Unterlassungen des Gemeinschuldners angefochten werden können, nicht aber Unterlassungen seiner Gegner. [52] Zu dieser Einschränkung gelangt man bei der Betrachtung der Rechtsfolgen: Die Anfechtung einer Unterlassung soll nicht etwa dazu führen, daß die unterlassene Handlung als vorgenommen gilt, sondern sie erlaubt dem Verwalter lediglich, die unterlassene Handlung an Stelle des Schuldners nachzuholen. Würde man nun Unterlassungen des Anfechtungsgegners zum Anfechtungsgegenstand machen, so hätte dies jedoch zur Folge, daß dieser verpflichtet wäre, die unterlassene Handlung nachzuholen.

Die Möglichkeit der Anfechtung von Unterlassungen des Anfechtungsgegners brächte daher völlig neue - und auch ungewollte - Rechtsfolgen mit sich: Dachte man bisher bei dem Ablauf einer Verjährungsfrist an die Möglichkeit der Insolvenzanfechtung wegen vorsätzlicher Unterlassung der Geltendmachung durch den Gemeinschuldner, könnte man jetzt so - falls zum Beispiel dessen Vorsatz nicht vorlag - die Unterlassung der Zahlung durch den Anfechtungsgegner geltend machen; das Vorliegen von dessen subjektiven Tatbestandsmerkmale wäre wohl regelmäßig leichter nachweisbar. Diese Betrachtung macht deutlich, daß nach der ratio des Anfechtungsrechts Unterlassungen des Anfechtungsgegners keine Rechtshandlungen i.S.d. § 129 InsO darstellen können.

cc) Handlungen des vorläufigen Insolvenzverwalters

Nach Ansicht des *BGH* [53] zur Konkursordnung konnten auch Rechtshandlungen des Sequesters angefochten werden, selbst wenn der Sequester mit dem späteren Konkursverwalter personengleich war. Einschränkend war dabei lediglich zu beachten, daß es regelmäßig an der Benachteiligung der Gläubiger fehlte, da der Sequester, der pflichtwidrig nachteilige Rechtshandlungen vornimmt, der Masse den Schaden ersetzen muß. [54] Für eine Anfechtung von Sequesterhandlungen blieb daher nur Raum, wenn und soweit der erlittene Nachteil nicht durch den Sequester ausgeglichen werden konnte oder mußte.

---

50 *Henckel* in Jaeger § 29 Rdnr. 26; *Wacke* „Die Nachteile des Grundbuchzwangs in der Liegenschaftsvollstreckung und bei der Gläubigeranfechtung" in ZZP 82 (1969) S. 377 (405); a.A.: *Lent* in Jaeger § 29 Anm. 11 Nr. 5

51 Dies hat jedoch **nicht** zur Folge, daß der maßgebliche Zeitpunkt der des Antrags des Vollstreckungsgegners ist. Vielmehr ist auch in einem solchen Fall der Zeitpunkt der Pfändung maßgeblich, da erst diese einen Eingriff in das Schuldnervermögen darstellt (*Henckel* in Jaeger § 29 Rdnr. 26).

52 *Von Campe* S. 30; *German* S. 67 f

53 *BGHZ* 86 S. 190 (195) = ZIP 1983 S. 191; *BGHZ* 97 S. 87 (93) = ZIP 1986 S. 448 m. A. *Kilger*

54 *Henckel* in Jaeger § 29 Rdnr. 27 ff

Fraglich ist, ob diese Rechtsprechung auf den gemäß den §§ 21 ff InsO bestellten vorläufigen Insolvenzverwalter übertragen werden kann. [55] Richtig ist es wohl, mit *Zeuner* [56] diese Frage bezüglich der neuen Insolvenzordnung differenzierend zu betrachten, da mit dem neu geschaffenen Amt des vorläufigen Insolvenzverwalters [57] teilweise weitergehende Ziele verfolgt werden, als dies mit dem Amt des Sequesters in der Konkursordnung der Fall war.

Wird ein vorläufiger Insolvenzverwalter vom Gericht bestellt und wird zusätzlich gemäß § 21 II Nr. 2 Fall 2 InsO ein **allgemeines Verfügungsverbot auferlegt,** [58] so gelten die von dem vorläufigen Insolvenzverwalter begründeten Verbindlichkeiten gemäß § 55 II S. 1 InsO als Masseverbindlichkeiten [59] und sind daher unanfechtbar. Die Verfahrenseröffnung wird daher aus anfechtungsrechtlicher Sicht auf den Zeitraum der vorläufigen Insolvenzverwaltung vorverlegt. [60]

Handelt hingegen der vorläufige Insolvenzverwalter **ohne** Anordnung eines **allgemeinen Verfügungsverbots,** so sind seine Aufgaben mit denen des Sequesters nach der Konkursordnung vergleichbar und es kann insoweit auf die Rechtsprechung bezüglich der Anfechtbarkeit des Handelns des Sequesters verwiesen werden. [61]

c) Mittelbare Zuwendungen

Anfechtbar sind auch Rechtshandlungen, durch die der Schuldner Bestandteile seines Vermögens mit Hilfe einer Mittelsperson an einen Dritten verschiebt, ohne zu dem Dritten äußerlich in unmittelbare Rechtsbeziehung zu treten. [62] Dies soll nach zutreffender Ansicht des *BGH* [63] auch dann gelten, wenn die Mittelsperson gutgläubig war. Handelt es sich dabei wirtschaftlich betrachtet um einen einheitlichen Vorgang, so wird nach ganz herrschender Meinung [64] der Dritte anfechtungsrechtlich so behandelt, als habe er direkt vom Schuldner erworben. Der Mittelsmann ist dagegen nur dann Anfechtungsgegner, wenn auch er und nicht nur der Dritte einen Vorteil erlangt hat.

---

55 *Hess/Weis* werfen diese Frage auf, jedoch ohne sie zu beantworten (*dies.*: Rdnr. 99); *Breuer* geht von einer wohl entsprechenden Geltung aus (*ders.*: „Das neue Insolvenzrecht" F II 5 (S. 97)); ebenso: *von Campe* S. 30 Fn. 45.

56 „Die Anfechtung in der Insolvenz" Rdnr. 21 sowie in *Zeuner/Smid* § 129 Rdnr. 24

57 Siehe zu dessen Befugnissen, Rechtsstellung und Pflichten: *Uhlenbruck* „Probleme des Eröffnungsverfahrens nach dem Insolvenzrechts-Reformgesetz 1994" KTS 1994 S. 169 (177 ff); *Vallender* „Die Anordnung der vorläufigen Insolvenzverwaltung" in DZWIR 1999 S. 265 ff.

58 Ein solches Verfügungsverbot zieht automatisch eine Übertragung der Verwaltungs- und Verfügungsbefugnis auf den vorläufigen Insolvenzverwalter nach sich (vgl. § 22 I 1 InsO).

59 Vgl. zur insoweit abweichenden Rechtslage nach KO und GesO: *BGH* ZIP 1995 S. 1204 (1207).

60 *Maltz* „Konkursanfechtungen von Handlungen des Sequesters" in DZWIR 1997 S. 24 (26)

61 So im Ergebnis: *Häsemeyer* Rdnr. 7.43 und 21.42; *Hess/Weis* Rdnr. 247 ff; *Kreft* in Heidelberger Kommentar zur Insolvenzordnung § 129 Rdnr. 30; *Pape* „Zu den Schwierigkeiten des Sequesters ohne Verwaltungsmacht" in ZIP 1994 S. 89 (94 f); *Zeuner* Rdnr. 21.

62 *Kuhn/Uhlenbruck* § 29 Rdnr. 18 f mit folgendem Beispiel unter Rdnr. 18 a: Der Gemeinschuldner vereinbart beim Verkauf einer Sache mit dem Käufer, daß dieser einen Teil des Kaufpreises an einen Gläubiger des Gemeinschuldners zahlen soll.

63 *BGHZ* 38 S. 44 (46)

64 *RGZ* 43 S. 83 (85); *RGZ* 59 S. 195 (196); *RGZ* 117 S. 86 (89); *Berges* „Die Anfechtung mittelbarer Zuwendungen im Konkurs" in KTS 1961 S. 49 (65 ff); *von Campe* S. 30 f; *Henckel* in Jaeger § 30 Rdnr. 141 ff; *Huber* in Gottwald § 48 Rdnr. 16; *Kuhn/Uhlenbruck* § 29

Ist dieses Ergebnis unbestritten, so differieren doch die Begründungen: Sprach das *Reichsgericht* [65] noch von der Notwendigkeit einer Fiktion der direkten Empfängerbefriedigung und von einer zu verhindernden „schlauen Ränke“ des Gemeinschuldners, spricht *Lent* [66] von einer „Zuwendung auf Schleichwegen“, so wird heute richtigerweise darauf hingewiesen, daß es auf die Umgehung nicht ankomme; kommen Anweisungslagen im heutigen Rechtsverkehr zu Tausenden vor - man denke nur an das Bankgeschäft - so sei vielmehr auf die Gläubigerbenachteiligung abzustellen, die auch bei mittelbaren Zuwendungen zweifellos vorliege. [67]

### 3. Vornahmezeitraum

Rechtshandlungen sind gemäß den §§ 129 ff InsO nur dann anfechtbar, wenn sie innerhalb eines bestimmten Zeitraums vorgenommen wurden. Insoweit ist zum einen erforderlich, daß die Handlung vor dem Insolvenzverfahren und hinsichtlich ihrer objektiven und subjektiven Merkmale innerhalb des tatbestandlich relevanten Zeitraums vorgenommen wurde. Des weiteren ist zu fragen, welcher Zeitpunkt für die Zurechnung der Handlung gemäß § 140 InsO für die Fristwahrung maßgeblich ist. [68]

#### a) Allgemeiner Vornahmezeitraum

Nach dem eindeutigen Wortlaut des § 129 I InsO muß die Rechtshandlung vor der Eröffnung des Insolvenzverfahrens vorgenommen worden sein. Hintergrund dieser Regelung ist die klare Unterscheidung zwischen nur anfechtbaren Rechtshandlungen und solchen, die infolge der Verfahrenseröffnung gemäß der §§ 80 ff, 89 oder 91 InsO absolut unwirksam sind.

Rechtshandlungen **nach** Verfahrenseröffnung können demgegenüber nur ausnahmsweise gemäß § 147 I InsO angefochten werden, wenn sie den Insolvenzgläubigern nach den §§ 892, 893 BGB i.V.m. § 91 II InsO gegenüber wirksam sind.

#### aa) Einbezug von Handlungen nach Verfahrenseröffnung

Für eine allgemeine Einbeziehung von Handlungen nach Verfahrenseröffnung spricht sich *Häsemeyer* [69] aus. Er begründet dies damit, daß insbesondere im Prozeß die Voraussetzungen der Unwirksamkeit gemäß der §§ 80 ff InsO nicht immer bewiesen werden können und daher auch eine Anfechtung von Handlungen nach der Verfahrenseröffnung durchaus sinnvoll sein kann. Daher könne diese zeitliche Unterscheidung bestenfalls programmatische Bedeutung

---

65 *RGZ* 43 S. 83 (85); *RGZ* 59 S. 195 (196)

66 in Jaeger § 30 Rdnr. 32

67 *Heile* „Die Anweisung im Konkurs des Anweisenden“ S. 77 ff; ebenso: *Henckel* in Jaeger § 30 Rdnr. 149 f

68 Weitere Probleme ergeben sich infolge des Übergangs vom alten zum neuen Recht. Vergleiche hierzu die Stellungnahme von *Kreft* (*ders.*: „Ausgesuchte Probleme des Anfechtungsrechts“ in ZInsO 1999 S. 370 (370 f)).

69 Rdnr. 21.31

haben, da selbstverständlich eine Anfechtung von Verfügungen, die unter Insolvenzbeschlag vorgenommen wurden, regelmäßig nicht notwendig ist.

Dieser Verstoß gegen den klaren Wortlaut des § 129 InsO erscheint jedoch als etwas zu voreilig. Regelmäßig wird nämlich schon die zur Anfechtung notwendige Voraussetzung der Gläubigerbenachteiligung eine Anfechtung nach Verfahrenseröffnung ausschließen, da rechtlich unwirksame Handlungen die Gläubiger in der Regel nicht belasten. Wie bei zivilrechtlich unwirksamen Handlungen eine Anfechtung daher grundsätzlich abzulehnen ist, [70] muß dies auch für Handlungen nach Verfahrenseröffnung gelten.

bb) Erweiterung des § 147 InsO um § 878 BGB

Fraglich ist, ob die erweiterte Anfechtungsmöglichkeit bei Handlungen nach Verfahrenseröffnung nicht zumindest in analoger Anwendung auch bei Rechtshandlungen gelten soll, die gemäß § 878 BGB i.V.m. § 91 II InsO wirksam werden.

Diese Auffassung wurde bezüglich § 42 KO von einem Teil der Lehre [71] und der Rechtsprechung [72] vertreten und wird jetzt auch zu § 147 InsO [73] geäußert. Als Begründung wird hierbei angeführt, daß § 15 II KO und jetzt § 91 II InsO eine Gleichbehandlung der in Frage stehenden Rechtserwerbe nach § 878 BGB und §§ 892, 893 BGB implizieren und sich diese Gleichbehandlung im § 147 I InsO fortsetzen müsse. Diese Ansicht hätte zur Folge, daß gemäß § 878 BGB i.V.m. § 91 II InsO bei Antragstellung vor Verfahrenseröffnung trotz zwischenzeitlicher Eröffnung des Insolvenzverfahrens ein Anwartschaftsrecht insolvenzfest erworben werden kann. Der dann nach Verfahrenseröffnung durch Eintragung tatsächlich erfolgte Rechtserwerb wäre aber bei Vorlage der Voraussetzungen gemäß der § 147 i.V.m. § 129 ff InsO der Anfechtung unterworfen.

Diese Widersprüchlichkeit sehend hat schon zur Konkursordnung der andere Teil der Lehre [74] die Erweiterung des § 42 KO abgelehnt und sich auch bezüglich des § 147 InsO für eine Nichterwähnung des § 878 BGB ausgesprochen: Ist für die Anfechtbarkeit grundsätzlich entscheidend, ob der Erwerber eine insolvenzfeste Position erlangt habe, so müsse dafür der Antrag gemäß § 878 BGB ausreichen, da diese Vorschrift den Erwerber gerade vor den Folgen der Verzögerung durch das Eintragungsverfahren schützen will. [75] Die §§ 892, 893 BGB dagegen wollen den Rechtsverkehr allein in seinem Vertrauen auf die Richtigkeit des Grundbuches schützen und verfolgen daher eine andere Schutzrichtung. Von einer beabsichtigten Gleichbehandlung könne deshalb auch keine Rede sein.

---

70 Siehe oben: § 3 I 1 b bb.

71 *Hess* § 42 Rdnr. 2; *Kilger* „Konkursordnung" § 42 Rdnr. 2; *Kuhn/Uhlenbruck* „Konkursordnung" 10. Auflage Rdnr. 1

72 *RGZ* 81 424 (426); *BGHZ* 41 S. 17 (18 ff)

73 *Häsemeyer* Rdnr. 21.32 Fn. 108

74 *Gerhardt* in ZIP 1988 S. 749 (754); *Henckel* in Jaeger § 42 Rdnr. 11 f; *Kuhn/Uhlenbruck* 11. Auflage § 42 Rdnr. 1; *Reinick* „Der Zeitpunkt, zu dem die subjektiven Voraussetzungen bei der Übernahme eines Vermögens vorliegen müssen" in NJW 1967 S. 1249 (1253 f); *Wacke* in ZZP 82 S. 377 (396 ff); zustimmend zur InsO: *Henckel* in Kölner Schrift zur Insolvenzordnung Rdnr. 82; *Jauernig* „Zwangsvollstreckungs- und Insolvenzrecht" § 80 V 1

75 Der *BGH* führt entsprechendes zu § 10 III GesO aus (in NJW 1996 S. 463 (464)).

Aus diesem Grund ist diesem Teil der Lehre zu folgen, denn er vermeidet die Vermengung der unterschiedlichen Ziele des § 878 BGB und der §§ 892, 893 BGB: Entfällt einerseits bei den §§ 892, 893 BGB mit Vorlage der Anfechtungsvoraussetzungen gemäß § 147 I i.V.m. §§ 129 ff KO die generell gemäß § 91 II KO zuerkannte Schutzwürdigkeit des Vertrauen in die Grundbuchrichtigkeit, so darf es andererseits auf eine eventuelle Kenntniserlangung aufgrund der Verzögerung durch das Grundbuchverfahren nach Stellung des Eintragungsantrags nicht mehr ankommen. Erwirbt zum Beispiel der eine nach der Verfahrenseröffnung trotz Kenntnis der Zahlungsunfähigkeit von dem im Grundbuch stehenden Eigentümer, so ist dieser weniger schützenswert als der, der die Zahlungsunfähigkeit erst nach der Stellung des Antrags auf Grundbucheintragung erfährt. [76]

Dieser Überlegung hat auch der Gesetzgeber zur Insolvenzordnung Rechnung getragen [77] und bewußt auf die Nennung des § 878 BGB in § 147 InsO verzichtet. [78] Durch die Regelungen des § 140 II InsO wird diese Insolvenzfestigkeit eines Grundstückserwerb nach Stellung des Eintragungsantrages zudem noch verstärkt (siehe sogleich).

### b) Zurechnung des Handlungszeitpunktes

Im § 140 InsO hat der Gesetzgeber jetzt bindend bestimmt, in welchen Zeitpunkt eine Rechtshandlung als vorgenommen gilt. Dies ist sowohl für die Beantwortung der Frage wichtig, ob eine Handlung vor oder nach der Verfahrenseröffnung vorgenommen worden ist, als auch dafür, ob die Handlung innerhalb des tatbestandlichen Zeitraums vorgenommen worden ist.

#### aa) Regelung des § 140 I InsO

Gemäß der Regelung des § 140 I InsO gilt eine Rechtshandlung zu dem Zeitpunkt als vorgenommen, in dem ihre rechtliche Wirkung eintritt. Nach der Begründung im *Gesetzentwurf der Bundesregierung* [79] soll demnach der Zeitpunkt entscheidend sein, in dem durch die Rechtshandlung eine Rechtsposition begründet worden ist. Eine Rechtshandlung aus mehreren Teilakten gilt dementsprechend erst dann als vorgenommen, wenn der letzte zur Wirksamkeit erforderliche Teilakt erfolgt ist.

Eine entsprechende Regelung fand sich in der Konkursordnung nicht. Jedoch hatte sowohl die Rechtsprechung [80] als auch die Lehre [81] sich schon bezüglich der Konkursordnung von deren Wortlaut gelöst, der jeweils auf die Handlung abstellte [82], und als maßgeblichen Zeitpunkt den

---

76 Zustimmend auch: *Zimmermann* „Insolvenzrecht" 11. Abschnitt II 1 b S. 91.

77 Begründung zum *Gesetzentwurf der Bundesregierung* in BT-Drucksache 12/2443 S. 169

78 Damit wurde den Anhängern der Erweiterung auch ihr Argument genommen, es handele sich bei der Weglassung um ein Redaktionsversehen (so aber zur KO: *RGZ* 81 S. 424 (426)).

79 in BT-Drucksache 12/2443 S. 166

80 *BGH* WM 1955 S. 407 (410); *BGH* KTS 1986 S. 477 (480)

81 *Canaris* „Aktuelle insolvenzrechtliche Probleme" in FS 100 Jahre KO S. 73 (78); *Henckel* in Jaeger § 30 Rdnr. 74

82 In § 30 Nr. 1 Fall 1 lautete der Gesetzestext: „...als er das Geschäft einging..."; in § 30 Nr. 1 Fall 2 hieß es: „...als die Handlung erfolgte...".

betrachtet, in dem der Rechtserfolg der Handlung eingetreten ist. Maßgeblich sollte also auch nach der Konkursordnung die Wirkung der Handlung sein.

Von *Jauernig* [83] wird kritisiert, daß die Fassung des § 140 I InsO - „eine Rechtshandlung **gilt** als (...) vorgenommen" - als Fiktion verfehlt sei, da eine Rechtshandlung ohne rechtliche Wirkung die Insolvenzgläubiger nicht benachteiligen kann und daher eine Anfechtung ausscheidet. Dieser Kritik ist jedoch nicht zu folgen: Zum einen will der Gesetzgeber nicht die gesamte tatsächliche Handlung auf eine Fiktion begrenzen, sondern lediglich den Zeitpunkt der Vornahme der Handlung festlegen - „eine Rechtshandlung gilt als (...) **vorgenommen**"; [84] keinesfalls soll der Handlung damit die tatsächliche Wirkung genommen werden. [85] Zum anderen ist dem deutschen Recht das Mittel der Fiktion auch nicht fremd - man denke nur an § 894 ZPO. Auch dort soll der fingierten Handlung nicht etwa die Wirkung abgesprochen werden, diese soll vielmehr als vorgenommen gelten.

bb) Regelung des § 140 II InsO

Eine Ausnahme von der Grundregel des § 140 I InsO, daß eine Rechtshandlung erst mit dem letzten zur Wirksamkeit erforderlichen Teilakt als vorgenommen gilt, ist nach § 140 II InsO dann anzunehmen, wenn zur Wirksamkeit eines Rechtsgeschäfts die Eintragung im Grundbuch oder in einem ähnlichen Register erforderlich ist. In einem solchen Fall gilt das Rechtsgeschäft nicht erst mit der Eintragung als vorgenommen, sondern bereits dann, wenn die übrigen Voraussetzungen vorliegen, die Willenserklärung des Schuldners für ihn bindend geworden ist und der andere Teil den Antrag auf Eintragung der Rechtsänderung gestellt hat.

Im Gegensatz dazu war nach dem von der Rechtsprechung zur Konkursordnung entwickelten Grundsätzen [86] ein Rechtsgeschäft erst dann als vollendet anzusehen, wenn auch der vollendende Akt - bei Grundstücksgeschäften die Eintragung - vorgenommen wurde. Kritik hieran hat vor allem *Wacke* [87] geübt, der richtigerweise darauf hinwies, daß diese Auffassung dem Schutzgedanken des § 878 BGB zuwiderlief. Dieser Kritik hat nun der Gesetzgeber mit dem § 140 II InsO ausdrücklich Folge geleistet. [88]

Dennoch ist diese Regelung nicht frei von Auslegungsproblemen, die sich an der Einschränkung festmachen lassen, „der andere Teil" (der Anfechtungsgegner) müsse den Eintragungsantrag gestellt haben. Aus dieser Formulierung ergibt sich nämlich ein Wertungswiderspruch:

---

83 § 80 V 1

84 So spricht *Henckel* vom § 140 I InsO als einer Regel zur zeitlichen Fixierung der Rechtshandlung (*ders.*: in Kölner Schrift zur Insolvenzordnung Rdnr. 65 f); *Haarmeyer/Wutzke/Förster* sprechen von einer fiktiven Bestimmung des Zeitpunkts der Rechtshandlung (*dies.*: Kap. 5 Rdnr. 215).

85 *Häsemeyer* will dieses Mißverständnis aus dem Weg räumen, indem er vorschlägt, die Formulierung wie folgt zu ändern: „Rechtshandlungen **fallen** mit dem Eintritt ihrer Wirkungen **in die Anfechtungsfrist**" (*ders.*: Rdnr. 21.32).

86 *RGZ* 51 S.284 (285); *BGHZ* 41 S. 17 (18); *BGH* WM 1972 S. 363 (364); *BGH* ZIP 1995 S. 134

87 in „Münchner Kommentar zum BGB" Band IV § 878 Rdnr. 24 - Nachdem die Literatur sich zunächst durch die Auffassung der Rechtsprechung hat leiten lassen, folgte sie später zumeist *Wacke*: *Henckel* in Jaeger § 30 Rdnr. 94; *Kuhn/Uhlenbruck* § 29 Rdnr. 10 a; *Reinick* in NJW 1967 S. 1249 (1252 ff).

88 Begründung zum *Gesetzentwurf der Bundesregierung* in BT-Drucksache 12/2443 S. 166 f

Stellt der **Anfechtungsgegner** vor Verfahrenseröffnung einen Eintragungsantrag, wird sein Recht nach Eröffnung eingetragen und liegen die sonstigen Voraussetzungen des § 140 II InsO vor, so gilt das Rechtsgeschäft im Zeitpunkt der Antragstellung als vorgenommen. In einem solchen Fall liegt daher eine Handlung vor Verfahrenseröffnung gemäß § 129 I InsO vor, diese wird gemäß § 91 II InsO i.V.m. § 878 BGB wirksam und ist anfechtbar gemäß der §§ 129 ff InsO.

Anders stellt sich die Lage dar, wenn der **Gemeinschuldner** selbst den Antrag stellt: Dann findet § 140 II InsO nach seinem Wortlaut keine Anwendung. Das Rechtsgeschäft gilt dann gemäß § 140 I InsO erst mit der Eintragung als vorgenommen, wird gemäß § 91 II InsO i.V.m. § 878 BGB wirksam, eine Anfechtung scheidet aber aus, da die Rechtshandlung nicht gemäß § 129 I InsO vor Verfahrenseröffnung vorgenommen wurde und § 878 BGB (richtigerweise [89]) auch nicht in § 147 I InsO Erwähnung findet.

Begründet wurde diese Einschränkung damit, daß der Anfechtungsgegner nur dann schutzwürdig sei, wenn er selbst der Antragsteller war, da andernfalls der Insolvenzschuldner den Antrag jederzeit zurücknehmen kann. [90] Wurde diese Einschränkung richtig gesehen, so wurde dennoch die falsche Konsequenz daraus gezogen: [91] Nach dem nun geltendem Recht wird nämlich dem Inhaber eines nicht gesicherten Rechtes (dem Anfechtungsgegner im Falle der Antragsstellung durch den Gemeinschuldner) ein stärkerer Schutz zuteil als dem Inhaber eines dem Anwartschaftsrecht vergleichbaren Rechts. [92]

Aus diesem Wertungswiderspruch zieht ein Teil der Kritiker richtigerweise den Schluß, daß § 140 II InsO insofern „berichtigend" auszulegen sei, als daß es bei dessen Anwendung nicht darauf ankommen soll, wer den Antrag gestellt hat. [93] So stellen *Breutigam/Tanz* [94] ausschließlich darauf ab, ob der Antrag gestellt worden ist; die Möglichkeit der Zurücknahme entstehe ja erst durch die Verzögerung durch das Eintragungsverfahren und dieses Risiko werde ausschließlich durch das staatliche Verfahren verursacht. Dieser Ansicht ist zu folgen.

Jedoch hat die Rechtsprechung bisher in Entscheidungen [95] bezüglich § 10 III GesO, welcher der Regelung des § 140 II InsO entspricht, dessen Anwendung bei Antragstellung durch den Gemeinschuldner abgelehnt.

---

89 Siehe oben: § 3 I 3 a bb

90 *Von Campe* S 32 Fn. 56; so wohl auch die hinter der Begründung zum *Gesetzentwurf der Bundesregierung* (in BT-Drucksache 12/2443 S. 169 i.V.m. 166) stehenden Überlegungen (vgl.: *Jauernig* § 80 V 1 a.E.).

91 Augenscheinlich hat der Gesetzgeber allein auf die Möglichkeit geachtet, daß durch den § 140 II InsO eine Handlung früher wirksam wird und dadurch eventuell nicht in den anfechtungsrelevanten Zeitraum fällt, während er die - hier dargestellte - sich aus § 91 II InsO ergebende Problematik übersehen hat.

92 Kritik daran wird geübt von: *Breutigam/Tanz* „Einzelprobleme des neuen Insolvenzanfechtungsrechts" in ZIP 1998 S. 717 (722 f); *Bork* „Einführung in das neue Insolvenzrecht" Rdnr. 211; *Jauernig* § 80 V 1; *Zeuner* Rdnr. 37

93 *Breutigam/Tanz* in ZIP 1998 S. 717 (722); *Bork* Rdnr. 211; *Jauernig* § 80 V 1 a.E.

94 in ZIP 1998 S. 717 (722)

95 *BGH* ZIP 1996 S. 83 (87); *BGH* ZIP 1997 S. 423 (424); vgl. auch: *Zeuner* Rdnr. 37 f

cc) Regelung des § 140 III InsO

Entgegen der Grundregel des § 140 I InsO kommt es bei bedingten und befristeten Rechtsgeschäften gemäß § 140 III InsO nicht auf den Eintritt der Bedingung oder des Termins an, sondern auf den Abschluß der rechtsbegründenden Tatumstände. Die Voraussetzungen der Insolvenzanfechtung müssen daher spätestens in diesem Zeitpunkt vorgelegen haben.

Diese mit der Ansicht der Literatur zur Konkursordnung [96] übereinstimmende Regelung wird im *Gesetzentwurf der Bundesregierung* [97] damit begründet, daß bedingte und befristete Forderungen im Insolvenzverfahren schon vor deren Eintritt geltend gemacht werden können. Gewichtiger dürfte jedoch sein, daß ein solcher Erwerb durch die §§ 161 I S. 2, 163 BGB auch vor Verfügungen des Insolvenzverwalters geschützt wird und deshalb ein insolvenzfestes Anwartschaftsrecht begründet wird, dessen Wirkung mit der einer Vormerkung vergleichbar ist. [98]

dd) Rechtswirkungen einer Unterlassung

Der Zeitpunkt der Rechtswirkung von Unterlassungen, welche jetzt durch § 129 II InsO Rechtshandlungen gleichgestellt sind, wird in § 140 InsO nicht ausdrücklich geregelt. In der Begründung zum *Gesetzentwurf der Bundesregierung* [99] wird jedoch ausgeführt, daß rechtliche Wirkungen einer Unterlassung frühestens in dem Zeitpunkt eintreten, in dem deren Rechtsfolgen nicht mehr durch eine Handlung abgewendet werden können; vor diesem Zeitpunkt gilt eine Unterlassung als noch nicht „vorgenommen". Dem ist zuzustimmen.

## II. Gläubigerbenachteiligung

Schon nach der Konkursordnung war unbestritten, daß jede Anfechtung eine Rechtshandlung voraussetzt, durch welche die Gläubiger benachteiligt worden sind. [100] Fehlte in § 29 KO jedoch noch die gesetzliche Fixierung dieser Tatbestandsvoraussetzung, so wurde dieser Mißstand in § 129 InsO beseitigt. In dieser, die Grundvoraussetzung aller Anfechtungstatbestände darstellenden Regelung, heißt es nun ausdrücklich, die Rechtshandlungen müssen die „Insolvenzgläubiger benachteiligen".

Leitete man bisher die Benachteiligungsvoraussetzung aus dem Sinn und Zweck der Gläubigeranfechtung ab, [101] so hat der Gesetzgeber der Insolvenzordnung mit der Ergänzung der

---

96 *Baur/Stürner* Rdnr. 18.34; *Henckel* in Jaeger § 30 Rdnr. 91

97 in BT-Drucksache 12/2443 S. 167

98 So: von *Campe* S. 32; *Henckel* in Kölner Schrift zur Insolvenzordnung Rdnr. 69; *Zeuner* Rdnr. 39.

99 in BT-Drucksache 12/2443 S. 166

100 *RGZ* 60 S. 107 (109); *RGZ* 94 S. 305 (307); *BGHZ* 28 S. 344 (347); *BGH* NJW 1983 S. 1120 (1122); *Gerhardt* „Grundbegriffe des Vollstreckungs- und Insolvenzrechts" Rdnr. 338; *Henckel* in Jaeger § 29 Rdnr. 60; *Huber* in Gottwald § 48 Rdnr. 29; *Kuhn/Uhlenbruck* § 29 Rdnr. 19

101 Vgl. nur: *BGH* WM 1971 S. 908 (909); *Jaeger* in Henckel § 29 Rdnr. 60

Tatbestandsvoraussetzungen des § 29 KO nun das hervorgehoben, was von jeher in Rechtsprechung und Literatur unumstritten war. [102]

## 1. Begriffsbestimmung

Zunächst erscheint jedoch eine genaue Begriffsbestimmung vonnöten. Schon zur Konkursordnung wurde nämlich eine Vielzahl von unterschiedlichen Begriffen zur Unterscheidung der verschiedenen Arten der Gläubigerbenachteiligung gewählt; [103] diese Entwicklung scheint sich in der Literatur zur Insolvenzordnung [104] noch zu verschärfen.

### a) Allgemeine Gläubigerbenachteiligung

Gemäß § 129 InsO ist die Grundvoraussetzung für eine Anfechtbarkeit nach den Vorschriften der §§ 130 ff InsO eine objektive Benachteiligung der Gläubiger in ihrer Gesamtheit. [105] Durch eine Rechtshandlung muß demnach eine Beeinträchtigung der haftungsrechtlichen Gesamtabwicklung [106] stattgefunden haben; die Befriedigungsmöglichkeiten der Gläubiger müßten sich demnach ohne die anfechtbare Rechtshandlung günstiger gestaltet haben als mit ihr. [107] Unbeachtlich ist hierbei, in welcher Form die Benachteiligung stattgefunden hat, solange sie nur **allgemein** vorliegt.

### b) Unmittelbare Gläubigerbenachteiligung

Eine Beeinträchtigung der haftungsrechtlichen Gesamtabwicklung kommt dadurch in Betracht, daß durch die Rechtshandlung selbst eine Benachteiligung der Gläubiger eingetreten ist [108] - man spricht dann von einer **unmittelbaren** Benachteiligung. Diese Art der Beeinträchtigung liegt zum Beispiel vor, wenn der Gemeinschuldner eine Sache verkauft und der vereinbarte Kaufpreis hinter dem Wert der Sache zurückbleibt, da in einem solchen Fall der Verpflichtung, die Sache zu übergeben und zu übereignen, kein gleichwertiger Kaufpreisanspruch gegenübersteht.

---

102 *Referentenentwurf* Teil III S. 143

103 Man denke nur an die **allgemeine Gläubigerbenachteiligung** auf der einen Seite und deren Differenzierung nach **mittelbarer** und **unmittelbarer Benachteiligung** auf der anderen Seite (so die Literatur zur KO; siehe dazu oben).

104 So differenziert *Häsemeyer* hinsichtlich der **Beeinträchtigung der Haftungsabwicklung** im Ganzen als mittelbare Gläubigerbenachteiligung und der Nachteiligkeit einzelner **Rechtshandlungen** als unmittelbare Gläubigerbenachteiligung (*ders.*: Rdnr. 21.18 f und 21.26). *Von Campe* wiederum führt den Begriff der Gläubiger**beeinträchtigung** ein (*ders.*: S. 43). *Jauernig* spricht von einer **objektiven Benachteiligung** und differenziert nach Mittel- oder Unmittelbarkeit (*ders.*: § 80 V 2).

105 Vgl.: *Hess/Weis* Rdnr. 111; *Jauernig* § 80 V 2; *Kühnemund* S. 40; *Möhlenbrock* „Die Gläubigeranfechtung im deutschen und spanischen Recht" S. 65; *Zeuner* Rdnr. 42.

106 Diese Formulierung führt *Häsemeyer* ein, übersieht dabei jedoch, daß es sich hierbei nicht nur um eine mittelbare sondern auch um eine unmittelbare Beeinträchtigung handeln kann (*ders.*: Rdnr. 21.18 f und 21.26).

107 *Von Campe* S. 43; zur KO: *Huber* in Gottwald § 29 Rdnr. 29

108 *Kühnemund* S. 43; zur KO: *Jauernig* S. 226

Demgemäß besteht hier der ursächliche Zusammenhang zwischen Rechtshandlung und Benachteiligung darin, daß das Rechtsgeschäft für den Gemeinschuldner nachteilig ist. [109] Eine solche Unmittelbarkeit der Wirkung ist nach der Insolvenzordnung jedoch nur Tatbestandsvoraussetzung der §§ 132 I [110] und 133 II InsO, welche dieses Erfordernis ausdrücklich formulieren. In allen anderen Fällen, also in der Regel, genügt ein mittelbarer Zusammenhang zwischen Handlung und Benachteiligung. [111]

Umstritten ist bezüglich der unmittelbaren Gläubigerbenachteiligung, auf welchen Zeitpunkt es für deren Beurteilung ankommt: Nach einer Meinung [112] ist stets die Vollendung des Erfüllungsgeschäftes maßgeblich. Begründet wurde diese Ansicht mit dem Wortlaut der Konkursordnung, welcher eine Benachteiligung „durch die Eingehung" oder „durch den Abschluß" fordert. Nach einer anderen Meinung [113] ist der gesamte Benachteiligungsvorgang als Einheit zu betrachten und auf dieser Grundlage zu beurteilen, ob eine unmittelbare Benachteiligung vorliegen. Jedoch verzichtet diese Ansicht auf eine Darstellung, wann dieser Gesamttatbestand vollendet sein soll. [114]

Eine dritte Meinung [115] wiederum stellt - richtigerweise - auf die Benachteiligung bei Vornahme des Grundgeschäftes ab. Hat sich, wie schon dargestellt, [116] die Lehre inzwischen auch bezüglich der Gläubigeranfechtung nahezu einheitlich für eine strikten Vollzug des Abstraktionsprinzips entschieden, so folgt aus einer konsequenten Fortführung dieser Trennung, daß es etwa bei einem „Verschleuderungsverkauf" auf die unmittelbare Nachteiligkeit bei Abschluß des Kaufvertrags ankommen muß, da das dingliche Erfüllungsgeschäft als solches wertneutral ist. Diese Betrachtung entspricht zudem der Grundregel, wonach die Voraussetzungen für die Anfechtung einer Rechtshandlung stets zum Zeitpunkt ihrer Vornahme im Sinne des § 140 InsO vorliegen müssen. [117]

### c) Mittelbare Gläubigerbenachteiligung

Der Ausnahme der unmittelbaren Benachteiligung steht die Regel der mittelbaren gegenüber, welche als Mindestvoraussetzung immer dann vorliegen muß, wenn das Gesetz nicht etwas anderes bestimmt. [118] „Mittelbar" bedeutet, daß die Gläubigerbenachteiligung nicht notwendig durch die anfechtbare Rechtshandlung selbst entstehen muß, vielmehr genügt es, wenn weitere Umstände hinzutreten, die dann die Beeinträchtigung herbeiführen. [119]

---

109 *Rausch* „Gläubigerschutz im Insolvenzverfahren" S. 227

110 In § 132 II InsO wird das Erfordernis der unmittelbaren Benachteiligung unterstellt (so: *Hess/Weis* Rdnr. 338; *Kühnemund* S. 41) bzw. fingiert (so: *Henckel* in Kölner Schrift zur Insolvenzordnung Rdnr. 34 Fn. 46); siehe dazu insbesondere unten: § 5 III 4.

111 *Jauernig* S. 339; *Referentenentwurf* Teil III S. 157

112 *Lent* in Jaeger § 29 Anm. 27; *Kilger/Schmidt* § 29 Anm. 19 b

113 *BGHZ* 128 S. 187 (188); *Huber* in Gottwald § 48 Rdnr. 39; *Kreft* in Heidelberger Kommentar zur Insolvenzordnung § 129 Rdnr. 40; *Kuhn/Uhlenbruck* § 29 Rdnr. 23

114 *Von Campe* S. 47; *Eichberger* S. 47

115 *Henckel* in Jaeger § 29 Rdnr. 71 ff

116 Siehe oben: § 3 I 1 b cc.

117 So auch: *von Campe* S. 47.

118 *Smid/Zeuner* § 129 Rdnr. 53

119 Vgl.: *von Campe* S. 46; *Kreft* in Heidelberger Kommentar zur Insolvenzordnung § 129 Rdnr. 45; zur KO: *Kilger/Schmidt* § 29 Anm. 13 a.E.

So ist eine mittelbare Beeinträchtigung zum Beispiel [120] darin zu sehen, daß der spätere Gemeinschuldner eine Sache zu einem Preis veräußert, der zunächst gleichwertig zum Wert des Gegenstands war, dieser jedoch nachträglich in seinem Wert steigt. Gleiches gilt, wenn der Gläubiger das Verkaufsentgelt für seinen Lebensunterhalt verbraucht hat und daher seiner Zahlungsverpflichtung jetzt nicht mehr nachkommen kann. In beiden Fällen werden die Gläubiger erst durch das Hinzutreten weiterer Umstände benachteiligt.

Der wichtigste Fall einer mittelbaren Gläubigerbenachteiligung ist jedoch ein anderer: [121] Erfüllt der Schuldner die Forderung eines Gläubigers, der, wäre er nicht befriedigt worden, Insolvenzgläubiger wäre, so sind die anderen Gläubiger dadurch benachteiligt, daß der zur Erfüllung weggegebene Gegenstand nicht mehr im Vermögen des Schuldners vorhanden ist. Obwohl hier die Forderung des befriedigten Gläubigers erloschen ist, ist eine mittelbare Benachteiligung dann zu bejahen, wenn der Umstand hinzutritt, daß mit dem restlichen Vermögen die übrigen Gläubiger nicht in dem Maße befriedigt werden können, als ohne die Handlung. [122] Dies wird regelmäßig der Fall sein.

Nach allgemeiner Meinung [123] zur Konkurs-, aber auch Insolvenzordnung muß die mittelbare Gläubigerbenachteiligung im Zeitpunkt der letzten mündlichen Verhandlung der letzten Tatsacheninstanz vorliegen. Handelt es sich bei der Benachteiligung demnach um einen zeitlich gestreckten Ereignisablauf, so muß spätestens zu diesen Zeitpunkt die Gläubigerbenachteiligung existieren.

### 2. Ermittlung der Gläubigerbenachteiligung

Bei der Ermittlung der Gläubigerbenachteiligung ist zum einen der geschützte Personenkreis zu bestimmen, zum anderen festzustellen, ob die Haftungsrelation tatsächlich betroffen ist, und zum dritten zu untersuchen, ob diese Betroffenheit auch berücksichtigungsbedürftig ist.

#### a) Geschützter Personenkreis

Ziel der Erweiterung der Haftungsgrundlage durch die Insolvenzanfechtung ist es, möglichst alle Gläubiger eines Schuldners durch die Verteilung einer möglichst großen Insolvenzmasse umfassend zu befriedigen. [124] Aus diesem Ziel ergibt sich auch der zu schützende Personenkreis.

---

120 Beispiele aus: *Jauernig* § 80 V 2.

121 Beispiel aus: *Henckel* in Jaeger § 29 Rdnr. 80.

122 Vgl. auch *Kuhn/Uhlenbruck*, die eine mittelbare Benachteiligung sogar bejahen, wenn durch die Vornahme zwar eine Benachteiligung der damals vorhandenen Gläubiger nicht eingetreten ist, jedoch bei Eröffnung das noch vorhandene Vermögen nicht mehr zur Befriedigung ausreicht, weil sich mittlerweile die Masse verkürzt hat (*dies.*: § 29 Rdnr. 24).

123 *Eichberger* S. 46; *Kühnemund* S. 41; zur KO: *Kuhn/Uhlenbruck* § 29 Rdnr. 24 a

124 Vgl.: *Jauernig* § 50 I.

aa) Insolvenzgläubiger

Nach der Konkursordnung waren gemäß § 29 KO die Konkursgläubiger gegen Benachteiligungen geschützt. Dies folgte aus dessen Wortlaut, der die Rechtshandlungen „als den Konkursgläubigern gegenüber unwirksam" bezeichnet und damit die Konkursanfechtung dem Zweck gewidmet war, den Interessen der Konkursgläubiger zu dienen. [125]

Ein Problem ergab sich jedoch aufgrund der Regelung des § 59 I Nr. 3 KO: Gemäß der Legaldefinition des § 3 KO waren Konkursgläubiger alle die, welche einen zur Zeit der Eröffnung begründeten Vermögensanspruch gegen den Gemeinschuldner haben. Nach dieser Definition waren jedoch eigentlich auch Massegläubiger [126] im Sinne des § 59 I Nr. 3 KO in den durch die Anfechtung geschützten Personenkreis aufzunehmen. [127]

Gelöst wurde dieses Problem dadurch, daß man auf die tatsächliche Gläubigerstellung des in § 59 I Nr. 3 KO bezeichneten Personenkreises abstellte: Bei den dort bezeichneten Forderungen handelt es sich nämlich richtigerweise tatsächlich – daß heißt ungeachtet ihrer Bevorzugung durch § 59 I Nr. 3 KO - um „lupenreine Konkursforderungen" [128], so daß der geschützte Personenkreis nach der Konkursordnung, auch wenn man die Gläubiger gemäß § 59 I Nr. 3 KO miteinbezog, ausschließlich der der Konkursgläubiger war. [129]

Die Regelung des § 59 I Nr. 3 KO ist nicht in die Insolvenzordnung übernommen worden. Allerdings ergibt sich eine ähnliche Problematik bezüglich der Berechtigten aus Sozialplanforderungen gemäß § 123 II 1 InsO, deren Forderungen dort als Masseverbindlichkeiten bezeichnet werden. Bei diesen Ansprüchen handelt es sich jedoch eigentlich auch lediglich um Insolvenzverbindlichkeiten, da die Arbeitsverhältnisse, aus denen die Ansprüche erwachsen, vor Eröffnung des Insolvenzverfahrens begründet waren. [130] Auch nach der Insolvenzordnung werden demnach - beurteilt nach der tatsächlichen Gläubigerstellung - durch die Anfechtung ausschließlich die Insolvenzgläubiger im Sinne des § 38 InsO geschützt.

Dieser Schutz richtet sich nach der gesetzlichen Haftungsordnung. Dabei reicht bezüglich der Insolvenzordnung, anders als nach der Konkursordnung, schon eine Benachteiligung nachrangiger Insolvenzgläubiger (§ 39 InsO) aus, weil auch diese von dem Begriff des Insolvenzgläubigers (§ 38 InsO) umfaßt werden. [131] Gläubiger derselben Stufe werden untereinander gegen Ungleichbehandlungen geschützt, die vollrangigen Insolvenzgläubiger dabei gegenüber den nachrangigen Insolvenzgläubigern, aber nicht umgekehrt. [132]

---

125 *Henckel* in Jaeger § 29 Rdnr. 100

126 Massegläubiger im eigentlichen Sinne sind Gläubiger des Gemeinschuldners, die wegen ihrer **nach** Konkurseröffnung entstandenen vermögensrechtlichen Ansprüche vor den Konkursgläubigern aus der Masse befriedigt werden (*Jauernig* S. § 45 III).

127 *BGHZ* 79 S. 124 (130); *Kilger* „Problematische Masseschulden" in NJW 1980 S. 271 (272)

128 So: *Häsemeyer* „Die Gleichbehandlung der Konkursgläubiger" in KTS 1982 S. 507 (540).

129 *Henckel* in Jaeger § 29 Rdnr. 100

130 *Häsemeyer* Rdnr. 21.25 und 23.16

131 *Henckel* in Kölner Schrift zur Insolvenzordnung Rdnr. 10; *Kreft* in Heidelberger Kommentar zur Insolvenzordnung § 129 Rdnr. 36

132 *Häsemeyer* Rdnr. 21.25; zur KO: *BGHZ* 72 S. 39 (44 f)

bb) Benachteiligung der Gläubigergesamtheit

Fraglich ist weiterhin der Maßstab für die Beurteilung der Beeinträchtigung der Insolvenzgläubiger. Hier herrscht auf den ersten Blick ein Meinungsstreit darüber, ob die Benachteiligung nur eines Gläubigers ausreicht. Dies wird von den einen [133] bejaht; nach ihnen diene die Anfechtung nämlich nicht nur der Gläubigergesamtheit, sondern auch dem Interesse einzelner Gläubiger insbesondere gegen gleichbehandlungswidrige Vermögensverschiebungen. Andere wiederum verneinen dies ausdrücklich und wollen die Beurteilung der Gläubigerbenachteiligung ausschließlich an der Benachteiligung der Gesamtheit der Gläubiger festmachen. [134]

Bei richtiger Betrachtungsweise widersprechen sich diese Ansichten jedoch nicht, sie ergänzen sich vielmehr: [135] Will die Insolvenzanfechtung die Gläubigergleichbehandlung schützen, so muß grundsätzlich aus der Sicht der Gläubigergemeinschaft beurteilt werden, ob eine Ungleichbehandlung vorliegt; eine solche Beurteilung läßt sich nicht zulasten oder zugunsten eines Gläubigers anstellen. Allerdings setzt die Gläubigerbenachteiligung nicht voraus, daß alle einzelnen oder daß, bei Begünstigung eines einzelnen, alle anderen Gläubiger benachteiligt sind. Es reicht zum Beispiel aus, wenn ein einzelner vorrangiger Gläubiger benachteiligt ist. Kommt man bei dem Vergleich daher zu dem Ergebnis, nur ein Gläubiger sei benachteiligt worden, dann ist dennoch eine Anfechtung denkbar, solange die Beurteilungsgruppe neben dem bevorteilten Gläubiger nur noch diesen einen Gläubiger umfaßt.

b) Veränderung der Haftungsrelation

Durch die anfechtbare Handlung muß eine Veränderung der Haftungsrelation eingetreten sein. Diese kann in der Verminderung der Aktiva des Schuldners oder in der Vermehrung von dessen Passiva liegen. Eine Erschwerung der Zugriffsmöglichkeiten der Gläubiger, etwa durch Verschiebungen, reicht ebenfalls aus. [136]

aa) Verringerung der Haftungsmasse

Die Verringerung der Haftungsmasse setzt voraus, daß der weggegebene Gegenstand oder das weggegebene Recht Teil derselben war. Dies ist zum Beispiel ausgeschlossen bei der Weggabe völlig wertloser oder unpfändbarer Sachen, da es hier an der Verwertungs- oder Beschlagfähigkeit fehlt. [137]

---

133 So: *von Campe* S. 43; *Häsemeyer* Rdnr. 21.19 .

134 *BGH* KTS 1992 S. 222 (224); *Eichberger* S. 34; *Hess/Weis* Rdnr. 111; *Kuhn/Uhlenbruck* § 29 Rdnr. 20; *Obermüller* „Insolvenzrecht in der Bankpraxis" Rdnr. 1.294

135 So wohl *Henckel* (*ders.*: in Jaeger § 29 Rdnr. 101) und letztlich auch *von Campe* (*ders.*: S. 43).

136 Vgl.: *RGZ* 9 S. 10 und *RGZ* 94 S. 305 (307) und *BGH* ZIP 1983 S. 337 (zur Verkürzung der Aktivmasse); *RGZ* 36 S. 161 (166) und *BGH* ZIP 1991 S. 1014 (1018) (zur Vermehrung der Schuldenmasse); *RG* JW 1911 S. 67 und *BGHZ* 12 S. 238 (241 f) (zur Erschwerung der Zugriffsmöglichkeit); *Huber* in Gottwald § 48 Rdnr. 29; *Kilger/Schmidt* § 29 Anm. 13; *Kuhn/Uhlenbruck* § 29 Rdnr. 25 a; *Zeuner* Rdnr. 42

137 *OLG* Braunschweig MDR 1953 S. 741 (bei Unpfändbarkeit); *BGH* WM 1975 S. 1182 (bei Wertlosigkeit); *Mohrbutter* „Handbuch der Insolvenzverwaltung" VII. Rdnr. 100; *Serick* Band III S. 136

Gleiches gilt, wenn Werte übertragen werden, die aufgrund von Sicherungsrechten ausschließlich einem anderen Gläubiger zustehen und von diesem ausgesondert werden könnten. Aus demselben Grund ist die Erfüllung von Ansprüchen, die in der Insolvenz als Absonderungsrecht durchgesetzt werden können, im Umfang des Vorrechts nicht anfechtbar. [138]

Weiterhin fehlt es an einer Gläubigerbenachteiligung, wenn die Rechtshandlung nur einen Vermögensbestandteil betrifft, dessen Verwertung durch den Insolvenzverwalter die Masse nicht vermehren würde. Das ist dann der Fall, wenn der Schuldner über einen Gegenstand verfügt, dessen Wert durch Belastungen bereits voll erschöpft ist. [139] Von diesem Grundsatz ist jedoch eine Einschränkung zu machen: Wie *Steines* [140] als erster richtig erkannt hat, ist auch die Verfügung über einen voll belasteten Gegenstand dann gläubigerbenachteiligend, wenn der gutgläubige Erwerber des Gegenstandes nicht der Inhaber der Berechtigung aus der Belastung ist. Erwirbt nämlich ein Dritter den Gegenstand, so deckt dieser in der Höhe seines Wertes nicht mehr die Forderung des ursprünglich Sicherungsberechtigten ab und diese nimmt als Insolvenzforderung wieder an der Verteilung des Masseerlöses teil. Dadurch wird die Insolvenzquote der einzelnen Gläubiger gemindert. [141]

Schließlich führen auch solche Handlungen zu keiner Verringerung der Haftungsmasse, die rein persönliche, nicht vermögensrechtliche Wirkungen haben. Dies hat praktische Bedeutung vor allem für Entscheidungen, die der Schuldner über die Verwendung seiner eigenen Arbeitskraft trifft, etwa bei Kündigungen oder der Aufnahme unterbezahlter Tätigkeiten. [142]

Nach der Konkursordnung führt zudem die Deckung von Absonderungsrechten nicht zu einer Verringerung der Haftungsmasse, da der Empfänger auch nach der Verfahrenseröffnung ohnehin aus dem Absonderungsrecht Befriedigung hätte erlangen können. Dies hatte seinen Grund in der durch § 4 II KO manifestierten Möglichkeit des Absonderungsberechtigten, seine Befriedigung unabhängig vom Konkursverfahren zu betreiben. [143] Die Deckung dieses Gläubigerrechts führte demnach schon zu keiner Benachteiligung der übrigen Gläubiger.

Anders stellt sich die Lage allerdings nach der Insolvenzordnung dar: So ist der Insolvenzverwalter gemäß § 165 InsO berechtigt, die Zwangsversteigerung oder -verwaltung eines Grundstückes des Schuldners zu betreiben, auch wenn an diesem ein Absonderungsrecht besteht; gemäß § 166 InsO darf er eine bewegliche Sache, an der ein Absonderunsrecht besteht und die in seinem Besitz ist, freihändig verwerten. [144] Aus diesem Grund kann die Herausgabe eines Gegenstandes, an dem ein Absonderungsrecht besteht, die übrigen Gläubi-

138 *Gerhardt/Kreft* „Aktuelle Probleme der Insolvenzanfechtung" S. 7

139 *RGZ* 39 S. 89 (92); *Huber* in Gottwald § 29 Rdnr. 33

140 *Steines* „Gläubigerbenachteiligung bei Veräußerung eines dem Schuldner gehörenden voll belasteten Gegenstandes ?" in KTS 1986 S. 21 ff

141 *Steines* in KTS 1986 S. 21 (22 f); ebenso jetzt auch: *Häsemeyer* Rdnr. 21.20 und *Henckel* in Jaeger § 29 Rdnr. 61; diese Einschränkung übersehend: *Eichberger* S. 35; *Hess/Weis* Rdnr. 120; *Kuhn/Uhlenbruck* § 29 Rdnr. 30

142 *Von Campe* S. 45

143 Vgl.: *BGH* ZIP 1995 S. 634; *BGH* ZIP 1998 S. 800; *Henckel* in Jaeger § 4 Rdnr. 1 und § 30 Rdnr. 132.

144 Diese Vorschrift soll es ermöglichen, den technisch organisatorischen Verbund des Schuldnervermögens zum Zweck einer möglichst günstigen Masseverwertung zu erhalten (so: Begründung zum *Gesetzentwurf der Bundesregierung* in BT-Drucksache 12/2443 S. 79 sowie zu § 191 RegE S. 178).

ger nach der Insolvenzordnung auch dann benachteiligen, wenn die gesicherte Forderung dem Wert des Gegenstands entspricht oder ihn übersteigt, solange dadurch die Durchführung der Masseverwertung beeinträchtigt wird. [145] In einer solchen Benachteiligung ist mittelbar eine Verringerung der Haftungsmasse zu sehen. Demgegenüber scheidet eine Verringerung der Haftungsmasse allerdings nach wie vor aus, wenn der Schuldner das Absonderungsrecht durch Zahlung ablöst, soweit deren Höhe nicht den möglichen Verwertungserlös übersteigt. [146]

Zu einer Verringerung der Haftungsmasse führen daher vor allem Verfügungen wie Veräußerungen und Belastungen sowie Handlungen, die massezugehörige Forderungen entwerten, wie Erlasse, Stundungen, aber auch Unterlassungen wie das Verstreichenlassen einer Verjährungsfrist. [147]

### bb) Vergrößerung der Schuldenmasse

Zu einer Veränderung der Haftungsrelation führt neben der Verringerung der Haftungsmasse die Vergrößerung der Schuldenmasse, da durch eine solche die Insolvenzquote der einzelnen Gläubiger sinkt. Jedoch sind nur Einwirkungen auf Insolvenzforderungen beachtlich, da für nach der Eröffnung des Verfahrens begründete Forderungen nur das insolvenzfreie Vermögen haftet.

Als anfechtbare Rechtshandlungen kommen hierbei insbesondere die Begründungen oder Erweiterungen einzelner Insolvenzforderungen in Betracht, ferner alle rechtsrelevanten Formen des Verzichts auf die Verteidigung gegen behauptete Forderungen wie der Verzicht auf die Verjährungseinrede, die Hinnahme eines Versäumnisurteils oder eines Vollstrekkungsbescheides. [148]

### c) Ermittlung der Veränderung

Eine andere Frage ist die, ob eine Rechtshandlung tatsächlich zu einer Veränderung, daß heißt zu einer Verschlechterung der Haftungsrelation zwischen dem Gemeinschuldner und seinen Gläubigern geführt hat.

Für die Beurteilung dieser Frage wird von der Rechtsprechung [149] und dem überwiegenden Teil der Literatur [150] eine wirtschaftliche Betrachtungsweise bevorzugt. In diese Betrachtungsweise soll nicht nur die anfechtbare Rechtshandlung selbst miteinbezogen werden, sondern auch die äußeren Umstände sowie die verschiedenen Verwertungsmöglichkeiten. So sei zum Beispiel [151] die Veräußerung einer Sache selbst dann (mittelbar) benachteiligend,

---

145 Vgl. auch: *Henckel* in Kölner Schrift zur Insolvenzordnung Rdnr. 8; *Kreft* in Heidelberger Kommentar zur Insolvenzordnung § 129 Rdnr. 57.

146 Vgl.: *Kreft* in Heidelberger Kommentar zur Insolvenzordnung § 129 Rdnr. 58.

147 *Häsemeyer* Rdnr. 21.20; siehe zu weiteren Einzelproblemen: *Henckel* in Jaeger § 29 Rdnr. 61 ff

148 *RGZ* 81 S. 144 (145); *Häsemeyer* Rdnr. 21.23

149 *BGHZ* 86 S. 349 (355); *BGHZ* 121 S. 179 (187); *BGH* NJW 1995 S. 1668 (1670)

150 *Von Campe* S.43; *Haarmeyer/Wutzke/Förster* Kap. 5 Rdnr. 219; *Hess/Weis* Rdnr. 118; *Obermüller* Rdnr. 1.295; *Zeuner* Rdnr. 46; *ders.* in *Smid/Zeuner* § 129 Rdnr. 54

151 Beispiel aus: *Kuhn/Uhlenbruck* § 29 Rdnr. 32.

wenn der Gemeinschuldner eine ihren Wert übersteigende Gegenleistung versprochen erhält, der Anspruch aber uneinbringlich ist.

*Häsemeyer* [152] hingegen lehnt diese wirtschaftliche Betrachtungsweise ab, da sie den Verzicht auf geforderte juristische Begriffsbildung und Begründung indiziert. Vielmehr müsse bei der Beurteilung, ob eine Handlung die Haftungsordnung beeinträchtige, eine Differenzhypothese angestellt werden: Die reale Haftungsentwicklung ist mit der hypothetischen zu vergleichen, die ohne die Rechtshandlung eingetreten wäre. Ergibt sich hieraus eine Differenz, so muß festgestellt werden, ob diese der gesetzlichen Haftungsordnung zuwiderläuft. Hierfür seien rechtliche Maßstäbe erforderlich.

*Häsemeyer* ist zwar darin Recht zu geben, daß eine juristische Begriffsbildung wünschenswert wäre, jedoch stößt er ebenfalls auf das Problem, eine solche letztlich selbst nicht bieten zu können. Hat sich daher die Rechtsprechung aufgrund der Vielfalt der Konstellationen auf eine sogenannte wirtschaftliche Betrachtungsweise zurückgezogen, so verdeckt sie damit zwar ihr tatsächliches Vorgehen, welches eine Einzelfallbetrachtung darstellt; dieses Defizit ist aber, wenn auch nicht zu begrüßen, so doch kaum zu verhindern.

#### d) Ermittlung der Berücksichtigungsbedürftigkeit

Neben der allgemeinen Betrachtung, ob eine Rechtshandlung zu einer Veränderung der Haftungsrelation führt, ist zudem danach zu fragen, ob diese Veränderung auch berücksichtigungsbedürftig ist. Hierbei ist zum einen ein Kausalzusammenhang zwischen Benachteiligung und Handlung vonnöten, zum anderen darf nicht der Fall eines Bargeschäfts im Sinne des § 142 InsO vorliegen.

##### aa) Nicht zu berücksichtigende Umstände

Voraussetzung für die Berücksichtigungsbedürftigkeit und damit die Anfechtbarkeit einer Rechtshandlung ist ein Kausalzusammenhang zwischen dieser und der Benachteiligung der Gläubiger. [153] Die angefochtene Rechtshandlung darf daher nicht hinweggedacht werden, ohne daß die Gläubigerbenachteiligung entfiele. Nur wenn dies der Fall ist, ist eine Handlung auch berücksichtigungsbedürftig.

Diese so einfach scheinende Kausalitätsformel hat jedoch ihre Tücken und ist daher nicht selten mißverstanden worden. So ist zunächst festzustellen, daß es nicht darauf ankommt, ob der Kausalzusammenhang **adäquat** ist. [154] Adäquat ist ein Ereignis dann, wenn es allgemein -

---

152 *Häsemeyer* Rdnr. 21.19; auch *Henckel* kritisiert das Abstellen auf wirtschaftliche Gesichtspunkte, da diese nicht subsumptionsfähig seien; diese Gesichtspunkte könnten daher höchstens Hilfsmittel zur Erfassung subsumierbarer Tatsachen sein (*ders.* in Jaeger § 29 Rdnr. 2).

153 Diese Einschränkung galt schon zur KO (*RGZ* 10 S. 5 (9); *BGH* KTS 1987 S. 279; *Gerhardt* „Die systematische Einordnung der Gläubigeranfechtung" S. 248; *Kuhn/Uhlenbruck* § 29 Rdnr. 21) und gilt jetzt ebenfalls zur InsO, auch wenn sie ihren gesetzlichen Niederschlag allein in dem Wort „durch" in § 133 II InsO erfährt (*Haarmeyer/Wutzke/Förster* Kap. 5 Rdnr. 221; *Smid/Zeuner* § 129 Rdnr. 55).

154 *Henckel* in Jaeger 9. Auflage § 29 Rdnr. 86; a.A.: *BGH* ZIP 1986 S. 787 (788); *Henckel* in Jaeger 8. Auflage § 29 Anm. 26; *Hess/Weis* Rdnr. 129

und damit nicht nur unter ganz ungewöhnlichen Verhältnissen - geeignet ist, den entsprechenden Erfolg herbeizuführen. [155] Nachdem jedoch durch die Insolvenzanfechtung die Gläubigergleichbehandlung geschützt werden soll, ist die durch die Adäquanz indizierte Prüfung der generellen Vorhersehbarkeit, welche dem Schadensersatzrecht zuzuordnen ist und dort den Schädiger schützen will, bei der Insolvenzanfechtung fehl am Platz.

Auch findet nach einhelliger Meinung [156] der für den Schadensersatzanspruch geltende Grundsatz der „**Vorteilsausgleichung**“ keine Anwendung. So entfällt eine Gläubigerbenachteiligung nicht etwa deshalb, weil die anzufechtende Rechtshandlung im ursächlichen Zusammenhang mit anderen Ereignissen der Masse auch Vorteile gebracht hat. [157]

Umstritten ist allerdings, ob solche Umstände Berücksichtigung finden dürfen, die mit den Schlagworten „**hypothetische Kausalität**“ oder „Reserveursache“ umschrieben werden. Hierbei handelt es sich um Konstellationen, bei welchen der durch die Rechtshandlung der Masse entzogene Gegenstand sich bei Hinwegdenken der Handlung auch aus anderen Gründen nicht mehr in der Masse befände. Die Rechtsprechung [158] und Teile der Literatur [159] gingen lange davon aus, daß diese Umstände berücksichtigt werden müßten und eine Anfechtbarkeit dann entfiele.

Ein anderer Teil der Literatur [160] lehnt eine Berücksichtigung hypothetischer Kausalverläufe grundsätzlich ab, da jede Minderung des Haftungsvermögens sich über die privatautonome Steuerung durch den Schuldner auf dessen gesamte Vermögens- und Haftungslage auswirke: Dient das Anfechtungsrecht der Wiederherstellung der Haftungsrealisierungsmöglichkeit, so darf diese den Gläubigern nicht dadurch entzogen werden, daß die Verkürzung später gegebenenfalls auch auf eine andere Weise eingetreten wäre. Wie im Schadensrecht unterbreche eine hypothetisch wirksame Reserveursache nämlich nicht die Kausalität einer in der Realität wirksam gewordenen Ursache. Zudem würde eine Berücksichtigung hypothetischer Kausalverläufe die Insolvenzanfechtung weitgehend entwerten, denn das typische Vorgehen eines künftigen Gemeinschuldners ist, daß er sein Vermögen aushöhlt, um seine Gläubiger zu befriedigen. [161] Hypothetisch betrachtet hätte er somit ohnehin sein ganzes Vermögen weggegeben.

---

155 *Köbler* S. 7

156 *RGZ* 100 S. 88 (90); *BGHZ* 97 S. 87 (95); *Baur/Stürner* Rdnr. 18.38; *Eichberger* S. 44; *Kuhn/Uhlenbruck* § 29 Rdnr. 35

157 *Huber* in Gottwald § 48 Rdnr. 42: Dort wird folgendes vom *BGH* (in NJW 1986 S. 1496) behandelte Beispiel angeführt: Die anfechtbare Bezahlung rückständiger Stromzahlungen hat die Einstellung der Stromversorgung für den Betrieb verhindert und diesen so in die Lage versetzt, die Produktion weiterzuführen.

158 *RGZ* 150 S. 42 (45); *BGH* JZ 1979 S. 476; *BGHZ* 90 S. 207 (212); *LG Düsseldorf* ZIP 1981 S. 601 (604)

159 *App* „Anfechtung der Zahlung oder Sicherung von Steuern“ in NJW 1985 S. 3001 (3003); *Jaeger* „Die Gläubigeranfechtung außerhalb des Konkursverfahrens“ § 1 Anm. 64; *Rosenberg/Gaul/Schilken* „Zwangsvollstreckungsrecht“ § 35 III 2

160 *Gerhardt* „Grundprobleme der Gläubigeranfechtung“ in ZIP 1984 S. 397 (398 f); *Häsemeyer* Rdnr. 21.22

161 *Henckel* in Jaeger § 29 Rdnr. 96

Dritte [162] wiederum wollen - richtigerweise - eine Berücksichtigung hypothetischer Kausalverläufe eingeschränkt zulassen: So handelt es sich bei dieser Frage nicht allein um ein Problem der Ursächlichkeit, sondern um eines der Zuordnung, also um eine Wertungsfrage. [163] Diese läßt sich jedoch nicht ausschließlich zugunsten der benachteiligten Gläubiger beantworten; vielmehr ist nach Wertungsgesichtspunkten zu differenzieren. So sind hypothetische Ursachen jedenfalls dann nicht zu berücksichtigen, wenn der Gegenstand beim Anfechtungsgegner vorhanden ist. [164] In einem solchen Fall darf die durch reales Geschehen hergestellte Ursächlichkeit nicht durch gedachte Geschehensabläufe ausgeschlossen werden. [165] Fehlt der Anfechtungsgegenstand hingegen beim Anfechtungsgegner, so ist weiter danach zu unterscheiden, was mit diesem geschehen ist. [166] Dieser differenzierenden Meinung folgt jetzt - zumindest im gedanklichen Ansatz [167] - auch der *BGH*.

bb) Bargeschäft gemäß § 142 InsO

Gemäß § 142 InsO ist eine Leistung des Schuldners, für die unmittelbar eine gleichwertige Gegenleistung in sein Vermögen gelangt, nur dann anfechtbar, wenn dabei zusätzlich das Merkmal einer vorsätzlichen Benachteiligung vorliegt. Damit wurde in der Insolvenzordnung eine neue Regelung geschaffen und der bereits zur Konkursordnung in Rechtsprechung [168] und Literatur [169] herausgebildeten Grundsatz der Unanfechtbarkeit von Bargeschäften manifestiert.

Der Zweck dieser Regelung besteht dabei darin, zu erreichen, daß auch ein in der Krise befindlichen Gemeinschuldner nicht vollends in seiner wirtschaftliche Bewegungsfreiheit eingeschränkt wird. Die Möglichkeit zur weiteren Teilnahme am Geschäftsverkehr würde dem Schuldner nämlich gänzlich genommen, wenn selbst die von ihm durchgeführten Bargeschäfte der Anfechtung unterlägen. [170] Darüber hinaus würde sich durch die Anfechtbar-

---

162 *Henckel* in Jaeger § 29 Rdnr. 90; *Huber* in Gottwald § 48 Rdnr. 43

163 *Huber* in Gottwald § 48 Rdnr. 43; so auch *BGHZ* 104 S. 355 (360)

164 *Henckel* in Jaeger § 29 Rdnr. 90

165 So auch *Smid/Zeuner*, die allerdings den Verweis des *BGH* (*BGHZ* 104 S. 355 (360)) auf eine wertende Beurteilung und damit den hier vertretenen Differenzierungsschritt gänzlich übersehen (*dies.*: § 129 Rdnr. 55).

166 Über die Differenzierungskriterien herrscht jedoch keine Einigkeit: So will *Henckel* danach unterscheiden, ob der Anfechtungsgegner das ihm Gewährte eben zu dem Zweck verwendet hat, zu dem auch der Schuldner es anfechtungsfrei hätte verwenden müssen. Er nennt dabei das Beispiel der Verwendung abgetretener Pensionsansprüche durch die Ehefrau des Schuldners zur Bestreitung des Familienunterhaltes (*ders.*: in Jaeger § 29 Rdnr. 90). *Huber* hingegen erweitert das von *Henckel* angeführte Beispiel auch auf den Fall, daß der Anfechtungsgegner ein beliebiger Dritter ist und der Schuldner den abgetretenen Anspruch sonst für den Unterhalt seiner Familie ausgegeben hätte (*ders.*: in Gottwald § 48 Rdnr. 43 a.E.). Die erste Ansicht fragt also danach, ob der **Anfechtungsgegner** mit dem Gegenstand das gemacht hat, was der Schuldner ebenfalls getan hätte; die zweite Ansicht stellt hingegen darauf ab, was der **Schuldner** selbst mit dem Gegenstand getan hätte.

167 Vgl.: *BGHZ* 104 S. 355 ff (insb.: 360 f).

168 *RGZ* 100 S. 62 (64); *RGZ* 136 S. 152 (158); *BGH* WM 1980 S. 779

169 *Gerhardt/Merz* „Aktuelle Probleme der Gläubigeranfechtung" S. 8 ff; *Lent* in Jaeger § 30 Rdnr. 26, 26 a, 37; *Henckel* in Jaeger § 30 Rdnr. 110 ff; *Huber* in Gottwald § 48 Rdnr. 44; *Kuhn/Uhlenbruck* § 30 Rdnr. 23

170 Begründung zum *Gesetzentwurf der Bundesregierung* in BT-Drucksache 12/2443 S. 167; *Brandes* „Aktuelle Schwerpunkte der BGH-Rechtsprechung zum Konkursrecht" in *Prütting* „Insolvenzrecht" S. 1 (11); siehe zum Verhältnis des § 142 InsO zur Deckungsanfechtung unten: § 4 I 1 c

keit von Bargeschäften die wirtschaftliche Situation des Schuldners und damit auch die seiner Gläubiger verschlechtern. [171]

Laut § 142 InsO muß die Leistung des Schuldners mit der Gegenleistung des Gläubigers in einem **engen sachlichen Zusammenhang** stehen; [172] diese Konstellation kommt bei Warenaustauschgeschäften in Betracht, aber auch bei Darlehenshingabe und Sicherungsbestellung im Rahmen eines Kreditgeschäftes. [173] Weiterhin müssen die beiden Leistungen **objektiv gleichwertig** sein; dem steht die Hingabe von Bargeld nicht entgegen, auch wenn dieses leichter dem Gläubigerzugriff zu entziehen ist. [174] Schließlich muß zwischen den beiden Handlungen ein **enger zeitlicher Zusammenhang** bestehen; dafür soll nach der Begründung zum *Gesetzentwurf der Bundesregierung* [175] wie zur Konkursordnung ausreichen, daß ein „gewisse Zeitspanne" zwischen den Handlungen liegt. Nach Rechtsprechung und Lehre zur Konkursanfechtung wurde hierbei nach der Art des Geschäftes, [176] nach der Verkehrssitte [177] und den Umständen des Einzelfalls [178] differenziert.

Diese Nähebeziehung findet in § 142 InsO in dem Wort „unmittelbar“ ihren Niederschlag. Hierbei ist es nach *Henckel* [179] unbeachtlich, ob die Leistungen direkt oder erst später erbracht werden, solange die Leistungen „miteinander in einem unmittelbaren zeitlichen Zusammenhang“ vorgenommen werden. *K. Schmidt* [180] spricht in diesem Zusammenhang von dem Erfordernis der „Vermögensumschichtung“.

Wie schon bezüglich der Rechtsprechung zur Konkursordnung kritisiert *Häsemeyer* hingegen das verwendete Kriterium der „Unmittelbarkeit“ als unpräzise: [181] Maßgeblich sei seiner Ansicht nach vielmehr zusätzlich, daß der Gläubiger des Gemeinschuldners nicht bis zu Beginn der Krise vorgeleistet habe; dann verdiene er nämlich keinen Schutz, da er mit Verfahrenseröffnung ohnehin keine Leistung mehr verlangen kann und eine - auch unmittelbare - Nachleistung des Gemeinschuldners in der Krise die übrigen Gläubiger benachteilige. Fand diese Ansicht jedoch schon zur Konkursordnung [182] keinen Anklang, obwohl dort ausschließlich auf die fehlende Gläubigerbenachteiligung bei Bardeckungen abgestellte werden konnte, so fehlt jetzt in § 142 InsO schon ein einschränkender Hinweis in dessen Wortlaut.

---

171 *Eichberger* S. 38

172 Diese Voraussetzung läßt sich zum einen aus dem relativen Satzanschluß „für sie“ ableiten (so *von Campe* S. 48), zum anderen aus dem Verweis auf die zur Konkursordnung entwickelten Grundsätze (Begründung zum *Gesetzentwurf der Bundesregierung* in BT-Drucksache 12/2443 S. 167).

173 *Baur/Stürner* Rdnr. 18.46

174 Begründung zum *Gesetzentwurf der Bundesregierung* in BT-Drucksache 12/2443 S. 167; zur KO: *Kuhn/Uhlenbruck* § 28 Rdnr. 23 b

175 in BT-Drucksache 12/2443 S. 167

176 *BGH* WM 1980 S. 779 (789); *Baur/Stürner* Rdnr. 18.46

177 *BGH* NJW 1955 S. 709; *Huber* in Gottwald § 48 Rdnr. 44

178 *BGH* WM 1980 S. 779 (780); *von Campe* S 48

179 in Jaeger § 30 Rdnr. 110

180 „Das Insolvenzrisiko der Bank zwischen ökonomischer Vernunft und Rechtssicherheit“ in WM 1983 S. 490 (493)

181 „Vertragsabwicklung, Aufrechnung und Anfechtung im Konkurs - Entscheidungsrezension zu BGHZ 89 S. 189“ in JuS 1986 S. 851 (855); *ders.*: Rdnr. 21.40 Fn. 132

182 *BGH* NJW 1980 S. 1961; *BGHZ* 89 S. 189 (194); *Henckel* in Jaeger § 30 Rdnr. 110; *Kuhn/Uhlenbruck* § 30 Rdnr. 23 a

Eine wichtige Einschränkung des Grundsatzes der nur bedingten Anfechtbarkeit von Bardekkungen hat der *BGH* in einer Entscheidung aus dem Jahr 1993 [183] getroffen: In dieser Entscheidung führte er sinngemäß aus, daß bereits dann keine Bardeckung mehr vorliege, wenn die Leistung zwar gleichwertig ist und Zug um Zug ausgetauscht wird, jedoch nicht mehr von der Parteivereinbarung gedeckt ist. Zutreffenderweise widerspricht der *BGH* damit der im Regierungsentwurf [184] und von Teilen der Literatur [185] vertretenen Ansicht, Bardeckungen unterlägen generell nicht der Anfechtung inkongruenter Deckung.

Aus diesem Grund schlägt *Kreft* [186] auch eine Einschränkung des § 142 InsO vor: Nur gleichwertige Zug-um-Zug-Leistungen sollen durch diese Vorschrift geschützt werden, auf die der Gläubiger auch einen **kongruenten** Anspruch hatte. Dieser Einschränkung ist zuzustimmen. Anderenfalls würden nämlich durch den § 142 InsO auch die weniger schutzwürdigen inkongruenten Barleistungen bevorzugt. [187] Steht hinter dieser Vorschrift der Grundgedanke, daß Kausalgeschäfte, die unanfechtbar abgeschlossen wurden, auch erfüllbar bleiben sollen, [188] so darf dies nur soweit gelten, als ihre Erfüllung auch vereinbarungsgemäß erfolgte. Für einen weitergehenderen Schutz auch inkongruenter Bardeckungen besteht hingegen weder aus rechtlichen noch aus wirtschaftlichen Erwägungen Anlaß. Ob sich diese im Ergebnis richtige Einschätzung, die jedoch - leider - keinen Niederschlag im Wortlaut des § 142 InsO gefunden hat, [189] durchsetzen wird, bleibt allerdings abzuwarten.

### III. Materielle Insolvenz: „Die Krise"

Die besondere Insolvenzanfechtung dient - wie bereits dargestellt [190] - dazu, den Grundsatz der Gläubigergleichbehandlung schon auf den Zeitraum vor der Verfahrenseröffnung auszuweiten. Eine solche Ausweitung kann allerdings aus Gründen des Verkehrsschutzes nicht beliebig weit gehen. Objektives Tatbestandsmerkmal der besonderen Insolvenzanfechtung ist aus diesem Grund auch, daß die gläubigerbenachteiligende Handlung in einem engen **zeitlichen und sachlichen** Zusammenhang zum Insolvenzverfahren vorgenommen wurde.

---

183 *BGH* (Urteil vom 30.09.1993, IX ZR 227/92) in ZIP 1993 S. 1653 (1654 f) mit zustimmender Anmerkung von *Henckel* EWiR 1994 S. 374: Dort ging es um den Fall der Hingabe von Kundenschecks bei einem Anspruch auf Barzahlung.

184 Begründung zum *Gesetzentwurf der Bundesregierung* in BT-Drucksache 12/2443 S. 167

185 *Kilger/Schmidt* § 30 Anm. 20 a.E.; *Hess* § 30 Rdnr. 26

186 in Heidelberger Kommentar zur Insolvenzordnung § 129 Rdnr. 46 f

187 So auch: *Gerhardt/Kreft* S. 15; *Smid/Zeuner* § 131 Rdnr. 25; ausführlich und übersichtlich auch: *Zeuner* Rdnr. 51

188 Vgl. dazu unten: § 4 I 1 c

189 Der *BGH* nimmt an, die Worte „für die" im § 142 InsO deuten auf dieses Ergebnis hin, da diese auf die notwendige Übereinstimmung von vertraglicher Vereinbarung und tatsächlicher Leistung hinweisen (*BGH* in ZIP 1993 S. 1653 (1654 f)); in der Begründung zum *Gesetzentwurf der Bundesregierung* heißt es dazu allerdings lediglich, die Vorschrift komme nur zur Anwendung, wenn die Leistungen durch Parteivereinbarung miteinander verknüpft sind (in BT-Drucksache 12/2443 zu § 161 RegE S. 167); von einer notwendigen Verknüpfung auf eine erforderliche Kongruenz der Leistung zu schließen, wie dies der *BGH* vorgeschlagen hat, erscheint allerdings als zu einfach.

190 Siehe oben: § 2 II 2 a.

Die Tatbestände der besonderen Insolvenzanfechtung setzen daher neben einer zeitlichen Begrenzung voraus, daß die anfechtbare Handlung nach dem Eintritt der „materiellen Insolvenz“ [191] vorgenommen wird. Diese auch als „Krise“ [192] bezeichnete Situation des Schuldners zeichnet sich dadurch aus, daß der Grund für die spätere Verfahrenseröffnung bereits vorhanden ist. So muß der Gemeinschuldner zum Zeitpunkt der Rechtshandlung zahlungsunfähig gewesen oder zumindest ein Eröffnungsantrag gestellt worden sein.

Wird somit grundsätzlich eine sachliche Nähe zur Insolvenz für die besondere Insolvenzanfechtung gefordert, so gilt für die § 131 I Nr. 1 und Nr. 3 InsO eine Ausnahme: Nach diesen Vorschriften ist die Anfechtung wegen inkongruenter Deckung auch dann möglich, wenn zum Handlungszeitpunkt weder die Zahlungsunfähigkeit des Schuldners noch ein Eröffnungsantrag vorlag; auch beim Fehlen der materiellen Insolvenz genügt in diesen Fällen somit allein eine zeitliche Nähe zur Verfahrenseröffnung. [193]

Im folgenden wird daher zunächst auf die krisebegründenden Voraussetzungen der Zahlungsunfähigkeit und der Stellung des Eröffnungsantrags eingegangen, um im Anschluß die Besonderheit des § 131 I Nr. 1 und 3 InsO darzustellen.

### 1. Zahlungsunfähigkeit

Die Zahlungsunfähigkeit des Schuldner ist nicht nur die allgemeine Voraussetzung für die Stellung eines Eröffnungsantrags, [194] sondern nach der Insolvenzordnung auch die entscheidende Voraussetzung für die Beantwortung der Frage, ob eine Handlung des Schuldners im anfechtungsrelevanten Zeitraum vorgenommen wurde.

Dies war nicht immer der Fall: Vor der Einführung der Konkursordnung von 1877 galt in Deutschland die Vermögensunzulänglichkeit als Voraussetzung für die Einschränkung der Privatautonomie des Schuldners. Angeregt durch den französischen *Code de Commerce* wurde in den meisten deutschen Gesetzen dann jedoch die bei Zahlungseinstellung vermutete Zahlungsunfähigkeit als Eröffnungsvoraussetzung festgeschrieben. [195] Auch das bisherige Konkursrecht stellte im Rahmen der Anfechtung kongruenter Deckungen auf die Zahlungs**einstellung** als maßgebliches Kriterium ab: Der Gesetzgeber der Insolvenzordnung hat sich hingegen dafür entschieden, allein die Zahlungs**unfähigkeit** des Schuldners als maßgeblich zu beurteilen.

---

191 Den Begriff der „materiellen Insolvenz“ führt *von Campe* in Nachbildung des in der deutschen Terminologie bisher verwendeten Begriffs des materiellen Konkurses ein und bezeichnet damit den Zeitraum ab Zahlungsunfähigkeit (*ders.*: S. 59 und 65).

192 Diesen Begriff gebrauchen z.B. *Häsemeyer* (*ders.*: Rdnr. 21.48) oder *Huber* bezüglich der GesO (*ders.*: in Gottwald „GesO“ III 7 D Rdnr. 3 ff). Allerdings wird dabei der Zeitraum der „Krise“ weiter verstanden als der der „materiellen Insolvenz“, da mit der „Krise" auch schon die Situation nach der Stellung des Eröffnungsantrags beschrieben wird, selbst wenn eine Zahlungsunfähigkeit gar nicht vorliegt. Diese Differenzierung übersieht *Eichberger* (*ders.*: S. 50).

193 Siehe unten: § 3 III 3.

194 Siehe dazu unten: § 3 III 2.

195 *Hahn* Band IV S. 291

a) Zahlungseinstellung - Zahlungsunfähigkeit

Unter der Zahlungseinstellung wurde bezüglich der Konkursordnung ein nach außen erkennbares Verhalten des Schuldner, welches den Zustand der Zahlungsunfähigkeit offenbart, verstanden. [196] So schaffte § 102 II KO die gesetzliche Vermutung für die Zahlungsunfähigkeit, wenn der Schuldner seine Zahlungen eingestellt hat. Dieses Merkmal der Zahlungseinstellung war deswegen als Anfechtungsvoraussetzung gewählt worden, weil es im Gegensatz zur Zahlungsunfähigkeit äußerlich zutage tritt und damit dem Erfordernis des Verkehrs- und Vertrauensschutzes besser Rechnung trägt. [197]

Von dieser Vorstellung ist der Reformgesetzgeber abgewichen. Einzig maßgebliches Kriterium ist jetzt die Zahlungsunfähigkeit des Schuldners. Das Argument des Verkehrsschutzes wird in diesem Zusammenhang weder in der Begründung zum *Gesetzentwurf der Bundesregierung* noch im ersten Bericht der *Kommission für Insolvenzrecht* ausdrücklich berücksichtigt. [198]

Hierfür gibt es auch einen Grund: Auf die Erkennbarkeit der Zahlungsunfähigkeit durch die Zahlungseinstellung konnte bei der besonderen Insolvenzanfechtung verzichtet werden, da die §§ 129 ff InsO tatbestandlich jeweils noch einmal gesondert das Vorliegen der Kenntnis des Anfechtungsgegners von den krisebegründenden Tatsachen voraussetzen; unter diesen Tatsachen stellt die Kenntnis von der Zahlungseinstellung jedoch nur eine Möglichkeit dar, ein Abstellen auf die Zahlungseinstellung als nach außen erkennbare Zahlungsunfähigkeit bedurfte es daher nicht. Auf welche Weise diese Kenntnis nämlich erlangt wird, ob durch die Einstellung der Zahlung des Schuldners gegenüber dem Anfechtungsgegner oder durch sonstige Umstände, ist unbeachtlich. [199]

Vielmehr betonte der Gesetzgeber zu Recht, daß zwar die Zahlungseinstellung die wichtigste Form der Zahlungsunfähigkeit sei, es aber genügend Fälle gebe, in denen Zahlungsunfähigkeit vorliege, obwohl noch einzelne Gläubiger durch den Schuldner befriedigt werden. [200] Indem man sich statt an der Erscheinungsform der Krise an ihrem Grunde orientiert, wird daher der Anfechtungsbereich der entsprechenden Vorschriften sinnvoll erweitert. [201]

Einschränkend bleibt jedoch anzumerken, daß der Gesetzgeber durch diese Änderung letztlich nur das deutlicher ausgedrückt hat, was schon bisher in Rechtsprechung und Schrifttum durch Auslegung des § 30 KO gewonnen wurde: [202] Schon dort wurde eine Zahlungseinstellung

---

196 Vgl.: *Eichberger* S. 50; *Hess* § 102 Rdnr. 12; *Lange* „Voraussetzungen und Wirkung der Konkursanfechtung" S. 109.

197 *Hahn* Band IV S. 294

198 *Von Campe* S. 60

199 Insofern ist die Meinung *von Campes* unverständlich, nach welcher durch das Abstellen auf die Zahlungsunfähigkeit der Verkehrsschutz hinter dem Bestreben, den Beginn der Anfechtung möglichst früh anzusetzen, zurückgetreten sei (*ders.*: S. 60). Der einzig maßgebliche Verkehrsschutz - der des Anfechtungsgegners - wird nämlich durch die subjektiven Voraussetzungen weiterhin ausreichend ge schützt (so auch: *Eichberger* S. 74).

200 *Referentenentwurf Insolvenzrechtsreform* herausgegeben vom *Bundesministerium der Justiz* Teil III S. 145

201 Vgl.: *Eichberger* S. 74.

202 *BGH* ZIP 1995 S. 929 (931); *BGH* ZIP 1997 S. 1926 (1927 f); *Henckel* in Jaeger § 30 Rdnr. 27

auch dann angenommen, wenn der Schuldner noch einzelne Verbindlichkeiten erfüllt hat, jedoch nicht in der Lage war, seine fälligen Verbindlichkeiten im wesentlichen zu erfüllen.

b) Begriff der Zahlungsunfähigkeit

Gemäß der Legaldefinition des § 17 II 1 InsO ist der Schuldner zahlungsunfähig, wenn er nicht in der Lage ist, die fälligen Zahlungspflichten zu erfüllen. Demgegenüber wurde bezüglich der Konkursordnung Zahlungsunfähigkeit definiert als das auf den **Mangel an Zahlungsmitteln** beruhende, **dauernde** Unvermögen des Schuldners, seine fälligen Schulden im **wesentlichen** zu bezahlen. [203]

Demnach differiert die heutige gesetzliche Definition vor allem durch den Verzicht auf die Kriterien der Wesentlichkeit und Dauerhaftigkeit von der zur Konkursordnung entwickelten. Als Begründung wurde dazu angeführt, daß ein zusätzliches Abstellen auf diese Punkte zu einer unnötigen Verzögerung der Verfahrenseröffnung führen kann. [204] Die Stichhaltigkeit und Sinnigkeit dieser Entscheidung ist in der Literatur teils bejaht [205], teils verneint [206] worden.

c) Voraussetzungen der Zahlungsunfähigkeit

Im folgenden sollen daher die einzelnen Voraussetzungen der Zahlungsunfähigkeit näher beleuchtet und dabei ein besonderes Augenmerk darauf gerichtet werden, ob die Definition des § 17 II 1 InsO tatsächlich die vorzugswürdige ist.

aa) Fälligkeit der Zahlungspflichten

Zahlungsunfähigkeit liegt im anfechtungsrechtlichen Sinne nur vor, wenn der Schuldner seine fälligen Verbindlichkeiten nicht erfüllen kann. [207] Stunden die Gläubiger ihre Forderungen, ist der Schuldner daher noch nicht zahlungsunfähig. Gleiches gilt selbst für den Fall, daß feststeht, daß der Schuldner im Zeitpunkt der Fälligkeit seinen Verbindlichkeiten nicht wird nachkommen können; auch dann tritt die Zahlungsunfähigkeit erst mit der Fälligkeit ein. [208]

---

m.w.N; *Weber* in Jaeger „Konkursordnung“ 8. Aufl. § 102 Rdnr. 2

203 *BGH* WM 1957 S. 68; *BGH* NJW 1962 S. 102; *Jauernig* § 53 I 1; *Kuhn/Uhlenbruck* § 102 Rdnr. 2; *Uhlenbruck* in Gottwald § 9 Rdnr. 3; fälschlicherweise geht *Lutter* davon aus, daß bereits in der KO der Begriff der Zahlungsunfähigkeit gesetzlich definiert war („Zahlungseinstellung und Überschuldung unter der neuen Insolvenzordnung" in ZIP 1999 S. 641 (642)). Neben der gesetzlichen Vermutung in § 102 II KO entstammt dieses Definition vielmehr allein richterlicher Rechtsfortbildung.

204 *Referentenentwurf* Teil III S. 17 f

205 *Burger/Schellberg* „Zur Vorverlagerung der Insolvenzauslösung durch das neue Insolvenzrecht“ in KTS 1995 S. 563 (566 ff); *Drukarcyk/Schüler* „Zahlungsunfähigkeit, drohende Zahlungsunfähigkeit und Überschuldung als Insolvenzauslöser“ in Kölner Schrift zur Insolvenzordnung Rdnr. 28 ff; wohl auch: *Paulus* „Der Anfechtungsprozeß" in ZInsO 1999 S. 242 (248)

206 *Häsemeyer* Rdnr. 7.17; *Henckel* in Kölner Schrift zur Insolvenzordnung Rdnr. 14; *Uhlenbruck* in KTS 1994 S. 169 (170 f)

207 *RG* LZ 1912 S. 661

208 *Henckel* in Jaeger § 30 Rdnr. 22

Für die Konkursanfechtung wurde zusätzlich verlangt, daß neben der Fälligkeit des Anspruchs dieser durch den Gläubiger auch **ernstlich eingefordert** wurde. [209] Dies wurde damit begründet, daß die Gläubiger den Gleichbehandlungsgrundsatz dann nicht in Anspruch nehmen sollen, wenn keiner von ihnen den Schuldner zur Leistung drängt und damit versucht, sich einen Sondervorteil zu verschaffen. [210] Dieses Erfordernis findet sich in der Legaldefinition zur Insolvenzanfechtung nicht wieder; dennoch wird teilweise die Auffassung vertreten, daß ein Einfordern auch Voraussetzung für die insolvenzrechtliche Zahlungsunfähigkeitsfeststellung sei. [211]

Das alleinige Abstellen auf die Fälligkeit in § 17 II 1 InsO, welcher ein Einfordern regelmäßig gerade nicht voraussetzt, läßt eine solche Einengung des Begriffs der Zahlungsunfähigkeit jedoch nicht zu. [212] Zudem ist das für dieses Erfordernis vorgetragene Argument zweifelhaft: Warum soll der Gleichbehandlungsgrundsatz nicht schon dann gelten, wenn der Schuldner einen Gläubiger trotz fehlender Einforderung befriedigt; ein Blick auf die Anfechtbarkeit kongruenter Deckungen zeigt doch gerade, daß es weniger um die Geltendmachung eines Sondervorteils, als um eine gerechte Verteilung eines zu geringen Schuldnervermögens geht.

Nachdem aber schon zur Konkursordnung bei Fälligkeit der Forderung im Zweifel davon ausgegangen wurde, daß diese vom Gläubiger auch ernsthaft eingefordert werde, [213] zum geltenden Recht beim Hinzutreten besonderer Umstände jedoch auch von einer die Fälligkeit hinausschiebenden stillschweigenden Stundung ausgegangen werden kann, [214] unterscheiden sich beide Meinungen im Ergebnis letztlich kaum.

### bb) Mangel an Zahlungsmitteln

Nur das Unvermögen des Schuldners, fällige Geldschulden zu erfüllen, also der Mangel an Zahlungsmitteln, begründet die Zahlungsunfähigkeit des Schuldners. Liefert daher der Schuldner Waren nicht, hat er damit noch nicht seine Zahlungsunfähigkeit offenbart, mag auch die Ursache darin liegen, daß er die Waren wegen Geldmangels nicht beschaffen oder herstellen kann. [215]

Diese Einschränkung ergibt sich zum einen aus dem Wortlaut des § 17 II InsO, der danach fragt, wann der Schuldner **zahlungs**unfähig ist, zum anderen aus dem Zweck der Insolvenzanfechtung: Ob der Sachleistungsanspruch des Gläubigers nämlich das Vermögen des Schuldners und damit die Befriedigungsmöglichkeiten der anderen Gläubiger mindert, hängt

---

209 *BGH* LM § 30 KO Nr. 6; *BGH* WM 1955 S. 1468; *Burger/Schellberg* in KTS 1995 S. 563 (568); *Kuhn/Uhlenbruck* § 30 Rdnr. 7; *Veit* „Die Definition der Zahlungsunfähigkeit als Konkursgrund" in ZIP 1982 S. 273 (278)

210 *Henckel* in Jaeger § 30 Rdnr. 23

211 So *Henckel*, der die seiner Meinung nach bestehenden Lücken in der Definition des § 17 II InsO durch die zur KO entwickelten Grundlagen ausfüllen will (*ders.*: in Kölner Schrift zur Insolvenzordnung Rdnr. 14).

212 Vgl.: *Braun/Uhlenbruck* „Unternehmensinsolvenz: Grundlagen, Gestaltungsmöglichkeiten, Sanierung mit der Insolvenzordnung" S. 283; *Burger/Schellberg* in KTS 1995 S. 563 (568); *Zeuner* Rdnr. 100.

213 *Kuhn/Uhlenbruck* § 102 Rdnr. 2c

214 *Burger/Schellberg* in KTS 1995 S. 563 (569)

215 Zur KO: *Henckel* in Jaeger § 30 Rdnr. 25; zur InsO: *Häsemeyer* Rdnr. 7.18.

davon ab, ob dem Gläubiger durch das Ausbleiben der Leistung ein Schaden entsteht. Nur wenn dies der Fall ist, wird der Sachlieferungsanspruch zu einer Schadensersatzforderung führen. [216] Aus diesem Grund kann die Unfähigkeit, eine Sachleistung zu erbringen, auch nicht einfach mit der Zahlungsunfähigkeit gleichgestellt werden. [217]

Weiterhin muß die Nichtbefriedigung der Gläubiger ursächlich mit einem Mangel an Zahlungsmitteln verknüpft sein. Andere Gründe für die Nichtzahlung wie etwa Krankheit, Tod oder organisatorische Pannen werden damit nicht von der Definition erfaßt, auch wenn § 17 II 1 InsO mit seiner Formulierung, der Schuldner „sei nicht in der Lage", seine fälligen Zahlungsverpflichtungen zu erfüllen, demgegenüber konturlos bleibt. [218] Auch hier ist jedoch auf den Wortlaut der **Zahlungs**unfähigkeit und den Zweck der Insolvenzanfechtung abzustellen.

cc) Merkmal der Dauerhaftigkeit

Bezüglich der Konkursanfechtung wurde das Merkmal der Dauerhaftigkeit der Zahlungsunfähigkeit dafür genutzt, vorübergehende Zahlungsschwierigkeiten, sogenannte Zahlungsstockungen, als krisebegründend auszuschließen. [219] Die dafür notwendige Dauer des Liquiditätsengpasses, welche gefordert wurde, um von einer dauerhaften Zahlungsunfähigkeit auszugehen, wurde hierbei allerdings unterschiedlich ausgelegt: Die Vorschläge reichten von einer Woche [220], einem Monat [221] bis zu drei Monaten [222].

Auf diese Einschränkung hat der Gesetzgeber der Insolvenzordnung verzichtet. Der von Teilen der Literatur geforderte [223] gesetzlich festgelegte Zeitraum zur Beurteilung der Dauer der Zahlungsunfähigkeit wurde ebenfalls nicht eingeführt. In der Begründung zum *Gesetzentwurf der Bundesregierung* heißt es dazu: [224] „Würde im Gesetzestext ausdrücklich verlangt, daß eine andauernde Unfähigkeit zur Erfüllung der Zahlungspflichten vorliegt, so könnte dies als Bestätigung der verbreiteten Neigung verstanden werden, den Begriff der Zahlungsunfähigkeit stark einzuschränken, (...). Eine solche Auslegung würde das Ziel einer rechtzeitigen Verfahrenseröffnung erheblich gefährden." Jedoch sei der Verzicht auf das Erfordernis der Dauerhaftigkeit nicht so zu verstehen, daß jede Zahlungsstockung nunmehr als Zahlungsunfähigkeit anzusehen sei. „Daß eine vorübergehende Zahlungsstockung keine Zahlungsunfähigkeit begründet, braucht im Gesetzestext nicht besonders zum Ausdruck gebracht werden; es versteht sich von selbst."

---

216 Vgl. im Einzelnen: *Henckel* in Jaeger § 30 Rdnr. 25.
217 So auch: *Eichberger* S. 56; *Henckel* in Jaeger § 30 Rdnr. 25; *Kuhn/Uhlenbruck* § 30 Rdnr. 6.
218 *Häsemeyer* Rdnr. 7.18
219 *Eichberger* S. 53; *Kuhn/Uhlenbruck* § 102 Rdnr. 2b; *Uhlenbruck* in Gottwald § 9 Rdnr. 7
220 *RGZ* 132 S. 282
221 *RG* JW 1927 S. 386
222 *Schlüchter* „Die Krise im Sinne des Bankrottstrafrechts" in MDR 1978 S. 265 (268)
223 So: *Uhlenbruck* „Zahlungsunfähigkeit und Überschuldung nach den Vorstellungen der Kommission für Insolvenzrecht" in KTS 1986 S. 27 (32 f).
224 in BR-Drucksache 1/92 S. 114

Einen neuen Anhaltspunkt zur Abgrenzung der Zahlungsunfähigkeit von der Zahlungsstokkung bietet allerdings die Begründung zum *Gesetzentwurf der Bundesregierung*: [225] So sei nach dieser ein kurzfristige Zahlungsstockung nur noch dann anzunehmen, wenn Zahlungsprobleme etwa durch die kurzfristige Aufnahme eines Bankkredites vermeidbar sind.

Im Ergebnis hat sich damit die Rechtslage kaum geändert. Da die Unterscheidung zwischen Zahlungsunfähigkeit und Zahlungsstockung unbestritten ökonomisch sinnvoll bleibt, muß auch weiterhin zwischen diesen Liquiditätsstörungen differenziert werden und der Verzicht auf dieses Kriterium in der gesetzlichen Definition führt zu keiner tatsächlichen Erleichterung. Ob der Gesetzgeber damit seine Intention - eine Vorverlegung des Eröffnungszeitpunkts - erreicht hat, bleibt zu bezweifeln. [226]

dd) Merkmal der Geringfügigkeit

Nach der Rechtsprechung und Literatur zur Konkursordnung [227] mußte das Unvermögen zur Zahlung fälliger Forderungen einen **wesentlichen Teil** der Forderungen des Schuldners treffen. Durch diese Voraussetzung wurde zum einen festgestellt, daß eine absolute, alle Gläubiger treffende Zahlungsunfähigkeit keine Anfechtungsvoraussetzung ist. [228] Zum anderen sollte sichergestellt werden, daß eine Krise dann noch nicht vorliegt, wenn nur ganz unwesentliche Liquiditätslücken gegeben sind. [229]

Umstritten war jedoch weitgehend, wie die konkrete Bestimmung des Wesentlichkeitsmerkmals vorzunehmen ist: So wurde zum Teil [230] für das Verhältnis von fehlenden Zahlungsmitteln zu den insgesamt fälligen Verbindlichkeiten Werte in der Spanne von 10 bis 25 % gehandelt. Andere [231] wollten feststellen und ermitteln, ob die Zahlung Regel oder Ausnahme war und gingen daher erst bei einem Verhältnis von 50 % von einer wesentlichen Zahlungsunfähigkeit aus.

Dieser Ausweitung wollte der Reformgesetzgeber entgegentreten und verzichtete daher - wie von Teilen der Literatur gefordert [232] - gänzlich auf das Kriterium der Wesentlichkeit. In der Begründung zum *Gesetzentwurf der Bundesregierung* [233] heißt es dazu: „Ebensowenig empfiehlt es sich, im Gesetz vorzuschreiben, daß die Unfähigkeit zur Zahlung einen wesentlichen Teil der Verbindlichkeit betreffen muß; auch hier ist selbstverständlich, daß **ganz geringfügige Liquiditätslücken** außer Betracht bleiben müssen, und auch hier muß der

---

225 in BR-Drucksache 1/92 S. 114

226 Ebenso: *Uhlenbruck* in KTS 1994 S. 169 (170); a.A.: *Burger/Schellberg* in KTS 1995 S. 563 (567)

227 *RG* JW 1905 S. 157; *BGH* WM 1965 S. 16; *BGH* NJW 1984 S. 1953; *Henckel* in Jaeger § 30 Rdnr. 26; *Huber* in Gottwald § 49 Rdnr. 6; *Kilger/Schmidt* § 30 Anm. 5

228 Nach *Henckel* würde nämlich die Voraussetzung einer absoluten Zahlungsunfähigkeit den Zweck der Insolvenzanfechtung leer laufen lassen, da Deckungshandlungen dann mangels möglicher Leistung nicht mehr in Betracht kämen (*ders*.: in Jaeger § 30 Rdnr. 26).

229 *Kuhn/Uhlenbruck* § 102 Rdnr. 2 a

230 *Uhlenbruck* in KTS 1986 S. 27 (29); *Veit* in ZIP 1982 S. 273 (278)

231 *RG* LZ 1908 S. 703; *BGH* KTS 1960 S. 38; *Henckel* in Jaeger § 30 Rdnr. 28

232 *Kuhn/Uhlenbruck* § 102 Rdnr. 2a a.E.; *Lutter/Hommelhoff* „GmbH Gesetz - Kommentar" § 63 Rdnr. 2; *Uhlenbruck* in KTS 1986 S. 27 (29)

233 in BR-Drucksache 1/92 S. 114

bisherigen Tendenz zu einer übermäßig einschränkenden Auslegung des Begriffs der Zahlungsunfähigkeit entgegengewirkt werden. Insbesondere erscheint es nicht gerechtfertigt, Zahlungsunfähigkeit erst dann anzunehmen, wenn der Schuldner einen bestimmten Bruchteil seiner Verbindlichkeiten nicht mehr erfüllen kann."

Diesen Ausführungen ist zuzustimmen: [234] Ließ sich schon zum Konkursrecht sachlich keine gerecht differenzierende Werterelation begründen, so ist es nur sinnvoll, auf eine solche gänzlich zu verzichten. Zwar stellt sich jetzt die Frage, wann eine nur „ganz geringfügige Liquiditätslücke" vorliegt. Andererseits ist mit der Verschiebung von „unwesentlicher" zu „ganz geringfügiger Liquiditätslücke" dem Ziel der Insolvenzrechtsreform, den zeitlichen Anwendungszeitraum der Insolvenzanfechtung zu erweitern, zumindest im Ansatz gedient; war nämlich bei einer Bewertung nach dem Wesentlichkeitsmerkmal noch ein Verhältnis zwischen Nichtzahlung und insgesamt fälligen Verbindlichkeiten von 50 % denkbar, [235] so macht die Wortwahl der „Geringfügigkeit" jetzt deutlich, daß schon eine geringe Differenz zwischen den liquiden Mitteln und den fälligen Forderungen einen Anlaß dafür bieten kann, die Zahlungsunfähigkeit zu bejahen.

ee) Zeitraum- oder Zeitpunktilliquidität

Die zur Konkursanfechtung vorausgesetzte Dauerhaftigkeit und Wesentlichkeit der Zahlungsunfähigkeit hatte zu der Ansicht geführt, bei der festzustellenden Illiquidität müsse es sich um eine solche handeln, die für einen längeren Zeitraum anhalte oder in absehbarer Zeit entstehe - es müsse also eine sogenannte Zeitraumilliquidität vorliegen. [236] Diese Meinung wird jetzt auch bezüglich der Insolvenzordnung vertreten. [237]

Richtigerweise muß aber zumindest bezüglich der Insolvenzanfechtung ausschließlich auf eine Zeitpunktilliquidität abgestellt werden. Wie der Gesetzgeber durch § 17 II 1 InsO deutlich gemacht hat, kommt es auf die Nichtbefriedigung gerade fälliger Forderungen an. Hatten einige zur Konkursordnung [238] auch „demnächst fällig werdende" Zahlungsverpflichtungen in die Betrachtung mit einbezogen, so ist dies nun nicht mehr möglich. [239] Diese Einschränkung wird auch im ersten Bericht der *Kommission für Insolvenzrecht* [240] deutlich, in welchem ausdrücklich zwischen der gegenwärtigen und der bevorstehenden Zahlungsunfähigkeit unterschieden wird. Danach wird die zukünftige Entwicklung der Liquidität des Schuldners ausschließlich bei einer Antragstellung aufgrund **drohender** Zahlungsunfähigkeit gemäß § 18 I InsO berücksichtigt.

---

234 So auch: *Drukarcyk/Schüler* in Kölner Schrift zur Insolvenzordnung Rdnr. 27; *Burger/Schellberg* in KTS 1995 S. 563 (569); *Kuhn/Uhlenbruck* § 102 Rdnr. 2 a a.E.; *Lutter/Hommelhoff* § 63 Rdnr. 2; *Uhlenbruck* in KTS 1986 S. 27 (29); *Zeuner* Rdnr. 100; a.A.: *Henckel* in Kölner Schrift zur Insolvenzordnung Rdnr. 14; *Uhlenbruck* in KTS 1994 S. 169 (170).

235 Und wurde dies auch so verstanden: *RG* LZ 1908 S. 703; *BGH* KTS 1960 S. 38; *Henckel* in Jaeger § 30 Rdnr. 28.

236 *Kilger* § 102 Anm. 2; *Kuhn/Uhlenbruck* § 102 Rdnr. 2

237 *Braun/Uhlenbruck* S. 279 ff

238 *Eichberger* S. 57; *Kuhn/Uhlenbruck* § 102 Rdnr. 2

239 Vgl.: *Häsemeyer* Rdnr. 7.20; *Paulus* in ZInsO 1999 S. 242 (248 f); *Zeuner* Rdnr. 100

240 S. 111

d) Vermutete Zahlungsunfähigkeit bei Zahlungseinstellung

Um den Schwierigkeiten bei der Feststellung der Zahlungsunfähigkeit entgegenzuwirken, hat der Gesetzgeber mit § 17 II 2 InsO die widerlegliche [241] Vermutung eingeführt, daß die Zahlungsunfähigkeit dann anzunehmen sei, wenn der Schuldner seine Zahlungen eingestellt hat.

Fraglich ist jedoch, ob diese Regelung ihrem Ansinnen - der Erleichterung der Zahlungsunfähigkeitsfeststellung - gerecht wird: Nimmt man an, daß die Zahlungseinstellung die nach außen erkennbare Zahlungsunfähigkeit darstellt, [242] so ist fraglich, was Voraussetzung und was Vermutung ist; wenn nämlich einerseits die Zahlungseinstellung im Rechtssinne die Zahlungsunfähigkeit voraussetzt, so kann nicht andererseits bei Vorliegen der Zahlungseinstellung die Zahlungsunfähigkeit zu vermuten sein. [243]

Diesen Widerspruch versucht *Häsemeyer* [244] dadurch zu beseitigen, daß er das voluntative Element der Zahlungseinstellung stärker betont: Wenn der Schuldner selbst durch die Zahlungseinstellung zu erkennen gibt, daß er sich nicht mehr zu helfen weiß, sollte das Insolvenzgericht nur noch ernsthaften Zweifeln an der Zahlungsunfähigkeit nachgehen. Ist dieser Ansatz zwar lobenswert, so zeigt er jedoch auch nur, daß es sich bei § 17 II 2 InsO wie schon bei § 102 II KO um eine überflüssige Regelung handelt. [245]

e) Gerichtliche Feststellung der Zahlungsunfähigkeit

Nach der Konkursordnung konnte die Feststellung des konkreten Zeitpunkts der Zahlungsunfähigkeit nur innerhalb eines Anfechtungsprozesses erfolgen. Da zudem für die Anfechtungsprozesse keine besondere Zuständigkeit des Insolvenzgerichts bestand, sondern die allgemeinen Zuständigkeitsregeln zur Anwendung kamen, waren für unterschiedliche Anfechtungsprozesse unterschiedliche Gerichte zuständig. [246] Das hatte zur Folge, daß der konkrete Zeitpunkt der Zahlungsunfähigkeit oftmals von den Gerichten unterschiedlich beurteilt wurde.

War dies zum einen nur schwer mit dem Prinzip der Gläubigergleichbehandlung in Einklang zu bringen, [247] führte dies zum anderen zu einer unnötigen Verzögerung nachfolgender Anfechtungsprozesse, da jedes Gericht erneut Beweis erheben und entscheiden mußte. [248]

Diese Kritik hat die *Kommission für Insolvenzrecht* aufgegriffen und ein unabhängiges und vorgeschaltetes Feststellungsverfahren vorgesehen. [249] Mit diesem sollte auf Antrag des

241 *Referentenentwurf* Teil III S. 18
242 *BGH* NJW 1984 S. 1953; *BGH* ZIP 1995 S. 929 (930); *Bork* Rdnr. 85; *Braun/Uhlenbruck* S. 282 f
243 So zur KO auch: *Kilger/Schmidt* § 102 Anm. 3.
244 Rdnr. 7.21
245 So schon: *Weber* in Jaeger § 102 Rdnr. 2 a.E..
246 Vgl. § 13 GVG; *BGH* ZIP 1991 S. 737
247 *Eichberger* S. 64; *Henckel* „Die Gläubigeranfechtung - ein taugliches Mittel zur Beseitigung von Verkürzungen der Konkursmasse" in ZIP 1982 S. 390 (397); *Rausch* S. 251 f.
248 *Von Campe* S. 62
249 Erster Bericht der *Kommission für Insolvenzrecht* Begründung zu LS 5.17 S. 434

Insolvenzverwalters das Insolvenzgericht feststellen, zu welchen Zeitpunkt der Schuldner zahlungsunfähig geworden ist. Dabei waren die mutmaßlichen Anfechtungsgegner zu laden und die Wirkung dieser Entscheidung sollte sich wegen Art. 103 I GG auch nur auf diese erstrecken. [250]

Letztlich fand diese Regelung jedoch keinen Eingang in die Insolvenzordnung. Begründet wurde dies mit der Befürchtung, die Insolvenzgerichte werden durch ein so geartetes Feststellungsverfahren zusätzlich belastet. [251] Zudem wurde angeführt, daß über die Grenzen der Rechtskraft hinaus eine einmal von einem Gericht getroffene Entscheidung, in der ein bestimmter Zeitpunkt der Zahlungsunfähigkeit festgestellt wurde, im allgemeinen doch eine gewisse faktisch bindende Wirkung entfalte. [252]

Die Nichtumsetzung des Vorschlags der *Kommission für Insolvenzrecht* ist indes zu bedauern: So gilt weiterhin die zur Konkursanfechtung vorgetragene Kritik uneingeschränkt auch zur Insolvenzanfechtung. Auch vermag das Argument, die Insolvenzgerichte wären zusätzlich belastet worden, nur auf den ersten Blick überzeugen; auf den zweiten Blick nämlich hätte diese Belastung der Insolvenzgerichte zu einer Entlastung all der Gerichte geführt, die nach dem geltenden Recht nun jeweils gesondert den Zeitpunkt der Zahlungsunfähigkeit feststellen müssen. Die Belastung der Insolvenzgerichte hätte demnach zu einer Entlastung der Rechtsprechung insgesamt geführt. [253] Sich zudem auf eine „gewisse faktische Bindung" zu berufen verbietet schon Art. 103 I GG.

## 2. Eröffnungsantrag

Neben der Zahlungsunfähigkeit des Schuldners stellt auch der Eröffnungsantrag eine krisebegründende Tatsache dar. Fraglich ist allerdings, ob Zahlungsunfähigkeit und Antragstellung **gleichgeordnete und alternative Voraussetzungen** bilden: Dies hätte zur Folge, daß eine Handlung gemäß § 130 I Nr. 2 InsO auch dann anfechtbar wäre, wenn sie nach Stellung des Eröffnungsantrags vorgenommen wurde, der Schuldner zu diesem Zeitpunkt aber noch zahlungsfähig war und die Zahlungsunfähigkeit erst zwischen Antragstellung und Verfahreneröffnung eingetreten ist. [254] Diese Situation ist nach der Insolvenzordnung deswegen denkbar, weil gemäß § 18 I InsO auch die drohende Zahlungsunfähigkeit ein Eröffnungsgrund darstellt und in § 130 I Nr. 2 InsO der Antrag allein als Tatbestandvoraussetzung genannt ist.

250 *Referentenentwurf* Teil III S. 164 ff, insb. S. 168

251 *Bericht des Rechtsausschusses* zu § 157 RegE in BT-Drucksache 12/7302 S. 174; vgl. auch: Zweiter Bericht der *Kommission für Insolvenzrecht* herausgegeben vom *Bundesministerium der Justiz* Begründung zu LS 1.5 S. 59 ff

252 Dieses Argument wurde auf der Würzburger Arbeitstagung der Zivilprozeßrechtslehrer geäußert (vgl.: *Leipold/Favoccia* „Die Reform auf dem Prüfstand der Dogmatik - Einführung und Diskussionsbericht" in Leipold S. 273 (286)).

253 So auch: *von Campe* S. 63; Erster Bericht der *Kommission für Insolvenzrecht* Begründung zu LS 5.17 S. 435.

254 Bezüglich der KO wurde eine solche gleichgeordnete Stellung bejaht: *Henckel* in Jaeger § 30 Rdnr. 47 und § 102 Rdnr. 10; *Kuhn/Uhlenbruck* § 30 Rdnr. 17

Von einem Teil der Literatur [255] wird die damit einhergehende Ausweitung der Anfechtbarkeit auch auf die Fälle der nur drohenden Zahlungsunfähigkeit abgelehnt. Begründet wird dies damit, daß die nur drohende Zahlungsunfähigkeit eine Vorverlagerung des Grundsatzes der „par conditio creditorum" nicht rechtfertige; darauf sei auch im ersten Bericht der *Kommission für Insolvenzrecht* [256] hingewiesen worden. Weiterhin sei zu bedenken, daß damit die Anfechtbarkeit gemäß § 130 I Nr. 2 InsO zeitlich früher einsetzen würde als die Anfechtbarkeit gemäß § 130 I Nr. 1 InsO, obwohl letzterer eigentlich auf den Zeitraum vor der Antragstellung zugeschnitten sei. *Paulus* [257] führt darüber hinausgehend an, daß schon die Diktion des Gesetzes einer Alternativstellung widerspreche: So verweise allein der § 133 I 2 InsO auf die drohende Zahlungsunfähigkeit und im Umkehrschluß dazu sei diese als Eröffnungsgrund bei den §§ 130 bis 132 InsO gerade auszuschließen. [258]

Der andere Teil der Literatur [259] zur Insolvenzordnung stimmt hingegen - richtigerweise - der Alternativstellung von Zahlungsunfähigkeit und Eröffnungsantrag zu. So würde es dem Ziel des Insolvenzrechts widersprechen, wenn nach Stellung des Eröffnungsantrages dem Schuldner noch die anfechtungsfeste Befriedigung einzelner Gläubiger auch bei deren Kenntnis vom Antrag möglich wäre. Dafür spricht auch die einheitliche Konzeption des Anfechtungsrechts, wonach der für die Anfechtung relevante Zeitpunkt immer der Eröffnungsantrag sein soll. [260] Zudem entspricht diese Lösung dem Wortlaut des § 130 I InsO - mag die Durchsetzung des Gleichbehandlungsgrundsatzes schon bei drohender Zahlungsunfähigkeit auch als unangemessen kritisiert werden.

Wie *Breutigam/Tanz* [261] weiterhin feststellen, widerspricht die Alternativstellung von Zahlungsunfähigkeit und Antragstellung auch nicht dem gesetzgeberischen Willen: Zwar werde im ersten Bericht der *Kommission für Insolvenzrecht* [262] betont, die Zahlungsunfähigkeit im Bereich des Anfechtungsrechtes sei als zeitpunktbezogene anzusehen und eine Gleichsetzung mit der drohenden Zahlungsunfähigkeit scheide aus Gründen der Rechtssicherheit aus. Jedoch stehe dem die Ausweitung bezüglich der Antragstellung nicht entgegen; soll der Anfechtungsgegner nämlich davor geschützt werden, seinen Erwerb bei drohender Zahlungsunfähigkeit **vor** Antragstellung wieder zu verlieren, da diese für ihn nicht sicher feststellbar sei, so fällt dieses Erfordernis dann weg, wenn zu der drohenden Zahlungsunfä-

---

255 *Gerhardt* „Gereimtes und Ungereimtes im Anfechtungsrecht der neuen Insolvenzordnung" in Festschrift für Brandner 1996 S. 605 (616 ff); *Obermüller/Hess* „Insolvenzordnung" Rdnr. 263; *Paulus* in ZInsO 1999 S. 242 (248); *Picot/Aleth* "Unternehmenskrise in der Insolvenz" Rdnr. 708

256 Hier wird auf die Begründung zu LS 1.2.5 hingewiesen ( S. 109).

257 in ZInsO 1999 S. 242 (248)

258 Allerdings übersieht *Paulus* bei dieser Ansicht, daß § 133 I 2 InsO nicht eventuelle Eröffnungsgründe umfaßt, sondern allein die subjektive Komponente der Absichtsanfechtung. Daß diese schon bei Kenntnis der drohenden Zahlungsunfähigkeit erfüllt ist, läßt jedoch keinen Rückschluß auf die zulässigen Eröffnungsgründe bezüglich der §§ 130 bis 132 InsO zu. Spricht er vielmehr von der präzisen Diktion des Gesetzes, so sei auf § 18 I InsO verwiesen - dieser ist wahrlich präzise.

259 *Breutigam/Tanz* in ZIP 1998 S. 717 (719); *von Campe* S. 65 (widersprüchlich dazu allerdings S. 73); *Edelmann* „Die neue Insolvenzordnung" in AnwBl 1998 S. 489 (491); *Eichberger* S. 65; *Häsemeyer* Rdnr. 21.48; *Zeuner* Rdnr. 103 (von dieser Ansicht allerdings abrückend *ders.* in *Smid/Zeuner* § 130 Rdnr. 3)

260 *Zeuner* Rdnr. 103

261 *Breutigam/Tanz* in ZIP 1998 S. 717 (719)

262 Begründung zu LS 5.2 S. 403

higkeit auch noch eine Antragstellung **hinzutritt**; zumindest diese ist für den Anfechtungsgegner leicht erkenn- und überprüfbar.

Die bisher gemachten Erfahrungen mit der Insolvenzordnung zeigen zudem, daß die Insolvenzpraxis sich nur sehr begrenzt der Möglichkeit der Antragsstellung bei drohender Zahlungsunfähigkeit bedient hat; nach wie vor wird ein Insolvenzantrag erst gestellt, wenn diese unabwendbar geworden ist. [263] Insofern scheint obige Fragestellung - zumindest bis dato - eher theoretischer Natur zu sein.

a) Zahlungsunfähigkeit als Eröffnungsgrund

Allgemeiner Grund für die Eröffnung des Insolvenzverfahrens ist gemäß § 17 I InsO die Zahlungsunfähigkeit [264] des Schuldners. Macht der Antragsteller diese glaubhaft, so ist der Antrag gemäß § 14 I InsO zulässig; liegt die Zahlungsunfähigkeit zudem auch tatsächlich vor, so kann das Insolvenzverfahren eröffnet werden.

Die Feststellung der Zahlungsunfähigkeit als auch die anderen Eröffnungsgründe bestimmen demnach, wann und ob das Insolvenzverfahren als Maßnahme gegen den Schuldner gerechtfertigt ist. Diese bilden die letzte den Schuldner gegen den Verlust der Privatautonomie schützende Garantie: Mit der Verfahrenseröffnung wird nämlich das Prinzip der eigenverantwortlichen Steuerung der Vermögens- und Haftungsverhältnisse definitiv durch eine amtliche Haftungsabwicklung ersetzt. [265]

b) Drohende Zahlungsunfähigkeit als Eröffnungsgrund

Ein wichtiges Ziel der neuen Insolvenzordnung besteht in der rechtzeitigen und erleichterten Auslösung von Insolvenzverfahren, um so früher auf eine Unternehmenskrise reagieren zu können, die Sanierungschancen zu erhöhen und den Grundsatz der Gläubigergleichbehandlung früher durchsetzen zu können. Dem Vorschlag der *Kommission für Insolvenzrecht* [266] entsprechend, wurde daher die drohende Zahlungsunfähigkeit als neuer Grund für die Eröffnung des Insolvenzverfahrens hinzugefügt. Dadurch wird die Möglichkeit geschaffen, bei einer sich deutlich abzeichnenden Insolvenz bereits vor ihrem Eintritt verfahrensrechtlichen Gegenmaßnahmen einzuleiten. [267]

---

263 *Seagon/Wiester* „Erste Praktische Erfahrungen mit der Insolvenzordnung aus Verwaltersicht" in ZInsO 1999 S. 627 (628) – Nach *Wimmer* stellt sich zudem selbst in den wenigen Fällen, in denen die Antragstellung mit drohender Zahlungsunfähigkeit begründet wird, zumeist heraus, daß diese bereits eingetreten ist und nicht nur droht (*ders.*: „Erste Erfahrungen mit der Insolvenzordnung" in ZInsO 1999 S. 556 (559)).

264 Siehe zu deren einzelnen Voraussetzungen oben: § 3 III 1.

265 *Temme* „Die Eröffnungsgründe der Insolvenzordnung" S. 12 ff

266 Erster Bericht der *Kommission für Insolvenzrecht* Begründung zu LS 1.2.5 S. 30

267 *Referentenentwurf* Teil III S. 18

aa) Ausschließliches Antragsrecht des Schuldners

Gegenüber dem allgemeinen Eröffnungsgrund ergibt sich bezüglich der drohenden Zahlungsunfähigkeit die Neuerung, daß diese ausschließlich den Schuldner dazu berechtigt, den Antrag auf Eröffnung des Insolvenzverfahrens zu stellen. Dadurch soll vermieden werden, daß Außenstehende den Schuldner im Vorfeld der Insolvenz unter Druck setzen und so Bemühungen um eine außergerichtliche Sanierung behindern. [268]

*Schlosser* [269] stimmt zwar der Begrenzung des Antragsrechts auf den Schuldner zu, weist jedoch darauf hin, daß nach dem amerikanischen *Bankruptcy Code* das Insolvenzverfahren bei Antragstellung des Schuldners auch **ohne** Nachweis eines Grundes eröffnet werden kann. [270] Eine Notwendigkeit für eine solche tatbestandliche Einschränkung bestehe auch nicht; diese ergebe sich weder aus dem Gesichtspunkt der einheitlichen insolvenzrechtlichen Verfahrenseröffnung, da auch das Schuldenregulierungsverfahren in den USA nicht von der Vorlage eines materiellen Verfahrenseröffnungsgrundes abhängig ist; noch sei mit einer Antragstellung eines klar solventen Schuldners zu rechnen, da diese zu erheblichen Einschränkungen seiner Privatautonomie führen würde.

Jedoch übersieht *Schlosser* bei diesem Vergleich mit der amerikanischen „voluntary petition", daß der *Bankruptcy Code* dem Schuldner sehr viel klarere Anreize zum Verfahrenseintritt gibt als diese die Insolvenzordnung vorsieht. [271] Aus diesem Grund verliert im deutschen Recht die Frage nach der Möglichkeit einer kriterienlosen Antragstellung durch den Schuldner auch an Bedeutung. [272] Wird zudem noch verlangt, daß mißbräuchlichen Antragstellungen durch die Rechtsprechung begegnet werden müßte, [273] so läuft dies ebenfalls auf eine Prüfung der Solvenz des Schuldners hinaus - es wäre im Ergebnis wieder nach dem Vorliegen einer drohenden Zahlungsunfähigkeit zu fragen.

bb) Begriff der drohenden Zahlungsunfähigkeit

Der Begriff der drohenden Zahlungsunfähigkeit tauchte bereits im Konkursstrafrecht in den §§ 283 und 283 d StGB auf. Jedoch war er dort weder näher bestimmt noch ist es gelungen, den Begriff einer wissenschaftlichen Beschreibung und praktikablen Handhabung zugänglich zu machen. [274] Da insolvenzrechtlich nur eine Antragstellung des Schuldners in Betracht

---

268 *Referentenentwurf* Teil III S. 18; zustimmend: *Reinhart* „Die neue Insolvenzordnung" in MDR 1999 S. 203 (204)

269 „Die Eröffnung des Insolvenzverfahrens" in Leipold S. 9 (11 ff)

270 Vergleiche zur „voluntary petition" auch *Neumann*, der sich ebenfalls kritisch zur in der InsO gewählten Lösung äußert (*ders.*: „Die Gläubigerautonomie im künftigen Insolvenzverfahren" S. 108 ff und S. 175 ff).

271 *Terhart* „Chapter 11 Bankruptcy Code: Eine Alternative für Deutschland ?" S. 257 ff

272 *Drukarczyk/Schüler* in Kölner Schrift zur Insolvenzordnung Rdnr. 54

273 *Schlosser* in Leipold S. 9 (13)

274 So spricht *Bretzke* zwar von der Notwendigkeit einer 50 %igen Ruinwahrscheinlichkeit als Schwellenwert (*dies.*: „Der Begriff der drohenden Zahlungsunfähigkeit im Konkursstrafrecht - Analyse und Darlegung der Konsequenzen aus betriebswirtschaftlicher Sicht" S. 224), jedoch weist *Uhlenbruck* richtigerweise darauf hin, daß dadurch noch nicht geklärt ist, wie diese Ruinwahrscheinlichkeit festgestellt werden soll (*ders.*: in KTS 1994 S. 169 (172 Fn. 10)).

kommt, können zudem die für eine externe Prüfung der Beweiszeichen entwickelten Grundsätze nicht verwendet werden, so daß die Auslegung des Begriffes im Strafrecht für das Insolvenzrecht insgesamt kaum hilfreich ist. [275]

Nach der Definition in § 18 II InsO droht der Schuldner dann zahlungsunfähig zu werden, wenn er voraussichtlich nicht in der Lage sein wird, die bestehenden Zahlungspflichten im Zeitpunkt der Fälligkeit zu erfüllen. Es werden demnach bei der vorzunehmenden Prognose anders als bei der tatsächlichen Prüfung der Zahlungsunfähigkeit auch solche Zahlungsverpflichtungen berücksichtigt, die schon bestehen, aber noch nicht fällig sind. [276]

Geht der Wortlaut hierbei von den **bestehenden** Zahlungspflichten aus, so sind hierunter nicht nur die im Zeitpunkt der Antragstellung vorhandenen, sondern auch die zu erwartenden Verbindlichkeiten zu verstehen. [277] Dies wird deutlich, wenn man die Begründung des *Referentenentwurfs* [278] in die Betrachtung mit einbezieht, nach welcher auch zukünftige, noch nicht begründete Zahlungspflichten berücksichtigt werden sollen.

Hierzu ist allerdings eine Einschränkung zu machen: Noch nicht begründete Zahlungspflichten sind nämlich dann nicht als bestehende im Sinne des § 18 II InsO zu behandeln, wenn noch nicht feststeht, ob diese je **entstehen.** [279] Die Ausdehnung des Begriffs „bestehende Zahlungspflicht" muß demnach richtigerweise dort ihre Grenze finden, wo deren Entstehung nicht sicher ist. Andernfalls würde dies zu einer mit dem Wortlaut des § 18 II InsO nicht zu vereinbarenden Ausweitung der Bewertung künftiger Zahlungsverpflichtungen hin zu einer gesamtökonomischen Prognose führen. [280]

Der Tatbestand der drohenden Zahlungsunfähigkeit ist in die Zukunft gerichtet und daher mit dem Problem der Unsicherheit behaftet. Dies fließt in den Tatbestand der drohenden Zahlungsunfähigkeit insofern ein, als ein **voraussichtliches** Zahlungsunvermögen gefordert wird. [281] Nach dem *Referentenentwurf* [282] ist dies so zu verstehen, daß der Eintritt der Zahlungsunfähigkeit wahrscheinlicher sein muß als deren Vermeidung; dann sei die Befriedigung der Gläubiger so stark gefährdet, daß die Eröffnung des Insolvenzverfahrens gerechtfertigt ist.

### c) Überschuldung als Eröffnungsgrund

Gemäß § 19 I InsO stellt bei juristischen Personen wie im bisherigem Recht auch deren Überschuldung einen Eröffnungsgrund dar. Gläubiger und Schuldner sind antragsberechtigt;

---

275 *Drukarczyk/Schüler* in Kölner Schrift zur Insolvenzordnung Rdnr. 34 ff

276 Vgl.: *Referentenentwurf* Teil III S. 19.

277 *Häsemeyer* Rdnr. 7.22; im Ergebnis noch unentschieden: *Paulus/Schröder* „Über die Verschärfung des Rechts der Insolvenzanfechtung" in WM 1999 S. 253 (256)

278 Teil III S. 19

279 *Uhlenbruck* in KTS 1994 S. 169 (171)

280 So werden künftig zu zahlende Arbeitsentgelte oder Steuern als bestehende Verbindlichkeiten eingestuft (*Häsemeyer* Rdnr. 7.24). Zahlungsansprüche aus gerichtlich geltendgemachter, aber noch nicht feststehender Produkthaftung sollen hingegen noch zu keiner drohenden Zahlungsunfähigkeit führen (*Uhlenbruck* KTS 1994 S. 169 (171)).

281 *Burger/Schellenberg* in KTS 1995 S. 563 (573)

282 Teil III S. 19

§ 92 II AktG und § 64 GmbHG verpflichten die geschäftsführenden Organe auch nach neuem Recht [283] innerhalb von drei Wochen nach Feststellung der Überschuldung den Eröffnungsantrag zu stellen.

aa) Auswirkung der Haftungssonderung und -beschränkung

Die Überschuldung als Eröffnungsgrund ist auch in der Insolvenzordnung nur für juristische Personen (§ 19 I InsO), kapitalistisch organisierte Gesellschaften (§ 19 III InsO) sowie nicht rechtsfähige Vereine (§ 19 I i.V.m. § 11 I 2 InsO) vorgesehen. Damit sollen Forderungsgefährdungen verhindert werden, die aus den Haftungssonderungen und -beschränkungen dieser Gesellschaftsformen erwachsen. Wird nämlich das Haftungsvermögen von dem Privatvermögen der Person getrennt, die es privatautonom steuert, kann auf einen ausschließlich vermögensbezogenen Eröffnungsgrund nicht verzichtet werden. [284] In einem solchen Fall muß auch die Überschuldung der Gesellschaft einen ausreichenden Grund dafür darstellen, den Antrag auf Eröffnung des Insolvenzverfahrens zu stellen, da ein solches Unternehmen zu einer Gefahr für den Rechtsverkehr geworden ist. [285]

Einige wollen allerdings die Überschuldung als ausreichenden Eröffnungsgrund auch auf Einzelkaufleute und Personengesellschaften anwenden und kritisieren die Erwägung, nach der die unbeschränkte Haftung dieser Personen den Überschuldungstatbestand entbehrlich mache: So stellt *K. Schmidt* [286] die Frage, ob denn Haftung tatsächlich Kapital ersetzen könne; *Schlosser* [287] führt an, wegen der Entwicklung des Konzernwesens sei es heute nicht mehr zu rechtfertigen, zwischen Kapitalgesellschaften und Personengesellschaften zu differenzieren.

Dennoch gilt auch heute: Wird bei juristischen Personen oder kapitalistisch organisierten Gesellschaften die Einheit von persönlicher Verantwortung und persönlicher Haftung aufgehoben, so entfällt die „werbende Kraft der Persönlichkeit“, [288] mit der infolge von Tüchtigkeit und des Einsatzes eigenen Vermögens das Vertrauen der Gläubiger trotz eventueller Überschuldung gewahrt werden kann. Bei Personengesellschaften wird gerade durch die Verknüpfung von Kapital und Haftung in der Person des Kaufmanns oder des haftenden Gesellschafter das eine durch das andere ersetzen. In einem solchen Fall darf daher zu Recht trotz Überschuldung noch auf ein Fortbestehen der Privatautonomie gesetzt werden. [289]

---

283 Vgl.: Art. 47 und 48 EGInsO.

284 *Häsemeyer* Rdnr. 7.23

285 *BGH* in ZIP 1994 S. 1103; *Dauner-Lieb* „Die Berechnung des Quotenschadens" in ZGR 1998 S. 617 (619)

286 „Instituionen eines künftigen Insolvenzrechts der Unternehmen“ in ZIP 1985 S. 713 (720)

287 in Leipold S. 9 (14): „Ob eine Tochter von Mercedes überschuldet ist oder nicht, das spielt für den Markt eine viel geringere Rolle als die Vermögensverhältnisse des berühmten dynamischen Einzelunternehmers (...).“

288 Diese Bezeichnung wurde durch *Gerhardt* eingeführt (*ders.*: „Grundbegriffe“ Rdnr. 245).

289 Vgl. auch: *Häsemeyer* Rdnr. 7.16.

bb) Zweistufige Überschuldungsprüfung

Kontrovers wurde weiterhin lange die Frage diskutiert, wie die Bewertung der Überschuldung vorzunehmen sei. [290] Unter diese Diskussion versuchte der *BGH* [291] einen Schlußstrich zu ziehen, und schloß sich der in der Literatur vordringenden [292] „modifizierten zweistufigen Überschuldungsprüfung" an. Danach sollte Überschuldung nur dann vorliegen, wenn **erstens** der zu erwartende Liquidationswert niedriger als die Summe der bestehenden Verbindlichkeiten des Unternehmens ist und zudem **zweitens** die Fortführungsprognose negativ ist. Nach dieser Ansicht war es daher möglich, das Vorliegen einer insolvenzrechtlichen Überschuldung zu verneinen, obwohl ein die Schulden deckendes Liquidationsvermögen nicht zur Verfügung steht. [293]

Auch im ersten Bericht der *Kommission für Insolvenzrecht* wurde an der modifizierten Überschuldungsprüfung festgehalten. Man hielt das zusätzliche Erfordernis für zwingend notwendig, um nicht eine Vielzahl gesunder Unternehemen in die Liquidation zu treiben und Existenzgründungen praktisch unmöglich zu machen. [294]

Der *Rechtsausschuß des Bundestages* [295] hat jedoch diese „modifizierte zweistufige Überschuldungsprüfung" eindeutig zurückgewiesen und die Überschuldungsdefinition im Gesetzestext mit § 19 II 2 InsO um eine Formulierung ergänzt, aus welcher sich ergibt, daß auch bei einer positiven Prognose für die Fortführung des Unternehmens nicht von vornherein ausgeschlossen ist, daß eine Überschuldung vorliegt. Diese Entscheidung hat - zu Recht - in weiten Teilen der Literatur [296] Zustimmung gefunden, da anderenfalls eine unnötige und ungerechtfertigte Verschiebung der Überschuldungsbeurteilung aus dem Aktiva-Passiva-Vergleich in das Prognosekalkül erfolgen würde.

Damit bleibt es gemäß § 19 InsO bei der zweistufigen Überschuldungsprüfung: [297] Zunächst ist die rechnerische Überschuldung nach Liquidationswerten zu überprüfen; liegt eine solche

---

290 Einen Überblick über die verschiedenen methodischen Ansätze zur Feststellung der Überschuldung und ihre historische Entwicklung gibt *Höffner* (*ders.*: „Überschuldung: Ein Tatbestandsmerkmal im Schnittpunkt von Bilanz-, Insolvenz- und Strafrecht" in BB 1999 S. 198 (Teil I) und S. 252 (Teil II)) sowie *Giebler* (*ders.*: „Die Feststellung der Überschuldung einer Unternehmung unter besonderer Berücksichtigung der Beziehungen zur Zahlungsunfähigkeit" S. 67 ff).

291 *BGHZ* 119 S. 201 (214) = KTS 1993 S. 106 = ZIP 1992 S. 1382 = WM 1992 S. 1650

292 *Lutter/Hommelhoff* „Kommentar zum GmbH-Gesetz" § 63 Rdnr. 5; *K. Schmidt* „Sinnwandel und Funktion des Überschuldungstatbestandes" in JZ 1982 S. 165 (170); *ders.*: in ZIP 1985 S. 713 (719); *Scholz* „Kommentar zum GmbH-Gesetz" § 63 Rdnr. 10; *Kuhn/Uhlenbruck* § 102 Rdnr. 5 c ff; vgl. auch *Ulmer*, der diese Bewertungsmethode im Ergebnis jedoch ablehnt (*ders.*: „Konkursantragspflicht bei Überschuldung der GmbH und Haftungsrisiken bei Konkursverschleppung" in KTS 1981 S. 469 (475 ff)).

293 *Burger/Schellberg* in KTS 1995 S. 563 (570)

294 Erster Bericht der *Kommission für Insolvenzrecht* Begründung zu LS 1.2.6 S. 112

295 in BT-Drucksache 12/7302 S. 157

296 *Bork* Rdnr. 92 f; *Burger/Schellberg* in KTS 1995 S. 563 (570); *Häsemeyer* Rdnr. 7.25 a.E.; *Höffner* in BB 1999 S. 198 (205); *Uhlenbruck* in KTS 1994 S.169 (173); kritisch: *K. Schmidt* (*ders.*: „Insolvenzordnung und Unternehmensrecht - Was bringt die Reform?" in Kölner Schrift zur Insolvenzordnung S. 911 ff Rdnr. 12 f), der jedoch genau wie *Lutter* die sich um die Überschuldungsprüfung rankende Diskussion allein auf Mißverständnisse und Formulierungsschwächen zurückführt (*ders.*: in ZIP 1999 S. 641 (643)); kritisch auch: *Neumann* S. 180 ff.

297 Vgl. zu deren Durchführung im Einzelnen: *Uhlenbruck* in KTS 1994 S.169 (173).

vor, so ist die Fortführungsprognose zu stellen, die - falls sie mit überwiegender Wahrscheinlichkeit zu einem positiven Ergebnis führt - zurück auf die Bewertung schlägt und dort auf der Aktivseite zu einer Beurteilung nach Fortführungswerten führt.

### 3. Anfechtung ohne materielle Insolvenz

Grundsätzlich sind nur solche Handlungen anfechtbar, die innerhalb des krisebegründenden Zeitraums vorgenommen wurden. Allerdings gilt gemäß § 131 I Nr. 1 und 3 InsO eine Ausnahme: Nach diesen Vorschriften ist die Anfechtung wegen inkongruenter Deckung auch dann möglich, wenn zum Handlungszeitpunkt weder die Zahlungsunfähigkeit des Schuldners noch ein Eröffnungsantrag vorlagen.

#### a) Ausnahme des § 131 I Nr. 1 InsO

Gemäß § 131 I Nr. 1 Alt. 1 InsO sind Handlungen anfechtbar, die im letzten Monat vor dem Antrag auf Eröffnung des Insolvenzverfahrens vorgenommen wurden. Diese Vorschrift entspricht in ihren materiellen Voraussetzungen dem § 130 I Nr. 1 InsO, außer daß eine Zahlungsunfähigkeit des Schuldners nicht verlangt wird. Es sind demnach auch solche Handlungen anfechtbar, die ein voll zahlungsfähiger Schuldner vorgenommen hat, solange der Anfechtungsgegner diese nicht zu beanspruchen hatte und sie innerhalb des letzten Monats vor der Antragstellung vorgenommen wurden.

Warum in dieser Vorschrift auf die materielle Insolvenz als Anfechtungsvoraussetzung verzichtet wurde, geht aus der Begründung zum *Gesetzentwurf der Bundesregierung* [298] nicht ausdrücklich hervor; dort heißt es lediglich, die Krise selbst werde insoweit unwiderleglich vermutet. Die besondere Verdächtigkeit inkongruenter Deckungshandlungen und ihre zeitliche Nähe zur Verfahrenseröffnung sind hier jedoch als Gründe zu nennen. [299] Hierauf wird später noch genauer eingegangen. [300]

#### b) Ausnahme des § 131 I Nr. 3 InsO

Gemäß § 131 I Nr. 3 InsO sind weiterhin solche Rechtshandlungen anfechtbar, die innerhalb des zweiten oder dritten Monats vor dem Eröffnungsantrag vorgenommen wurden und dem Gläubiger zur Zeit der Handlung bekannt war, daß sie die Insolvenzgläubiger benachteiligte. Setzt diese Alternative des § 131 InsO demnach eine Kenntnis des Anfechtungsgegners von der Gläubigerbenachteiligung voraus, so wird - wie in dem Fall des § 131 I Nr. 1 Alt. 1 InsO - auf die materielle Insolvenz des Schuldners verzichtet.

Dies wird insoweit verständlich, als es sich bei § 131 I Nr. 3 InsO um einen auf inkongruente Deckungen bezogenen Sonderfall der Anfechtung wegen vorsätzlicher Benachteiligung

---

298 in BR-Drucksache 1/92 S. 157 ff

299 *Von Campe* S. 60 Fn. 234 und S. 116; *Henckel* in Kölner Schrift zur Insolvenzordnung Rdnr. 26

300 Siehe zu den Einzelheiten der Anfechtung wegen inkongruenter Deckung unten: § 4 III 5 a.

gemäß § 133 InsO handelt. [301] Durch diese Regelung wird ein bislang mit der Absichtsanfechtung geahndeter Fall nunmehr der besonderen Insolvenzanfechtung unterstellt: [302] Wurde innerhalb des § 31 KO grundsätzlich die Kenntnis des Anfechtungsgegners von der Benachteiligungsabsicht des Schuldners gefordert, eine inkongruente Deckung jedoch als starkes Beweisanzeichen [303] dafür gewertet, so wird diese Kenntnis heute unwiderleglich vermutet. Aus diesem Grund empfahl sich auch eine Behandlung dieses Tatbestandes innerhalb der Anfechtung wegen inkongruenter Deckung. [304]

### IV. Subjektive Voraussetzungen

Bis auf die Ausnahmen in den §§ 131 I Nr. 1 und Nr. 2 InsO setzt die besondere Insolvenzanfechtung immer subjektive Tatbestandselemente voraus. So muß der Anfechtungsgegner im Handlungszeitpunkt Kenntnis von der Krise gehabt haben. Damit ist der Reformgesetzgeber grundsätzlich bei der ebenfalls auf subjektive Voraussetzungen gestützten Konzeption des Konkursanfechtungsrechts geblieben.

Dagegen wird für die Anfechtung inkongruenter Deckungshandlungen weitgehend auf eine Kenntnis des Anfechtungsgegners von der Krise verzichtet. Dies hat seinen Grund darin, daß bei nicht zu beanspruchenden Deckungen schon die objektiven Umstände so verdächtig sind, daß es gerechtfertigt ist, die Kenntnis des Anfechtungsgegners unwiderleglich zu vermuten. [305] Mit dieser Regelung findet daher die schon seit Jahren andauernde Tendenz, die subjektiven Voraussetzungen des § 30 Nr. 2 KO in objektive umzudeuten [306], ihren Abschluß. [307]

Teilweise wurde darüber hinaus gefordert, auf die subjektiven Voraussetzungen des Anfechtungstatbestandes **gänzlich** zu verzichten: So wurde angeführt, der der Konkursanfechtung zugrundeliegende Gedanke, daß in der Krisezeit erworbene Vorzugspositionen dem Grundsatz des „par conditio creditorum" zu weichen hätten, trage seine Rechtfertigung in sich selbst und bedürfe nicht der zusätzlichen Rechtfertigung durch das Vorliegen einer zu mißbilligenden subjektiven Einstellung des Erwerbers dieser Position; [308] vielmehr müsse es letztlich allein darauf ankommen, ob die objektive Schmälerung der Konkursmasse von den übrigen Gläubigern hingenommen werden muß oder nicht. [309]

---

301 So schon: Begründung zum *Gesetzentwurf der Bundesregierung* in BR-Drucksache 1/92 S. 159.

302 *Gerhardt* in ZIP 1985 S. 582 (586)

303 *BGHZ* 90 S. 382; *BGH* ZIP 1990 S. 459; *Henckel* in Jaeger § 31 Rdnr. 13; *Kuhn/Uhlenbruck* 10. Auflage § 31 Rdnr. 7 b

304 Siehe auch unten: § 4 III 6 b.

305 *Henckel* in ZIP 1982 S. 391 (396)

306 *BGHZ* 128 S. 196 (198 f); *BGH* ZIP 1996 S. 1015; *Häsemeyer* „Insolvenzrecht" 1. Auflage S. 484 f; *Henckel* in Jaeger § 30 Rdnr. 187 ff (insb. 193)

307 *Henckel* in Kölner Schrift zur Insolvenzordnung Rdnr. 26

308 *Weber* „Fragen der Gestaltung des Konkursverfahrens in rechtspolitischer und rechtsvergleichender Sicht" in KTS 1959 S. 80 (85); *ders.*: „Ziele und Wege der Insolvenzrechtsreform" in FS 100 Jahre KO S. 321 (348 f); vgl. auch: *Hanisch* „Zur Reformbedürftigkeit des Konkurs- und Vergleichsrecht" ZZP 90 S. 1 (21f)

309 Vgl. auch: *Canaris* „Aktuelle insolvenzrechtliche Probleme" in FS 100 Jahre KO S. 73 (77 ff); *Häsemeyer* 1. Aufl. S. 468; *Kilger* „Die Reformbedürftigkeit des Konkurs- und Vergleichsrechts" in ZRP 1976 S. 190 (194)

Dieser Ansicht ist der Gesetzgeber jedoch richtigerweise nicht gefolgt. Wie schon die *Kommission für Insolvenzrecht* [310] feststellte, würde die Beseitigung der subjektiven Voraussetzungen zu dem untragbaren Ergebnis führen, daß jeder preisgünstige Kauf, den ein privater Verbraucher in Unkenntnis der Krise des Schuldners getätigt hätte, anfechtbar wäre. Zudem ist die „par conditio creditorum" kein sich selbst tragender Grundsatz, sondern beruht auf dem grundrechtlichen Gleichheitssatz; dieser läßt jedoch Differenzierungen zu, die hier zum Schutz des Vertrauens redlicher Erwerber sogar erforderlich sind. [311]

*Paulus* [312] führt dazu aus, daß die die Bestandskraft der privatautonomen Abrede aufhebende Insolvenzanfechtung ein sorgfältiges Abwägen der involvierten Verkehrs- und Gläubigerinteressen voraussetzt - dies erfordere aber gerade subjektive Tatbestandsmerkmale. Darüber hinaus weist *Henckel* [313] darauf hin, daß auch die Gläubigeranfechtung sich an den allgemeinen Haftungsprinzipien unseres Zivilrechts orientieren muß: Absolute gegen alle Gläubiger wirkende Verfügungsbeschränkungen, ohne Rücksicht auf deren Gutgläubigkeit, kennt unser Recht jedoch nur, wenn diese öffentlich bekannt gemacht worden sind; nur dann verdienen die Gläubiger auch bei Unkenntnis keinen Schutz.

Erleichterungen wurden jedoch dahingehend eingeführt, daß die Kenntnis von Umständen, die zwingend auf die Krise hindeuten, jetzt der positiven Kenntnis der Krise gleichstehen (§§ 130 II; 131 II 1; 132 III i.V.m. § 130 II InsO). Auch wird gegenüber Personen, die dem Schuldner zur Zeit der Handlung nahestanden, vermutet, daß diese eine bestehende Krise kannten (§§ 130 III; 131 II 2; 132 III i.V.m. § 130 III InsO).

### 1. Kenntnis der krisebegründenden Tatsachen

Die Anfechtung gemäß den §§ 130 I und 132 I InsO setzt voraus, daß der Anfechtungsgegner die Zahlungsunfähigkeit oder den Eröffnungsantrag kannte. Der Begriff der Kenntnis bedeutet hier, daß der befriedigte Gläubiger eine der beiden krisebegründenden Tatsachen **positiv** gekannt haben muß und entspricht daher § 30 Nr. 1 Alt. 2 KO. [314] Somit genügt allein das Kennenmüssen für eine Insolvenzanfechtung nach § 130 I InsO ebensowenig wie die Vermutung oder Überzeugung von einer bestehenden Zahlungsunfähigkeit.

Da es sich um ein subjektives Tatbestandsmerkmal handelt, ist die Frage der Kenntnis zudem ausschließlich aus dem Blickwinkel des Anfechtungsgegners zu beurteilen. [315] Nicht erforderlich ist jedoch, daß der Anfechtungsgegner auch die aus dieser Tatsache resultierenden rechtlichen Konsequenzen, insbesondere die Rechtsfolge der Anfechtbarkeit, erkannt hat. [316]

---

310 Erster Bericht der *Kommission für Insolvenzrecht* Begründung zu LS 5.2.1 S. 405 und Begründung zu LS 5.2.5 S. 411
311 *Eichberger* S. 100 f
312 in ZInsO 1999 S. 242 (242 f)
313 in ZIP 1982 S. 391 (394)
314 *Von Campe* S. 138; *Zeuner* Rdnr. 114
315 Vgl.: *Eichberger* S. 98.
316 So: *Baur/Stürner* Rdnr. 19.24; *Henckel* in Kölner Schrift zur Insolvenzordnung Rdnr. 19.

### 2. Kenntnis der zwingend auf die Krise hindeutenden Tatsachen

Nach der Insolvenzordnung stehen gemäß § 130 II InsO die Kenntnis der Zahlungsunfähigkeit oder des Eröffnungsantrags der Kenntnis von Umständen gleich, die zwingend auf die Zahlungsunfähigkeit oder den Eröffnungsantrag schließen lassen.

Mit dieser Neuerung wird die Insolvenzanfechtung insofern erleichtert, als damit die mit dem Erfordernis der positiven Kenntnis verbundenen Beweisschwierigkeiten bezüglich des § 30 KO gemindert werden. [317] Diese stellten bezüglich der Konkursanfechtung statistisch gesehen mit 54 % das wichtigste Anfechtungshindernis dar. [318]

Jedoch sind mit der Einführung dieses neuen subjektiven Elements auch Schwierigkeiten verbunden, da mit diesem ein Haftungsmaßstab eingeführt wurde, der dem deutschen Recht bisher unbekannt war. [319] Der Regelungsinhalt des § 130 II InsO ist daher auch nicht einfach zu ermitteln. [320]

#### a) Entstehungsgeschichte der Vorschrift

War in § 30 KO noch die positive Kenntnis der Krise Voraussetzung für die Anfechtung, so ließ schon der ersten Bericht der *Kommission für Insolvenzrecht* [321] als subjektives Erfordernis die **grob fahrlässige Unkenntnis** genügen. Begründet wurde dies damit, daß die zeitliche Nähe zur Verfahrenseröffnung eine solche Einschränkung des Gläubigerschutzes in Anlehnung an § 932 II BGB rechtfertige.

Diese Meinung wurde im *Referentenentwurf* [322] beibehalten, jedoch sollte nach diesem die Gleichstellung von Kenntnis und grob fahrlässiger Unkenntnis nicht für solche Rechtshandlungen gelten, durch die ein Recht an einem Grundstück erworben wird. Mit dieser Einschränkung sollte dem erhöhten Verkehrsschutzbedürfnis auf diesem Rechtsgebiet Rechnung getragen werden. Dieser Entwurf fand auch Eingang in den *Gesetzentwurf der Bundesregierung.* [323]

Die davon wiederum abweichende Formulierung in § 130 II InsO geht letztlich auf die Beschlußempfehlung des *Rechtsausschusses* vom 13.04.1994 zurück: [324] Dort wurde der

317 *Von Campe* S. 138
318 *Gessner/Rhode/Strate/Ziegert* „Die Praxis der Konkursabwicklung in der Bundesrepublik Deutschland" S. 215
319 *Zeuner* Rdnr. 119
320 Ebenso: *Henckel* in Kölner Schrift zur Insolvenzordnung Rdnr. 19.
321 Erster Bericht der *Kommission für Insolvenzrecht* Begründung zu LS 5.2.1 S. 405
322 Teil III S. 146 f
323 (in BT-Drucksache 12/2443 S. 32) - Der *Bundesrat* lehnte in der Sitzung vom 14.02.1992 zwar die Einschränkung bei dem Erwerb von Grundstücken ab und begründete dies damit, daß der erhöhte Verkehrsschutz in diesem Bereich auf dem Vertrauen auf die Richtigkeit des Grundbuchs beruhe; bei der Prüfung, ob eine Handlung anfechtbar ist, fehle es jedoch an einem vergleichbaren Vertrauenstatbestand (*ders.*: in BT-Drucksache 12/2443 S. 253 f; ebenso: *Henckel* in Leipold S. 239 (244)). In ihrer Stellungnahme dazu hielt die *Bundesregierung* jedoch an ihrer ursprünglichen Meinung fest (*dies.*: in BT-Drucksache 12/2443 S. 265).
324 in BT-Drucksache 12/7302 S. 55 und 173

Begriff der „grob fahrlässigen Unkenntnis“ durch die in § 130 II InsO übernommene Formulierung ersetzt und dies damit begründet, daß zum einen die Anfechtbarkeit kongruenter Deckungen im Interesse der Rechtssicherheit nicht zu weit ausgedehnt werden dürfe, zum anderen der unscharfe Begriff der „groben Fahrlässigkeit“ vermieden werden soll.

b) Definitionsversuch

Macht schon im allgemeinen Zivilrecht die Definition des Begriffs der „groben Fahrlässigkeit“ Schwierigkeiten, [325] so tritt bezüglich der Formulierung des § 130 II InsO die Problematik hinzu, daß der Gesetzgeber mit dieser Regelung ein „Novum“ [326] geschaffen hat. Dennoch soll im folgenden versucht werden, den Begriff der „Kenntnis der auf die Krise zwingend schließen lassenden Umstände“ zu definieren.

aa) Abgrenzung von der groben Fahrlässigkeit

Aus dem Umstand, daß der Gesetzgeber eine gänzlich neue Formulierung gewählt hat, wird zumindest ein Abgrenzungsmerkmal ganz deutlich: An die Formulierung des § 130 II InsO muß ein strengerer Maßstab als der der groben Fahrlässigkeit geknüpft werden. [327]

Dies ergibt sich schon daraus, daß die Nichtverwendung des subjektiven Anknüpfungspunkts der groben Fahrlässigkeit damit begründet wurde, daß die Anfechtbarkeit kongruenter Deckungen im Interesse der Rechtssicherheit nicht zu weit ausgedehnt werden dürfe. [328] In der Beschlußempfehlung des *Rechtsausschuß des Bundestages* [329] heißt es zudem, die neue Regelung des § 130 II InsO nähere sich der Voraussetzung der positiven Kenntnis stark an. Der § 130 II InsO steht daher gleichsam zwischen positiver Kenntnis und grob fahrlässiger Unkenntnis der Krise. [330]

Daraus wird deutlich, daß jeglicher Fahrlässigkeitsmaßstab bezüglich des § 130 II InsO gesetzgeberisch nicht gewollt war. Sprechen daher *Haarmeyer/Wutzke/Förster* [331] von einem „hätte wissen müssen“, so verkennen diese, daß ein neuer Haftungsmaßstab verlangt wird, der gerade über dem der Fahrlässigkeit liegt. [332]

---

325 So führt *Tilch* aus, Versuche einer Umschreibung seien über allgemein gehaltene Formulierungen, die kaum subsumptionsfähig sind, nicht hinausgelangt (*ders.*: „Deutsches Rechts-Lexikon“ Band 3 S. 1017).

326 *Gerhardt* in FS für Brandner S. 605 (616))

327 Vgl.: *Smid/Zeuner* § 130 Rdnr. 9.

328 in BT-Drucksache 12/7302 S. 55 und 173

329 in BT-Drucksache 12/7302 S. 173

330 So auch: *von Campe* S. 139.

331 Kap. 5 Rdnr. 225

332 *Zeuner* Rdnr. 120 Fn. 118; im Ergebnis ebenso: *Hess/Weis* Rdnr. 228

bb) Vergleich mit allgemeinen zivilrechtlichen Wertungskriterien

Die Erweiterung der subjektiven Voraussetzungen im Wege der Gleichsetzung der grob fahrlässigen Unkenntnis mit der Kenntnis während eines langen Teilstücks der Gesetzgebung erfolgte nicht zufällig; vielmehr war diese Gleichsetzung in Form einer Parallelregelung zu § 932 II BGB von der Idee getragen, das Anfechtungsrecht in die allgemeinen Wertungskriterien des materiellen Rechtes einzubetten. [333]

Aus diesem Grund lohnt sich zur Beurteilung des § 130 II InsO ein Blick auf die Wertungskriterien im Zivilrecht, auch wenn sich letztlich der Gesetzgeber gegen diese Parallelregelung entschieden hat: Nach dem *BGH* [334] liegt grobe Fahrlässigkeit dann vor, wenn die im Verkehr erforderliche Sorgfalt im ungewöhnlich hohem Maße verletzt und dasjenige unbeachtet gelassen wurde, was sich im gegebenen Fall jedem aufgedrängt hätte. Übertragen auf das Insolvenzanfechtungsrecht würde dies bedeuten, daß eine Anfechtung kongruenter Deckungshandlungen wegen grob fahrlässiger Unkenntnis dann zuzulassen wäre, wenn die Unkenntnis der Krise eine Nichtbeachtung dessen dargestellt hätte, was sich jedem aufgedrängt hätte.

Setzt man diese Erkenntnis in Zusammenhang mit der Intention, die Voraussetzung für eine Anfechtung trotz fehlender positiver Kenntnis der Krise noch zu verschärfen, so erkennt man das Dilemma, welches die Formulierung in § 130 II InsO auslöst: Soll der § 130 II InsO eine eigenständige Bedeutung neben der positiven Kenntnis der Krise haben, so muß eine Interpretation gefunden werden, die im Haftungsmaßstab noch über der der groben Fahrlässigkeit liegt.

Der Gesetzgeber hat versucht, diese Schwierigkeit schon in der Formulierung selbst zu lösen: Die Kenntnis soll dann unwiderleglich vermutet werden, wenn zwar die Krise selbst (auch grob fahrlässig) unerkannt blieb, die zwingend für dieselbe sprechenden Umstände jedoch bekannt waren. *Gerhardt* [335] bezeichnet dies als eine Gleichstellung der „Rechtsblindheit" mit der positiven Kenntnis .

cc) Rechtsprechung zur Konkursordnung

Vergleicht man dies mit der Rechtsprechung zur Konkursordnung, [336] so wird deutlich, in welche Richtung der Gesetzgeber wohl steuern wollte. Dort wurde verlangt, daß dem Anfechtungsgegner die Zahlungseinstellung oder der Eröffnungsantrag selbst bekannt war; die Kenntnis der Tatsachen, aus denen das Gericht auf die Krise schließt, reichte dagegen grundsätzlich nicht aus.

---

333 *Gerhardt* in FS für Brandner S. 605 (615) - Dies war auch der Grund, der den Gesetzgeber zu der Meinung veranlaßte, den Erwerb von Grundstücken im Insolvenzrecht wie im allgemeinen Zivilrecht besonders schützen zu müssen (vgl.: Stellungnahme der *Bundesregierung* zu den Vorschlägen des *Bundesrates* in BT-Drucksache 12/2443 S. 265).

334 *BGHZ* 10 S. 14 (16); *BGH* NJW 1994 S. 2022 (2023)

335 in FS für Brandner S. 605 (616); ebenso: *Häsemeyer* Rdnr. 21.50

336 *RGZ* 23 S. 112 (114); *BGH* WM 1955 S. 1471; *BGH* KTS 64 S. 169

In Anlehnung an die Auslegung der vergleichbaren §§ 819 und 990 BGB [337] wurde jedoch von Teilen der Literatur [338] auch schon zu § 30 KO die Auffassung vertreten, daß die Kenntnis der Umstände zumindest dann ausreichen müsse, wenn sich der Anfechtungsgegner bewußt der aus der Kenntnis der Umstände folgenden Erkenntnis der Krise verschließe. Durch die Bezugnahme auf die Kenntnis der Umstände in § 130 II InsO liegt nun die Vermutung nahe, der Gesetzgeber wollte sich zumindest von seiner einschränkenden Interpretation zu § 30 KO lösen und sich zu der in der Literatur vertretenen hinwenden.

dd) Stellungnahmen der Literatur

Aus diesem Grund sieht sich *Henckel* inhaltlich in seiner schon zur Konkursordnung vertretenen Meinung bestätigt und schlägt in Anlehnung daran folgende Interpretation vor: [339] Hätte sich **ein vernünftig und redlich Denkender angesichts der dem Anfechtungsgegner bekannten Tatsachen nicht der Erkenntnis verschließen können, daß sich der Schuldner in der Krise befindet**, muß darin die Erfüllung der subjektiven Voraussetzungen zu sehen sein. Dieser Meinung schließt sich mit gleicher Begründung *Kreft* [340] an.

Ähnlich sieht die Interpretation von *Bork* aus: [341] Kenntnis sei im Sinne des § 130 II InsO dann anzunehmen, wenn **der Anfechtungsgegner angesichts der ihm bekannten Tatsachen hätte wissen müssen, daß der Schuldner zahlungsunfähig ist**. Diese Meinung bezieht zwar - unglücklicherweise - Fahrlässigkeitsbetrachtungen in die Auslegung der Vorschrift mit ein, verknüpft diese jedoch mit dem gedanklichen Rückschluß des Anfechtungsgegners von den ihm bekannten Umständen auf die Krise. Bestimmt man die dazu erforderliche Sorgfalt jedoch objektiv, daß heißt am Maßstab des vernünftig und redlich Denkenden, so unterscheidet sich diese Ansicht im Ergebnis nicht von der eben verwendeten Formel. [342]

Von *Zeuner* [343] wird angeführt, daß der *BGH* in einer neueren Entscheidung, [344] die allerdings noch auf Grundlage der Konkursordnung getroffen wurde, die Kenntnis der Krise auch schon für denjenigen vermutet habe, **der die zugrundeliegenden Tatsachen kennt, an die jedermann mit seiner Verkehrserfahrung verständigerweise die Erwartung knüpft, daß der Schuldner werde seine Zahlungen nicht erbringen können**; dies sei der Maßstab, an dem sich die Rechtsprechung zu § 130 II InsO zu orientieren habe. [345] Im Ergebnis stimmt auch diese Auffassung mit den vorgenannten überein.

---

337 Bei diesen genügt ebenfalls eine Kenntnis der Umstände, aus denen sich der Mangel des Rechtsgrundes ergibt, grundsätzlich nicht für eine Kenntnis; allerdings vertritt die Rechtsprechung hier die Auffassung, daß die Kenntnis dann als erlangt gelten muß, wenn der Besitzer über den Mangel seines Rechts in einer Weise aufgeklärt worden ist, daß ein redlich Denkender sich der Überzeugung seiner Nichtberechtigung nicht verschleißen kann (*BGHZ* 26 S. 256 (260); *BGHZ* 32 S. 76 (92)).

338 *Henckel* in Jaeger § 30 Rdnr. 50; *Kuhn/Uhlenbruck* § 30 Rdnr. 28

339 *Henckel* in Kölner Schrift zur Insolvenzordnung Rdnr. 19

340 in Heidelberger Kommentar zur Insolvenzordnung § 130 Rdnr. 24 ff

341 *Bork* Rdnr. 219

342 So auch: *Henckel* in Kölner Schrift zur Insolvenzordnung Rdnr. 19 Fn. 29.

343 Rdnr. 120; *ders.* in *Smid/Zeuner* § 130 Rdnr. 31; dieser übersieht in seinem Definitionsvorschlag allerdings, daß es nicht allein auf die Kenntnis der Zahlungsunfähigkeit, sondern auch auf die des Eröffnungsantrags ankommt.

344 *BGH* ZIP 1995 S. 929 (931) = *BGH* KTS 1995 S. 515 (518)

345 Daraus schließt *Zeuner* fälschlicherweise, daß der Ansatz *Henckels* - nicht jedoch dessen Ergebnis –

*Häsemeyer* [346] will demgegenüber die Definition des § 130 II InsO in einen anderen Rahmen setzen: Nach seiner Ansicht soll schon **das Vorliegen von Hilfstatsachen mit starker Indizwirkung** die unwiderlegliche Vermutung der Kenntnis des Anfechtungsgegners von der Krise des Schuldners begründen. Im Gegensatz zu den vorherigen Definitionsversuchen stellt diese Meinung daher weniger auf die „Rechtsblindheit" des Anfechtungsgegners und mehr auf die Stärke der Indizwirkung der Umstände ab. In der Wirkung ist jedoch auch hierin kein Unterschied zu sehen, da die Stärke des Verdachtsmoments immer in einem unmittelbaren Zusammenhang mit der Erkenntnismöglichkeit steht.

ee) Eigene Stellungnahme

Eines der erklärten Ziele des Reformgesetzgebers war es, das Anfechtungsrecht zu verschärfen, um so die Abweisungen mangels Masse zu verringern und das Verfahrensrisiko für die Masse bei Anfechtungsprozessen zu vermindern. [347] Beides sollte durch eine Verbesserung der Beweissituation im Prozeß erreicht werden. Betrachtet man diesen Ausgangspunkt, so ist das Umschwenken vom Maßstab der groben Fahrlässigkeit hin zu dem in § 130 II InsO gewählten in der allerletzten Phase der Gesetzgebung nur zu bedauern. [348]

Auch verwundern die Ausführungen der *Rechtsausschuß des Bundestages* [349], man wolle mit der in § 130 II InsO gewählten Formulierung den unscharfen Begriff der „groben Fahrlässigkeit" vermeiden. Wie die Auslegungsversuche zeigen, wurde mit der gewählten Ausdrucksweise nämlich nicht begriffliche Unschärfe beseitigt, sondern diese vielmehr durch die Schaffung eines Novums erst hervorgerufen.

Der Lösung des Konflikts zwischen dem Ziel der Schaffung eines Anfechtungsrechts als „scharfen Waffe" [350] und dem vom *Rechtsausschuß* hervorgehobenen Interesse an einer nicht zu weit Ausdehnung desselben [351], wäre durch eine Bezugnahme auf die grob fahrlässige Unkenntnis besser gedient worden. [352] Anstatt eine tatsächliche Verschärfung durchzuführen, wurde so in Anbetracht der neueren Rechtsprechung zur Konkursordnung [353] der Beurteilungsmaßstab lediglich von einer widerleglichen in eine unwiderlegliche Vermutung abgeändert. [354] Diese Änderung wird wiederum vermutlich schärfer zulasten der weniger

---

falsch sei, da es nach dieser neuen Rechtsprechung den § 130 II InsO nicht bräuchte und die logische Verknüpfung von der Lücke in der herkömmlichen Rechtsprechung zum § 30 KO zur Einfügung des § 130 II InsO daher nicht nachvollziehbar sei. Dabei übersieht er jedoch, daß das zitierte Gerichtsurteil zwar vor Inkrafttreten der InsO jedoch nach deren Beratung in den Ausschüssen gefällt wurde und daher keinen Einfluß auf die gesetzgeberische Interpretation des § 130 II InsO haben konnte.

346 Rdnr. 21.50

347 Siehe nur: Begründung zum *Gesetzentwurf der Bundesregierung* in BR-Drucksache 1/92 S. 82.

348 Ebenso: *von Campe* S. 139; *Gerhardt* in FS für Brandner S. 605 (615 f); *Häsemeyer* Rdnr. 21.50; *Henckel* in Kölner Schrift zur Insolvenzordnung Rdnr. 19

349 in BT-Drucksache 12/7302 S. 173

350 Diese Formulierung stammt von *Gerhardt* (*ders.*: in FS für Brandner S. 605 (616)).

351 in BT-Drucksache 12/7302 S. 173

352 Dies zeigt auch ein Blick auf das österreichische Anfechtungsrecht, welches sogar „leichte Fahrlässigkeit" im Bereich der Anfechtungstatbestände genügen läßt (*König* „Bemerkungen zu den anfechtungsrechtlichen Normen aus österreichischer Sicht" in Leipold S. 255 (256)).

353 *BGH* ZIP 1995 S. 929 (931) = *BGH* KTS 1995 S. 515 (518)

354 *Gerhardt* in FS für Brandner S. 605 (616)

geschäftserfahrenen Gläubiger gehen, für den Rest - insbesondere die Banken - stellt sie hingegen kaum eine Verschärfung dar. [355] Jedoch muß der eindeutige Wille des Gesetzgebers respektiert werden.

Gemäß der oben dargestellten Definitionsversuche in der Literatur kann demnach zusammenfassend gesagt werden, daß Kenntnis im Sinne des § 130 II InsO dann zu vermuten ist, wenn **der Anfechtungsgegner angesichts der ihm bekannten Tatsachen als vernünftig und redlich Denkender sich nicht der Erkenntnis verschließen konnte, daß sich der Schuldner in der Krise befindet**; je stärker die Indizwirkung der bekannten Umstände ist, um so eher wird dabei der Rückschluß von diesen auf die Erkenntnis zu vermuten sein.

### 3. Zurechnung der Kenntnis

Besondere Schwierigkeiten entstehen immer dann, wenn nicht der Gläubiger selbst Kenntnis von der Krise hatte, sondern ein für ihn tätiger Dritter. Gleiches gilt bei der Kenntnis eines Vertreters einer juristischen Person, einer Personengesellschaft oder bezüglich der Kenntnis von Zwangsvollstreckungsorganen.

#### a) Zurechnung bei Stellvertretung

Grundsätzlich erfolgt die Wissenszurechnung auch im Rahmen der Insolvenzanfechtung nach den allgemeinen zivilrechtlichen Regeln, so daß § 166 BGB Anwendung findet. [356] Im allgemeinen kommt es daher für die der Kenntnis der Krise auf die Person des Vertreters und nicht auf die des Vertretenen an. Jedoch schützt die Bestellung eines Vertreters gemäß § 166 II BGB nicht vor der Zurechnung des eigenen Wissens. [357]

§ 166 BGB gilt entsprechend auch für solche Rechtshandlungen, die keine Rechtsgeschäfte darstellen, solange der Dritte bei der Vornahme derselben wie ein Vertreter des Anfechtungsgegners aufgetreten ist. Dies gilt nach herrschender Ansicht [358] desgleichen für Vollstreckungshandlungen des Prozeßbevollmächtigten beziehungsweise des sachbearbeitenden Rechtsanwalts, nicht aber für die Kenntnis, welche andere in der Anwaltssozietät tätige Rechtsanwälte haben. [359]

---

355 So im Ergebnis auch: *Kirchhof* „Anfechtungsrecht und Gläubigerinteresse" ZInsO 1999 S. 3 (4).

356 Herrschende Meinung: *RGZ* 68 S. 374 (375 f); *BGHZ* 38 S. 65 (66); *BGH* NJW 1992 S. 1099 (1100); *Eichberger* S. 105 ff; *Häsemeyer* Rdnr. 21.53; *Henckel* in Jaeger § 30 Rdnr. 51 ff; *Kuhn/Uhlenbruck* § 30 Rdnr. 30 ff; *Smid/Zeuner* § 130 Rdnr. 27.

357 So: *BGHZ* 62 S. 166 (173); *BGH* ZIP 1991 S. 39; *Henckel* in Jaeger Rdnr. 67 f; *Hess/Weis* Rdnr. 227; *Lent* in Jaeger § 30 Rdnr. 18; *Tintelnot* „Gläubigeranfechtung kraft Wissenszurechnung" in JZ 1987 S. 795 (796)

358 *OLG Celle* ZIP 1981 S. 467 (468); *BGH* WM 1991 S. 152; *Henckel* in Jaeger Rdnr. 51 und 59; *Zeuner* Rdnr. 117

359 Vgl.: *OLG Celle* ZIP 1981 S. 467 (468); *Smid/Zeuner* § 130 Rdnr. 29.

b) Zurechnung bei juristische Personen

Nach der herrschenden Meinung in Literatur [360] und Rechtsprechung [361] soll bei juristischen Personen die Kenntnis nur eines Organmitglieds für eine Zurechnung ausreichen; das Wissen eines Organmitglieds sei daher das Wissen der juristischen Person. Dies soll sogar dann gelten, wenn das wissende Organ nach Erlangung der Kenntnis aber vor der Vornahme der Handlung durch ein anderes Organmitglied aus dem Organ ausgeschieden ist. [362]

Unbestritten findet diese Kenntniszurechnung dann Anwendung, wenn das wissende Organmitglied alleinvertretungsberechtigt ist. Fraglich ist jedoch die Behandlung der anderen Fälle. Dort regt sich Kritik zu der verallgemeinernden Lösung der herrschenden Meinung: Eine neueren Ansicht [363] vertritt vielmehr eine danach differenzierende Lösung, ob die **wissende** Organperson nach ihrem Aufgabenbereich auch die **zuständige** Organperson von ihrer Kenntnis hätte informieren müssen. [364]

Diese neuere Ansicht ist zu favorisieren. Mit ihr kann eine überzeugende Abwägung zwischen dem Schutz der Interessen der Insolvenzgläubiger einerseits und dem Schutz der juristischen Person vor dem Fehlverhalten seiner Vertreter andererseits vorgenommen werden. [365] Darf nämlich die Dezentralisierung einerseits nicht zu einer Erschwerung der Anfechtung führen, so darf eine solche andererseits aber auch keine ungebührenden Vorteile für den Insolvenzverwalter nach sich ziehen. [366]

c) Zurechnung bei Personengesellschaften

Handelt es sich bei dem Anfechtungsgegner um eine Personengesellschaft, so ist danach zu unterscheiden, ob der wissende Gesellschafter vertretungsberechtigt war oder nicht. Nur im ersteren Fall wird sein Wissen der Gesellschaft zugerechnet, im zweiteren ist die Kenntnis dagegen unschädlich. [367]

Allerdings scheidet bei einer Personengesellschaft eine Zurechnung des Wissens eines ausgeschiedenen oder verstorbenen Organmitglieds aus, da die Personengesellschaft in ihrem Bestand nicht in dem Maße von den jeweils handelnden Gesellschaftern unabhängig ist wie juristische Personen von ihren Organwaltern. [368]

---

360 *Eichberger* S. 106 f; *Kuhn/Uhlenbruck* § 30 Rdnr. 30 c; *K. Schmidt* „Gesellschaftsrecht" § 10 V 2

361 *RGZ* 53 S. 227 (231), *RGZ* 78 S. 347 (353 f); *BGHZ* 20 S. 149 (153); *BGH* WM 59 S. 81 (84); *BGH* NJW 1984 S. 1953

362 *BGH* WM 1959 S. 81 (84)

363 Federführend: *Flume* „Allgemeiner Teil des bürgerlichen Rechts" Bd. I 2. Teil § 11 IV S. 398 ff; ebenso: *Baumann* „Die Kenntnis juristischer Personen des Privatrechts von rechtserheblichen Umständen" in ZGR 1973 S. 284 ff; *von Campe* S. 140 f; *Henckel* in Jaeger § 30 Rdnr. 52 ff

364 Eine solche Informationspflicht ist allerdings regelmäßig anzunehmen.

365 *Von Campe* S. 141

366 *Richardi* „Die Wissensvertretung" in AcP 169 (1969) S. 385 (387)

367 Allgemeine Meinung: *RGZ* 9 S. 143; *RGZ* 1915 S. 290; *von Campe* S. 142; *Eichberger* S. 107; *Kuhn/Uhlenbruck* § 30 Rdnr. 30 c.

368 *BGH* NW 1995 S. 2159 (2160); *Smid/Zeuner* § 130 Rdnr. 28

d) Zurechnung bei Vollstreckungsorganen

Erfolgt die Befriedigung des Gläubigers im Wege der Zwangsvollstreckung, so ist nach allgemeiner Meinung [369] die Kenntnis des zuständigen Gerichtsvollziehers von der Krise des Schuldners dem Gläubiger nicht zuzurechnen. Der Gerichtsvollzieher ist nicht Vertreter des Gläubigers und auf die öffentlichrechtliche Beziehung zwischen den Gläubiger und dem durch den Gerichtsvollzieher repräsentierten Staat ist der § 166 BGB auch nicht analog anwendbar. [370]

Gleiches gilt auch dann, wenn eine öffentliche Körperschaft durch ihre eigenen Vollstrekkungsorgane vollstreckt. [371] Auch in einem solchen Fall läßt sich § 166 BGB nicht anwenden, da der Vollziehungsbeamte aufgrund gesetzlicher Ermächtigung (§§ 285 ff AO) tätig wird. Etwas anderes muß hingegen bei der Kenntnis des zuständigen Vollstreckungssachbearbeiters gelten. Auf diese sind wiederum die allgemeinen Vorschriften der Wissenszurechnung anzuwenden. [372]

### 4. Zeitpunkt der Kenntnis

Bezüglich der Anfechtung nach den §§ 29 ff KO wurde verlangt, daß der andere Teil die Kenntnis von der Zahlungseinstellung oder dem Eröffnungsantrag bei der Vornahme der Handlung hatte; dabei genügte die Kenntnis bei Vollendung des Erwerbs. Nach der herrschenden Meinung [373] war dementsprechend bei der Übereignung von Grundstücken die Eintragung in das Grundbuch der maßgebliche Zeitpunkt für die Beurteilung der Kenntnis.

Gegen dieses Abstellen auf den Eintragungszeitpunkt bei dem Erwerb von Grundstücken wurde zuletzt massive Kritik geäußert: [374] Begründet wurde diese damit, daß dadurch aus dem staatliche Eintragungsverfahren eine Risikoverschiebung zulasten des Erwerbers erfolge; diese sei dem Zivilrecht jedoch gemäß § 878 BGB fremd und lasse sich auch durch die Krise nicht rechtfertigen. Hinsichtlich der Kenntnis des Geschäftspartners sollte deshalb nach dieser Ansicht auf den Zeitpunkt der Antragstellung beim Grundbuchamt abgestellt werden.

Dieser Kritik ist der Gesetzgeber zur Insolvenzordnung gefolgt. So wird jetzt auf die Kenntnis zur Zeit der Rechtshandlung [375] abgestellt. Gemäß § 140 InsO ist hierunter der Zeitpunkt zu

369 *RGZ* 90 193 ff; *RGZ* 95 S. 152 (154); *von Campe* S. 142; *Henckel* in Jaeger § 30 Rdnr. 60; *Kilger/Schmidt* § 30 Anm. 9; *Kuhn/Uhlenbruck* § 30 Rdnr. 30 c; *Zeuner* Rdnr. 117; *ders.* in *Smid/Zeuner* § 130 Rdnr. 29

370 *Schilken* „Wissenszurechnung im Zivilrecht" S. 197

371 So: *OLG* München ZIP 1992 S. 787; *Hess/Weis* Rdnr. 270; *Kuhn/Uhlenbruck* § 30 Rdnr. 30 c; *Schilken* S. 200 f; *Zeuner* Rdnr. 117; a.A.: *Henckel* der diesen Fall mit dem des Kassierers einer Großbank vergleicht, dessen Kenntnis ebenfalls zugerechnet wird (*ders.*: in Jaeger § 30 Rdnr. 60).

372 So auch: *OLG* München in ZIP 1992 S. 787.

373 *RGZ* 51 S. 284 (286 f); *BGHZ* 41 S. 17 (18 f); *BGH* WM 1988 S. 307; -*Kilger/Schmidt* § 30 Anm. 9 i.V.m. 7 b; *Kuhn/Uhlenbruck* 10. Auflage § 30 Rdnr. 29; *Serick* § 35 IV 6 c

374 *Eichberger* S. 101 ff; *Henckel* in Jaeger § 30 Rdnr. 94 ff (insb. 101); *Kuhn/Uhlenbruck* § 30 Rdnr. 29; *Reinick* in NJW 1967 S. 1242 (1252 ff); *Wacke* in „Münchner Kommentar zum BGB" § 878 Rdnr. 24; siehe auch oben: § 3 I 3 a.

375 Dies gilt ausdrücklich für § 130 I InsO; im § 132 InsO wird dagegen auf die Zeit des Rechts**geschäfts**

verstehen, in dem die letzte für die haftungsrechtliche Zuordnung maßgebende Erwerbsvoraussetzung eingetreten ist; [376] gemäß dessen Absatz II ist daher jetzt bei Grundstücksgeschäften auf den Eintragungsantrag abzustellen. [377]

### 5. Vermutete Kenntnis bei nahestehenden Personen

Gemäß § 130 III InsO wird gegenüber einer Person, die dem Schuldner zur Zeit der Handlung nahestand, widerleglich vermutet, daß sie die Zahlungsunfähigkeit oder den Eröffnungsantrag kannte. Diese Vorschrift verweist auf § 138 InsO, welcher den Personenkreis, der als nahestehend anzusehen ist, [378] näher bestimmt.

#### a) § 130 III InsO als widerlegliche Vermutung

Grund für diese widerlegliche Vermutung der Kenntnis ist, daß die dem Schuldner nahestehende Person in der Regel bessere Informationsmöglichkeiten über dessen wirtschaftliche Verhältnisse hat als ein Außenstehender. [379] Daher ist bei diesen Personen nicht nur davon auszugehen, daß ihnen die Krise erkennbar war, sondern auch davon, daß sie diese auch tatsächlich erkannt haben. [380] Im Ergebnis wird damit die Anfechtung gegenüber diesen Personen wesentlich erleichtert. [381]

Von *Killinger* [382] wurde darüber hinaus sogar die Einführung einer **unwiderleglichen** Vermutung für die Kenntnis der nahestehenden Personen gefordert, da derjenige, dem die Ereignisse trotz allem unbekannt blieben, wegen seiner guten Informationsmöglichkeiten und wegen der allgemein zugänglichen Insolvenzsignale dennoch nicht schutzwürdig sei. Dies hätte allerdings bei diesem Personenkreis letztlich einen Wegfall der subjektiven Erfordernisse zur Konsequenz gehabt. Im Zuge der Beibehaltung der subjektiven Voraussetzungen erschien dieser Vorstoß daher als zu weitgehend [383] und wurde - folgerichtig - von der Rechtsprechung nicht aufgenommen.

---

abgestellt. Diese Einschränkung ergibt sich jedoch zwingend aus der schon tatbestandlich vorliegenden Einschränkung auf dieselben.

376 *Häsemeyer* Rdnr. 21.52; *Referentenentwurf* Teil III S. 171

377 Ausführlicher oben: § 3 I 3 b bb.

378 Diese Personen werden auch als „Insider" bezeichnet. Diesen eigentlich aus dem Börsenrecht stammende Begriff verwendet *Killinger* in Bezug auf die Insolvenzanfechtung für Personen mit einer besonderen Stellungen innerhalb und außerhalb von Unternehmen (*ders.*: „Insolvenzanfechtung gegen Insider" S. 19 ff; ebenso: *Holzer* in WiB 1997 S. 729 (732)). *Häsemeyer* dehnt diese Bezeichnung sogar auf alle nahestehenden Personen, also auch auf persönlich nahestehende aus (*ders.*: Rdnr. 21.34).

379 Begründung zum *Gesetzentwurf der Bundesregierung* in BT-Drucksache 12/2443 S. 158; *Henckel* in Leipold S. 239 (244)

380 *Killinger* S. 192

381 So: *von Campe* S. 143; *Henckel* in Kölner Schrift zur Insolvenzordnung Rdnr. 20; kritisch: *Binz/Hess* „Der Konkurs der Insolvenzrechtsreform" S. 17 f.

382 *Killinger* S. 192

383 So auch: *Gerhardt* in FS 100 Jahr KO S.111 (134); *Häsemeyer* Rdnr. 21.36 und 21.51; *Zeuner* Rdnr. 121

b) Beschränkung der Anwendung auf positive Kenntnis

Nach dem Wortlaut der § 130 III InsO wird nur die Kenntnis der Zahlungsunfähigkeit oder des Eröffnungsantrags vermutet. Daraus wird deutlich, daß die Vermutung nicht bezüglich der Kenntnis der auf die Krise hindeutenden Tatsachen (§ 130 II InsO) gelten soll. Daher muß der Insolvenzverwalter in dem Fall, daß der Anfechtungsgegner den Gegenbeweis zu § 130 III InsO erfolgreich führt, seinerseits nachweisen, daß dieser Umstände im Sinne des § 130 II InsO kannte; die Kenntnis dieser Umstände wird demnach nicht vermutet. Aus diesem Grund wird auch in der Begründung zum *Gesetzentwurf der Bundesregierung* [384] darauf hingewiesen, daß die Feststellung, ob die Unkenntnis auf grober Fahrlässigkeit [385] beruht, unabhängig von § 130 III InsO zu treffen ist.

Diese Beschränkung des Anwendungsbereichs des § 130 III InsO wird kritisiert: So wurde von *Henckel* [386] gefordert, die Beweislastumkehr für die nahestehenden Personen müsse sich auch auf die grob fahrlässige Unkenntnis beziehen; *Dieckmann* [387] spricht von einer „gekünstelten Konstruktion", wenn einerseits dem Anfechtungsgegner die Beweislast für seine Unkenntnis obliegt, andererseits den Insolvenzverwalter dieselbe bezüglich der Kenntnis der hindeutenden Umstände trifft. *Von Campe* [388] führt aus, daß eine Vermutung bezüglich der Kenntnis von Tatsachen, die auf die Krise hindeuten, gerade dann gelten muß, wenn man diese Vermutung schon für die Kenntnis der Krise selbst annimmt.

Dieser Kritik ist zuzustimmen: So ist es inkonsequent, einerseits eine Vermutung zugunsten der stärkeren Voraussetzung - der positiven Kenntnis - zuzulassen, diese hingegen andererseits bezüglich der demgegenüber abgeschwächten Voraussetzung - der Kenntnis der zwingend auf die Krise hindeutenden Umstände - abzulehnen. [389] Dies ist um so erstaunlicher, als die Einschränkung der Vermutungsregel im Gesetzgebungsprozeß plötzlich und ohne Angabe von Gründen vorgenommen wurde. [390]

---

384 in BT-Drucksache 12/2443 S. 158

385 Zu beachten ist, daß der Gesetzentwurf in diesem Stadium des Gesetzgebungsprozesses noch von der subjektiven Voraussetzung der groben Fahrlässigkeit ausging (siehe oben: § 3 IV 2).

386 in Leipold S. 239 (245)

387 „Zur Aufrechnung" in Leipold S. 211 (221 Fn. 38)

388 S. 143

389 Zwar ist es durchaus denkbar, die Kenntnis des Resultats von Umständen (die Krise) zu vermuten, ohne Gleiches auch für die Umstände selbst (hindeutende Tatsachen gem. § 130 II InsO) gelten zu lassen, aber es macht dennoch vorliegend wenig Sinn: Warum ist zu vermuten, eine Ehefrau kenne die Insolvenzreife ihres Mannes, ohne anzunehmen, sie kenne auch die Umstände, die für eine solche sprechen.

390 Gemäß LS 5.2.6 des ersten Bericht der *Kommission für Insolvenzrecht* sollte bei nahestehenden Personen sowohl die positive Kenntnis als auch die grob fahrlässige Unkenntnis vermutet werden (S. 413). Im *Referentenentwurf* wurde dann demgegenüber kommentarlos einschränkend festgestellt, daß die Feststellung, ob die Unkenntnis auf grober Fahrlässigkeit beruht, unabhängig von § 130 III InsO vorzunehmen ist (Teil III S. 147).

c) Nahestehende Personen

In § 138 InsO wird der Kreis der nahestehenden Personen genau definiert. Dabei wird zwischen persönlich nahestehenden Personen und gesellschaftsrechtlich nahestehenden Personen unterschieden. [391]

aa) Persönlich nahestehende Personen

Gemäß § 138 I InsO gehören zu den dem Schuldner persönlich nahestehenden Personen sein Ehegatte, auch wenn die Ehe erst nach der Rechtshandlung geschlossen oder im letzten Jahr vor der Handlung aufgelöst worden ist (Nr. 1), seine eigenen Verwandten oder die seiner Ehefrau in auf- und absteigender Linie und voll- und halbbürtige Geschwister der beiden sowie die Ehegatten dieser Personen (Nr. 2). Gleiches gilt für solche Personen, die mit dem Schuldner in häuslicher Gemeinschaft leben oder im letzten Jahr vor der Handlung in einer solchen gelebt haben (Nr. 3).

Mit dieser Regelung wurde der Kreis der persönlich nahestehenden Personen gegenüber den in § 31 Nr. 2 KO bezeichneten Personen zum einen um die Partner einer nichtehelichen Lebensgemeinschaft erweitert. [392] Damit sollten insbesondere die verfassungsrechtlichen Bedenken, welche die Schlechterstellung von Ehegatten gegenüber den Partnern nichtehelicher Lebensgemeinschaften nach sich zogen, beseitigt werden. [393]

Zum anderen besteht eine wesentliche Neuerung darin, daß jetzt auch ehemalige Ehegatten unter § 138 InsO subsumiert werden können, solange ihre Ehe im letzten Jahr vor der Handlung aufgelöst wurde. Hiermit wurde der aus § 31 Nr. 2 KO resultierende Widerspruch beseitigt, nach welchem Verwandte des früheren Ehegatten weiterhin als nahestehend behandelt wurden, der frühere Ehegatte selbst hingegen nicht. [394]

Kritik gegen diese Regelung wird einerseits dahingehend laut, sie umfasse nicht alle denkbaren Konstellationen: [395] So läßt der § 138 I InsO diejenigen Konstellationen unberücksichtigt, in denen der Schuldner als natürliche Person Rechtsgeschäfte mit einer juristischen Person bzw. einer Person ohne Rechtspersönlichkeit tätigt. Dies ist insoweit bedauerlich, als der Gesetzgeber in § 138 II Nr. 3 InsO den umgekehrten Fall geregelt hat. Auch hat der *BGH* zur

---

391 Diese Bezeichnungen sind dem *Referentenentwurf* entnommen, in welchen für die jeweiligen Arten der nahestehenden Personen noch eigene Paragraphen mit eben dieser Bezeichnung vorgeschlagen wurden (Teil III S. 157 f).

392 Dort fehlte eine ausdrückliche Nennung nichtehelicher Lebenspartner und diese sind vor allem mit der Formulierung in § 138 I Nr. 3 InsO gemeint (so ausdrücklich: *Referentenentwurf* Teil III S. 158). Eine Anwendung des § 31 Nr. 2 KO auf die nichteheliche Lebensgemeinschaft war hingegen umstritten: Dafür ist *Huber* (*ders.* in Gottwald § 50 Rdnr. 14), dagegen jedoch *Henckel* (*ders.* in Jaeger § 31 Rdnr. 27 f).

393 Vgl.: *Gerhardt* in FS für Brandner S. 605 (609 f); *Henckel* in Kölner Schrift zur Insolvenzordnung Rdnr. 55

394 *Henckel* in Kölner Schrift zur Insolvenzordnung Rdnr. 54; *Zeuner* Rdnr. 64; vgl. zu § 31 Nr. 2 KO auch: *RGZ* 63 S. 92 ff; *Henckel* in Jaeger § 31 Rdnr. 30

395 *Hess/Kranemann/Pink* „InsO '99 – das neue Insolvenzrecht“ Teil 2 Rdnr. 113; *Zeuner* Rdnr. 63

Konkursordnung die Berücksichtigungsbedürftigkeit solchen Konstellationen schon bejaht: [396] So hat dieser angenommen, daß eine GmbH dann „Angehöriger" einer insolventen natürlichen Person sei, wenn ihr geschäftsführender Mehrheitsgesellschafter zum Kreis der nahestehenden Personen des Schuldners gehört. Das Problem wird indes weitestgehend dadurch gelöst, daß bezüglich der Kenntnis einer Personengesellschaft auf die Kenntnis derer vertretungsberechtigten Gesellschafter abzustellen ist. Diese unterfallen dem Regelungsbereich des § 138 I InsO.

Andererseits wurde die aus dieser Regelung resultierende Schlechterbehandlung von persönlich nahestehenden Personen schon bezüglich der Konkursordnung kritisiert: [397] So könne allein von der Tatsache einer verwandtschaftlichen Bindung einer Person zu einem sich in der Krise befindlichen Schuldner nicht auf eine gesteigerte Informationsmöglichkeit sowie eine Bereitschaft unredlicher geschäftlicher Kontakte geschlossen werden. Dem wird jedoch - richtigerweise - entgegengehalten, daß es sich bei §§ 138 i.V.m. 130 III InsO lediglich um eine Beweislastregel handelt und es der nahestehenden Person daher unbenommen bleibt, ihre Unkenntnis zu beweisen. [398]

bb) Gesellschaftsrechtlich nahestehende Personen

Gemäß § 138 II InsO sind bei einem Schuldner, der eine juristische Person oder eine Gesellschaft ohne Rechtspersönlichkeit ist, nahestehende Personen die Mitglieder der Vertretungs- und Aufsichtsorgane, die persönlich haftenden Gesellschafter sowie die zu mehr als einem Viertel am Kapital des Schuldners beteiligten Personen (Nr. 1); ferner vergleichbar informierte Personen aufgrund gesellschaftsrechtlicher oder dienstvertraglicher Verbindung (Nr. 2); schließlich die Ehegatten oder Verwandten der in Nr. 1 und 2 genannten Personen, solange diese nicht kraft Gesetzes zur Verschwiegenheit in den Angelegenheiten des Schuldners verpflichtet sind (Nr. 3).

Im Gegensatz zu den persönlich nahestehenden Personen wurden die gesellschaftsrechtlich nahestehenden Personen in der Insolvenzordnung erstmals definiert. So kannte die Konkursordnung nur nahestehende Personen kraft Ehe, Verwandtschaft und Schwägerschaft. Jedoch hatte auch dort die Rechtsprechung die Lücke nach und nach zu füllen begonnen. [399] Die jetzt vorgenommene gesetzliche Fixierung ist daher um so erfreulicher. [400]

Dennoch bleiben Fragen offen: So hat der *BGH* zwar in Entscheidungen [401] zum ähnlich lautenden § 10 I Nr. 2 GesO die Ansicht vertreten, die Beteiligungsgrenze von einem Viertel

---

396 *BGH* ZIP 1986 S. 170

397 *Fehl* „Zur Anwendbarkeit des § 31 Nr. 2 KO auf Geschäfte einer Kommanditgesellschaft mit einem ihrer Gesellschafter oder dessen nahen Angehörigen" in ZGR 1978 S. 725 (727 f)

398 *Killinger* S. 40 f

399 *BGHZ* 34 S. 293 (297); *BGHZ* 58 S. 20; *BGHZ* 96 S. 352 (357); *App* „Nahestehende Personen im Sinne des neuen Insolvenzrechts und ihre Stellung im neuen Insolvenzrecht und Gläubigeranfechtungsrecht" in FamRZ 1996 S. 1523 (1524); *Henckel* in Jaeger § 31 Rdnr. 33 ff; *ders.*: in Kölner Schrift zur Insolvenzordnung Rdnr. 56; *Kuhn/Uhlenbruck* § 31 Rdnr. 26 ff

400 So auch: *Häsemeyer* Rdnr. 21.36; *Henckel* in Kölner Schrift zur Insolvenzordnung Rdnr. 56 ff; *Zeuner* Rdnr. 67

401 *BGH* ZIP 1995 S. 1021 (1024 f); *BGH* KTS 1996 S. 191 ff

stelle sich aus Gründen der Rechtssicherheit als feste Grenze dar; fraglich ist dennoch, ob dies auch bei zusätzlichen Verdachtsmomenten gelten soll. [402] Im Ergebnis ist dies wohl zu bejahen, da in § 138 II Nr. 2 InsO selbst eine Ausnahme geregelt ist und es einer Ausweitung der Nr. 1 daher nicht bedarf: So gilt die strenge Grenze nicht für eine in gesellschaftsrechtlicher Verbindung zum Schuldner stehenden Person, die sich über dessen wirtschaftliche Verhältnisse unterrichten kann; nicht anderes wird aber bei einer Person, die mit weniger als einem Viertel am Kapital des Schuldners beteiligt ist, der jedoch weitere kenntnisbegründende Verdachtsmomente vorliegen, gegeben sein.

Gemäß § 138 II Nr. 2 InsO gehören zu den gesellschaftsrechtlich nahestehenden Personen diejenigen, die als Mitarbeiter des Schuldners die Möglichkeit hatten, sich über dessen wirtschaftliche Verhältnisse zu unterrichten. Wie durch die Bezugnahme auf den „Dienstvertrag“ deutlich wird, fallen darunter nicht selbständig Tätige, auch wenn sie durch einen Dienstvertrag mit Geschäftsbesorgungscharakter mit dem Schuldner verbunden sind; gleiches gilt für selbständige Personen, die in anderen geschäftlichen Beziehungen zum Schuldner stehen, wie etwa Banken, Lieferanten oder Kunden. [403]

Laut § 138 II Nr. 3 Halbsatz 1 InsO werden zudem die mit den vorher genannten Personen in ehelicher, verwandtschaftlicher oder häuslicher Verbindung stehenden Personen ebenfalls als gesellschaftsrechtlich nahestehend eingeordnet. *Zeuner* [404] interpretiert diese Vorschrift fälschlicherweise dahingehend, daß bei einer Verschwiegenheitspflicht **diese Person selbst** nicht als nahestehend anzusehen sei. Dies begründet er damit, man könne bei diesem Personenkreis nicht davon ausgehen, daß Informationsvorteile ausgenutzt werden. Erscheint diese Vermutung schon als gewagt, so widerspricht dies zudem der dogmatischen Stellung [405] der Einschränkung sowie der ausdrücklichen Begründung im *Gesetzentwurf der Bundesregierung.* [406]

Richtigerweise werden alle Personen erfaßt, denen interne Informationen durch nahestehende Personen regelmäßig vermittelt werden können. Dies gilt jedoch gemäß Halbsatz 2 nicht bei diejenigen Personen, die zwar mit Informationsträgern in einer persönlichen Beziehung stehen, die Informationsträger jedoch kraft Gesetz zur Verschwiegenheit verpflichtet sind. Andernfalls müßte man nämlich diesen Personen unterstellen, sie haben die Verschwiegenheitspflicht durch Weitergabe von Informationen verletzt. [407]

---

402 Dafür: *Zeuner* Rdnr. 72 f; dagegen: *Ehrike* „Insolvenzrechtliche Anfechtung gegen Insider - zur Bestimmung nahestehender Personen von GmbH und AG“ in KTS 1996 S. 209 (216 ff).

403 Zur GesO: *BGH* ZIP 1997 S. 513 (516) u. *BGH* ZIP 1998 S. 247 (248); zur InsO: *Henckel* in Kölner Schrift zur Insolvenzordnung Rdnr. 60; *Zeuner* Rdnr. 75.

404 Rdnr. 82; *ders.* in Smid/Zeuner § 138 Rdnr. 31

405 Aus der Stellung als Halbsatz 2 hinter dem Halbsatz 1 wird deutlich, daß dieser lediglich eine Ausnahme zu dem gemäß Halbsatz 2 regelmäßigen Einbezug der persönlich nahestehenden Personen regelt.

406 In der Begründung zum *Gesetzentwurf der Bundesregierung* heißt es zum jetzigen § 138 II Nr. 3 Hs 2 InsO (in BT-Drucksache 12/2443 S. 163): „Dies gilt nicht bei Personen (...)“. Daraus ist im Gegensatz zur Meinung von *Zeuner* zu schließen, daß § 138 II Nr. 3 Hs 2 InsO nur die Erweiterung des Halbsatzes 1 begrenzt, nicht jedoch den ganzen § 138 II InsO.

407 Vgl.: Begründung zum *Gesetzentwurf der Bundesregierung* in BT-Drucksache 12/2443 S. 163.

## § 4 Anfechtung von Deckungshandlungen

Die besondere Insolvenzanfechtung unterteilt sich in zwei Bereiche: Der eine Bereich ist der der Anfechtung wegen **unmittelbar nachteiliger Rechtshandlungen** gemäß § 132 InsO. Dieser betrifft Handlungen, bei denen der Gläubiger mit dem Schuldner ein für dessen Vermögen ungünstiges Geschäft abschließt. Durch diese Regelung soll gewährleistet werden, daß einzelne Insolvenzgläubiger zu Lasten der übrigen Mitgläubiger keine Vorteile aufgrund des Prinzips der freien Leistungsbewertung erlangen. [1]

Der andere Bereich der besonderen Insolvenzanfechtung ist der der Anfechtung von **Dekkungshandlungen** gemäß der §§ 130 und 131 InsO. Hierbei handelt es sich um Handlungen, auf die der Anfechtungsgegner grundsätzlich - jedoch nicht immer oder nicht in der Art oder nicht zu der Zeit - einen Anspruch hatte. Diese belasten die Masse dadurch, daß der Gläubiger durch die Handlung anstatt der ihm im Insolvenzverfahren zustehenden Quote die volle Leistung erhält. So soll verhindert werden, daß Insolvenzgläubiger sich der insolvenzrechtlichen Haftungsordnung dadurch entziehen, daß sie im Vorfeld des Insolvenzverfahrens eine Sicherung oder Befriedigung erlangen. [2]

Im folgenden wird die Anfechtung von Deckungshandlungen näher beleuchtet. Bei dieser Gelegenheit werden zunächst die gemeinsamen Voraussetzungen der Anfechtung kongruenter und inkongruenter Deckung behandelt, um diese dann getrennt zu erläutern; zuletzt wird aufgezeigt, inwieweit die Aufrechnung der besonderen Insolvenzanfechtung unterfällt.

### I. Gemeinsame Voraussetzungen

Die Anfechtung kongruenter Deckung (§ 130 InsO) auf der einen Seite und inkongruenter Deckung (§ 131 InsO) auf der anderen unterscheiden sich dadurch, daß der Anfechtungsgegner bei der einen die erlangte Sicherung oder Befriedigung zu beanspruchen hat, bei der anderen nicht. Neben dieser Unterscheidung, die in der Folge zu einer unterschiedlichen Strenge der Anfechtungsvoraussetzungen führt, werden beide Anfechtungsarten jedoch von denselben Grundprinzipien getragen.

#### 1. Anwendbarkeit

Bei der Deckungsanfechtung stellt sich die Frage, ob und wann diese neben der Anfechtung von unmittelbar nachteiligen Rechtshandlungen (§ 132 InsO) sowie den übrigen Anfechtungsnormen, insbesondere der Anfechtung von unentgeltlicher Leistungen (§ 134 InsO) und der Anfechtung von Bargeschäften (§§ 142 i.V.m. 133 I InsO) anwendbar ist.

---

1 Vgl.: *Häsemeyer* „Insolvenzrecht" 2. Aufl. Rdnr. 21.66.

2 *Häsemeyer* Rdnr. 21.38

a) Verhältnis zu § 132 InsO und den übrigen Anfechtungsnormen

Grundsätzlich schließen die Tatbestände der Deckungsanfechtung und der Tatbestand der Anfechtung wegen unmittelbarer Benachteiligung einander aus. [3] Hat der Gläubiger eine Befriedigung oder Sicherung erlangt, so ist die Deckungsanfechtung lex specialis gegenüber § 132 InsO und begrenzt daher dessen Anwendungsbereich. [4]

Demgegenüber stehen die übrigen Anfechtungsnormen sowohl untereinander als auch gegenüber der Deckungsanfechtung selbständig nebeneinander. Sind demnach die Voraussetzungen einer Anfechtungsnorm nicht erfüllt, bedeutet das nicht, daß die anderen unanwendbar wären. [5]

b) Verhältnis zu § 134 InsO

Problematischer ist hingegen das Verhältnis der Deckungsanfechtung zu der Anfechtung unentgeltlicher Leistungen. § 134 InsO regelt, daß eine Leistung ohne weitere Voraussetzung dann anfechtbar ist, wenn es sich bei ihr um eine unentgeltliche [6] handelt und sie nicht früher als vier Jahre vor dem Eröffnungsantrag vorgenommen wurde. Dies stellt eine erhebliche Erleichterung der Anfechtbarkeit gegenüber den strengen Voraussetzungen der besonderen Insolvenzanfechtung dar; so wird insbesondere auf das Vorliegen der Krise als auch auf die einschränkenden subjektiven Voraussetzungen verzichtet. Diese Vorschrift entspricht somit dem das gesamte Zivilrecht beherrschenden Grundsatz der geringeren Schutzwürdigkeit des unentgeltlichen Erwerbs. [7]

Auf den ersten Blick ergeben sich daher auch keine Abgrenzungsprobleme: Handelt es sich um eine unentgeltliche Leistung, so erfolgt eine Anfechtung gemäß § 134 InsO; andernfalls müssen die Voraussetzungen der §§ 130 bis 133 InsO vorliegen, um die vorgenommene Rechtshandlung anfechten zu können.

Umstritten ist allerdings, ob es überhaupt zu einer Überschneidung der Anwendungsgebiete der Anfechtung wegen unentgeltlicher Leistung und einer solchen wegen geleisteter Befriedigung kommen kann. Zum Teil wird nämlich schon bezweifelt, daß die Erfüllung einer Verbindlichkeit im Sinne einer Befriedigung gemäß den §§ 130 und 131 InsO überhaupt eine

---

3 *Von Campe* „Insolvenzanfechtung in Deutschland und Frankreich" S. 191; *Henckel* in Jaeger „Konkursordnung" 9. Auflage § 30 Rdnr. 10

*Eichberger* „Die besondere Konkursanfechtung" S. 90; *Huber* in Gottwald „Insolvenzrechts-Handbuch" § 49 Rdnr. 16

5 *BGHZ* 58 S. 240 (241); *Henckel* in Jaeger § 29 Rdnr. 198

6 § 134 InsO ersetzt damit § 32 KO, der meist historisch bedingt als Schenkungsanfechtung bezeichnet wurde, obwohl dieser Begriff schon zur KO als zu eng empfunden wurde; die InsO, deren Paragraphenüberschriften Gesetzesinhalt sind, vermeidet daher diesen Begriff und verwendet den der unentgeltlichen Leistung (*Henckel* „Insolvenzanfechtung" in „Kölner Schrift zur Insolvenzordnung" S. 645 ff Rdnr. 44).

7 Vgl. zum BGB: §§ 528, 816 I 2, 822, 988, 2287, 2325 BGB; vgl. zur herrschenden Meinung: *BGH* ZIP 1992 S. 1089 (1092); *Bork* „Einführung in das neue Insolvenzrecht" Rdnr. 214; *Zeuner* „Die Anfechtung in der Insolvenz" Rdnr. 207

unentgeltliche Verfügung darstellen kann. [8] Begründet wird dies damit, daß in einem solchen Fall in der Schuldbefreiung das „Entgelt der Leistung" liege. Wie *Henckel* [9] jedoch richtigerweise nachweist, kann auch die Erfüllung einer Verbindlichkeit eine unentgeltliche Leistung darstellen, solange nur die getilgte Schuld durch ein unentgeltliches Rechtsgeschäft begründet worden ist; andernfalls müßte die Erfüllung eines Schenkungsversprechens immer als entgeltliche Leistung gewertet werden.

Ein weiteres Abgrenzungsproblem ergibt sich aus § 143 II InsO: Dieser normiert als Rechtsfolgenregel eine dahingehende Haftungsbeschränkung für den gutgläubigen [10] Empfänger einer unentgeltlichen Leistung, daß dieser nur die Leistung zurückzugewähren hat, um die er noch bereichert ist. Grund für diese Haftungsbeschränkung ist eine Billigkeitserwägung; unentgeltliche Leistungen können gemäß § 134 InsO nämlich auch dann angefochten werden, wenn sie lange vor der Krise vorgenommen wurden. [11] Dieser starken Erleichterung in den Voraussetzungen wurde daher eine Einschränkung in den Rechtsfolgen gegenübergestellt.

Aus dieser Haftungseinschränkung könnte man schließen, die Anfechtung wegen unentgeltlicher Leistung und die besondere Insolvenzanfechtung seien nicht nebeneinander anwendbar, da andernfalls die Einschränkung in den Rechtsfolgen zugunsten des Anfechtungsgegners diesem auch bei der besonderen Insolvenzanfechtung zugute käme. In der Konkursordnung wurde allerdings noch ein anderer Lösungsweg gewählt: [12] Es wurde angenommen, daß die Haftungsbeschränkung des § 37 II KO nur dann eingreife, wenn nicht zugleich die Voraussetzungen der besonderen Konkursanfechtung vorliegen. Gleiches soll nach *von Campe* [13] jetzt auch für die Insolvenzordnung gelten.

Bei der Übertragung dieser Ansicht auf die Insolvenzordnung darf jedoch nicht übersehen werden, daß der Ausschluß des § 37 II KO bei Vorlage der besonderen Konkursanfechtung nicht an einer inhaltlichen Beschränkung auf § 32 KO lag, sondern an dem in § 37 II KO normierten Erfordernis der Gutgläubigkeit des Empfängers der Leistung. An dieser fehlte es nämlich grundsätzlich dann, wenn die §§ 30 und 31 KO Anwendung fanden. [14] Ein solcher unmittelbarer Zusammenhang zwischen der Bösgläubigkeit gemäß § 143 II 2 InsO und der Anfechtbarkeit gemäß der §§ 130 bis 132 InsO liegt bezüglich der Insolvenzordnung allerdings nicht vor; gemäß § 131 I Nr. 1 und 2 InsO wird jedenfalls das tatsächliche Vorliegen der Bösgläubigkeit gerade nicht gefordert.

Vielmehr könnte man nach dem Wortlaut des § 143 II InsO annehmen, daß unentgeltliche Leistungen grundsätzlich - also auch wenn diese Deckungshandlungen darstellen - nur bei

---

8 *BGHZ* 41 S. 298 (300); *BGHZ* 58 S. 240 (243 ff); *Kuhn/Uhlenbruck* „Konkursordnung" § 32 Rdnr. 4; *Lent* in Jaeger „Konkursordnung mit Einführungsgesetzen" 8. Auflage § 32 Anm. 6

9 „Zum Begriff der Unentgeltlichkeit und zu den subjektiven Voraussetzungen bei der Schenkungsanfechtung" in ZIP 1990 S. 137 ff; *ders.*: § 32 Rdnr. 3

10 Vgl. zur umstrittenen Bewertung der gesetzlichen Normierung des „Kennenmüssen" in § 143 II 2 InsO: *Henckel* in Kölner Schrift zur Insolvenzordnung Rdnr. 73; *Holzer* „Redaktionsversehen in der Insolvenzordnung ?" in NZI 1999 S. 45

11 *Von Campe* S. 296

12 *Kuhn/Uhlenbruck* § 37 Rdnr. 35

13 S. 296

14 *Henckel* in Jaeger § 37 Rdnr. 128 - bezüglich der Deckungsanfechtung nach der KO wurde als Tatbestandsvoraussetzung immer auch die Bösgläubigkeit des Anfechtungsgegners gefordert.

noch vorliegender Bereicherung zurückzugewähren sind. Im Ergebnis wäre aber auch dies bedenklich, da so der geringer schutzwürdige unentgeltliche Erwerb über § 143 II InsO letztlich stärker geschützt wäre als der entgeltliche.

Lösen kann man diesen Wertungswiderspruch dadurch, daß man die Gutglaubensvoraussetzungen des § 143 II 2 InsO an denen der §§ 130 bis 132 InsO orientiert: Dann würde bei den §§ 130 und 132 InsO die Gutgläubigkeit generell ausscheiden - dort wird die Bösgläubigkeit vorausgesetzt - und bei § 131 InsO müßte die dieser Vorschrift zugrundeliegende „unwiderleglich vermutete Bösgläubigkeit“ [15] ebenfalls zu einer Unanwendbarkeit des § 143 II 1 InsO gemäß § 143 II 2 InsO führen. [16]

Zudem weist *Zeuner* [17] richtigerweise darauf hin, daß von § 134 InsO nur solche Handlungen erfaßt werden, die vor der Stellung des Eröffnungsantrags vorgenommen wurden, während nach der besondere Insolvenzanfechtung auch Handlungen nach diesem Zeitpunkt anfechtbar sind. Die Regeln ergänzen sich daher sinnvollerweise und verdrängen sich nicht.

Im Ergebnis zeigt sich, daß ein Nebeneinander der besonderen Insolvenzanfechtung und der Anfechtung unentgeltlicher Leistungen durchaus denkbar ist. Auch die Rechtsfolgenregel des § 143 II InsO widerspricht dem nicht, sind die sich daraus ergebenden Probleme doch auf der subjektiven Ebene zu lösen.

c) Verhältnis zu § 142 InsO

Gemäß § 142 InsO ist eine Leistung des Schuldners, für welche unmittelbar eine gleichwertige Gegenleistung in sein Vermögen gelangt, nur dann anfechtbar, wenn dadurch eine vorsätzliche Benachteiligung gemäß § 133 I InsO vorgenommen wurde. Zweck dieser Regelung ist es, auch einen in der Krise befindlichen Gemeinschuldner nicht vollends in seiner wirtschaftliche Bewegungsfreiheit einzuschränken. [18] Das Vorliegen eines sogenannten Bargeschäfts schließt demnach eine Anfechtung nach den §§ 130 bis 132 InsO grundsätzlich aus.

Im Ergebnis stimmt dies mit der zur Konkursordnung vertretenen Auffassung [19] von der Unanfechtbarkeit von Bargeschäften überein. So galt damals wie heute bezüglich des Erfüllungsgeschäfts [20] die Unanwendbarkeit der **Anfechtung wegen unmittelbarer Benachteiligung** gemäß § 132 InsO - eine dem § 142 InsO ähnliche Vorschrift bedurfte und bedarf es

15 Vgl.: Erster Bericht der *Kommission für Insolvenzrecht* herausgegeben vom *Bundesministerium der Justiz* Begründung zu LS 5.2.2 S. 407.

16 Vgl. oben: § 3 IV sowie *Henckel* „Die Gläubigeranfechtung - ein taugliches Mittel zur Beseitigung von Verkürzungen der Konkursmasse“ in ZIP 1982 S. 391 (396)

17 Rdnr. 225

18 Begründung zum *Gesetzentwurf der Bundesregierung* in BT-Drucksache 12/2443 S. 167; *Eichberger* S. 38 f; vgl. auch oben: § 3 II 2 d aa

RGZ 100 S. 62 (64); BGHZ 70 S. 177 (185); *Henckel* in Jaeger § 30 Rdnr. 110 (m.w.N.); *Kuhn/Uhlenbruck* § 30 Rdnr. 23 und 35

20 Das **Verpflichtungs**geschäft ist in dem vorliegenden Fall eines ausgeglichenen Bargeschäfts mangels Gläubigerbenachteiligung sowieso nicht anfechtbar.

dafür nicht: [21] Wird nämlich ein Bargeschäft erfüllt, so setzt dies immer einen Austausch von gleichwertigen Leistungen voraus. Dies schließt wiederum generell eine unmittelbare Benachteiligung aus, da mit der Leistung auch der Anspruch auf die Gegenleistung erlischt. [22]

Im Rahmen des Erfüllungsgeschäfts war jedoch die Anwendbarkeit der **Deckungsanfechtung** trotz Vorliegens eines Bargeschäfts grundsätzlich zu bejahen, da auch eine zeitlich unmittelbare Befriedigung eine Deckungshandlung darstellt, die prinzipiell die Gläubiger benachteiligt.

An dieser Stelle offenbarte sich eine der dogmatischen Schwachstellen der Konkursordnung: Es mußte nämlich angenommen werden, daß Erfüllungshandlungen bei Bargeschäften generell keine Deckungshandlungen darstellen. Zwar wurde versucht, dies mit der Systematik der Konkursanfechtung zu begründen, letztlich blieb diese Betrachtung jedoch eine - aufgrund des Fehlens einer Vorschrift ähnlich des § 142 InsO - notwendige Billigkeitserwägung, die mit dem Wortlaut des § 30 KO eigentlich nicht vereinbar war: [23] Zum Beispiel wurde angenommen, durch solche Deckungshandlungen werden die Konkursgläubiger nicht benachteiligt, weil dem Vermögen des Gemeinschuldners sofort ein entsprechender Gegenwert zufließe; [24] auch wurde angeführt, das Verhältnis der Anfechtungstatbestände zueinander gebiete diese Auslegung; [25] zudem folge aus der Unmittelbarkeit von Forderungsentstehung und -erfüllung die Unanfechtbarkeit der Deckungshandlung. [26]

Diesen Begründungsschwierigkeiten schiebt nun § 142 InsO einen Riegel vor. Auch dafür ist jetzt allerdings Voraussetzung, daß die Leistung des Schuldners und die Gegenleistung des Gläubigers gleichwertig sind. [27] Im Fall eines unausgewogenen Erfüllungsgeschäft verhindert daher auch § 142 InsO nicht dessen Anfechtbarkeit gemäß den §§ 130 oder 131 InsO.

Im Ergebnis wählt die Insolvenzordnung daher einen neuen und weitgehenderen Ausgangspunkt: Früher ging man davon aus, die zeitliche Unmittelbarkeit von Forderungsentstehung und -erfüllung schließe die Deckungsanfechtung aus, während die Anfechtung des Kausalgeschäfts wegen unmittelbarer Benachteiligung durch die Gleichwertigkeit der Leistungen ausgeschlossen wurde. De lege lata wird die besondere Insolvenzanfechtung durch § 142 InsO bei Gleichwertigkeit und Unmittelbarkeit gänzlich ausgeschlossen. Bei Ungleichwertigkeit wird diese jedoch im Rahmen der tatbestandlichen Möglichkeiten auch gänzlich zugelassen;

---

21 Siehe zur Anfechtung wegen unmittelbarer Benachteiligung genauer unten: § 5 I und II.

22 *Henckel* in Jaeger § 30 Rdnr. 110 ; anderer Ansicht ist allerdings *Gerhardt*, der jedoch eben diesen zwingend erforderlicher Leistungsaustausch bei Vorlage eines Bargeschäfts gleich welcher Art und damit die Spezialität der Deckungsanfechtung (siehe oben: § 4 I 1 a) übersieht (*ders.*: „Gereimtes und Ungereimtes im Anfechtungsrecht der neuen Insolvenzordnung" in Festschrift für Brandner 1996 S. 605 (611)).

23 So auch: *BGH* KTS 1994 S. 116.

24 *BGH* NJW 1977 S. 718; *BGHZ* 70 S. 185; *BGH* ZIP 1988 S. 326 - diese Ausgleichswirkung der Bardeckung paßt allerdings nur zu den Verpflichtungsgeschäften; im Rahmen des Erfüllungsgeschäfts wird nämlich dem Gläubiger durch die Übereignung die Erfüllung einer Forderung gewährt.

25 *Henckel* in Jaeger § 30 Rdnr. 110 - auch hier wird das gewünschte Ergebnis vor die strenge Systematik gestellt, ist doch eigentlich die tatsächliche Folge bei Anwendung der Anfechtungstatbestände eindeutig.

26 Hier ist der gleiche Vorwurf der Ergebnisorientierung zu machen.

27 Im Ergebnis ebenso *Zeuner*, der jedoch beim Fehlen der Gleichwertigkeit schon das Vorliegen eines Bargeschäftes ablehnt (*ders.*: Rdnr. 52).

das Erfüllungsgeschäft ist dann gemäß den §§ 130 oder 131 InsO anfechtbar, das Kausalgeschäft gemäß § 132 InsO.

## 2. Deckungswirkung

Gemeinsame Voraussetzung der Anfechtung wegen kongruenter und inkongruenter Deckung ist die Herbeiführung einer Deckungswirkung: Durch eine Rechtshandlung muß ein Anspruch eines Insolvenzgläubigers „gedeckt" worden sein. Das Gesetz unterscheidet hierbei wie der Konkursordnung nicht zwischen der tatsächlichen Befriedigung des Anspruchs durch die Erfüllung des vereinbarten Leistungserfolgs und einer Sicherung desselben. Das ist grundsätzlich berechtigt, auch wenn es die Sicherung einer Insolvenzforderung eher als deren Befriedigung nahelegt, das Rechtsverhältnis in einem nachfolgenden Insolvenzverfahren wieder aufzurollen. [28]

Die Befriedigung stellt die Erfüllung eines materiellrechtlichen Anspruchs in der Weise dar, daß dieser zum Erlöschen gebracht wird; unter einer Sicherung versteht man die Einräumung einer Rechtsposition, welche die Durchsetzung des gesicherten Anspruchs erleichtert und sich von der Leistung, die der Gläubiger kraft seines Anspruchs fordern darf, wesensmäßig unterscheidet. [29] Die Sicherung ist also gegenüber der Befriedigung kein „minus" sondern ein „aliud"; sie läßt den Leistungsanspruch fortbestehen, verstärkt aber seine Durchsetzbarkeit durch die Gewährung einer zusätzlichen Rechtsposition. [30]

## 3. Deckungsbegünstigte, -benachteiligte

Voraussetzung für eine Anfechtung nach den Vorschriften der §§ 130 und 131 InsO ist weiter, daß eine Deckungshandlung vorgenommen wurde, durch die einem **Insolvenzgläubiger** eine Sicherung oder Befriedigung gewährt wurde. Der Kreis der Insolvenzgläubiger wird gemäß § 38 InsO definiert und beinhaltet diejenigen persönlichen Gläubiger, die zur Zeit der Eröffnung des Insolvenzverfahrens einen begründeten Vermögensanspruch gegen den Schuldner haben.

Dies setzt zunächst voraus, daß die befriedigte oder gesicherte Forderung vor der Deckungshandlung bestanden haben muß, da es andernfalls schon an der Gläubigerstellung mangelt. [31] Daraus folgt zudem die Frage, ob auch unklagbare Forderungen wie verjährte Forderungen oder Naturalobligationen anfechtbar sind. Dies wird von einem Teil der Literatur verneint. [32] Richtig ist es allerdings mit der herrschenden Meinung [33] auch unklagbare Forderung als

28 *Häsemeyer* verweist hier auf den Grundsatz des „quieta non movere" (*ders.*: Rdnr. 21.43).

29 So: *Baur/Stürner* „Zwangsvollstreckungs-, Konkurs- und Vergleichsrecht" Rdnr. 19.35 f; *von Campe* S. 100 und 159.

30 *RGZ* 10 S. 33 (36); *BGHZ* 34 S. 254 (258)

31 Vgl.: *Baur/Stürner* Rdnr. 19.39; *von Campe* S. 95.

32 *Eichberger* S. 122; im Ergebnis auch: *Kuhn/Uhlenbruck* § 30 Rdnr. 46.

33 *Baur/Stürner* Rdnr. 19.39; *von Campe* S. 95; *Henckel* in Jaeger § 30 Rdnr. 140; zudem wird im Erster Bericht der *Kommission für Insolvenzrecht* in LS 5.2.3 die Anfechtbarkeit von unklagbaren Deckungen ausdrücklich betont ( Begründung zu LS 5.2.3 S. 409 f).

Insolvenzforderungen anzusehen, da man andernfalls zu dem unbilligen Ergebnis kommen würde, daß unklagbare Forderungen unanfechtbar und somit privilegiert wären.

Neu gegenüber der besonderen Konkursanfechtung ist, daß nach der Begründung zum *Gesetzentwurf der Bundesregierung* [34] mit dem Begriff der Insolvenzgläubiger ausdrücklich auch nachrangige Gläubiger erfaßt werden. Dieser gesetzgeberische Wille wird durch die Formulierung des § 39 InsO bestätigt, der auch die nachrangigen Forderungen als solche der Insolvenzgläubiger bezeichnet. War daher zum Beispiel im Rahmen der Konkursordnung die Anfechtung von Bußgeldzahlungen des Schuldners wegen des § 63 KO nach der herrschenden Meinung [35] nicht möglich, so sind diese jetzt als nachrangige Insolvenzforderungen einzuordnen und insofern nach den §§ 130, 131 InsO anfechtbar. Dies ist zu begrüßen, war doch die Kritik *Henckels* [36] zur gängigen Rechtsprechung durchaus berechtigt, wenn auch mit dem Wortlaut des § 63 KO nur schwer in Einklang zu bringen.

Dementsprechend reicht jetzt auch eine Deckungswirkung zu Lasten nachrangig benachteiligter Insolvenzgläubiger aus. Allerdings wird diese Änderung gegenüber der Konkursanfechtung kaum praktische Bedeutung gewinnen, da eine Rechtshandlung, die nur nachrangige Gläubiger benachteiligt, nur dann vorkommen kann, wenn die Masse die Forderungen aller nicht nachrangigen Gläubiger deckt. [37]

## 4. Deckungshandlung

Die Anfechtung von Deckungen setzt weiterhin voraus, daß durch eine Rechtshandlung einem Insolvenzgläubiger eine Sicherung oder Befriedigung gewährt oder ermöglicht wurde. War für die besondere Konkursanfechtung die Tatbestandsalternative der Deckungs**gewährung** schon vorhanden, so handelt es sich bei der Möglichkeit einer Anfechtung aufgrund einer Deckungs**ermöglichung** um eine durch die Insolvenzordnung eingeführte Neuerung.

### a) Gewährung einer Deckung

Die Gewährung der Deckung besteht entweder in der Befriedigung des Gläubigers - also der Erfüllung oder einem gleichstehenden Surrogat - oder aber in der Sicherung der Forderung. [38] „Gewähren" heißt indes nicht, daß der Schuldner an der Rechtshandlung selbst beteiligt sein muß. Dies zeigt schon ein Vergleich mit der Konkursordnung; Nach herrschender Ansicht wurde jede gläubigerbenachteiligende Rechtshandlung unter den Begriff des Gewährens subsumiert, also auch solche, die ausschließlich vom Gläubiger und späteren Anfechtungsgegner ausgingen. [39] Sogar Rechtshandlungen, die etwa als Vollstreckungshandlungen gegen

---

34 in BT-Drucksache 12/2443 S. 157

35 *OLG München* KTS 1979 S. 327; *Kuhn/Uhlenbruck* § 30 Rdnr. 35; *Lent* in Jaeger § 30 Rdnr. 43

36 „Insolvenzanfechtung" in Leipold „Insolvenzrecht im Umbruch" S. 239 (243) ; *ders.* in Jaeger § 30 Rdnr. 139

37 *Henckel* in Kölner Schrift zur Insolvenzordnung Rdnr. 10

38 *Henckel* in Jaeger Rdnr. 123

39 *RG* WarnRspr 1930 Nr. 126; *BGHZ* 58 S. 108 (110); *Lent* in Jaeger § 30 Anm. 31; *Häsemeyer* Rdnr. 21.41

den Willen des Schuldners vorgenommen wurden, waren demnach nach dem alten Recht [40] und sind auch nach der Insolvenzordnung als Deckungsgewährung anfechtbar.

b) Ermöglichen einer Deckung

In § 130 InsO wie auch in § 131 InsO wird jetzt neben dem Begriff der „Gewährung" einer Deckung zusätzlich der Terminus der „Ermöglichung" derselben verwendet. Diese Hinzufügung geht auf einen Vorschlag im ersten Bericht der *Kommission für Insolvenzrecht* [41] zurück.

aa) Begriffsauslegung

Eine direkte Wortlautauslegung verleitet dazu, nur solche Handlungen unter den Begriff des „Ermöglichen" zu subsumieren, die der Schuldner „selbst ermöglicht hat". Insofern müßte immer ein Mitwirken des Schuldners selbst verlangt werden, zum Beispiel dadurch daß er durch ein Unterlassen die Deckungshandlung möglich gemacht hat.

Wie *Henckel* [42] jedoch richtigerweise ausführt, wäre eine solche Auslegung ein Rückschritt gegenüber der Rechtslage nach der Konkursordnung. Wie soeben dargestellt wurden nämlich schon bezüglich dieser auch Zwangsvollstreckungsmaßnahmen gegen den Willen des Schuldners als von diesem gewährte Deckung betrachtet, ein Mitwirken des Schuldners hingegen gerade nicht gefordert. Insofern kann dies nicht den Anlaß für die Hinzufügung des Begriffs des Ermöglichens darstellen.

Vielmehr soll auch nach der Insolvenzordnung nicht eine Mitwirkung des Schuldners verlangt werden, sondern durch die neue Regelung eine Erweiterung des Anwendungsbereichs der besonderen Insolvenzanfechtung dadurch erreicht werden, daß schon die Vorbereitung einer Deckung der Anfechtung unterworfen wird. [43] Insofern ist demnach nicht auf eine Ermöglichung der Handlung durch den Schuldner, sondern auf eine Ermöglichung einer späteren Deckungshandlung durch eine andere vorgezogene Handlung abzustellen.

Bei dieser Ergänzung wurde von dem Gesetzgeber vor allem an Prozeßhandlungen gedacht, die selbst zwar keine Sicherung oder Befriedigung gewähren, jedoch zu einer solchen führen. [44] Solche Handlungen waren nach der Konkursordnung nur unter den strengeren Voraussetzungen der Absichtsanfechtung gemäß § 31 Nr. 1 Fall 1 KO anfechtbar. Verständlich wird der - letztlich sehr geringe - Regelungsbereich dieser Ergänzung jedoch erst, wenn man die Anfechtungsmöglichkeiten vor und nach der Schaffung derselben miteinander vergleicht.

---

40 *BGH* MDR 1970 S. 41; *BGH* BB 1978 S. 278

41 Begründung zu LS 5.2.1 S. 405

42 in Leipold S. 239 (243): Im Rahmen seiner Kritik an den verwandten Begriffen schlägt dieser anstatt der Verwendung des Begriffspaar „gewähren oder ermöglichen" die Verwendung des Wortlauts „verschaffen oder ermöglichen" vor.

43 So: *Häsemeyer* Rdnr. 21.41.

44 Begründung zum *Gesetzentwurf der Bundesregierung* in BT-Drucksache 12/2443 S. 157

bb) Vergleich mit der Rechtslage nach der Konkursordnung

Schon in der Begründung der *Kommission für Insolvenzrecht* [45] wurde als Beispiel für eine Prozeßhandlung, die selbst noch keine Deckung gewähren, solche jedoch ermöglichen, ein Anerkenntnis im Prozeß genannt. Selbiges schafft nämlich erst die Voraussetzung, um durch eine freiwillige Leistung des Schuldners oder eine Zwangsvollstreckungshandlung des Gläubigers eine Sicherung oder Befriedigung zu erlangen.

Nach den Regeln der besonderen Konkursanfechtung war ein solches Anerkenntnis im Prozeß nicht anfechtbar. Dies galt unabhängig davon, ob es sich bei dem anerkannten Anspruch um einen begründeten oder unbegründeten handelte. In beiden Fällen gewährte das Anerkenntnis noch keine Sicherung oder Befriedigung; in Betracht kam daher nur eine Absichtsanfechtung, da unter § 31 KO jegliche Rechtshandlung subsumiert wurde. [46] Allerdings konnte auch nach der Konkursordnung die auf das Anerkenntnis folgende Sicherungs- oder Befriedigungshandlung des Schuldners oder des Gläubigers als Deckungshandlung angefochten werden. Denn spätestens diese Vermögensverschiebungen stellten eine Gewährung einer Sicherung oder Befriedigung dar. Ob der im Prozeß anerkannte Anspruch in Wirklichkeit auch bestand, war dabei nur insoweit entscheidend, als je nachdem eine Anfechtung wegen kongruenter oder inkongruenter Deckung in Betracht kam.

Fraglich ist nun, wie demgegenüber die Anfechtbarkeit eines Prozeßanerkenntnisses die Situation zugunsten der Masse verändert. Ausgangspunkt muß hierbei die Bewertung der Wirkung der Anfechtung einer Prozeßhandlung sein: Einigkeit besteht darüber, daß mit der Anfechtung eines solchen Anerkenntnisses zwar nicht das formell rechtskräftige Urteil beseitigt wird, aber der Verwalter dem im Urteil festgestellten Anspruch die Anfechtbarkeit entgegenhalten kann. [47]

Generell kann daher der Verwalter der Forderung aus dem Anerkenntnisurteil dessen Anfechtbarkeit entgegenhalten. Falls jedoch der Gläubiger aus dem Anerkenntnisurteil die Vollstreckung betreibt, bringt die Anfechtung des Anerkenntnisses hinsichtlich der durch die Vollstreckung erlangten Sicherung oder Befriedigung keinen Vorteil; denn die Vollstreckung verschafft dem Gläubiger ohnehin (nur) eine anfechtbare inkongruente Deckung, wenn sie nicht schon nach § 88 InsO unwirksam ist. [48] Gleiches gilt bei einer freiwilligen Befriedigung durch den Schuldner. Auch diese stellt eine kongruente oder inkongruente Deckung dar, welche durch die besondere Insolvenzanfechtung durch den Verwalter rückgängig gemacht werden kann. Auf den ersten Blick wird daher die Situation zugunsten der Masse durch die Einführung des Begriffs des „Ermöglichen" in die Tatbestände der §§ 130 und 131 InsO und die nun mögliche Anfechtung von Prozeßhandlungen nicht verändert.

---

45 Begründung zu LS 5.2.1 S. 405

46 Vgl. zur grundsätzlichen Anfechtbarkeit von Prozeßhandlungen: *Henckel* in Jaeger § 29 Rdnr. 4 und 19 f; zur Unanfechtbarkeit von Prozeßhandlungen nach der besonderen Konkursanfechtung: *Henckel* in Jaeger § 30 Rdnr. 106.

47 So würde der Tenor eines Urteils in einer auf den Anerkenntnisprozeß folgenden Feststellungsklage bei erfolgreicher Anfechtung lauten: „Der Widerspruch des Konkursverwalters gegen die Forderung (...) wird für begründet erklärt" (vgl.: *BGH* KTS 1962 S. 45; *Henckel* in Jaeger § 29 Rdnr. 19; *Mohrbutter/Mohrbutter* „Handbuch der Konkurs und Vergleichsverwaltung" Rdnr. 796 ff).

48 *Henckel* in Kölner Schrift zur Insolvenzordnung Rdnr. 13

Relevant wird die Anfechtbarkeit von Prozeßhandlungen allerdings dann, wenn der anerkannte Anspruch nicht [49] bestand, der Gläubiger aus diesem Urteil schon eine Sicherung oder Befriedigung erlangt hat **und** dieser das Erlangte aufgrund der Anfechtung der Vermögensverschiebung wieder an die Masse zurückgewährt hat. In einem solchen Fall könnte sich der Gläubiger gemäß § 144 InsO darauf berufen, daß seine im Anerkenntnisprozeß bestätigte Forderung wieder auflebt und sich so im Rahmen seiner Quote an die Masse halten. [50] Allein die Anfechtung des Anerkenntnisses verschafft dem Verwalter jetzt im Rahmen der besonderen Insolvenzanfechtung die Möglichkeit, einem solchen auf § 144 InsO gestützten Begehren des Gläubigers entgegenzuhalten, daß das Anerkenntnis als Handlung, welche zur Ermöglichung der Deckung führte, anfechtbar ist.

Hatte der Gesetzgeber daher mit der Einführung der Handlungsalternative des „Ermöglichen" einer Sicherung oder Befriedigung das große Ziel vor Augen, die - wie er meinte - ungerechtfertigte Einschränkung der Anfechtbarkeit von Prozeßhandlungen auf vorsätzliche Benachteiligungen aufzuheben, [51] so ist das Ergebnis eher ernüchternd. Mit dieser Änderung wurde letztlich lediglich der Anwendungsbereich des § 144 InsO eingegrenzt. Dies wäre wohl besser durch eine Auslegung desselben oder durch eine speziellere Regelung in dieser Vorschrift erfolgt, anstatt das „ebenso unglückliche wie unnötigerweise gewählte Begriffspaar 'gewähren und ermöglichen'" [52] in die allgemeinen Voraussetzungen der besonderen Insolvenzanfechtung einzuführen.

## II. Anfechtung kongruenter Deckung

Gemäß § 130 InsO sind Rechtshandlungen unter der Voraussetzung anfechtbar, daß einem Insolvenzgläubiger eine Sicherung oder Befriedigung gewährt oder ermöglicht wurde. Hierbei handelt es sich, wie aus der Überschrift erkennbar wird, - scheinbar ausschließlich [53] - um sogenannte kongruente Deckungen.

Im Folgenden wird zunächst auf den Begriff der Kongruenz eingegangen, um im Anschluß daran die objektiven und subjektiven Voraussetzung der Anfechtung gemäß § 130 InsO darzustellen sowie auf die den Tatbestand einschränkende Regelung des § 137 InsO einzugehen.

### 1. Kongruenz der Deckung

Die Hauptunterscheidung innerhalb der Tatbestände der besonderen Insolvenzanfechtung besteht darin, ob eine kongruente oder eine inkongruente Deckungshandlung vorlag. Diese

49 Im Fall des tatsächlichen Bestehens des Anspruchs nimmt dieser später ohnehin im Rahmen seiner Quote an der Masseverteilung teil.

50 Vgl. zum Ganzen: *Henckel* in Kölner Schrift zur Insolvenzordnung Rdnr. 13; *Zeuner* Rdnr. 95.

51 Begründung zum *Gesetzentwurf der Bundesregierung* in BT-Drucksache 12/2443 S. 157

52 So: *Häsemeyer* Rdnr. 21.41.

53 Siehe sogleich.

Unterscheidung führt im Ergebnis dazu, daß die Anfechtung inkongruenter Deckungen unter sehr viel leichteren Voraussetzungen möglich ist, als die kongruenter Deckungshandlungen.

a) Begriffsbestimmung

Nach *Gottwald* [54] bedeutet das Vorliegen einer kongruenten Deckung, die Sicherung und Befriedigung eines Gläubigers, auf die dieser einen vertraglichen Anspruch hat. Man könnte demnach davon ausgehen, § 130 InsO käme ausschließlich für den Fall einer zu beanspruchenden Befriedigung zur Anwendung, während die anderen Fälle ausschließlich im Wege der Anfechtung gemäß § 131 InsO zu behandeln sind.

Im *Duden* [55] wird die Kongruenz als Übereinstimmung oder Deckungsgleichheit zweier Dinge beschrieben, die Inkongruenz als Nichtübereinstimmung beziehungsweise Nichtdeckung. Übertragen auf den juristischen Bereich wird die Frage nach der Übereinstimmung oder Nichtübereinstimmung mit einem Vergleich zwischen dem, was der Gläubiger zu beanspruchen hatte, und dem, was er letztlich erlangt hat, beantwortet. Stimmt beides überein, so handelt es sich um eine kongruente Deckung, differiert die Deckung mit dem ursprünglich vereinbarten Schuldverhältnis, so liegt eine inkongruente Deckung vor.

b) Fehlender Abgrenzungswert in der Konkursordnung

Schon in der Literatur und Rechtsprechung zur Konkursordnung wurde begrifflich zwischen der kongruenten und der inkongruenten Deckung unterschieden. [56] Allerdings fand eine solche Unterscheidung im Gesetzestext selbst nicht statt: In § 30 Nr. 1 Fall 2 KO als **sogenanntem** Fall der Anfechtung kongruenter Deckung war lediglich von einer Rechtshandlung als Deckungshandlung die Rede; § 30 Nr. 2 KO setzte eine Handlung voraus, die einem Gläubiger eine Sicherung oder Befriedigung gewährt, die er nicht, nicht in der Art oder nicht zu der Zeit zu beanspruchen hatte.

Aus dem Vergleich dieser beiden konkursrechtlichen Anfechtungstatbestände ergab sich, daß unter § 30 Nr. 1 Fall 2 KO jede Art von Deckungshandlung fiel, also solche, die zu beanspruchen waren, und solche, wie in § 30 Nr. 2 KO beschrieben. Der Wortlaut des § 30 Nr. 1 Fall 2 KO, der nicht von dem Vorliegen einer kongruenten Deckung ausging, war daher insofern korrekt, konnten doch auch inkongruente Deckungen unter diesen Tatbestand subsumiert werden. [57]

Anderer Ansicht waren jedoch *Kuhn/Uhlenbruck*: [58] Diese gingen davon aus, § 30 Nr. 1 Fall 2 KO setze voraussetzt, daß ein Konkursgläubiger genau das erhalten habe, was er auch zu

54 in „Deutsches Rechts-Lexikon“ Band 2 S. 715

55 „Das Große Fremdwörterbuch - bearbeitet von Drosdowski“ S. 755 und 634

56 Vgl. nur: *Lent* in Jaeger § 30 Anm. 44 ff und 48 ff

57 *Henckel* in Jaeger § 30 Rdnr. 5 f und 184; gleicher Ansicht ist: *Baur/Stürner* Rdnr. 19.31

58 § 30 Rdnr. 42; im Ergebnis wohl ebenso *Hess* (*ders.*: „Kommentar zur Konkursordnung“ § 30 Rdnr. 45) und *Huber*, der als Begründung für die strenge Unterscheidung die unterschiedlichen Beweislastregeln in den Tatbeständen anführt (in Gottwald § 49 Rdnr. 31).

beanspruchen hatte. Nach dieser Ansicht umfaßte der Tatbestand des § 30 Nr. 1 Fall 2 KO ausschließlich die Anfechtung kongruenter Deckungen. Begründet wurde dies damit, daß derjenige Gläubiger, der seine vertragsgemäße Leistung erhalten habe, mehr Vertrauen in die Festigkeit dieses Erwerb haben darf, als der, der eine inkongruente Deckung erlangt. Diese Begründung verwundert, paßt sie doch nicht zur Fragestellung: Dieser richtigen Schutzwürdigkeitsbewertung widerspricht es nämlich nicht, den weniger Schutzwürdigen zusätzlich auch mit der Anfechtung nach den strengeren Tatbestandsvoraussetzungen (§ 30 Nr. 1 Fall 2 KO) zu beschweren.

*Eichberger* [59] wiederum begründet die Voraussetzung der Kongruenz der Deckung bezüglich einer Anfechtung nach § 30 Nr. 1 Fall 2 KO mit den entgegengesetzten Formulierungen in § 30 Nr. 1 Fall 2 KO und in § 30 Nr. 2 KO. Auch dies überzeugt nicht: Die Formulierung in § 30 Nr. 2 KO kann nämlich genauso als Einschränkung der allgemeinen Deckungshandlung gemäß § 30 Nr. 1 Fall 2 KO auf nicht zu beanspruchende Deckungshandlungen verstanden werden.

Im Ergebnis ist daher der Meinung *Henckels* [60] zu folgen, daß die zur Konkursordnung getroffene Unterscheidung zwischen kongruenter und inkongruenter Deckung nur das beschrieb, was **normalerweise** Inhalt der Deckungshandlung war: Bei § 30 Nr. 2 KO **immer** eine inkongruente Deckung; bei § 30 Nr. 1 Fall 2 KO **regelmäßig** nur eine kongruente Deckung, da bei einer inkongruenten meist nach den leichter nachzuweisenden Voraussetzungen des § 30 Nr. 2 KO angefochten wurde.

c) Abgrenzung nach der Insolvenzordnung

Gleiches müßte im Ergebnis auch für die §§ 130 und 131 InsO gelten. Heißt es nämlich in der Begründung zum *Gesetzentwurf der Bundesregierung,* [61] der § 130 InsO tritt an die Stelle des § 30 Nr. 1 Fall 2 KO und fordert auch dieser tatbestandlich nur Rechtshandlungen, ohne diese weiter einzuschränken, so liegt es nahe, § 130 InsO ebenfalls als Anfechtungsgrundlage für kongruente **und** inkongruente Deckungen zu betrachten.

Problematisch ist hierbei allerdings, daß die - Bestandteil des Gesetzes gewordene - Überschrift bezüglich des § 130 InsO ausdrücklich „Kongruente Deckung" lautet, während in der Konkursordnung lediglich allgemein von „Konkursanfechtung" die Rede war. Zudem heißt es in den Gesetzesmaterialien zur Insolvenzordnung durchwegs, § 130 InsO regele die Anfechtbarkeit einer dem Gläubiger gebührenden Deckung. [62] Beide Umstände deuten somit darauf hin, daß der Gesetzgeber allein kongruente Deckungshandlungen anfechten lassen wollte.

Dem Grundsatz folgend, daß die historische Auslegung nicht dazu führen darf, Fehlbetrachtungen des Gesetzgebers für alle Zukunft festzuschreiben, kann dieses Ergebnis jedoch nicht

---

59 S. 115

60 in Jaeger § 30 Rdnr. 5 f und 184; ebenso: *Baur/Stürner* Rdnr. 19.31

61 in BT-Drucksache 12/2443 S. 157

62 Erster Bericht der *Kommission für Insolvenzrecht* Begründung zu LS 5.2.1 S. 405; *Referentenentwurf Insolvenzrechtsreform* Teil III S. 145; Begründung zum *Gesetzentwurf der Bundesregierung* in BT-Drucksache 12/2443 S. 157

hingenommen werden: [63] Zum einen bezieht sich der Wortlaut des § 130 InsO - von der Überschrift abgesehen [64] - auf alle Deckungsarten, also auch auf die der inkongruenten Deckung. Zudem hat der Gesetzgeber an keiner Stelle deutlich gemacht, worin der Sinn einer Begrenzung auf kongruente Deckungen bestehen soll; aus diesem Grund drängt sich die Vermutung auf, daß dieser sich einfach der gewohnten - aber dort nicht maßgeblichen - Diktion zur Konkursordnung angeschlossen hat, ohne sich der widersinnigen Konsequenzen bewußt zu sein.

Warum nämlich soll der Insolvenzverwalter, der nicht genau nachweisen kann, ob die Deckungshandlung kongruent oder inkongruent war, der jedoch die übrigen Voraussetzungen des § 130 InsO darlegen kann, ausdrücklich feststellen müssen, daß eine zu beanspruchende Deckungshandlung vorgenommen wurde. [65] Eine solche Einschränkung des § 130 InsO kann weder durch das System der Anfechtungsvorschriften begründen - § 131 InsO steht als speziellerer Tatbestand hinter dem allgemeineren § 130 InsO - noch durch eine teleologische Betrachtung: Wenn gemäß § 130 InsO sogar zu beanspruchende Befriedigungen angefochten werden können, warum nicht auch nicht zu beanspruchende Rechtshandlung.

Kommt es demnach für die Anfechtung nach § 130 InsO nicht auf die Kongruenz der Deckung an, so braucht dieser Begriff auch nicht weiter zu definiert werden, [66] da der Unterscheidung zwischen Kongruenz und Inkongruenz kein eigener Abgrenzungswert zukommt. [67] Die Rechtsanwendung fordert lediglich eine Definition der Inkongruenz, [68] ist diese doch tatsächlich Voraussetzung für die erleichterten Anfechtungstatbestände des § 131 InsO.

## 2. Objektive Voraussetzungen

Ganz dem Sinn der abgestuften Schutzwürdigkeit zwischen zu beanspruchender und nicht zu beanspruchender Deckung folgend, hat der Tatbestand des § 130 InsO die strengsten objektiven Voraussetzungen.

---

63 Gleicher Ansicht sind: *von Campe* S. 99; *Häsemeyer* Rdnr. 21.46; *Henckel* in Kölner Schrift zur Insolvenzordnung Rdnr. 11; *Kreft* in Eickmann „Heidelberger Kommentar zur Insolvenzordnung" § 130 Rdnr. 10; ebenso zur GesO: *Haarmeyer/Wutzke/Förster* „Gesamtvollstreckungsordnung" § 10 Rdnr. 87; anderer Ansicht allerdings: *Zeuner* Rdnr. 91 und *ders.* in *Smid/Zeuner* „Insolvenzordnung" § 130 Rdnr. 17

64 *Zimmermann* spricht insoweit auch von einer „mißverständlichen Überschrift" (*ders.*: „Insolvenzrecht" 11. Abschnitt IV 1 S. 94).

65 Werden in der Praxis inkongruente Deckungen fast ausschließlich nach § 131 InsO angefochten werden, da dessen Voraussetzungen leichter darzulegen sind, so ist dies ein durchaus denkbares Beispiel, welches die Relevanz der Frage nach der Anfechtbarkeit inkongruenter Deckungen gemäß § 130 InsO deutlich macht.

66 *Henckel* in Kölner Schrift zur Insolvenzordnung Rdnr. 11 - Auch die Verfechter der gegenteiligen Ansicht verzichten allerdings weitgehend auf eine eigene Definition der Kongruenz: So wiederholt *Zeuner* nur den Gesetzeswortlaut (*ders.* in Smid/Zeuner § 130 Rdnr. 17), andere beschreiben die Kongruenz im Ergebnis lediglich als Nicht-Inkongruenz (*Hess* § 30 Rdnr. 45; *Kuhn/Uhlenbruck* § 30 Rdnr. 42 ff).

67 Vgl.: *Häsemeyer* Rdnr. 21.46.

68 Zur Definition der Inkongruenz siehe unten: § 4 III 1 bis 3.

So muß eine Rechtshandlung vorgenommen worden sein, die einem Insolvenzgläubiger Sicherung oder Befriedigung gewährt oder ermöglicht, diese muß die Insolvenzgläubiger benachteiligt haben und vor der Eröffnung des Insolvenzverfahrens vorgenommen worden sein. Zu diesen als „allgemeine Voraussetzungen der Insolvenzanfechtung" [69] und „gemeinsame Voraussetzungen der Anfechtung von Deckungshandlungen" [70] bezeichneten Voraussetzungen treten jedoch noch weitere einschränkende Tatbestandsvoraussetzungen hinzu.

a) Deckung vor Eröffnungsantrag gemäß § 130 I Nr. 1 InsO

In § 130 I Nr. 1 InsO wird gefordert, daß die gläubigerbenachteiligende Rechtshandlung **vor** dem Antrag auf Eröffnung des Insolvenzverfahrens vorgenommen worden ist. Diese Einschränkung auf Handlungen vor der Stellung des Insolvenzantrags in der Tatbestandsalternative des § 130 I Nr. 1 InsO hat allerdings weniger eine dogmatische als eine gesetzestechnische Ursache: So werden diese Handlungen jetzt von den **nach** der Antragstellung vorgenommenen abgesetzt behandelt - solche werden in § 130 I Nr. 2 InsO geregelt -, da es für Handlungen nach der Antragstellung die zeitliche Begrenzung des § 130 I Nr. 1 InsO nicht bedarf, zum anderen die Kenntnis des Anfechtungsgegners sich auch auf den - dann schon gestellten - Antrag selbst beziehen kann. [71]

aa) 3-Monats-Frist

Im Interesse des Rechtsverkehr wurde in § 130 I Nr. 1 InsO der anfechtungsrelevante Zeitraum auf drei Monate vor Stellung des Eröffnungsantrags begrenzt. Diese Zeitschranke ersetzt damit die Regelung des § 33 KO, welcher die Anfechtung von Handlungen ebenfalls zeitlich begrenzte, wenn die Kenntnis der Zahlungseinstellung eine Anfechtungsvoraussetzung darstellte. [72] Daher konnten nach der Konkursordnung die Kenntnis voraussetzenden Tatbestände des § 30 KO dann nicht angewendet werden, wenn die Handlungen nicht innerhalb von sechs Monaten vor der Konkurseröffnung vorgenommen wurden.

Zu beachten ist hierbei, daß sich nach der Insolvenzordnung der Anknüpfungspunkt der Frist verschoben hat. Galt nach § 33 KO ein Zeitraum von sechs Monaten bis zur **Eröffnung des Verfahrens** als anfechtungsrelevant, so kommt es bei der Frist des § 130 I Nr. 1 InsO auf die **Antragsstellung** an. Dementsprechend kann die neue zeitliche Begrenzung die Anfechtbarkeit entweder verlängern oder verkürzen, je nachdem wieviel Zeit zwischen dem Eröffnungsantrag und der Verfahrenseröffnung verstreicht. [73] Erfolgt die Verfahrenseröffnung

---

69 Siehe oben: § 3.

70 Siehe oben: § 4 I.

71 Im § 135 I RefE wurden beide Alternativen hingegen noch zusammen geregelt, mit der Folge der mißverständlichen Formulierung, daß der Anfechtungsgegner schon vor Antragstellung von derselben wissen mußte (*Referentenentwurf* Teil I S. 80); erst nach einer Intervention *Henckels*, erhielt die Norm dann die jetzt vorliegende Fassung (*ders.* in Leipold S. 239 (242)); siehe zum Ganzen auch: *Kreft* in Heidelberger Kommentar zur Insolvenzordnung § 130 Rdnr. 18.

72 *Henckel* in Jaeger § 33 Rdnr. 1

73 *Henckel* in Kölner Schrift zur Insolvenzordnung Rdnr. 14; *Kreft* in Heidelberger Kommentar zur Insolvenzordnung § 130 Rdnr. 4; *Smid/Zeuner* § 130 Rdnr. 7

zum Beispiel schon einen Monat nach der Stellung des Antrags, so beginnt die anfechtungsrelevante Phase gemäß § 130 I Nr. 1 InsO erst vier Monate vor Verfahrenseröffnung, während sie nach § 33 KO sechs Monate betragen hätte; dauert es von Antrag bis Eröffnung hingegen vier Monate, so umfaßt die anfechtungsrelevante Zeit heute sieben Monate, nach der Konkursordnung indes weiterhin nur sechs.

Allerdings verweist schon die *Kommission für Insolvenzrecht* darauf, daß die vermeintliche Schwäche dieser neuen Regelung - trotz vorliegender Zahlungsunfähigkeit können Handlungen, die bereits vor dem Zeitraum von drei Monaten vor Antragsstellung vorgenommen wurden, nicht gemäß § 130 I Nr. 1 InsO angefochten werden - hingenommen werden kann, da der Eintritt der Zahlungsunfähigkeit und der Antrag auf Verfahrenseröffnung selten länger als drei Monate auseinanderliegen werden. [74] Sollte dies dennoch der Fall sein, so ist diese Verzögerung zudem meist den Gläubigern zuzuschreiben; diese sind dann aber auch nur eingeschränkt schutzwürdig.

Diese Neuregelung ist in zweierlei Hinsicht zu begrüßen. So stellt die Insolvenzordnung nicht nur in § 130 I Nr. 1 InsO, sondern auch in den übrigen Anfechtungstatbeständen, auf den Eröffnungsantrag als maßgeblichen Zeitpunkt ab. Damit schafft das neue Gesetz gegenüber der Konkursordnung eine erfreuliche Vereinheitlichung, wurde in dieser auf unterschiedliche Zeitpunkte abgestellt. [75]

Auch vermag das Abstellen auf den Eröffnungsantrag als maßgeblichen Zeitpunkt zu überzeugen: Gegenüber dem Zeitpunkt der Zahlungseinstellung hat der Eröffnungsantrag den Vorteil, daß sich dieser objektiv und unzweideutig bestimmen läßt. Gegenüber dem Zeitpunkt der Verfahrenseröffnung wiederum hat er den Vorteil, daß eine zeitliche Anknüpfung an die Eröffnung eine Anfechtung nur aus dem Grund vereiteln kann, daß sich das Eröffnungsverfahren lange hinzieht. Dies wäre insbesondere aus dem Grund unbefriedigend, als die Insolvenzgläubiger, deren Interesse die Anfechtung dienen soll, keinen Einfluß auf die Dauer des Eröffnungsverfahrens nehmen können. [76]

Gemäß § 139 II InsO gilt, daß für den Fall der Stellung mehrere Eröffnungsanträge der erste zulässige und begründete Antrag für die Fristberechnung maßgeblich ist, auch wenn das Verfahren auf Grund eines späteren Antrags eröffnet worden ist. Zudem wird ein abgewiesener Antrag dann berücksichtigt, wenn die Abweisung nur mangels Masse erfolgte. [77] Diese Vorverlagerung des Anfechtungszeitraums erscheint auch interessengerecht, da der Schuldner nicht von Verfahrensverzögerungen begünstigt werden soll, die weder er noch der Antragsteller beeinflussen kann. Zudem soll er nicht davon profitieren, im Vorfeld der Insolvenz

---

74 Erster Bericht der *Kommission für Insolvenzrecht* Vorbemerkung zur besonderen Insolvenzanfechtung S. 404; zustimmend: *Eichberger* S. 68; *Henckel* in Kölner Schrift zur Insolvenzordnung Rdnr. 14

75 So mußte gemäß § 30 i.V.m. § 33 KO auf die Zahlungseinstellung beziehungsweise den Eröffnungsantrag abgestellt werden; die §§ 30 Nr. 2, 32 und § 32 a KO wählten hingegen die Verfahrenseröffnung als Bezugspunkt.

76 Vgl.: Erster Bericht der *Kommission für Insolvenzrecht* Einführung zum Anfechtungsrecht S. 401

77 In den Gesetzentwürfen wurde zur Feststellung des maßgeblichen Eröffnungsantrags noch ein eigenes Feststellungsverfahren angeregt (vgl.: LS 5.17 des ersten Berichts der *Kommission für Insolvenzrecht* a.a.O.; § 148 RefE a.a.O.). Dieses Vorhaben wurde jedoch später fallengelassen; zur Kritik dazu siehe oben: § 3 III 1 e.

„ganze Arbeit" geleistet zu haben, so daß die Masse nicht mehr die Kosten deckt und zunächst ein Vorschuß erforderlich ist. [78]

Grundsätzlich ist die in § 130 I Nr. 1 InsO getroffene Fristenregelung daher zu begrüßen. So überzeugt insbesondere der durch den Gesetzgeber nun einheitlich gewählte Anknüpfungspunkt der Antragstellung.

Fraglich ist allerdings, ob die dreimonatige Frist als ausreichend zu bewerten ist. Diese Problematik drängt sich um so mehr auf, als die vorliegende Regelung den anfechtungsrelevanten Zeitraum regelmäßig gerade nicht gegenüber dem in der Konkursordnung gewählten verlängert, obwohl in den Begründungen zu den Entwürfen [79] zu lesen ist, der relevante Zeitraum werde gegenüber dem geltenden Recht erweitert. Dies irritiert insbesondere, [80] wenn man diese Aussage im Zusammenhang mit dem Ziel der Reform liest, die Insolvenzanfechtung solle durch eine Erleichterung in deren materiellen Voraussetzungen als Mittel zur Masseanreicherung wirksamer ausgestaltet werden. [81] Eine Erweiterung des anfechtungsrelevanten Zeitraums ist nämlich genausowenig vorgenommen worden, als eine Verschärfung dieser Regeln zugunsten der Masse. Der in der Literatur mehrfach vorgeschlagenen Verlängerung der Vornahmezeiträume wurde ebenfalls nicht nachgekommen. Dort wurde regelmäßig ein Zeitraum von sechs Monaten angeregt. [82]

Letztlich muß die Frage jedoch mit einem Vergleich des Gläubigerschutzes auf der einen Seite und dem Schutz des Rechtsverkehrs auf der anderen beantwortet werden. Je nachdem, wessen Schutzwürdigkeit man höher einstuft, wird dabei das Ergebnis ausfallen. [83] Aus diesem Grund kann es auch keine allgemeingültige Betrachtung geben. Schließlich wird man sich daher bezüglich des § 130 InsO der vom Gesetzgeber getroffenen Bewertung fügen müssen; diese bewegt sich zumindest im diskutablen Bereich.

### bb) Zahlungsunfähigkeit

Weitere Voraussetzung einer Anfechtung von Handlungen, die vor Stellung des Eröffnungsantrags gemäß § 130 I Nr. 1 InsO vorgenommen wurden, ist, daß der Schuldner zum Zeitpunkt der Vornahme der Handlung [84] zahlungsunfähig [85] war.

---

78 So: *Eichberger* S. 70.

79 Erster Bericht der *Kommission für Insolvenzrecht* Einführung zum Anfechtungsrecht S. 401; Begründung zum *Gesetzentwurf der Bundesregierung* in BT-Drucksache 12/2443 Einführung zur Insolvenzanfechtung Einleitung Insolvenzanfechtung S. 156

80 Ebenso: *von Campe* S. 74 f; *Kreft* in Heidelberger Kommentar zur Insolvenzordnung § 130 Rdnr. 4.

81 So der Erster Bericht der *Kommission für Insolvenzrecht* Einführung zum Anfechtungsrecht S. 399 f.

82 Vgl.: *Hanisch* „Zur Reformbedürftigkeit des Konkurs- und Vergleichsrechts" in ZZP 90 (1977) S. 1 (11); *Häsemeyer* „Aktuelle Tendenzen in der Rechtsprechung zur Konkurs- und Einzelanfechtung" in ZIP 1994 S. 418 (419); *Wiringer-Seiler* „Das Anfechtungsrecht im Konkurs" S. 173 ff.

83 So hält *Eichberger* im Zuge einer Interessenabwägung die dreimonatige Frist für angemessen (S. 71 ff), gleiches gilt im Ergebnis wohl für *Paulus* („Der Anfechtungsprozeß" in ZInsO 1999 S. 242 (243 und 249), während zum Beispiel *von Campe* die dreimonatige Frist als zu kurz empfindet (S. 75).

84 Siehe dazu oben: § 3 I 3 b.

85 Siehe zu den Voraussetzungen oben: § 3 III 1 c.

Diese Erfordernis schränkt zum Schutze des Rechtsverkehrs die Anfechtbarkeit von Rechtshandlungen vor der Antragsstellung ein, da erst mit der Zahlungsunfähigkeit sich die Krise auch für den begünstigten Gläubiger manifestiert. Würde es daher dem Ziel des Insolvenzrechts widersprechen, nach Stellung des Eröffnungsantrages dem Schuldner noch die anfechtungsfeste Befriedigung einzelner Gläubiger bei deren Kenntnis vom Antrag zu ermöglichen, so muß vor der Antragstellung zu deren Schutz die Zahlungsunfähigkeit als zusätzliche Tatbestandsvoraussetzung vorliegen. [86]

Diese Regelung hat zur Folge, daß sich für den Fall, daß die Zahlungsunfähigkeit erst später als drei Monate vor dem Zeitpunkt der Antragsstellung eingetreten ist, der anfechtungsrelevante Zeitraum gemäß § 130 I Nr. 1 InsO auf die Zeit zwischen dem Eintritt der Zahlungsunfähigkeit und der Stellung des Eröffnungsantrags verkürzt. Im Vergleich zu der Konkursordnung stellt dies keine Änderung dar. [87]

b) Deckung nach Eröffnungsantrag gemäß § 130 I Nr. 2 InsO

In § 130 I Nr. 2 InsO ist jetzt die Anfechtbarkeit von Handlungen, die nach der Stellung des Antrags zur Verfahrenseröffnung vorgenommen wurden, gesondert geregelt. Aufgrund dieses Abstellens auf den Eröffnungsantrags konnte in dieser Tatbestandsalternative auf die zusätzliche Bestimmung eines anfechtungsrelevanten Zeitraums im Tatbestand dieser Regelung verzichtet werden. Vom Zeitpunkt der Antragstellung an verdient vielmehr kein bösgläubiger Gläubiger mehr Schutz.

Auch wird in § 130 I Nr. 2 InsO das Vorliegen der Zahlungsunfähigkeit des Schuldners tatbestandlich nicht gefordert. [88] Dies kann insbesondere deswegen maßgeblich werden, da der § 18 InsO auch schon die drohende Zahlungsunfähigkeit als Eröffnungsgrund genügen läßt.

Gegenüber der Konkursordnung stellt diese Regelung keine Änderung dar. Schon gemäß § 30 Nr. 1 Fall 2 KO galt, daß allein das Vorliegen des Eröffnungsantrag ohne zusätzlicher Zahlungsunfähigkeit des Schuldners als objektive Tatbestandsvoraussetzung genügt. [89] Auch stellte § 33 KO ausschließlich auf die Kenntnis der Zahlungsunfähigkeit ab. Konnte daher eine Handlung auch dann angefochten werden, wenn zwischen derselben und der Verfahreneröffnung beispielsweise sieben Monate lagen, so gilt gleiches gemäß § 130 I Nr. 2 InsO.

### 3. Subjektive Voraussetzungen

Subjektiv fordert der Tatbestand des § 130 I InsO die positive Kenntnis des Anfechtungsgegners von der Krise des Schuldners. Gemäß § 130 I Nr. 1 InsO genügt hierbei die Kenntnis der Zahlungsunfähigkeit - mangels Eröffnungsantrag kann sich die Kenntnis auch nicht auf diesen

---

86 Vgl.: *Breutigam/Tanz* „Einzelprobleme des neuen Insolvenzanfechtungsrechts" in ZIP 1998 S. 717 (719); siehe zudem zum Ganzen sogleich sowie oben: § 3 III 2

87 Jedoch stellte diese noch auf den Zeitpunkt der Zahlungseinstellung ab; siehe oben: § 3 III 1 a.

88 Siehe zur Kontroverse darüber oben: § 3 III 2.

89 *Henckel* in Jaeger § 30 Rdnr. 47 und § 102 Rdnr. 10; *Kuhn Uhlenbruck* § 30 Rdnr. 17

beziehen. Laut § 130 I Nr. 2 InsO reicht hingegen alternativ die Kenntnis von der Zahlungsunfähigkeit oder die des Eröffnungsantrags aus.

Der Begriff der Kenntnis bedeutet hier, daß der befriedigte Gläubiger die krisebegründenden Tatsachen positiv gekannt haben muß und entspricht daher § 30 Nr. 1 Alt. 2 KO. [90] Das Vorliegen der Kenntnis ist dabei allein aus dem Blickwinkel des Anfechtungsgegners zu beurteilen. [91] Nicht erforderlich ist, daß der Anfechtungsgegner auch die aus dieser Tatsache resultierenden rechtlichen Konsequenzen, insbesondere die Rechtsfolge der Anfechtbarkeit, erkannt hat. [92]

Wie schon dargestellt, [93] ist der Gesetzgeber damit den Forderungen aus der Literatur, auf die subjektiven Voraussetzungen des Anfechtungstatbestandes gänzlich zu verzichten, [94] nicht gefolgt. Seine Ansicht von der Notwendigkeit subjektiver Voraussetzungen hat er damit begründet, daß der Rechtsverkehr - der befriedigte Gläubiger stellt sich als ein Teil des Rechtsverkehrs dar - bei Unkenntnis der Krise grundsätzlich einen höheren Schutz verdiene als die durch die Handlung benachteiligten Gläubiger des Gemeinschuldners. [95]

Dem ist insofern zuzustimmen, [96] als die Insolvenzanfechtung immer eine Gratwanderung zwischen den Gläubigerinteressen auf der einen Seite und den Interessen des Rechtsverkehrs auf der anderen Seite darstellt. Dieser Grat wird jedoch durch das Abstellen auf die Kenntnis von der Krise des Schuldners am besten definiert.

Darüber hinaus wurden in § 130 II InsO sowie in § 130 III InsO Erleichterungen in der Beweisführung des Insolvenzverwalters dahingehend eingeführt, daß zum einen die Kenntnis der zwingend auf die Krise hindeutenden Tatsachen der positiven Kenntnis der Krise gleichgestellt wird, zum anderen bei dem Schuldner nahestehenden Personen deren Kenntnis vermutet wird. [97]

### 4. Einschränkung bei Wechsel- und Scheckzahlungen

Laut § 137 InsO können Zahlungen, die der spätere Insolvenzschuldner auf einen ihm vorgelegten Wechsel oder Scheck geleistet hat, nicht gemäß § 130 InsO angefochten werden,

---

90 *Von Campe* S. 138; *Zeuner* Rdnr. 114; siehe zu den subjektiven Voraussetzungen genauer oben: § 3 IV 1

91 Vgl.: *Eichberger* S. 98.

92 *Baur/Stürner* Rdnr. 19.24; *Henckel* in Kölner Schrift zur Insolvenzordnung Rdnr. 19

93 Siehe oben: § 3 IV.

94 *Canaris* „Aktuelle insolvenzrechtliche Probleme“ in FS 100 Jahre KO S. 73 (77 ff); *Häsemeyer* „Insolvenzrecht“ 1. Aufl. S. 468; *Hanisch* ZZP 90 S. 1 (21 f); *Kilger* „Die Reformbedürftigkeit des Konkurs- und Vergleichsrechts“ in ZRP 1976 S. 190 (194); *Pfefferle* „Konkursanfechtung und Rückschlagsperre" S. 109; *Weber* „Fragen der Gestaltung des Konkursverfahrens in rechtspolitischer und rechtsvergleichender Sicht“ in KTS 1959 S. 80 (85); *ders.*: „Ziele und Wege der Insolvenzrechtsreform“ in FS 100 Jahre KO S. 321 (348 f)

95 Vgl.: Erster Bericht der *Kommission für Insolvenzrecht* Begründung zu LS 5.2.1 S. 405 und Begründung zu LS 5.2.5 S. S. 411; zustimmend: *Eichberger* S. 100 f; *Henckel* in ZIP 1982 S. 391 (394); *Paulus* in ZInsO 1999 S. 242 (242 f)

96 Weitere Argumente siehe oben: § 3 IV.

97 Siehe oben: § 3 IV 2 und § 3 IV 5.

wenn durch die Zurückweisung der Zahlung Regreßansprüche des Wechsel- oder Scheckinhabers ausgeschlossen wären.

a) Regelungszweck des § 137 InsO

§ 137 trägt den besonderen Regreßvoraussetzungen des Wechsel- und Scheckrechts Rechnung. [98] Der Grund für diese Regelung liegt in der in zweifacher Hinsicht schwierigen Situation des Wechsel- oder Scheckgläubigers: [99] Weist er die Zahlung des insolventen Schuldners zurück, so verliert er dadurch seine wertpapierrechtlichen Rückgriffsansprüche gegen den Aussteller und die Indossanten; nimmt er dagegen die Zahlung des Schuldners an und gewährt er sie nach erfolgter Anfechtung an den Insolvenzverwalter zurück, so lebt zwar seine Forderung nach § 144 I InsO wieder auf, jedoch kann er auch dann keinen Regreß nehmen, weil ein solcher die Protesterhebung voraussetzt und die Protesterhebungsfrist regelmäßig bereits abgelaufen ist.

Der Gläubiger würde demnach auf jeden Fall sowohl die Leistung des Schuldners als auch seine wertpapierrechtlichen Regreßansprüche verlieren. Demgegenüber können jedoch andere Rückgriffsberechtigte, wenn eine Zahlung des Schuldners an sie angefochten wird, ohne weiteres durch das Wiederaufleben der Forderung gemäß § 144 I InsO Rückgriff auf eventuelle Mitschuldner oder Bürgen nehmen. [100]

b) Regelungsvoraussetzungen

In seinen Voraussetzungen stimmt § 137 InsO weitestgehend mit denen des § 34 KO überein. So setzt die Anwendbarkeit des § 137 InsO zunächst voraus, daß der Schuldner eine **Zahlung auf einen Wechsel oder Scheck** geleistet, das Papier also eingelöst hat. Nicht unter die Vorschrift fallen hingegen Zahlungen des Schuldners **mit** einem Wechsel oder Scheck. [101]

Nach dem Wortlaut des § 34 KO galt weiterhin die Voraussetzung, daß der **Gemeinschuldner als Wechselverpflichteter** zahlt, also insbesondere als Akzeptant oder als Aussteller des eigenen Wechsels. [102] Allerdings wurde auch dort schon die richtige Ansicht vertreten, daß auch die wechselmäßige Leistung durch den Bezogenen, der nicht akzeptiert hat, [103] anfechtungsfrei ist. [104] Dies gilt auch jetzt gemäß § 137 I InsO. [105]

---

98 Vgl. zur KO: *Henckel* in Jaeger § 34 Rdnr. 1 ff ; *Kuhn/Uhlenbruck* § 34 Rdnr. 1 ff; vgl. zum Wechsel- und Scheckrecht: *Baumbach/Hefermehl* „Wechselgesetz und Scheckgesetz" WG Art. 43 Rdnr. 1 ff.

99 *Von Campe* S. 151 f

100 *Häsemeyer* kritisiert die Regelung des § 137 InsO dennoch als überflüssig, da durch diese Wechsel- und Scheckinhaber nebst den potentiellen Regreßpflichtigen unberechtigterweise bevorzugt werden (Rdnr. 21.54). Hierbei übersieht er aber gerade deren wechselrechtlich bedingte Benachteiligung durch die Insolvenzanfechtung, so daß entgegen seiner Ansicht die Bevorzugung letztlich nur eine Wiedergleichstellung mit den übrigen Rückgriffsberechtigten darstellt.

101 Zur KO: *Henckel* in Jaeger § 34 Rdnr. 3; zur InsO: *von Campe* S. 152.

102 *Henckel* in Jaeger § 34 Rdnr. 4

103 So zum Beispiel der Domizilist (Art. 27 WG), der Prokuraindossatar (Art. 18 WG) oder der Ehrenzahler (Art. 61 WG).

104 *Eichberger* S. 119; *Kuhn/Uhlenbruck* § 34 Rdnr. 1; *Henckel* verweist hierbei darauf, daß in einem

Weitere Voraussetzung für die Anwendung des § 137 InsO ist, daß der Gläubiger bei der Zurückweisung der Zahlung seine **Regreßansprüche gegen die übrigen Wechsel- oder Scheckverpflichteten verlieren würde**. Diese Voraussetzung zieht mehrere Konsequenzen nach sich: [106] So müssen zum einen neben dem Gläubiger weitere Wechsel- oder Scheckverpflichtete vorhanden sein. Zum anderen muß der Schuldner vor Protesterhebung oder nach Ablauf der Protestfrist gezahlt haben, da der Gläubiger andernfalls die Zahlung zurückweisen kann, ohne seine Regreßansprüche zu verlieren. [107] Und letztlich darf kein Protesterlaß im Sinne des Art. 46 WG oder des Art. 43 ScheckG vorliegen, da auch dann der Gläubiger die Zahlung zurückweisen könnte, ohne seine Regreßansprüche zu verlieren. All diese Voraussetzungen dienen dazu, den Gläubiger dann nicht gemäß § 137 InsO zu schützen, wenn es eines solchen Schutzes nicht bedarf.

c) Regelungsinhalt

Sind diese Regelungsvoraussetzungen erfüllt, so hat dies gemäß § 137 InsO zur Folge, daß Wechsel- oder Scheckzahlungen unanfechtbar sind, wenn diese eine kongruente Deckung darstellten. Hingegen bleibt die Anfechtbarkeit nach den anderen Vorschriften, insbesondere nach § 131 InsO, uneingeschränkt möglich.

Nachdem § 137 InsO nur die Unanfechtbarkeit der Zahlungen regelt, kann unabhängig davon weiterhin das Grundgeschäft, durch das die wertpapierrechtliche Verbindlichkeit begründet worden ist, angefochten werden, solange dieses selbst die Voraussetzungen eines Anfechtungstatbestands erfüllt. Als Folge davon ist dann die Zahlung zurückzugewähren. [108]

d) Rückgewährpflicht gemäß § 137 II InsO

Nach § 137 II InsO kann die vom Schuldner gezahlte Summe vom letzten Rückgriffsverpflichteten [109] wieder herausverlangt werden. Der Grund für diese Erstattungspflicht liegt darin, daß der letzte Regreßschuldner durch die Zahlung des Schuldners an den Wechsel- oder Scheckgläubiger die volle und endgültige Deckung seiner Forderung gegen den Schuldner erhält, während diese bis zu dem Zeitpunkt der Zahlung immer nur unter dem möglichen

---

solchen Fall regelmäßig keine kongruente Deckung vorliegt (in Jaeger § 34 Rdnr. 4). Das stimmt, schließt jedoch die Anwendung eine prinzipielle dieser Fallgruppen dennoch nicht aus.

105 So: *Eichberger* S. 119; *Hess/Weis* „Das neue Anfechtungsrecht" Rdnr. 663.

106 Vgl.: *von Campe* S. 152; *Henckel* in Jaeger § 34 Rdnr. 9; *Kilger/Schmidt* „Insolvenzgesetze" § 34 Anm. 1; *Kuhn/Uhlenbruck* § 34 Rdnr. 1

107 Nach Protesterhebung ist der Regreßanspruch des Gläubigers nämlich schon gesichert; nach Ablauf der Protestfrist ist er unwiederbringlich verloren.

108 Nach der hier vertretenen Trennungstheorie erfolgt die Rückabwicklung nicht nach Anfechtungsrecht, sondern nach Bereicherungsrecht, da die Zahlung bei Anfechtung der Begebung oder des Indossament ohne rechtlichen Grund erlangt worden ist (so auch: *von Campe* S. 153 Fn. 308; zur KO: *Henckel* in Jaeger § 34 Rdnr. 9; *Kilger/Schmidt* § 34 Anm. 1).

109 Siehe zur Bestimmung des letzten Regreßpflichtigen: *Baumbach/Hefermehl* WG Art. 3 Nr. 3; *Henckel* in Jaeger § 34 Rdnr. 18 f.

Vorbehalt einer Regreßpflicht stand. Diese Regreßpflicht hätte zudem im Fall der Insolvenz ohne dessen Zahlung ohnehin ihn als den letzten Regreßpflichtigen getroffen. [110]

Voraussetzung für diese Herausgabepflicht ist jedoch zum einen, daß die Anfechtung der Zahlung gemäß § 137 I InsO ausgeschlossen ist, [111] zum anderen, daß der letzte Regreßverpflichtete zu dem Zeitpunkt, als dieser das Wertpapier begeben oder sich begeben lassen hat, die Krisetatsachen der Zahlungsunfähigkeit oder des Eröffnungsantrag kannte oder zumindest die Voraussetzungen des § 130 II InsO vorlagen. [112]

### 5. Bewertung der Anfechtung kongruenter Deckung

Im Vorfeld der Reform hat *Gerhardt* [113] gefordert, daß Ziel der Schaffung eines neuen Anfechtungsrechts müsse es sein, dieses als „scharfe Waffe" zu etablieren. Vergleicht man diese Forderung mit dem Umstand, daß sich materiell gegenüber der Anfechtung gemäß § 30 Nr. 1 Fall 2 KO kaum etwas geändert hat, so wird man leicht dazu neigen, enttäuscht zu sein: Wo ist die geforderte Verlängerung des anfechtungsrelevanten Zeitraums, wo die Abschaffung der subjektiven Voraussetzungen?

Allerdings ist vor vorschnellen Schlüssen zu warnen. Wie schon betont, muß die Insolvenzanfechtung immer unter der Voraussetzung der Abwägung der Interessen des befriedigten Gläubigers mit denen der übrigen Insolvenzgläubiger erfolgen. Diese Abwägung muß dabei umsomehr zulasten der nicht befriedigten Insolvenzgläubiger gehen, als der befriedigte Gläubiger das, was er erlangt hat, auch verlangen durfte. Der Spielraum für Tatbestandsverschärfungen war aus diesem Grund bei der Anfechtung nach § 130 InsO gegenüber den anderen Tatbeständen der besonderen Insolvenzanfechtung verhältnismäßig gering.

Wurde daher gefordert, auf die **subjektiven Erfordernisse** gänzlich zu verzichten, so vernachlässigte diese Ansicht gerade die notwendige Abwägung zwischen den widerstreitenden Interessen. Dem ist der Gesetzgeber der Insolvenzordnung richtigerweise nicht gefolgt, da der mögliche tatbestandliche Rahmen schon in der Konkursordnung weitestgehend ausgeschöpft wurde.

Streiten kann man demgegenüber darüber, ob der gewählte **anfechtungsrelevante Zeitraum** von drei Monaten vor Antragsstellung als ausreichend zu betrachten ist: Wie schon dargestellt handelt es hierbei jedoch um einen Streit, bei dem sich für beide Seiten treffliche Argumente finden lassen, je nachdem ob man den Masseschutz oder den Verkehrsschutz höher bewertet.

---

110 Vgl. zu § 34 II KO: *Henckel* in Jaeger § 34 Rdnr. 16; zu § 137 II InsO: *von Campe* S. 153; *Eichberger* S. 120.

111 *Kilger/Schmidt* weisen richtigerweise auf diese auf den Grund der Erstattungspflicht des § 34 II KO beruhende Voraussetzung hin (*dies.*: § 34 Anm. 1); gleiches gilt jetzt auch für § 137 II InsO.

112 So: *von Campe* S. 153; *Henckel* in Kölner Schrift zur Insolvenzordnung Rdnr. 52; *Kuhn/Uhlenbruck* sehen als Grund für diese Einschränkung, daß durch diese Vorschrift der durch § 137 I InsO ermöglichte Mißbrauch von Scheck- bzw. Wechselgeschäften verhindert werden soll (*dies.*: § 34 Rdnr. 2), nach anderer Auffassung ergibt sich die Einschränkung hingegen direkt aus dem anfechtungsrechtlichen Prinzip, daß derjenige die Gläubigerbenachteiligung ausgleichen muß, der infolge des benachteiligenden Vorgangs etwas erlangt hat (*Henckel* in Jaeger § 34 Rdnr. 16).

113 in FS für Brandner S. 605 (616)

Im Rahme dieser Abwägung stellt die 3-Monats-Frist indes sicherlich eine tragbare Lösung dar.

Wenig zu überzeugen vermag hingegen die **Überschrift des § 130 InsO**, aus der man schließen könnte, daß allein kongruente Deckungen nach dieser Vorschrift anfechtbar sind. Ist eine solche Einschränkung des Anwendungsbereichs weder dogmatisch noch tatsächlich sinnvoll, so hätte der Gesetzgeber sicherlich besser daran getan, als Überschrift allein die Bezeichnung „Deckung" zu wählen. In den Fällen, in denen eine Anfechtung inkongruenter Deckungen gemäß § 130 InsO in der Praxis erforderlich erscheint, wird man diese daher auch - im Wege der analogen Anwendung oder einer teleologischen Reduktion - für zulässig erklären müssen.

Eine elegante Lösung ist dem Reformgesetzgeber gelungen, indem er eine **Unterteilung des Tatbestands** in Handlungen vor der Stellung des Eröffnungsantrags und solche nach Stellung desselben vorgenommen hat. Dadurch hat er vermieden, daß in den jeweiligen Fällen überflüssige Tatbestandsmerkmale mitgeregelt werden. Diese Aufteilung dient daher der Klarheit des Gesetzes.

Im Ergebnis bietet § 130 InsO daher für Enttäuschungen wenig Raum: Dem Gesetzgeber ist mit § 130 I InsO eine Regelung geglückt, die in Wortlaut und Regelungsinhalt überzeugt. Sie stellt dabei eine Weiterentwicklung des § 30 Nr. 1 Fall 2 KO dar. Allerdings ist den ursprünglichen Reformbestrebungen nicht immer konsequent [114] gefolgt worden. Letztlich wird durch die Anfechtung kongruenter Deckungen die Masse jedoch - im Rahmen des nach der Interessenabwägung möglichen - wirksam vor Vermögensverschiebungen geschützt, die zum Nachteil der Gläubigergesamtheit vorgenommen wurden.

## III. Anfechtung inkongruenter Deckung

Inkongruente Deckungen können unter erheblich leichteren Voraussetzungen als kongruente Deckungen angefochten werden. Der Gesetzgeber der Konkursordnung sah den Grund dafür noch an den der Absichtsanfechtung angelehnt. [115] Schon in der Rechtsprechung und Literatur zur Konkursordnung als auch beim Gesetzgeber der Insolvenzordnung bestand hingegen Einigkeit darüber, [116] daß sowohl bei kongruenten als auch bei inkongruenten Deckungen der Grundsatz der Gläubigergleichbehandlung als Hauptgrund für die Anfechtung anzusehen ist. Versuchen die Gläubiger schon vor der Krise die Privatautonomie des Schuldners außer Kraft

---

114 Vgl. zur Regelung des § 130 II InsO: unten Bewertung in § 6.

115 So sollte der Gleichbehandlungsgrundsatz erst mit dem Eintritt des materiellen Konkurses gelten und konnte dieser somit nicht zur Begründung der Anfechtung inkongruenter Deckungen dienen (*Hahn* „Die gesamten Materialien zu den Reichs-Justizgesetzen Bd. IV" S. 133), waren nach § 30 Nr. 2 Alt. 3 KO doch schon Handlungen 10 Tage vor der Krise anfechtbar.

116 *BGHZ* 58 S. 240 (242 f); *Häsemeyer* in KTS 1982 S. 507 (564 ff); *Henckel* in ZIP 1982 S. 391 (394 f); *Kuhn/Uhlenbruck* § 30 Rdnr. 45 - Im *Referentenentwurf* wird darauf verwiesen, daß die besondere Verdächtigkeit des inkongruenten Erwerbs es rechtfertige, teilweise auf subjektive Voraussetzungen zu verzichten (Teil III S. 148). Daraus wird deutlich, daß heute der Anfechtungsgrund als mit dem der Anfechtung kongruenter Deckungen übereinstimmend angesehen wird.

zu setzten, so muß zum Zwecke der Gläubigergleichbehandlung dieser Grundsatz auch schon in deren Vorfeld einsetzen. [117]

## 1. Inkongruenz der Deckung

Oben [118] wurde bereits nachgewiesen, daß der Bezeichnung „kongruente Deckung" kein eigener Abgrenzungswert zukommt. Ganz anders beurteilt sich dies für den in § 131 InsO verwendeten Begriff der „inkongruente Deckung": Nach dieser Vorschrift sind tatsächlich nur solche Rechtshandlungen anfechtbar, die einem Insolvenzgläubiger Sicherung oder Befriedigung gewähren oder ermöglichen, die er nicht oder nicht in der Art oder nicht zu der Zeit zu beanspruchen hat.

Ist die Inkongruenz der Deckung daher die Hauptvoraussetzung für eine Anfechtung gemäß § 131 InsO, so lohnt es sich, diese Voraussetzung zunächst allgemein zu betrachten. In einem weiterem Schritt werden dann ihre einzelnen Tatbestandsalternativen näher beschrieben.

### a) Begriffsbestimmung

Inkongruenz im allgemeinen bedeutet, daß zwei Dinge nicht übereinstimmen. Übertragen auf den juristischen Bereich folgt daraus, daß eine inkongruente Deckung eine Handlung darstellt, deren Leistung von dem abweicht, was der Gläubiger als Insolvenzgläubiger nach Maßgabe des Schuldverhältnisses im Leistungszeitpunkt tatsächlich zu beanspruchen hatte. [119] Vergleichsgegenstände bilden hierbei die Gläubigerforderung auf der einen Seite und die tatsächlich bewirkte Leistung auf der anderen. [120] Stimmen beide nicht überein, spricht man von Inkongruenz. Im *Referentenentwurf* [121] wird die Inkongruenz daher auch als Deckung beschrieben, die dem Gläubiger nicht oder nicht so gebührt.

Grundsätzlich wurde der Begriff der Inkongruenz bezüglich der Konkursordnung von der Rechtsprechung und der Lehre weit ausgelegt, um so die erleichterten Anfechtungsmöglichkeiten von Deckungshandlungen in einem möglichst weitem Umfang zu ermöglichen. [122] Gleiches muß heute wohl auch gemäß § 131 InsO gelten. [123]

---

117 Vgl.: *Häsemeyer* Rdnr. 21.55 Fn. 176: Deshalb hat die Rechtsprechung schon den entsprechenden Tatbestand der KO fortschreitend verobjektiviert..

118 Siehe oben: § 4 II 1 c.

119 Vgl.: *Hess/Weis* Rdnr. 275.

120 Ebenso: *Baur/Stürner* Rdnr. 19.34; *von Campe* S. 100; *Eichberger* S. 132; *Henckel* in Jaeger § 30 Rdnr. 199

121 Teil III S. 147

122 BGHZ 33 S. 389 (393); im Umkehrschluß: *Kuhn/Uhlenbruck* § 30 Rdnr. 45.

123 Ebenso: *von Campe* S. 100.

b) Beurteilung der Inkongruenz

Der Ausgangspunkt der Unterscheidung zwischen Kongruenz und Inkongruenz ist daher einfach. Dennoch erfordert es die Unterscheidung, ob eine Deckungshandlung des Schuldners dem Gläubiger gebührt oder nicht gebührt, auf mehrere Einzelprobleme einzugehen.

aa) Maßgeblicher Zeitpunkt

Der maßgebliche Zeitpunkt für die Beurteilung der Inkongruenz ist grundsätzlich der der Vornahme der Rechtshandlung. [124] Diese gilt gemäß § 140 I InsO in dem Zeitpunkt als vorgenommen, in dem ihre rechtlichen Wirkungen eintreten. Etwas anderes gilt nur dann, wenn ein staatlicher Akt den Wirkungseintritt hinauszögert, § 140 II InsO. [125] Es kommt demnach zur Beurteilung der Inkongruenz auf den Zeitpunkt an, der auch für die Kenntnis des Anfechtungsgegners ausschlaggebend ist.

bb) Nachträgliche Änderung des Leistungsinhalts

Fraglich ist weiterhin, zu welchem Zeitpunkt die Inkongruenz vorliegen muß. Verlangt man das Vorliegen der Inkongruenz ausschließlich zum Handlungszeitpunkt, so wäre es denkbar, daß Schuldner und Gläubiger noch vor der Leistungshandlung den ursprünglichen Leistungsinhalt dergestalt ändern, daß die dann folgende Leistung als kongruent anzusehen ist. [126]

Eine solche Umgehungsmöglichkeit wurde jedoch schon zur Konkursordnung verneint und gleiches muß auch für die Insolvenzordnung gelten. [127] Vielmehr muß danach unterschieden werden, zu welchem Zeitpunkt die Änderung des Leistungsinhalts vorgenommen wurde: Geschah dies innerhalb der anfechtungsrelevanten Frist des § 131 InsO, so vermag diese - versuchte - Änderung keine Kongruenz zu begründen; hat dagegen die Änderung außerhalb der Frist des § 131 InsO stattgefunden, so ist die daraufhin erfolgte Deckung als kongruent anzusehen.

Diese Lösung überzeugt auch dogmatisch: Andernfalls würde nämlich die Gewährung einer Sicherung oder Befriedigung, die der Schuldner dem Gläubiger in dieser Form erst in der kritischen Zeit versprochen hat, besser behandelt, als eine Sicherung oder Befriedigung die der Schuldner zur gleichen Zeit gewährt, ohne daß der Gläubiger darauf je einen Anspruch hatte.

---

124 *Henckel* in Jaeger § 30 Rdnr. 199

125 Vgl. hierzu oben: § 3 I 3 b.

126 Als Änderung des Leistungsinhalts kommt zum Beispiel das Vorverlegen des Fälligkeitstermins auf den Leistungstermin in Betracht.

127 Vgl. zur KO: *Henckel* in Jaeger § 30 Rdnr. 200 - Zwar könnte man daran denken, daß eine solche Vereinbarung als unmittelbare Benachteiligung angefochten werden könne, jedoch wäre dann der Weg zu einer Umgehung der Anfechtung inkongruenter Deckungen frei; zur InsO: *von Campe* S. 100

cc) Vereinbarung verschiedener Leistungen

Zweifelhaft ist zudem, ob ein Gläubiger eine Anfechtung wegen inkongruenter Deckung dadurch verhindern kann, daß er sich bei der Leistungsbegründung verschiedene auswechselbare Leistungen - etwa als Wahlschulden im Sinne des § 262 BGB - versprechen läßt. Der *BGH* [128] hat dies zur Konkursordnung grundsätzlich bejaht, sofern die Vereinbarung nur genügend spezifiziert war.

Nach *Häsemeyer* [129] darf allerdings auch diese Umgehungsmöglichkeit nicht zugelassen werden, da schon diese Vereinbarungen vorgreifliche Einschränkungen der Privatautonomie des Schuldners darstellen. Dies dürfe aber gemäß dem Grundsatz der Gläubigergleichbehandlung nicht hingenommen werden. Es sei vielmehr darauf abzustellen, wie die primäre Hauptleistungspflicht typischerweise im Rechtsverkehr zu erfüllen ist.

Dieses Ergebnis erscheint jedoch als fragwürdig: Selbstverständlich schränkt auch eine Vereinbarung von Alternativleistungspflichten die Privatautonomie des Schuldners frühzeitig ein. Allerdings zeigen die zeitlichen Grenzen des § 131 InsO, daß eine solche Einschränkung außerhalb des tatbestandlichen Zeitraums auch zulässig ist. Genau wie ein Schuldner dem Gläubiger anfechtungsfest außerhalb der tatbestandlichen Grenzen nicht Gebührendes leisten kann, muß er auch zu gleicher Zeit vereinbaren können, was Leistungsinhalt ist. Dies muß selbst dann gelten, wenn die Vereinbarung darauf hinausläuft, daß zu einem späteren Zeitpunkt verschiedene Leistungsalternativen denkbar sind. [130]

dd) Objektiver Beurteilungsmaßstab

Zudem muß die Frage, ob eine geleistete Deckung vom Schuldinhalt abweicht, objektiv beurteilt werden. Es ist demnach unbeachtlich, wenn Gläubiger und Schuldner subjektiv von der Inkongruenz der Deckung ausgingen, diese aber objektiv betrachtet kongruent war. Umgekehrt wird aber eine Anfechtung gemäß § 131 InsO nicht dadurch ausgeschlossen, daß die Beteiligten fälschlicherweise davon ausgingen, die Deckung sein kongruent. [131]

**2. Inkongruente Befriedigung**

Der Tatbestand des § 131 InsO teilt sich in die Alternativen der inkongruenten Sicherung und der inkongruenten Befriedigung auf. Unter den Begriff der Befriedigung versteht man im anfechtungsrechtlichen Sinne die Erfüllung eines materiellrechtlichen Anspruchs. [132]

---

128 *BGHZ* 33 S. 389 (393) - Dort ging es um die Vereinbarung von Globalverpflichtungen in den AGB's der Banken. Eine solche Alternativvereinbarung ließ der BGH allerdings als zu unspezifiziert nicht ausreichen.

129 Rdnr. 21.56; *ders.*: in KTS 1982 S. 507 (564)

130 Ebenso: *Eichberger* S. 135 f; *Lent* in Jaeger § 30 Anm. 51.

131 Vgl. zur KO: *Henckel* in Jaeger § 30 Rdnr. 203; zur InsO: *Hess/Weis* Rdnr. 275; anderer Ansicht war noch *Flatau*, der jedoch aufgrund seines Ausgangspunktes von der Deliktstheorie (siehe dazu oben: § 2 III 1 b aa) auch noch die Kenntnis der Beteiligten von der Inkongruenz miteinbeziehen mußte (*ders.*: „Die inkongruente Deckung" in JW 1912 S. 660 ff).

132 *Baur/Stürner* Rdnr. 19.36; vgl. auch oben: § 4 I 2

Die Befriedigung kann ebenso durch die Erbringung der geschuldeten Leistung, als auch durch die Erbringung eines Erfüllungssurrogates gemäß der §§ 364 ff BGB geschehen. Entscheidend ist ausschließlich, daß durch die Rechtshandlung der Anspruch des Gläubigers zum Erlöschen gebracht worden ist. [133]

a) Befriedigung „nicht" zu beanspruchen

Die erste Alternative des Tatbestands der inkongruenten Deckungshandlung setzt voraus, daß der Gläubiger eine Befriedigung erlangt hat, die er nicht zu beanspruchen hatte. Auf den ersten Blick erscheint dies als Widerspruch: Die Gläubigerstellung definiert sich dadurch, daß jemand einen Anspruch gegen einen anderen in Händen hält; ein Anspruch wiederum ist das Recht, von einem anderen ein Tun oder Unterlassen verlangen zu können; [134] dieses Recht, Tun oder Unterlassen verlangen zu können, soll aber gerade **nicht** zu beanspruchen sein. Dieser scheinbare Widerspruch löst sich jedoch auf, wenn die möglichen Forderungsrechte der Gläubiger genauer betrachtet werden.

Aus der geforderten Gläubigereigenschaft wird zunächst einmal deutlich, daß diese Tatbestandsalternative grundsätzlich voraussetzt, daß ein Anspruch bestanden hat. [135] Leistet der Schuldner, obwohl kein Anspruch des Gläubigers besteht oder der Anspruch nichtig [136] ist, so liegt schon kein Deckungsgeschäft vor. [137] Anstelle der Insolvenzanfechtung kommt in einem solchen Fall die Kondiktion gemäß §§ 812 ff BGB in Betracht. *Eichberger* [138] stellt hierbei auf die fehlende Eigenschaft der Insolvenzgläubigerschaft ab. Er übersieht dabei jedoch zum einen die Problematik bei ungleichwertigem oder undurchsetzbarem Bereicherungsanspruch, sowie die Tatsache, daß die Voraussetzung der Insolvenzgläubigerschaft primär der Abgrenzung von den Aus- und Absonderungsberechtigten dient. *Henckel* verweist daher richtigerweise darauf, daß im Fall des Nichtbestehens der Forderung schon allein wegen der Kondiktionsmöglichkeit die Gläubigerbenachteiligung und damit die Anfechtbarkeit gemäß § 131 InsO fehlt. [139]

Klassischer Fall einer nicht zu beanspruchenden Befriedigung ist der einer Leistung, die der Gläubiger tatsächlich nicht verlangen oder rechtlich nicht durchsetzen kann. Dies gilt zum Beispiel für die Erfüllung von Forderungen, denen eine dauernde Einrede entgegensteht, [140]

---

133 So: *von Campe* S. 100: Aus diesem Grund gilt auch die befreiende Hinterlegung als Befriedigung des Gläubigers.

134 Vgl.: § 194 I BGB.

135 Vgl. *Smid/Zeuner* § 131 Rdnr. 21.

136 Zum Beispiel bei Scheingeschäft (§ 117 I BGB), Formmangel (§ 125 BGB) oder Sittenwidrigkeit (§ 138 I BGB).

137 Im Ergebnis ebenso: *Henckel* in Jaeger § 30 Rdnr. 204; *Hess/Weis* Rdnr. 276; *Kuhn/Uhlenbruck* § 30 Rdnr. 46

138 S. 134

139 in Jaeger § 30 Rdnr. 204 - Ist allerdings der Bereicherungsanspruch aus irgend einem Grund ausgeschlossen, so muß eine Anfechtung gemäß § 131 InsO wiederum möglich sein. Auch *von Campe* stellt auf die fehlende Gläubigerbenachteiligung als Grund für den Anfechtungsausschluß ab (*ders.*: S. 104).

140 Vgl.: *Gerhardt/Merz* „Aktuelle Probleme der Gläubigeranfechtung" S. 111 ff; *Huber* in Gottwald § 49

für Naturalobligationen [141] aus Spiel, Wette oder Differenzgeschäft oder für die heilende Erfüllung formunwirksamer Verträge [142].

Fraglich ist die Einordnung aufschiebend bedingter oder befristeter Forderungen vor dem Eintritt der Bedingung oder des Termins. Teilweise wird dieser Fall als „nicht zu der Zeit" zu beanspruchende Deckung behandelt. [143] Dabei wird jedoch übersehen, daß in einem solchen Fall vor dem Eintritt des Termins oder der Bedingung die Forderung noch nicht besteht, [144] insofern bei Leistung eine Kondiktion derselben in Betracht kommt. Versucht der Insolvenzverwalter allerdings nach Bedingungseintritt die zu früh geleistete Forderung zu kondizieren, so steht dem der zwischenzeitliche Bedingungseintritt entgegen. Aus diesem Grund liegt dann auch eine Gläubigerbenachteiligung vor und eine Anfechtbarkeit wegen nicht zu beanspruchender Deckung ist im Ergebnis zu bejahen. [145]

Ebenfalls unter die Fallgruppe der nicht zu beanspruchenden Deckungen gehören jene Leistungen des Schuldners, die aufgrund von Ansprüchen des Gläubigers erfolgen, welche der Anfechtung gemäß der §§ 119 ff BGB unterliegen. Sind diese Forderungen noch nicht angefochten worden, so bestehen diese an sich fort und der Schuldners müßte dem Verlangen des Gläubigers Folge leisten. [146] Allerdings gebietet es die weite Auslegung [147] des § 131 InsO, die Insolvenzanfechtung auch solcher Leistungen zuzulassen. [148] Andernfalls würde nämlich die bürgerlichrechtliche Anfechtungsmöglichkeit die Insolvenzanfechtung immer ausschließen: Wird das Schuldverhältnis vor der Leistung angefochten, so fehlt mangels durchsetzbaren Gläubigeranspruchs schon die Benachteiligung der Insolvenzgläubiger; würde hingegen ohne Anfechtung geleistet werden, so wäre die Insolvenzanfechtung ebenfalls

---

Rdnr. 40; *Kuhn/Uhlenbruck* § 30 Rdnr. 46; Smid/Zeuner § 131 Rdnr. 22; *Baur/Stürner* rechnet darunter auch Forderungen, denen eine vorübergehende Einrede entgegensteht (*ders*.: Rdnr. 19.36); hierbei handelt es sich jedoch wohl um eine „nicht zu der Zeit" zu beanspruchende Deckung.

141 *Baur/Stürner* Rdnr. 19.36; *Hahn* Band IV S. 135; *Henckel* in Jaeger § 30 Rdnr. 204; *Kuhn/Uhlenbruck* sieht diese mangels Einklagbarkeit allerdings schon nicht als Konkursforderungen (*ders*.: § 30 Rdnr. 46; ebenso: *Hess/Weis* Rdnr. 276), allerdings würde dies zu einer nicht gewollten Privilegierung dieser Forderungen führen, so daß dem nicht zuzustimmen ist (ebenso *von Campe* S. 101 Fn. 29 und S. 95; siehe auch oben: § 4 I 3).

142 Für diese gemäß § 313 S. 1 BGB nichtigen durch Erfüllung gemäß § 313 S. 2 BGB wirksam gewordenen Verträge scheint zunächst die Anfechtung wie bei sonstigen nichtigen Verträgen auch ausgeschlossen zu sein. Allerdings ergibt sich hier die Besonderheit, daß mit der Erfüllung der Anspruch für eine gedankliche Sekunde auflebt, die Gläubigerbenachteiligung daher mangels Anwendbarkeit der §§ 812 ff BGB anzunehmen ist. Diese Folge erinnert an die der Naturalobligationen - insofern muß auch die gleiche Anfechtungsmöglichkeit gegeben sein; ebenso: *Baur/Stürner* Rdnr. 19.36; *von Campe* S. 101; *Eichberger* S. 134; *Kilger/Schmidt* § 30 Anm. 19 a.

143 *RG* JW 98 S. 52; *OLG Köln* KTS 1971 S. 51 (52); *Eichberger* S. 138; *Kilger/Schmidt* § 30 Anm. 19 c; *Kuhn/Uhlenbruck* § 30 Rdnr. 51

144 So: *von Campe* S. 101; *Hahn* Band IV S. 135; *Henckel* in Jaeger § 30 Rdnr. 204 widersprüchlich dazu allerdings in Rdnr. 215.

145 Letztlich kommt es in der Praxis aber auch auf die Unterscheidung zwischen „nicht" und „nicht zu der Zeit" zu beanspruchender Deckung nicht an (so auch: *von Campe* S. 101 Fn. 30).

146 Nach anderer Ansicht kann der Schuldner in einem solchen Fall dem Gläubiger die dolo-agit Einrede entgegenhalten, vgl.: *Heinrichs* in Palandt „Bürgerliches Gesetzbuch" § 242 Rdnr. 52.

147 BGHZ 33 S. 389 (393); *von Campe* S. 100; *Kuhn/Uhlenbruck* § 30 Rdnr. 45; im Ergebnis ebenso: *Smid/Zeuner* § 131 Rdnr. 22.

148 So auch: *Eichberger* S. 133; *Lent* in Jaeger § 30 Anm. 50; *Henckel* kommt auf umständlichen Weg zu selbem Ergebnis, indem er in der Leistung regelmäßig eine Bestätigung der anfechtbaren Forderung sieht, welche die Kondiktion ausschließt, jedoch selbst anfechtbar ist (*ders*.: in Jaeger § 30 Rdnr. 204).

ausgeschlossen. Denkbar wäre es allerdings auch, das Unterlassen der bürgerlichrechtlichen Anfechtung durch den Schuldner für anfechtbar zu erklären. [149]

b) Befriedigung „nicht in der Art" zu beanspruchen

Befriedigungen, die nicht in der geleisteten Art von dem Gläubiger zu beanspruchen sind, stellen wohl die häufigste Gruppe der inkongruenten Deckungen dar. Allerdings fällt die Abgrenzung gegenüber kongruenten Deckungen nicht immer leicht.

aa) Leistungen anderer als vereinbarter Art

Eine inkongruente Deckung liegt vor, wenn der erlangte Leistungsgegenstand nicht dem geschuldeten Gegenstand entspricht. Diese Fallgruppe liegt typischerweise dann vor, wenn der Gläubiger statt der zu fordernden Leistung eine andere an Erfüllungs Statt [150] oder erfüllungshalber [151] annimmt. [152] Dies ist zum Beispiel der Fall, wenn statt der vereinbarten Barzahlung Forderungen abgetreten [153] oder Waren geliefert [154] werden. Inkongruent ist auch die Hinterlegung einer anderen als der geschuldeten Sache zu dem Zweck, das Schuldverhältnis zum Erlöschen zu bringen. [155] Gleiches gilt für den Fall, daß der Gläubiger einer Geldforderung eine Deckung dadurch erlangt, daß der Schuldner ihm durch eine Vereinbarung mit ihm und einem Dritten im Wege der Schuldübernahme einen zahlungskräftigeren Schuldner verschafft. [156] Einen besonderen Fall der „nicht in der Art" zu beanspruchenden Befriedigung kann die Aufrechnung darstellen - diese wird allerdings noch zu einem späteren Zeitpunkt gesondert untersucht. [157]

Differenziert betrachtet werden muß der Fall, daß der Schuldner, anstatt den Kaufpreis zu zahlen, die aufgrund des Schuldverhältnisses erlangten Waren wieder an den Gläubiger zurückgibt: Im Normalfall stellt diese Rückgabe ebenfalls ein inkongruente Deckung dar. Etwas anderes gilt allerdings dann, wenn der Gläubiger als Verkäufer sich das Eigentum an den Waren vorbehalten hat: Dann nämlich richtet sich zum einen der Anspruch des Gläubigers auf die Rückgabe der Waren und es fehlt zum anderen schon an der Gläubigerbenachteiligung, da dem Verkäufer ein Aussonderungsrecht gemäß § 47 InsO zusteht. [158] Gleiches gilt, falls der Kauf insgesamt rückgängig gemacht wird: Erfolgt die

---

149 So: *von Campe* S. 101.
150 Vgl.: § 364 BGB.
151 Allerdings tritt hier die Befriedigung erst dann ein, wenn sich der Gläubiger aus dem erfüllungshalber Geleisteten befriedigt hat.
152 Siehe: *BGH* KTS 1968 S. 235; BGH ZIP 1993 S. 1653 (1655); *Eichberger* S. 135; *Kilger/Schmidt* § 30 Anm. 19 b; *Henckel* in Jaeger § 30 Rdnr. 205; *Huber* in Gottwald § 49 Rdnr. 40; *Smid/Zeuner* § 131 Rdnr. 23
153 Vgl.: *OLG Zweibrücken* KTS 1984 S. 492 (493); *OLG Schleswig* ZIP 1982 S. 82; *Eichberger* S. 135; *Kilger/Schmidt* § 30 Anm. 19 b.
154 *BGH* WM 1971 S. 908 (909); *Baur/Stürner* Rdnr. 19.36; *von Campe* S. 103
155 *Henckel* in Jaeger § 30 Rdnr. 205
156 *RGZ* 46 S. 101 (103 f); *von Campe* S. 103; *Henckel* in Jaeger § 30 Rdnr. 205
157 Siehe unten: § 4 IV.
158 *Baur/Stürner* Rdnr. 19.36; *Eichberger* S. 135

Rückgabe innerhalb dieser Abwicklung, so wird nämlich nicht der Kaufpreis durch die Rückgabe ersetzt, sondern das Schuldverhältnis hat sich auf die Herausgabe des Erlangten gewandelt; insofern stellt die Herausgabe dann lediglich die Erfüllung dieser neuen Verpflichtung dar. [159]

Von der Leistung an Erfüllungs Statt oder erfüllungshalber sind weiterhin solche Konstellationen zu unterscheiden, nach welchen der Schuldner befugt ist, gemäß § 262 BGB zwischen mehreren Leistungsalternativen zu wählen. Bis zur Konzentration auf eine Leistungsart sind hier alle möglichen Arten geschuldet und die Leistungen in der Form daher nach der herrschenden Meinung auch kongruent. [160] Gleiches gilt bei einer Ersetzungsbefugnis des Schuldners, solange diese nur vor dem tatbestandlichen Zeitraum gewährt wurde. [161]

bb) Minder- und Mehrleistungen

Die Anfechtung wegen inkongruenter Deckung wird auch nicht dadurch ausgeschlossen, daß die an Erfüllungs Statt angenommene Leistung hinter dem Forderungswert zurückbleibt. [162] Gleiches gilt grundsätzlich auch dann, wenn der Schuldner mehr geleistet hat, als er der Forderung nach verpflichtet gewesen wäre. [163] Allein der Umstand, daß ein Gläubiger volle Zahlung auf seine Forderung erhält, während die übrigen Gläubiger nur eine Teilzahlung erhalten, rechtfertigt allerdings eine Anfechtung wegen inkongruenter Deckung nicht. [164]

cc) Bestimmung der geschuldeten Art

Einigkeit besteht darüber, daß ein geringfügige Abweichungen vom Leistungsinhalt als inkongruenzbegründende Tatsachen noch nicht in Betracht kommen. [165] Fraglich ist allerdings, wann Geringfügigkeit anzunehmen ist, ja wie die geschuldete Art der Leistung überhaupt zu bestimmen ist.

Der Grund für die geringere Schutzwürdigkeit des inkongruenten gegenüber dem kongruenten Erwerbs ist die Tatsache, daß bei einer Leistung des Schuldners, die von seiner tatsächlichen Leistungspflicht abweicht, diese Handlung dem Gläubiger verdächtig erscheinen muß. Diese implizierte Verdächtigkeit scheidet jedoch dann aus, wenn die Leistung zwar tatsächlich von

---

159 Vgl.: *RG* WarnRspr. 1931 Nr. 92; *von Campe* S. 104; *Eichberger* S. 135; richtigerweise weist *Henckel* allerdings darauf hin, daß auch in einem solchen Fall doch eine inkongruente Deckung vorliegt, falls das Rücktrittsrecht unter den Voraussetzungen des § 131 InsO zustande gekommen ist, da diese Änderung im tatbestandlichen Zeitraum keine Kongruenz begründen kann (in Jaeger § 30 Rdnr. 208, siehe auch oben: § 4 III 1 b bb).

160 RGZ 71 S. 89 (91); *BGH* WM 1978 S. 133; *Henckel* in Jaeger § 30 Rdnr. 213; *Kuhn/Uhlenbruck* § 30 Rdnr. 49

161 So: BGHZ 70 S. 177 (183 f); *Henckel* in Jaeger § 30 Rdnr. 213; *Hess/Weis* Rdnr. 284; *Kilger/Schmidt* § 30 Anm. 19 b; *Kuhn/Uhlenbruck* § 30 Rdnr. 49; siehe auch oben: § 4 III 1 b bb.

162 *Henckel* in Jaeger § 30 Rdnr. 207

163 Je nach Leistungsinhalt kommt hier allerdings - falls man eine Teilbarkeit bejaht (vgl. auch oben: § 3 I 1 b dd) - eine Rückabwicklung allein der Zuvielleistung nach Bereicherungsrecht in Betracht oder auch eine Anfechtung dieser Teilleistung wegen „nicht" zu beanspruchender Deckung.

164 Auf diese Selbstverständlichkeit weist *Henckel* hin (*ders.*: in Jaeger § 30 Rdnr. 207).

165 Vgl. nur: *BGH* WM 1979 S. 533; *Kuhn/Uhlenbruck* § 30 Rdnr. 50.

der vertraglich vereinbarten differiert, dies aber der Verkehrssitte entspricht. Eine solche Leistung muß der Gläubiger nicht für verdächtig halten und es ist daher gerechtfertigt, ihm den höheren Schutz kongruenter Deckungen zukommen zu lassen. [166]

Aus dieser Überlegung folgert auch der Maßstab der Bestimmung, ob eine Leistung noch der geschuldeten Art entspricht oder ob sie als inkongruent gemäß § 131 I Alt. 2 InsO anzusehen ist: Es muß gefragt werden, ob nach der Verkehrssitte der tatsächliche mit dem geschuldeten Leistungsinhalt übereinstimmt. Dies kann dazu führen, daß etwa Leistungen, die rein rechtstechnisch eine Hingabe an Erfüllungs Statt darstellen, im Geschäftsverkehr aber als üblich und normal anzusehen sind, als kongruente Deckungen eingestuft werden. [167]

Dementsprechend stellt auch bei geschuldeter Barzahlung die Zahlung per eigenem Scheck [168] oder Banküberweisung [169] keine inkongruente Deckungshandlung dar. Gleiches gilt nach einem Teil der Literatur [170] für die Zahlung mittels eines eigenen Wechsels. Die Hingabe von Kundenschecks oder -wechsel stellt jedoch keine verkehrsübliche Zahlungsweise dar und die Deckungshandlung ist damit als inkongruent anzusehen, [171] da in einem solchen Fall der Schuldner anstelle der Barzahlung eine Forderung des Gemeinschuldners gegen einen Dritten erlangt.

Die Lieferung von Waren anderer als der vereinbarten Beschaffenheit, etwa weil die geschuldete gerade ausgegangen ist, bedeutet für sich allein noch keine Abweichung im Sinne einer inkongruenten Deckung. Hierbei ist vielmehr entscheidend, ob sich die Abweichung nach Treu und Glauben unter Berücksichtigung der Verkehrssitte [172] noch im Rahmen des Erlaubten hält oder ob es sich um eine Ersatzlieferung handelt. [173]

---

166 Herrschende Meinung: RG LZ 1918 S. 770; *Baur/Stürner* Rdnr. 19.36; *von Campe* S. 103; *Eichberger* S. 136; *Henckel* in Jaeger § 30 Rdnr. 209; *Kilger/Schmidt* § 30 Anm. 19 b; *Kuhn/Uhlenbruck* § 30 Rdnr. 48; *Smid/Zeuner* § 131 Rdnr. 23.

167 Vgl.: *von Campe* S. 103.

168 Vgl.: *BGHZ* 16 S. 279; *OLG Düsseldorf* WM 1985 S. 1042; *Henckel* in Jaeger § 30 Rdnr. 211; *Hess/Weis* Rdnr. 281; *Kilger/Schmidt* § 30 Anm. 19 b; *Kuhn/Uhlenbruck* § 30 Rdnr. 48.

169 So: *Baur/Stürner* Rdnr. 19.36; *Heile* „Die Anweisung im Konkurs des Anweisenden" S. 69 ff; *Henckel* in Jaeger § 30 Rdnr. 209; *Hess/Weis* Rdnr. 281.

170 *Baur/Stürner* Rdnr. 19.36; *von Campe* S. 103; *Heile* S. 85; *Kilger/Schmidt* § 30 Anm. 19 b; anderer Ansicht sind allerdings *Kuhn/Uhlenbruck*, die davon ausgehen, daß die Wechselhingabe kein verkehrsübliches Zahlungsmittel sei ( § 30 Rdnr. 48; ebenso: *Henckel* in Jaeger § 30 Rdnr. 211). In Anbetracht der im modernen Zahlungsverkehr immer seltener werdenden Wechselzahlung ist die ablehnende Meinung wohl die vorzugswürdige.

171 Ebenso: *RGZ* 71 S. 91; *BGH* ZIP 1992 S. 778 (780); *BGH* KTS 1994 S. 116 (118); *von Campe* S. 103; *Gerhardt/Merz* S. 111; *Henckel* in Jaeger § 30 Rdnr. 212; *Hess/Weis* Rdnr. 301; *Kilger/Schmidt* § 30 Anm. 19 b; *Kuhn/Uhlenbruck* § 30 Rdnr. 48 c.

172 §§ 157, 242 BGB

173 *Henckel* in Jaeger § 30 Rdnr. 209

c) Befriedigung „nicht zu der Zeit" zu beanspruchen

Die dritte Alternative der inkongruenten Deckungen stellen die der Befriedigungen dar, die „nicht zu der Zeit" zu beanspruchen sind. Der typische Fall einer solchen Deckungshandlung ist die Leistung des Schuldners auf eine betagte und somit noch nicht fällige Forderung. [174]

Hierbei unterliegt die verfrühte Handlung im ganzen der Anfechtung und nicht etwa bei Geldzahlungen nur hinsichtlich des Zwischenzinses. Auch kann der Umstand, daß die vorzeitig getilgte Schuld doch noch vor Eröffnung des Verfahrens fällig geworden ist, die Anfechtbarkeit gemäß § 131 InsO nicht beseitigen. [175]

War eine Zeit für die Leistung weder bestimmt noch aus den Umständen zu entnehmen, so gilt gemäß § 271 I BGB, daß Gläubiger und Schuldner diese sofort verlangen und erbringen können. Daher ist eine solche Leistung auch ohne Mahnung oder Zahlungsaufforderung als zu der Zeit zu beanspruchende anzusehen. [176] Nach herrschender Ansicht [177] schließt hingegen eine Leistung gemäß § 271 II BGB nicht die Inkongruenz derselben aus: Nach dieser Vorschrift kann der Schuldner eine Leistung, für die eine Zeit bestimmt ist, im Zweifel auch vorher bewirken. Nachdem dieses Schuldnerrecht dem Gläubiger jedoch keinen Anspruch „zu dieser Zeit" vermittelt, kann es auch keine Kongruenz begründen. Daran ändert auch die Tatsache nichts, daß der Gläubiger die Leistung nur mit Wirkung des Annahmeverzuges gemäß § 299 BGB ablehnen darf; anderenfalls würde nämlich der Anwendungsbereich des § 131 InsO entgegen der gesetzgeberischen Intention erheblich reduziert werden. [178]

### 3. Inkongruente Sicherung

Zu den inkongruenten Deckungen zählen auch Sicherungen, die der Gläubiger nicht, nicht in der Art oder nicht zu der Zeit beanspruchen durfte. Unter einer Sicherung versteht man dabei die Einräumung einer Rechtsposition, welche die Durchsetzung des Anspruchs erleichtert und sich von der Leistung, die der Gläubiger kraft seines Anspruchs fordern darf, wesensmäßig unterscheidet. [179] Die Sicherung stellt daher gegenüber der Befriedigung kein rechtliches Minus, sondern ein aliud dar; beide stehen gleichrangig nebeneinander, ohne daß der Anspruch auf das eine den Anspruch auf das andere bereits beinhaltet. [180]

---

174 Vgl.: *Baur/Stürner* Rdnr. 19.36; *von Campe* S. 103; *Kilger/Schmidt* § 30 Anm. 19 c; nach deren richtiger Ansicht führt allein die Tatsache, daß eine Forderung bedingt oder befristet ist, nicht zu einer „nicht zu der Zeit", sondern zu einer „nicht" zu beanspruchenden Deckung (a.A.: *OLG Köln* KTS 1971 S. 51 (52); *Kuhn/Uhlenbruck* § 30 Rdnr. 51; *Smid/Zeuner* § 131 Rdnr. 24; siehe dazu oben: § 4 III 2 a).

175 *Henckel* in Jaeger § 30 Rdnr. 215 - *Von Campe* ( S. 102) unterstellt *Henckel* fälschlicherweise hier gerade die sehr gewagte und gegenteilige Ansicht, übersieht jedoch, daß *Henckel* (ders.: in Jaeger § 30 Rdnr. 200 f und 215) allein auf die Variante anspielt, daß noch vor den anfechtungsrelevanten Zeitraum der Fälligkeitstermin der Leistung vorverlegt wurde (siehe dazu auch oben: § 4 III 1 b bb).

176 Siehe nur: *Henckel* in Jaeger § 30 Rdnr. 217.

177 *Eichberger* S. 138; *Henckel* in Jaeger § 30 Rdnr. 217; *Kilger/Schmidt* § 30 Anm. 19 c; *Wolff* „Die Konkursordnung" § 30 Anm. 9

178 Schöne Darstellung bei: *Eichberger* S. 138 f; im Ergebnis ebenso: *Henckel* in Jaeger § 30 Rdnr. 217; *Kilger/Schmidt* § 30 Anm. 19 c.

179 *Baur/Stürner* Rdnr. 19.35; *von Campe* S. 159; vgl auch oben: § 4 I 2.

180 So: *RGZ* 39 S. 122 (123); *BGHZ* 34 S. 254 (258); *Eichberger* S. 139; *Henckel* in Jaeger § 30 Rdnr. 218; *Kuhn/Uhlenbruck* § 30 Rdnr. 52 b.

Eine Sicherheitenbestellung kann aus diesem Grund nur dann als kongruent betrachtet werden, wenn der Gläubiger zum Zeitpunkt der Vornahme der Sicherungshandlung einen **speziellen** materiellrechtlichen Anspruch auf die Bestellung derselben hat. Hierzu ist eigens ein auf die Sicherungsbestellung gerichteter Anspruch notwendig, der Anspruch auf Befriedigung einer Forderung vermittelt hingegen aus sich selbst heraus noch keinen Sicherungsanspruch. Allerdings muß dieser Sicherungsanspruch nicht ausschließlich vertraglicher Natur sein, sondern auch gesetzliche Ansprüche auf eine Sicherheit begründen deren Kongruenz: [181] So ist die Sicherheit die der Hauptschuldner dem Bürgen nach § 775 II BGB unter den Voraussetzungen des § 775 I BGB leistet genauso eine kongruente, wie die Bauhandwerkersicherungshypothek, auf die der Werkunternehmer einen Anspruch gemäß § 648 BGB hat.

Im Sinne dieser Definition gehören zu den nach § 131 InsO relevanten Sicherheiten alle Arten von Pfandrechten an beweglichen Sachen, Rechten oder Grundstücken, fiduziarische Sicherheiten, wie Sicherungsübereignung, Sicherungszession und Eigentumsvorbehalt, sowie die Zurückbehaltungsrechte. [182]

a) Sicherung „nicht" zu beanspruchen

Der wichtigste Fall der inkongruenten Sicherungshandlung liegt dann vor, wenn der Gläubiger gar keinen Anspruch auf die erlangte Sicherheit hat. Dabei ist es unbeachtlich, ob er die Sicherheit kraft Vertragsabrede, Gesetzes oder durch eine Maßnahme der Zwangsvollstrekkung erlangt hat. [183]

aa) Bestimmtheit des Sicherungsanspruchs

Hier wie bei der inkongruenten Befriedigung müssen die erlangte Sicherung mit einem eventuell bestehenden Anspruch auf Sicherung verglichen werden, um festzustellen, ob die Deckungshandlung inkongruent ist.

Dabei gilt der Grundsatz, daß nur derjenige einen die Inkongruenz verhindernden Anspruch auf Sicherung hat, dessen Anspruch konkret auf die Sicherung gerichtet war, die er auch erhalten hat. [184] Allein das Bestehen eines allgemeinen Sicherungsanspruchs ohne nähere Bestimmung über dessen Form oder Umfang reicht dafür nicht aus. Diese Einschränkung soll

---

181 Vgl.: *Henckel* in Jaeger § 30 Rdnr. 223; *Kilger/Schmidt* § 30 Anm. 20; inzwischen auch: *Kuhn/Uhlenbruck* § 30 Rdnr. 53 ff.

182 *Von Campe* S. 159; *Häsemeyer* 1. Auflage S. 473

183 *Henckel* in Jaeger § 30 Rdnr. 218

184 Vgl.: *BGHZ* 33 S. 389 (392 ff); *BGH* NJW 1969 S. 1718; BGH ZIP 1998 S. 248 (250); *Baur/Stürner* Rdnr. 19.35; *von Campe* S. 162; *Echardt* „Kreditsicherung versus Insolvenzanfechtung" in ZIP 1999 S. 1417 (1418); *Henckel* in Jaeger § 30 Rdnr. 220; *Kilger/Schmidt* § 30 Anm. 20; *Kreft* in Heidelberger Kommentar zur Insolvenzordnung § 131 Rdnr. 13; *Kuhn* „Die Rechtsprechung des BGH zum Insolvenzrecht" in WM 1964 S. 998 (1000); a.A.: *Scholz* „Konkursrechtliche Anfechtbarkeit einer in Erfüllung eines inhaltlich unbestimmten Anspruchs gewährten Sicherung" in NJW 1961 S. 2006.

nach dem *BGH* sogar dann gelten, wenn der Schuldner zuletzt nur noch über ein einziges werthaltiges Sicherungsgut verfügt. [185]

Abstrakt formuliert lautet die Bestimmtheitsvoraussetzung daher: [186] Die Kongruenz einer Sicherungshandlung ergibt sich nur aus einer solchen Sicherungsabrede, die hinsichtlich Art, Umfang und Zeitpunkt der Sicherungsbestellung so bestimmt ist, daß sie einen klagbaren Anspruch auf Übertragung des Sicherungsgegenstandes gewährt.

bb) Sicherheitenaustausch

Genau wie bei der Befriedigung gilt auch bei der Sicherung, daß die nachträgliche Änderung des Sicherungsanspruchs in der anfechtungsrelevanten Phase grundsätzlich nicht zu einer Änderung der Qualität des Anspruchs führen kann. [187] So stellt eine außerhalb der anfechtungsrelevanten Zeit gewährte oder geänderte und innerhalb dieses Zeitraums erlangte Sicherung eine kongruente Handlung dar; eine Änderung des Anspruchs auf Sicherung innerhalb des tatbestandlichen Zeitraums führt hingegen wie deren Gewährung grundsätzlich zu einer inkongruenten Sicherungserlangung.

Neu ist der Fall, daß eine Sicherheit unanfechtbar gewährt und zu diesem Zeitpunkt schon vereinbart wurde, daß später ein Sicherheitenaustausch erfolgen werde. [188] Diese Ersetzung der einen mit der anderen Sicherung stellt grundsätzlich eine kongruente Deckung dar, da dem Gläubiger ein Anspruch auf die neu gewährte Sicherheit zustand. [189] Allerdings kommt hier eine Anfechtung in Betracht, wenn durch diesen Sicherheitenaustausch eine Gläubigerbenachteiligung eingetreten ist. [190]

*Von Campe* überträgt diesen Fall nun auch auf die Vereinbarung eines späteren Sicherheitentauschs innerhalb der anfechtungsrelevanten Frist: [191] Dabei stellt er zunächst richtigerweise fest, daß bei einer solchen Vereinbarung innerhalb der Frist des § 131 InsO grundsätzlich eine inkongruente Sicherung vorliegt. Seiner Ansicht nach kommt eine Anfechtung aber nur dann in Betracht, wenn eine Gläubigerbenachteiligung festzustellen sei. Dem ist in der Argumentation so nicht zu folgen: Beim zur Konkursordnung diskutierten Ausgangsfall kommt es darauf an, daß die antizipierte Vereinbarung des Sicherheitentauschs - also die Vereinbarung über die

---

185 *BGH* ZIP 1999 S. 76 = EWiR § 10 GesO 1999 S. 169 mit Anmerkung *Haas*

186 So: *von Campe* S. 162 in Anlehnung an BGH KTS 1968 S. 235; auch *Kuhn/Uhlenbruck* stellen auf die Klagbarkeit des Sicherungsanspruchs ab (*dies*.: § 30 Rdnr. 52).

187 Siehe oben: § 4 III 1 b bb sowie zur Sicherheitsbestellung: *von Campe* S. 162 f; *Henckel* in Jaeger § 30 Rdnr. 200.

188 Eine solche Vereinbarung wird regelmäßig beim verlängerten Eigentumsvorbehalt vereinbart: Hier wird vereinbart, daß das Eigentum als Sicherheit später durch die Kaufpreisforderung ersetzt wird.

189 *Von Campe* S. 162; *Kuhn/Uhlenbruck* § 30 Rdnr 47 a

190 *Gerhardt/Merz* (*dies*.: S. 118 ff) und *Serick* (*ders*.: „Eigentumsvorbehalt und Sicherungsübertragung" Band III § 35 IV 5 a (S. 333 f)) nehmen eine solche an, wenn die neu gewährte Sicherung höherwertiger ist als die alte, was dann der Fall sei, wenn der Wert der Forderung den Wert der Ware übersteige; *Henckel* hingegen lehnt diese Konstruktion ab, da von Anfang an der höhere Wert der Forderung nicht zum haftenden Vermögen des Schuldners gehörte (*ders*.: in Jaeger § 29 Rdnr. 159 a. E.). Er nimmt vielmehr eine Benachteiligung nur dann an, wenn die Sicherheit selbst erweitert wird (*ders*.: in Jaeger § 30 Rdnr. 221).

191 *Von Campe* S. 163

ursprünglichen und die auszutauschenden Sicherheit - vor dem anfechtungsrelevanten Zeitraum vereinbart wurde. Erfolgte die Vereinbarung über die Bestellung der Sicherheit und deren späteren Austausch allerdings erst innerhalb dieses Zeitraumes, so bestand schon kein Anspruch auf Bestellung der ursprünglichen Sicherheit und damit erst recht keiner auf die ausgetauschte Sicherheit. Dieser Fall impliziert somit schon eine Gläubigerbenachteiligung.

Allerdings ist *von Campe* insoweit recht zu geben, als er auf Fälle anspielt, [192] in denen die ursprüngliche Sicherheit anfechtungsfest vereinbart wurde, deren Austausch jedoch innerhalb der Vornahmefrist des § 131 InsO. Diese Sicherung ist als inkongruent anzusehen, allerdings muß hier zur Anfechtbarkeit auch eine Gläubigerbenachteiligung nachgewiesen werden.

cc) Einzelfälle

Fraglich ist die Behandlung von den Fällen, in denen einem Gläubiger vor der Krise eine **nichtakzessorische Sicherung** [193] unter der Maßgabe bestellt wurde, daß dadurch auch künftig erworbene Forderungen gegen den Schuldner gesichert werden sollen. Nach der herrschenden Meinung [194] zur Konkursordnung ist eine solche Sicherung in dem Umfang, in dem sie die erst in der kritischen Zeit erworbene Forderung sichert, als inkongruente Sicherung anfechtbar. Begründet wird dies damit, daß der Gläubiger durch die Vereinbarung zwar einen grundsätzlichen Sicherungsanspruch hinsichtlich künftiger Forderungen besaß, dieser allerdings zu unbestimmt ist und daher ein die Kongruenz herstellender Anspruch fehlt.

Nach anderer Ansicht [195] scheidet die Anfechtung wegen inkongruenter Deckung aus, da der Anfechtungsgegner in dem Zeitpunkt, in dem er die Deckung erhält, noch nicht Gläubiger des Schuldners war. [196] Dazu müßte ihm nämlich die gesicherte Forderung schon vor der Erlangung der Sicherung zugestanden haben; vorliegend bestand allerdings zunächst nur die grundschuldliche Sicherung und erst danach entstand die Forderung. [197] Nach dieser Ansicht kommt daher lediglich eine Anfechtung wegen einer unmittelbar nachteiligen Rechtshandlung gemäß § 132 InsO in Betracht. [198]

Allerdings überzeugt diese Ansicht nur bedingt: So erscheint der Vorwurf der fehlenden Gläubigerstellung zwar nachvollziehbar, aber unbedeutend. Ist es zweifellos Grundvoraussetzung für eine Insolvenzanfechtung, daß der Anfechtungsgegner zum Zeitpunkt der gläubigerbenachteiligenden Handlung auch selbst Gläubiger war - andernfalls fehlt eben diese

---

192 An der mangelnden Unterscheidung dieser beiden Fälle setzt letztlich die Kritik an *von Campe* daher auch an.

193 Zum Beispiel eine Grundschuld.

194 *BGHZ* 59 S. 230 (231 ff); *BGH* BB 1958 S. 573; *BGH* BB 1975 S. 583; *Gerhardt/Merz* S. 119 ff; *Kilger/Schmidt* § 30 Anm. 20; *Kuhn/Uhlenbruck* § 30 Rdnr. 52 e

195 *Henckel* in Jaeger § 30 Rdnr. 226 ff; ebenso: *von Campe* S. 163 ff.

196 Der Wortlaut „Insolvenzgläubiger" macht diese Voraussetzung deutlich; vgl. auch: *Baur/Stürner* Rdnr. 19.39; *Eichberger* S. 116; siehe auch oben: § 4 I 3

197 Die gleiche Problematik erkennt auch: *Honsdorf* „Die Aufrechnung im Konkurs" S. 80 ff.

198 Bei einer Sicherungsgrundschuld erfolgt die Sicherung erst mit dem Erwerb der Forderung gegen den Schuldner; zu diesem Zeitpunkt tritt auch eine unmittelbare Benachteiligung der Gläubiger ein, da der Schuldner die Einrede der Nichtvalutierung verliert, ohne eine Gegenleistung zu erlangen (so auch: von Campe S. 164 f; zu § 30 Nr. 1 Fall 1 KO: *Henckel* in Jaeger § 30 Rdnr. 226 ff).

Benachteiligung der übrigen Gläubiger - so erscheint es jedoch als engstirnig, an diesem Erfordernis im vorliegenden Fall eine Anfechtung nach § 131 InsO scheitern zu lassen. Genau im Zeitpunkt des Forderungserwerbs wird der Sicherungsnehmer nämlich auch Insolvenzgläubiger; gläubigerbenachteiligende Handlung und Erlangung der Gläubigerstellung treffen daher zumindest zeitlich zusammen, so daß von einem Fehlen derselben auch nur sehr bedingt gesprochen werden kann. Im Ergebnis ist daher auch entgegen dieser Meinung die erleichterte Anfechtung wegen inkongruenter Deckung vorzuziehen.

Noch weitgehend ungeklärt ist zudem die Frage, ob das **Pfandrecht der Banken**, welches aus Nr. 14 AGB-Banken [199] folgt, als inkongruent anzusehen ist. Unentschlossen zeigt sich diesbezüglich die der Rechtsprechung des *BGH.* [200] *Eckardt* weist jedoch richtig und schlüssig nach, daß das AGB-Pfandrecht eine kongruente Deckung bewirkt: [201] So enthalte ein AGB-Pfandrecht nicht nur allein das antizipierte dingliche Vollzugsgeschäft für die Verpfändung, sondern zugleich die Sicherungsabrede als dessen schuldrechtliche Grundlage. Auch fehle es nicht an der notwendigen Bestimmtheit, da das Bezugssubstrat der Sicherung - allein um den sachenrechtlichen Bestimmtheitsgebot zu genügen - in hinreichend bestimmter Form festgelegt ist.

Gleiches gilt auch bei der **Vorausverpfändung künftiger Vermögenswerte**. Zwar entsteht das Pfandrecht hier erst, wenn die verpfändete Forderung entstanden oder die verpfändete Sache in den Besitz des Pfändungsgläubigers gelangt ist. [202] Hieraus kann aber nicht gefolgert werden, daß das die Geltendmachung des Pfandrechts eine inkongruente Deckung nach sich ziehe. Denn das Pfandrecht entsteht nach der AGB-Bestimmung stets auf einer von Anfang an wirksamen und rechtfertigenden Grundlage, [203] da das Pfandrecht in anfechtungsfreier Zeit geschaffen und danach nicht mehr geändert wurde. Es fehlt daher an einer Abweichung von der privatautonom getroffenen Disposition und daher an der Rechtfertigung für eine Einstufung als inkongruente Deckung.

### b) Sicherung „nicht in der Art" zu beanspruchen

Eine Rechtshandlung ist gemäß § 131 InsO weiterhin dann anfechtbar, wenn der Anfechtungsgegner dadurch eine Sicherung erlangt hat, die er nicht in der Art zu beanspruchen hatte. Dies ist etwa dann der Fall, wenn anstelle der geschuldeten Bestellung einer Grundschuld eine Sicherungszession vorgenommen wird.

Der Grund für eine Einordnung dieser Arten der Sicherungsbestellung als inkongruente Sicherung ist der, daß zugunsten der übrigen Gläubiger zu berücksichtigen ist, daß die von der geschuldeten Sicherung abweichende Sicherung eventuell nur deshalb geleistet wurde, weil

---

199 Vgl. zur Anfechtbarkeit von Zwangsvollstreckungshandlungen auch unten: § 4 III 4.

200 *BGH* ZIP 1998 S. 793 (798) geht von der Inkongruenz aus; *BGH* ZIP 1999 S. 76 von der Kongruenz der Deckung.

201 *Eckardt* in ZIP 1999 S. 1417 (1419 f)

202 Auch für die Anfechtbarkeit ist daher auf diesen Zeitpunkt abzustellen: *BGHZ* 30 S. 238 (239 f); *BGH* ZIP 1998 S. 793 (798).

203 *Eckardt* in ZIP 1999 S. 1417 (1420); anderer Ansicht allerdings: *Paulus* in *Kübler/Prütting* „Kommentar zur Insolvenzordnung" § 131 Rdnr. 12.

andere Sicherheiten nicht mehr vorhanden waren; diese erhöhte Verdächtigkeit muß sich daher in einer vereinfachten Anfechtbarkeit widerspiegeln. [204] Aus diesem Grund ist nach herrschender Meinung auch das Merkmal der Sicherung „in der Art" grundsätzlich eng auszulegen. [205]

Allerdings darf diese enge Auslegung andererseits nicht dazu führen, daß allzu geringfügige Abweichungen von der vertraglich geschuldeten Sicherheit zu einer Inkongruenz dieser Bestellung führen. [206] In einem solchen Fall eine implizierte Verdächtigkeit anzunehmen würde zu weit gehen. Nach *Henckel* [207] ist hierbei zum einen auf die Gleichheit des bezogenen Vermögensgegenstandes abzustellen und zum anderen auf die wertmäßige Gleichwertigkeit. Daher nimmt er eine kongruente Sicherung auch für den Fall an, daß der Gläubiger statt der Sicherungshypothek eine Grundschuld erlangt, [208] dieser anstatt des versprochenen Pfandrechts an einer Forderung eine Sicherungsabtretung erhält [209] oder statt der Verpfändung einer Sache dieselbe sicherungsübereignet wird [210].

Als Begründung für diese Ansicht wird angeführt, solche Sicherungsrechte führten im Konkursverfahren ohnehin - gleich welcher Art sie im einzelnen sind - zu einem Absonderungsrecht. [211] Allerdings ist dem entgegenzuhalten, daß der Hauptgrund für eine Einordnung einer Deckung als inkongruent nicht deren stärkere Benachteiligung der Gläubiger darstellt, sondern deren erhöhte Verdächtigkeit; [212] in einem solchen Fall liegt eben der Verdacht nahe, der Schuldner könne keine andere Sicherung leisten. Führt daher die fehlende Belastung der Gläubiger durch den Sicherheitenwechsel höchstens zu einem Fehlen der Gläubigerbenachteiligung, so rechtfertigt allein die mangelnden Verdächtigkeit eines solchen Austausches die Nichtannahme der Inkongruenz dieser Deckungen. [213]

### c) Sicherung „nicht zu der Zeit" zu beanspruchen

Weiterhin stellt jede Sicherung, die der Gläubiger zwar grundsätzlich aber „nicht zu der Zeit" zu beanspruchen hatte, eine inkongruente Deckungshandlung dar. Dies ist dann der Fall, wenn

---

204 Vgl. dazu: *BGH* BB 1952 S. 868; *Henckel* in Jaeger § 30 Rdnr. 229.

205 *Lange* „Voraussetzungen und Wirkung der Konkursanfechtung" S. 171; *Serick* Band III § 35 IV 53 a (S. 324); *Eichberger* sieht aus diesem Grund unbestimmte Sicherungsrecht als „nicht in der Art" zu beanspruchende Sicherungen an (*ders.*: S. 140), übersieht dabei allerdings, daß allein das Bestehen eines allgemeinen Sicherungsanspruchs nach h. M. (BGH NJW 1969 S. 1718; *Baur/Stürner* Rdnr. 19.35; *Henckel* in Jaeger § 30 Rdnr. 220) nicht einmal zum Bestehen eines eigentlich zu beanspruchenden Anspruchs auf Sicherung führt (siehe auch oben: § 4 III 3 a aa).

206 Vgl: *von Campe* S. 167; *Henckel* in Jaeger § 30 Rdnr. 229; *Kuhn/Uhlenbruck* § 30 Rdnr. 56; *Serick* Band III § 35 IV 53 a (S. 324)

207 in Jaeger § 30 Rdnr. 229

208 Ebenso: *Kuhn/Uhlenbruck* § 30 Rdnr. 56.

209 Ebenso: *RG* JW 1909 S. 734; *von Campe* S. 167.

210 Ebenso: *von Campe* S. 167; *Kuhn/Uhlenbruck* § 30 Rdnr. 56.

211 *Lent* in Jaeger § 30 Anm. 57; wohl auch: *Henckel* in Jaeger § 30 Rdnr. 229; hinter dieser Aussage steht die zur KO zutreffende Ansicht, die Deckung eines Absonderungsrechts führe zu keiner Gläubigerbenachteiligung; allerdings trifft dies zur InsO nicht mehr zu (vgl. dazu oben: § 3 II 2 b aa).

212 *Von Campe* S. 167 f

213 So richtig: *RG* WarnRspr 1933 Nr. 18; *BGH* LM Nr. 1 zu § 30 KO; *von Campe* S. 168.

der Schuldner dem Gläubiger eine Sicherung gewährt, bevor der diesbezügliche Sicherungsanspruch fällig geworden ist. [214]

## 4. Inkongruente Deckung durch Zwangsvollstreckung

Untersucht man die Anfechtbarkeit von Deckungen des Gläubigers, die dieser durch Zwangsvollstreckungshandlungen erlangt hat, so treten zunächst zweierlei Fragestellungen in den Vordergrund: Zum eine stellt sich die Frage, ob solche Handlungen überhaupt anfechtbar ist; zum anderen ist fraglich, ob es sich bei solchen Handlungen um kongruente oder inkongruente Deckungen handelt. Darüber hinaus interessiert - die Anfechtbarkeit vorausgesetzt - das Verhältnis der Anfechtung von Zwangsdeckungen zu der Vollstreckungssperre des § 88 InsO.

### a) Anfechtbarkeit von Zwangsvollstreckungshandlungen

Schon zur Konkursordnung wurde einhellig die Meinung vertreten, daß auch Deckungen, die durch Zwangsvollsteckungsmaßnahmen des Gläubigers erreicht wurden, uneingeschränkt im Wege der besonderen Konkursanfechtung rückgängig gemacht werden können. [215] So sollten unter den Begriff der Rechtshandlungen auch Parteihandlungen in der Zwangsvollstreckung fallen [216] und als handelnde Personen waren in einem solchen Fall nicht die Vollstreckungsorgane, sondern die Vollstreckungsgläubiger anzusehen [217].

Die Insolvenzordnung manifestiert diese Meinung noch: So ist in § 141 InsO ausdrücklich geregelt, daß die Insolvenzanfechtung nicht dadurch ausgeschlossen wird, daß die Sicherung oder Befriedigung durch Zwangsvollstreckung erlangt worden ist. Auch der Grund für die Insolvenzanfechtung bestätigt dieses Ergebnis, da durch Zwangsdeckungen in einem besonderem Maße die Gleichbehandlung der Gläubiger gefährdet wird.

Unter solch anfechtbare Vollstreckungshandlungen fallen hierbei zum Beispiel die Pfändung von beweglichen Sachen oder Forderungen, die Begründung einer Zwangshypothek, die Anordnung einer Zwangsversteigerung eines Grundstücks sowie die Auszahlung des Erlöses aus der Versteigerung von Vermögensgegenständen des Schuldners. Wie diese beispielhafte Aufzählung schon zeigt, führen die Vollstreckungshandlungen teilweise nur zur Sicherung des Gläubigeranspruchs, teilweise allerdings auch zu dessen Befriedigung. Dennoch sollen sie im Folgenden zusammen behandelt werden.

---

214 Siehe dazu mit weiteren Nachweisen - zur „nicht zu der Zeit" zu beanspruchenden Befriedigung – oben: § 4 III 2 c

215 *RGZ* 2 S. 374 (375); *BGHZ* 34 S. 254 (256); *Henckel* in Jaeger § 29 Rdnr. 4 und 26 ff sowie § 30 Rdnr. 231 ff; *Kuhn/Uhlenbruck* § 29 Rdnr. 16; *Nowack* „Rückschlagsperre und Anfechtbarkeit von Vollstreckungsakten - ein Beitrag zur Reform des Insolvenzrechts" in KTS 1992 S. 161 ff

216 *Henckel* in Jaeger § 29 Rdnr. 4; sowie oben: § 3 I 1 b.

217 *Henckel* in Jaeger § 29 Rdnr. 26; sowie oben: § 3 I 2 b bb.

b) Zuordnung der Zwangsvollstreckungshandlungen

Schwieriger stellt sich allerdings die Beantwortung der Frage nach der Zuordnung der Vollstreckungshandlungen dar. So gehen *Baur/Stürner* [218] davon aus, daß die Befriedigung durch Zwangsvollstreckung eine kongruente Deckung darstelle, da der Gläubiger durch die Vollstreckungshandlung im Ergebnis nur das erhalte, was er auch zu fordern berechtigt war; die Sicherung durch Zwangsvollstreckung sei wiederum als Vorstufe der Befriedigung ebenso zu behandeln.

Demgegenüber vertrat die herrschende Meinung zur Konkursordnung eine differenzierende Auffassung: [219] Grundsätzlich stellten Zwangsvollstreckungsmaßnahmen demnach inkongruente Deckungen dar. Dies habe seinen Grund darin, daß der Vollstreckungsgläubiger keinen Anspruch auf das Pfändungspfandrecht und daher auch keinen Anspruch auf den Erlös habe. Nachdem bei der Pfändung von Geld jedoch kein Pfändungspfandrecht entstünde, handele es sich bei deren Pfändung und Auszahlung um eine kongruente Deckung; zudem erhalte der Gläubiger hier auch tatsächlich nur das, was ihm zusteht.

*Henckel* [220] und mit ihm ein anderer Teil der Literatur [221] befürworteten hingegen schon zur Konkursordnung die ausnahmslose Einordnung der Vollstreckungshandlungen als inkongruente Handlungen: So ergebe sich die Inkongruenz der Deckung daraus, daß der Gläubiger vom Eintritt der Krise an kein Recht habe, sich mit Hilfe des Prioritätsprinzips der Einzelzwangsvollstreckung einen Vorteil gegenüber den anderen Gläubigern zu verschaffen; hinzu käme der Zweck der Anfechtung wegen inkongruenter Deckung. Muß sich dem Gläubiger aus der Art der Befriedigung oder Sicherung die Vermutung aufdrängen, er werde vor anderen Gläubigern begünstigt, so ist er nur eingeschränkt schutzwürdig und diese Handlung muß nach den erleichterten Bedingungen inkongruenter Deckungen anfechtbar sein.

Der herrschenden Meinung hält diese Ansicht zudem entgegen, daß das Pfändungspfandrecht aufgrund staatlichen Hoheitsaktes entstehe und daher der zur Kongruenzbegründung erforderte vertragliche Anspruch darauf nicht bestehen könne. Vielmehr gelange man zwangsläufig zu einem „Zirkelschluß" [222], wenn man anhand des Fehlens eines Erfordernisses, welches nicht eintreten kann, zu dem Ergebnis kommt, dieses Fehlen begründe die Inkongruenz der Deckung. Daher fällt auch die Begründung für die Unterscheidung zwischen allgemeiner Zwangsvollstreckungsmaßnahme und der Geldpfändung in sich zusammen. Blickt man hingegen hier wieder auf den Zweck der Anfechtung nicht zu beanspruchender Deckungen, so ist zu erkennen, daß auch die Pfändung von Geldforderungen eine inkongruente Deckung darstellt.

---

218 Rdnr. 19.37 f

219 *RGZ* 10 S. 33 (34 ff); *RGZ* 78 S. 331 (334); *BGHZ* 34 S. 254 (256); *BGH* KTS 1984 S. 680; *BayObLG* KTS 1996 S. 444; *Cosack* „Das Anfechtungsrecht des Gläubigers eines zahlungsunfähigen Schuldners nach deutschem Reichsrecht" S. 202 ff; *Hess* § 30 Rdnr. 56; *Jauernig* „Zwangsvollstreckungs- und Insolvenzrecht" § 51 IV 3; *Kilger/Schmidt* § 30 Anm. 20; *Kuhn/Uhlenbruck* „Konkursordnung" 10. Auflage § 30 Rdnr. 52 b und c

220 in Jaeger Rdnr. 233 ff; *ders.*: in ZIP 1982 S. 391 (396)

221 *Hüper* „Zwangsvollstreckung als inkongruente Deckung" S. 48 ff insbesondere S. 76 ff sowie S. 87 ff; *Kuhn/Uhlenbruck* (11. Auflage) § 30 Rdnr. 47 b

222 So: *Henckel* in Jaeger § 30 Rdnr. 234.

Der Meinung *Henckels* ist auch zur Insolvenzordnung zu folgen. [223] Dies hat einmal seinen Grund darin, daß ihre Sachargumente die überzeugenderen sind; aus dem Nichtbestehen eines Anspruchs auf das Pfändungspfandrechts auf die Inkongruenz zu schließen, erscheint wahrlich als dogmatisch sehr fraglich. Demgegenüber überzeugt das Abstellen auf den Zweck der Unterscheidung zwischen Kongruenz und Inkongruenz; ist der Gläubiger bei verdächtiger Rechtshandlung weniger schutzwürdig und diese daher gemäß § 131 InsO anfechtbar und tritt diese Verdächtigkeit durch die Nichtzahlung des Schuldners gerade zutage, so begründet sich allein daraus die Zuordnung der Vollstreckungshandlung zu § 131 InsO. Auch kann der Ausgangspunkt von *Baur/Stürner* [224] nicht ausschlaggebend sein, der Gläubiger erhalte nur das, was er auch fordern durfte. Der § 131 InsO macht doch in seiner Tatbestandsalternative der „nicht in der Art" zu beanspruchenden Deckungen gerade deutlich, daß allein ein wertentsprechender Anspruch nicht zur Begründung der Kongruenz der Deckung ausreicht.

Auch ist die Begründung die Verfechter der differenzierenden Auffassung, bei der Pfändung von Geld bestehe kein Pfändungspfandrecht, heute hinfällig. Nach neuerer und inzwischen wohl herrschender Ansicht [225] entsteht nämlich auch bei der Pfändung von Geld ein Pfändungspfandrecht.

Darüber hinaus hat der Gesetzgeber der Insolvenzordnung in den Gesetzesmaterialien ausdrücklich festgestellt, daß es sich - auch seiner Ansicht nach - bei Zwangsvollstreckungshandlungen grundsätzlich um inkongruente Deckungen handelt. So heißt es in der Begründung zum *Gesetzentwurf*, [226] § 146 Nr. 1 RegE (~ § 131 I Nr. 1 InsO) ergänze § 99 RegE (~ § 88 InsO). Letzterer erklärt innerhalb eines gewissen Zeitraums durch Zwangsvollstreckungsmaßnahmen erzielte Sicherungsmaßnahmen für unwirksam; eine Ergänzung desselben durch § 131 InsO kann daher nichts anderes bedeuten, als daß außerhalb dieses Zeitraums dieselben Maßnahmen als inkongruente Deckungen anfechtbar sind. Im ersten Bericht der *Kommission für Insolvenzrecht* [227] heißt es zudem explizit, auch eine Zwangsvollstreckung wegen Geldforderung sei unter den objektiven Voraussetzungen des § 131 InsO anfechtbar. [228]

---

223 So auch: *von Campe* S. 111 f; *Gerhardt* „Probleme der Mobiliar- und Immobiliarvollstreckung nach der InsO" in *Henckel/Kreft* „Insolvenzrecht 1998" S. 217 (229);*Häsemeyer* Rdnr. 21.56; *Kreft* in Heidelberger Kommentar zur Insolvenzordnung § 131 Rdnr. 15; *Smid/Zeuner* § 131 Rdnr. 20; anderer Ansicht allerdings weiterhin: *Hess/Weis* Rdnr. 289

224 Rdnr. 19.37 f

225 *Münzberg* in Stein/Jonas „Kommentar zur Zivilprozeßordnung" § 815 Rdnr. 14 Fn. 18 (mit vielen weiteren Nachweisen); *Rosenberg/Gaul/Schilken* „Zwangsvollstreckungsrecht" § 53 II

226 in BT-Drucksache 12/2443 S. 157

227 Begründung zu LS 5.2.2 S. 408; diesen ausdrücklichen gesetzgeberischen Willen übersehen allerdings *Hess/Weis* und kommen daher zu einem bezüglich der InsO falschen Ergebnis (*dies.*: Rdnr. 289).

228 Diese Ansicht wird damit begründet, daß das Prioritätsprinzip zu diesem Zeitpunkt dem Grundsatz der gleichmäßigen Befriedigung der Gläubiger weichen muß (Erster Bericht der *Kommission für Insolvenzrecht* Begründung zu LS 5.2.2 S. 408). In der alleinigen Bezugnahme auf die Pfändung von Geldforderungen wird allerdings deutlich, daß der Gesetzgeber wohl noch von der Richtigkeit der Begründung der herrschenden Meinung zur Konkursordnung ausgeht, denn andernfalls hätte er mit gleicher Begründung auch die anderen Vollstreckungshandlungen miteinbeziehen können, bzw. nicht zwischen Sach- und Geldpfändungen differenzieren müssen.

aa) Freiwillige Leistung zur Vollstreckungsabwendung

Fraglich ist weiterhin, wie freiwillige Leistungen zu behandeln sind, die durch den späteren Gemeinschuldner nach und aufgrund der Androhung der Zwangsvollstreckung zu deren Abwendung vorgenommen wurden. Nach der Meinung des *BGH* zur Konkursordnung stellen solche Leistungen stets eine kongruente Deckung dar, da der Gläubiger durch diese nur das erhalte, was er zu fordern berechtigt sei. [229] Wie bereits oben gezeigt wurde, kann eine solche Argumentation allerdings nicht überzeugen.

*Henckel* [230] geht demgegenüber wieder vom Grund der Unterscheidung zwischen kongruenter und inkongruenter Deckung aus: So gesehen sei eine Leistung, die ein Schuldner erst nach Androhung der Zwangsvollstreckung leistet, weniger verdachtserregend als eine Nichtleistung; es gäbe durchaus auch zahlungskräftige Schuldner, die ihre Leistung bis zum letzten Moment hinausschieben. Aus diesem Grund sei eine solche Leistung grundsätzlich auch als kongruente anzusehen, wenn nicht andere verdachtserregende Umstände hinzuträten. [231]

Noch weiter gehen *Kuhn/Uhlenbruck*; [232] nach deren Ansicht sind vollstreckungsabweisende Leistungen des späteren Gemeinschuldners in der Krise immer inkongruent. Begründet wird dies damit, daß der Schuldner in einem solchen Fall nur unter Zwang zahle.

Ist diesem Ergebnis zwar zu folgen, so überzeugt die Begründung wenig: [233] Ein Schuldner zahlt nämlich nie freiwillig, sondern immer allein aufgrund seiner schuldrechtlichen Leistungsverpflichtung. Allein deren Verstärkung durch die Androhung der Zwangsvollstreckung vermag die Inkongruenz der Deckung hingegen nicht begründen. Stellt man jedoch wieder auf die erhöhte Verdächtigkeit ab, so ist es dennoch richtig diese Leistungen als inkongruent einzuordnen: So wird allein in dem Umstand, daß der Schuldner seiner Leistungspflicht in einer anderen als der vereinbarten Art nachkommt, ein ausreichender Grund für die Annahme der Inkongruenz gesehen. Begründet wird dies mit der erhöhten Verdächtigkeit der Andersleistung. [234] Mindestens den gleichen Verdächtigkeitsgrad hat jedoch auch die Leistungserbringung, die erst nach der Androhung der Zwangsvollstreckung vorgenommen wurde. Auch hier muß der befriedigte Gläubiger damit rechnen, daß eine solche Leistung die übrigen Gläubiger benachteiligt. [235]

---

229 *BGH* KTS 1969 S. 244

230 in Jaeger § 30 Rdnr. 248 f

231 Zu dem gleichen Ergebnis bezüglich der InsO kommen: *von Campe* S. 112; *Gerhardt* in *Henckel/Kreft* S. 217 (230).

232 § 30 Rdnr. 52 c;

233 Ebenso *Hüper* S.176 ff; sowie *Messer*, der dieses Ergebnis allerdings mit der rechtlichen Identität von freiwilliger Leistung und Pfändung begründet („Die freiwillige Leistung des Schuldners in der Zwangsvollstreckung" S. 115 ff insbesondere S. 121).

234 *RG* WarnRspr 1933 Nr. 18; *BGH* LM Nr. 1 zu § 30 KO; *von Campe* S. 168; siehe dazu auch oben: § 4 III 2 b cc sowie § 4 III 3 b.

235 Zum gleichen Ergebnis kommt der Erster Bericht der *Kommission für Insolvenzrecht* in seiner Begründung zu LS 5.2.2 S. 408: Dort heißt es ausdrücklich, daß Fälle, in denen der Schuldner die zu vollstreckende Forderung erst tilgt, nachdem der Gerichtsvollzieher ihn zu Beginn der Zwangsvollstreckung zur freiwilligen Leistung aufgefordert hat, als inkongruent anzusehen sind.

bb) Einzelfälle

Zu beachten ist, daß eine vor dem kritischen Zeitpunkt **unanfechtbar vorgenommene Zwangsvollstreckung** auch innerhalb des anfechtungsrelevanten Zeitraums zur Befriedigung aus dem Pfand berechtigt. Insofern ist auch eine solche Befriedigung in der Krise nur als kongruente Deckung anfechtbar. [236]

Eine weitere Einschränkung der Grundregel, daß Zwangsvollstreckungshandlungen zu inkongruenten Deckungen führen, ist bezüglich der **Vollstreckungen wegen eines Sachleistungsanspruchs** zu machen. Vollstreckt der Gläubiger etwa wegen eines Anspruch auf Übereignung und Übergabe einer Sache, so besteht regelmäßig nicht der Verdacht, er leiste nicht, da er sich in der Krise befindet. [237] Die Weigerung, einen nicht auf einen Geldbetrag gerichteten Individualanspruch zu erfüllen, kann vielmehr auch auf Gründen beruhen, die mit einem Mangel an Zahlungsmitteln nichts zu tun haben. [238] Aus diesem Grund besteht auch kein Anlaß, der erleichterten Anfechtung gemäß § 131 InsO zuzustimmen. [239]

Gleiches gilt nach umstrittener Ansicht für den Fall, daß ein Gläubiger im Wege der einstweiligen Verfügung eine **Zwangsvormerkung** erwirkt hat. [240] Auch die Einräumung einer Vormerkung wird nämlich regelmäßig nicht aus dem Grund verweigert, daß der Gläubiger das Grundstück seinen übrigen Gläubigern erhalten will. Aus diesem Grund muß der Gläubiger aufgrund der Weigerung der Vormerkungseinräumung auch nicht den Verdacht der Schuldnerkrise haben, zumal die Vormerkung nicht nur vor der Schuldnerinsolvenz, sondern auch vor anderweitigen Verfügungen desselben schützen soll. [241]

c) Vollstreckungssperre des § 88 InsO

Im ersten Bericht der *Kommission für Insolvenzrecht* [242] heißt es, daß angesichts der Verobjektivierung der Anfechtung inkongruenter Deckungen kein Bedürfnis dafür bestehe, für diese Deckungen eine Vollstreckungssperre nach dem Vorbild der §§ 28, 87, 104 VerglO in das Insolvenzverfahren einzuführen. Mit dem § 88 InsO ist dies im Ergebnis jedoch genau erfolgt. Dies verwundert und soll im folgenden untersucht werden.

---

236 *RGZ* 9 S. 101; *RGZ* 17 S. 26; *RGZ* 40 S. 91; *Hess/Weis* Rdnr. 288; *Kuhn/Uhlenbruck* § 30 Rdnr. 52 c

237 Vgl.: *Henckel* in Jaeger § 30 Rdnr. 250.

238 So auch: Erster Bericht der *Kommission für Insolvenzrecht* Begründung zu LS 5.2.2 S. 408.

239 Anderer Ansicht ist allerdings *Pfefferle*, der jedoch gerade übersieht, daß in dieser Variante verdachtsbegründende Schuldnerhandlungen fehlen ( S. 61 ff); ebenso: *Häsemeyer* in KTS 1982 S. 507 (565).

240 So im Ergebnis: BGHZ 34 S. 254 (255 ff); *OLG Stuttgart* ZIP 1994 S. 723; *Gerhardt/Merz* S. 114 ff; *Henckel* in Jaeger § 30 Rdnr. 256; *Jauernig* § 51 IV 3; *Kreft* in Heidelberger Kommentar zur Insolvenzordnung § 131 Rdnr. 15 a. E.; anderer Ansicht: *Pfefferle* S. 81 ff; differenzierend: *Hüper* S. 125 f

241 Sehr ausführlich: *Henckel* in Jaeger § 30 Rdnr. 251 ff.

242 Begründung zu LS 5.2.2 S. 408

aa) Regelungszweck

Um das Ziel der gleichmäßigen Befriedigung der Gläubiger zu erreichen, sah die Konkursordnung vor der Eröffnung die Anfechtung (§§ 29 ff KO) und nach Verfahrenseröffnung ein Vollstreckungsverbot (§ 14 KO) vor. Die Vergleichsordnung enthielt nach der Vergleichseröffnung ebenfalls ein Vollstreckungsverbot (§ 47 VerglO), davor jedoch an Stelle einer Anfechtung die Rückschlagsperre (§§ 28, 87, 104 VerglO).[243]

Die Insolvenzordnung vereint nun beide Gesetze unter einem Mantel, „kumuliert" [244] sie. Hierbei übernimmt sie von beiden das nach der Verfahrenseröffnung geltende Vollstreckungsverbot (§ 89 InsO). [245] Vor diesem Zeitpunkt bringt sie allerdings die aus der Vergleichsordnung stammende Vollstreckungssperre (§ 88 InsO) kumulativ mit der konkursrechtlichen Anfechtung (§§ 129 ff InsO) zur Anwendung. Demnach sind Sicherungsmaßnahmen, die innerhalb eines Monats vor der Stellung des Eröffnungsantrags vorgenommen wurden, gemäß § 88 InsO unwirksam, wären gemäß § 131 InsO aber auch ohne weiteres anfechtbar.

Als Begründung zu dieser Vorschrift wird angeführt, das die Vollstreckungssperre von ihrer Funktion her insofern das Recht der Insolvenzanfechtung ergänzt, als dort eine Unwirksamkeit ipso jure nicht vorgesehen ist. [246] Dies trifft zu: So ist die Unwirksamkeit im Gegensatz zur Anfechtbarkeit gemäß § 131 InsO von den Vollstreckungsorganen von Amts wegen zu beachten und hiergegen steht dem Insolvenzverwalter dann der Rechtsbehelf der Erinnerung (§ 766 ZPO) zu.

bb) Regelungsinhalt

§ 88 InsO ist nach seinem Wortlaut auf alle Sicherungen anzuwenden, die durch Zwangsvollstreckung an dem zur Insolvenzmasse gehörenden Vermögen des Schuldners erlangt worden sind.

Einzuschränken ist dieser insofern ungenaue Wortlaut jedoch dahingehend, daß unter die von der Vollstreckungssperre erfaßten Sicherheiten nicht solche fallen, auf die der Gläubiger einen vertraglichen oder gesetzlichen Anspruch hat. [247] Ist bei solchen Sicherungen schon fraglich, ob die erlangte Deckung überhaupt im Wege der Anfechtung gemäß § 131 InsO anfechtbar ist, [248] so darf sie erst recht nicht unwirksam gemäß § 88 InsO sein. *Von Campe* [249] weist

243 Vgl. zur Rückschlagsperre: *Pfefferle* S. 97 ff.

244 So: *Gerhardt* in *Henckel/Kreft* S. 217 (228).

245 Vgl. dazu ausführlich: *Wolf* „Allgemeine Wirkung der Insolvenzeröffnung" in Leipold S. 113 (115 ff).

246 Begründung zum *Gesetzentwurf der Bundesregierung* in BT-Drucksache 12/2443 S. 137

247 Auf das Problem macht *Wolf* aufmerksam, ohne jedoch - da sein Aufsatz noch in der Gesetzgebungsphase entstand und er sich noch insgesamt gegen die Einführung der Vollstreckungssperre aussprach – zu der einschränkenden Lösung zu kommen (*ders.*: in Leipold S. 113 (116)).

248 Für die per einstweiliger Verfügung erwirkte Eintragung der vertraglich zugesicherten Vormerkung verneint dies z. B. die herrschende Meinung mit guten Gründen (siehe auch oben: § 4 III a b bb).

249 S. 114: Seiner Ansicht nach wird nämlich in § 88 InsO der Begriff der Sicherung wie im Insolvenzanfechtungsrecht im Gegensatz zum Begriff der Befriedigung verwandt. Daher seinen Handlungen, die zur Befriedigung des Anspruchs führen auch nicht von § 88 InsO erfaßt.

zudem nach, daß § 88 InsO - aus dem Gesamtzusammenhang heraus verstanden - allein solche Sicherungen umfaßt, die den zu vollstreckenden Anspruch sichern, jedoch nicht die, welche zur Befriedigung dieses Anspruchs führen. [250]

#### cc) Verhältnis zur Insolvenzanfechtung

Ihrer Struktur nach sind die Vollstreckungssperre des § 88 InsO und die Deckungsanfechtung kumulativ anwendbar. [251] Beide Tatbestände beinhalten als Schnittmenge den gleichen relevanten Zeitraum sowie die gleichen Rechtshandlungen. Dennoch schließt sich ihre Anwendbarkeit gegenseitig aus. [252] Dies ergibt sich schon aus der Überlegung, daß es in dem Fall der aus § 88 InsO folgenden Unwirksamkeit der Handlung schon an einer für die Insolvenzanfechtung notwendigen Gläubigerbenachteiligung [253] fehlt.

Allerdings finden Vollstreckungssperre und Anfechtung dann „nebeneinander" Anwendung, wenn ein Gläubiger im Wege der Zwangsvollstreckung zunächst Sicherung und dann Befriedigung erlangt hat. In diesem Fall ist die Sicherung unwirksam, die Befriedigung muß allerdings gemäß § 131 InsO angefochten werden, da eine bereicherungsrechtliche Rückabwicklung jedenfalls aufgrund des Vorliegens des schuldrechtlichen Anspruchs nicht in Betracht kommt. [254]

#### dd) Beurteilung der Vollstreckungssperre

Die Kritik, die zu der in der Insolvenzordnung gewählten Parallelstellung von Vollstreckungssperre und Anfechtung geäußert wird, geht im wesentlichen in zwei Richtungen.

Einerseits wird kritisiert, durch die gewählte Regelung werde eine bestimmte Gläubigergruppe benachteiligt. [255] So werden die Gläubiger, die in der Krise ihre Forderungen durch zwangsvollstrecklich erlangte Sicherungen erlangen, gegenüber den Gläubigern benachteiligt, die in der gleichen Zeit rechtsgeschäftlich ihre Sicherungen erlangen. Dies mag so zu begründen sein, daß erstere auch aggressiver vorgegangen sind, jedoch trügt dieses Argumentation: Zum einen unterfallen die ähnlich „aggressiven" Handlungen der Gläubiger, die direkt die Befriedigung im Wege der Zwangsvollstreckung suchen, ebenfalls nicht der Unwirksamkeitsfolge des § 88 InsO. [256] Zum anderen widerspricht es dem verfassungsrechtlich gewährleisteten Anspruch auf effektiven Rechtsschutz, wenn die Rechtsdurchsetzung im Wege der Zwangsvollstreckung gegenüber rechtsgeschäftlichen Sicherungen benachteiligt

---

250 So unterfällt zum Beispiel der durch Zwangsvollstreckung erlangte Eintragung einer Hypothek, auf die ein vertraglicher Anspruch des Gläubigers bestand, nicht der Vollstreckungssperre.

251 So auch: *Wolf* in Leipold S 113 (115).

252 Schon zu § 30 KO und §§ 104, 28 VerglO: *OLG Stuttgart* ZIP 1994 S. 722; zur InsO: *von Campe* S. 114

253 Siehe oben: § 3 II.

254 So richtigerweise: *von Campe* S. 114.

255 *Gerhardt* „Verfügungsbeschränkungen in der Eröffnungsphase und nach Verfahrenseröffnung" in „Kölner Schrift zur Insolvenzordnung" S. 159 ff Rdnr. 51 ff.

256 Über diese Diskrepanz wundern sich auch: *Baur/Stürner* Rdnr. 19.36; *Wolf* in Leipold S 113 (117).

wird. [257] Gewährt der Staat einerseits die rechtliche Möglichkeit der Zwangsvollstreckung, so darf diese andererseits nicht benachteiligt werden, sondern beide Möglichkeiten müssen vielmehr gleichbehandelt werden. [258]

Kritik wird weiterhin dahingehend geäußert, daß die Gesetz gewordene Parallelregelung im Ergebnis entbehrlich sei, da sich die Rechtsfolgen von Vollstreckungssperre einerseits und Anfechtung andererseits zwar rechtstechnisch unterscheiden, tatsächlich aber überaus ähnlich sind. [259] So ergeben sich Unterschiede primär in gewissen verfahrensmäßigen Erleichterungen.

Diese beiden Kritikpunkte führen zu zwei Schlußfolgerungen. Erstens ist der Kritik zuzustimmen, daß es sich bei der Regelung des § 88 InsO um eine sich nur schwer in die Rechtsordnung einfügende Vorschrift handelt. Zweites ist jedoch auch anzuführen, daß gerade die Unwesentlichkeit der Rechtsfolgenunterschiede dazu führt, daß die Regelung des § 88 InsO sich nicht wirklich störend auswirkt. [260] Es handelt sich daher um eine zwar systemwidrige, allerdings nicht um eine systemstörende Regelung. Dennoch hätte der Gesetzgeber besser daran getan, im Sinne seiner Feststellung im ersten Bericht der *Kommission für Insolvenzrecht* [261] auf die Vollstreckungssperre in Form des § 88 InsO gänzlich zu verzichten.

### 5. Objektive Voraussetzungen

Wie bei der Anfechtung kongruenter Deckungen müssen auch bei der Anfechtung inkongruenter Deckungen die „allgemeinen Voraussetzungen der Insolvenzanfechtung" [262] sowie die „gemeinsamen Voraussetzungen der Anfechtung von Deckungshandlungen" [263] vorliegen. So muß eine Rechtshandlung vorgenommen worden sein, die einem Insolvenzgläubiger eine Sicherung oder Befriedigung gewährt oder ermöglicht hat; diese muß die übrigen Insolvenzgläubiger benachteiligt haben und vor der Eröffnung des Insolvenzverfahrens vorgenommen worden sein. Auch hier treten - zumindest teilweise - neben dem Erfordernis der Inkongruenz der Deckung noch weitere einschränkende Tatbestandsvoraussetzungen hinzu.

#### a) Deckung einen Monat vor/nach Eröffnungsantrag

Gemäß § 131 I Nr. 1 InsO sind kongruente Deckungshandlungen anfechtbar, wenn sie im letzten Monat vor dem Antrag auf Eröffnung des Insolvenzverfahrens oder nach diesem Antrag vorgenommen worden sind.

---

257 Vgl.: *Wolf* in Leipold S 113 (116).

258 Im Ergebnis ebenso: *Gerhardt* „Insolvenzverfahren und Einzelzwangsvollstreckung" in FS 100 Jahre KO S. 111 (132); *ders.*: in Kölner Schrift zu Insolvenzordnung Rdnr. 53 f; *Pfefferle* S. 106 ff.

259 So: *von Campe* S. 115; *Gerhardt* in Kölner Schrift zu Insolvenzordnung Rdnr. 52; nicht mehr so kritisch allerdings *ders.* in *Henckel/Kreft* S. 217 (231).

260 Letztlich schwächen sich nämlich die beiden hauptsächlichen Kritikpunkte gegenseitig ab: Wird einerseits vorgetragen, § 88 InsO führe zu eine unberechtigten Ungleichbehandlung, andererseits jedoch betont, die Vorschrift habe praktisch keine Relevanz, dann fragt sich, worin den die tatsächliche Ungleichbehandlung besteht.

261 Begründung zu LS 5.2.2 S. 408

262 Siehe oben: § 3.

263 Siehe oben: § 4 I.

Gesetzestechnisch fällt hierbei zunächst auf, daß in § 131 I Nr. 1 InsO im Gegensatz zu § 130 InsO [264] die Deckungen vor der Antragstellung und danach zusammen geregelt werden. Dies hat seinen Grund darin, daß die objektiven Voraussetzungen innerhalb beider Zeiträume nicht differieren und auch nicht differieren müssen: Es gibt nämlich keine weiteren objektiven Einschränkungen im Tatbestand des § 131 I Nr. 1 InsO.

So wurde in den Voraussetzungen des § 131 I Nr. 1 InsO gänzlich auf das Erfordernis der Zahlungsunfähigkeit verzichtet. Dies entspricht der Regelung des § 30 Nr. 2 KO, welcher ebenfalls objektiv nur eine Rechtshandlung voraussetzte und mit seiner Zehn-Tage-Frist auch schon die Anfechtung solcher Handlungen, die vor der Zahlungseinstellung erfolgten, miteinbezog. [265] Dahinter steht die Überlegung, daß die besondere Nähe zur Krise verbunden mit der Verdächtigkeit der inkongruenten Deckungshandlung eine solche Anfechtungsmöglichkeit im Interesse der Gläubigergleichbehandlung zulassen muß. [266]

Im Interesse des Rechtsverkehr wurde in § 131 I Nr. 1 InsO der anfechtungsrelevante Zeitraum auf einen Monat vor Stellung des Eröffnungsantrags begrenzt. Wie im Tatbestand des § 130 InsO bezieht sich die Frist auf den Eröffnungsantrag. [267] Dies entspricht § 30 Nr. 2 KO der seine Frist ebenfalls an der Antragstellung orientierte. Allerdings wurde in der Insolvenzordnung nicht auch der zusätzliche Anknüpfungspunkt der Zahlungseinstellung beziehungsweise Zahlungsunfähigkeit gewählt. Ausschlaggebend war auch hier die Wille des Gesetzgebers, alleinig und einheitlich auf das objektiv bestimmbare Kriterium der Stellung des Eröffnungsantrags abzustellen. [268]

Im Gegensatz zur Fristenregelung des § 130 InsO hat der Gesetzgeber beim § 131 I Nr. 1 InsO tatsächlich das von ihm vorgegebene Ziel erreicht und im Wege der Einführung der einmonatigen Frist die Insolvenzanfechtung als Mittel zur Masseanreicherung durch die Erleichterung in den materiellen Voraussetzungen wirksamer ausgestaltet. Diese Erleichterung gegenüber § 30 Nr. 2 KO ist zu begrüßen. [269] Mit dieser Vorschrift wurde so eine äußerst wirksame Waffe zur Durchsetzung der Gläubigergleichbehandlung geschaffen.

---

264 Siehe dazu oben: § 4 II 2 a und § 4 II 2 b.

265 Vgl.: *Henckel* in Jaeger § 30 Rdnr. 187 f.

266 So zu § 30 Nr. 2 KO: *Henckel* in Jaeger § 30 Rdnr. 185; *Kuhn/Uhlenbruck* § 30 Rdnr. 57; zu § 130 I Nr. 1 InsO: Erster Bericht der *Kommission für Insolvenzrecht* Begründung zu LS 5.2.2 S. 406 f und 409; *Eichberger* S. 141 f; *Häsemeyer* Rdnr. 21.55; *Henckel* in Kölner Schrift zur Insolvenzordnung Rdnr. 26

267 Siehe zum Grund für diese Bezugnahme auf den Eröffnungsantrag, zu ihren Auswirkungen und Vorteilen oben: § 4 II 2 a aa

268 So auch: Erster Bericht der *Kommission für Insolvenzrecht* Einführung zum Anfechtungsrecht S. 401 sowie Begründung zu LS 5.2.2 S. 407; *Eichberger* S. 69 sowie oben: § 4 II 2 a aa; zudem wird angeführt, daß angesichts der Verlängerung des Verdachtzeitraums der Unterschied zur Konkursordnung nur gering sein wird (Erster Bericht der *Kommission für Insolvenzrecht* Begründung zu LS 5.2.2 S. 407).

269 So auch: *von Campe* S. 116; *Eichberger* S. 151 f; *Gerhardt* in Festschrift für Brandner 1996 S. 605 (614); *Häsemeyer* Rdnr. 21.55; *Henckel* in Kölner Schrift zur Insolvenzordnung Rdnr. 26.

b) Deckung zweiter/dritter Monat vor Eröffnungsantrag

Über die zeitliche Begrenzung des § 131 I Nr. 1 InsO hinausgehend wurde im § 131 I Nr. 2 und 3 InsO die Möglichkeit geschaffen, auch solche inkongruente Deckungen anzufechten, die innerhalb des zweiten oder dritten Monats vor der Stellung des Eröffnungsantrags vorgenommen wurden. Im Gegensatz zu der Anfechtung von Rechtshandlungen innerhalb der einmonatigen Frist müssen in einem solchen Fall allerdings noch zusätzliche objektive Voraussetzungen erfüllt sein.

aa) Zahlungsunfähigkeit des Schuldners gemäß § 131 I Nr. 2 InsO

Gemäß § 131 I Nr. 2 InsO sind inkongruente Deckungshandlungen dann anfechtbar, wenn diese innerhalb des zweiten oder dritten Monats vor der Stellung des Eröffnungsantrags vorgenommen wurden und der Schuldner zu der Zeit der Handlung zahlungsunfähig war.

Begründet wurde diese Einschränkung gegenüber der Anfechtung gemäß § 131 I Nr. 1 InsO im ersten Bericht der *Kommission für Insolvenzrecht* [270] damit, daß eine unwiderlegliche Vermutung der Krise wegen des größeren zeitlichen Abstands zum Eröffnungsantrag nicht mehr gerechtfertigt wäre. Dem ist zuzustimmen: Wird zwar mit zunehmenden zeitlichen Abstand der innere Zusammenhang der Deckungshandlung mit der wirtschaftlichen Notlage immer fraglicher, [271] so muß spätestens mit der Vorlage der materiellen Insolvenz der Grundsatz der Gläubigergleichbehandlung durchgesetzt werden. [272]

Von manchen wurde an dieser Stelle - richtigerweise - gefordert, neben der Zahlungsunfähigkeit auch die Überschuldung als objektive Voraussetzung gemäß § 131 I Nr. 2 InsO genügen zu lassen: [273] Ist das Abstellen auf die Überschuldung zwar ungeeignet, solange sie subjektiver Bezugspunkt auf seiten des Anfechtungsgegners sein soll, so bietet sich eine Gleichstellung doch dann an, wenn sie ein rein objektives Tatbestandsmerkmal bildet. In diesem Fall kommt es nämlich auf die äußere Erkennbarkeit der Krise für den Gläubiger nicht an. Allerdings ist ohne ausdrückliche gesetzliche Regelung in § 131 I Nr. 2 InsO eine Ausweitung im Wege der Analogie nicht zu rechtfertigen. [274]

Der vom Gesetzgeber gewählte anfechtungsrelevante Zeitraum von drei Monaten zurückgerechnet vom Zeitpunkt der Stellung des Eröffnungsantrags ist vertretbar, wenn er damit auch seiner eigenen Zielsetzung - der Verlängerung der Frist des § 30 Nr. 2 KO [275] - nur bedingt nachkommt. So verkürzt sich der relevante Zeitraum gegenüber dem in der Konkursordnung

270 Begründung zu LS 5.2.2 S. 407

271 *Eichberger* S. 142; *Lent* in Jaeger § 30 Anm. 58

272 So auch: *Häsemeyer* Rdnr. 21.63.

273 *Henckel* in ZIP 1982 S. 391 (392); *ders.* in Jäger § 30 Rdnr. 30 a. E.; *König* „Bemerkungen zu den anfechtungsrechtlichen Normen aus österreichischer Sicht“ in Leipold S. 255 (256); kritisch allerdings im Ergebnis unentschieden: *Gerhardt* in Festschrift für Brandner 1996 S. 605 (617 f); *Häsemeyer* Rdnr. 21.63

274 So die herrschende Meinung zu § 30 KO (vgl. RGZ 25 S. 34 (38); BGH KTS 1960 S. 38; *Henckel* in Jaeger § 30 Rdnr. 30 m. w. N.). Gleiches gilt auch bezüglich § 131 I Nr. 2 InsO (so auch: *Gerhardt* in Festschrift für Brandner 1996 S. 605 (618).

275 Siehe: Erster Bericht der *Kommission für Insolvenzrecht* Einführung zum Anfechtungsrecht S. 399.

sogar, wenn zwischen dem Eröffnungsantrag und der Verfahrenseröffnung weniger als drei Monate liegen. Grundsätzlich gilt auch hier das zu § 130 InsO [276] gesagte.

bb) Insolvenzgläubigerbenachteiligung gemäß § 131 I Nr. 3 InsO

Innerhalb des gleichen Zeitraums sind gemäß § 131 I Nr. 3 InsO inkongruente Deckungen dann anfechtbar, wenn dem Gläubiger zur Zeit der Handlung bekannt war, daß diese die Insolvenzgläubiger benachteiligen. Daraus folgt als objektive Tatbestandsvoraussetzung das tatsächliche Vorliegen eine Benachteiligung der Insolvenzgläubiger.

In dieser Tatbestandsalternative wird wiederum, wie in § 131 I Nr. 1 InsO, auf das Vorliegen der Zahlungsunfähigkeit des Schuldners verzichtet. [277] Der Grund dafür ist der, daß es sich bei § 131 I Nr. 3 InsO eigentlich um einen auf inkongruente Deckungen bezogenen Sonderfall der Anfechtung wegen vorsätzlicher Benachteiligung (§ 133 InsO) handelt. [278] Die Vorsatzanfechtung knüpft jedoch nicht an das Vorliegen der materiellen Insolvenz des Schuldners an, sondern an die Absicht desselben, die übrigen Gläubiger zu benachteiligen. Daher konnte auch in § 131 I Nr. 3 InsO auf krisebegründende objektive Tatbestandsvoraussetzungen verzichtet werden. *Henckel* [279] führt darüber hinaus an, daß ein Gläubiger, der eine inkongruente Deckung erhalte und zudem wisse, daß diese die übrigen Gläubiger benachteiligt, konkludent auch wissen muß, daß die Zahlungsunfähigkeit bevorstehe. Anders sei die Benachteiligung der Gläubiger nämlich nicht denkbar. Dieses Wissen von der drohenden Zahlungsunfähigkeit wiederum rechtfertige die Durchsetzung der Gläubigergleichbehandlung auch ohne Vorliegen der Krise.

Die Gläubigerbenachteiligung ist hierbei als eine mittelbare zu verstehen, daß heißt die Gläubigerbenachteiligung muß nicht notwendig durch die anfechtbare Rechtshandlung selbst entstehen, vielmehr genügt es, wenn weitere Umstände hinzutreten, die dann die Beeinträchtigung herbeiführen. [280] Daraus wird deutlich, daß es sich bei der notwendig vorliegenden Gläubigerbenachteiligung auch nicht wirklich um eine spezielle objektive Tatbestandsvoraussetzung des § 131 I Nr. 3 InsO handelt. Die zumindest mittelbare Gläubigerbenachteiligung ist nämlich grundsätzlich Voraussetzung für jede Art der Insolvenzanfechtung. Dies hat der Gesetzgeber in § 129 I InsO deutlich gemacht. [281]

## 6. Subjektive Voraussetzungen

§ 131 I Nr. 1 InsO sowie § 131 I Nr. 2 InsO verzichten beide gänzlich auf subjektive Tatbestandsvoraussetzungen. Allein das Vorliegen einer inkongruenten Deckung innerhalb der

---

276 Siehe oben: § 4 II 2 a aa.

277 Deshalb hat die Vorschrift Kritik geerntet: vgl. *Obermüller/Hess* „Insolvenzordnung“ 1. Auflage Rdnr. 659 ff (insbesondere 667 ff).

278 Erster Bericht der *Kommission für Insolvenzrecht* Begründung zu LS 5.2.2 S. 407; siehe auch sogleich bei den subjektiven Voraussetzungen.

279 in Kölner Schrift zur Insolvenzordnung Rdnr. 29

280 *Häsemeyer* Rdnr. 21.64; vgl. auch oben: § 3 I 2 c; *von Campe* S. 46; *Kilger/Schmidt* § 29 Nr. 13 a.E.

281 Siehe dazu auch oben: § 3 II.

einmonatigen Frist beziehungsweise das zusätzliche Vorliegen der Zahlungsunfähigkeit des Schuldners in der Zeit davor berechtigen daher den Insolvenzverwalter, diese Handlung anzufechten. Damit ist der Gesetzgeber den Forderungen aus der Literatur, auf die subjektiven Voraussetzungen innerhalb des Anfechtungstatbestandes gänzlich zu verzichten, [282] zumindest in diesem Tatbestand nachgekommen.

a) Weitgehender Verzicht auf subjektive Merkmale

Hauptgrund für den weitgehenden Verzicht auf subjektive Merkmale in § 131 I Nr. 1 und 2 InsO ist schon angeklungen: Treffen die an sich schon verdächtigen inkongruenten Deckungshandlungen entweder mit besonderer zeitlicher Nähe zur Antragstellung (§ 131 I Nr. 1 Alt. 1 InsO) oder aber der Krise des Schuldners (§ 131 I Nr. 1 Alt. 2 und § 131 I Nr. 2 InsO) zusammen, so rechtfertigt allein das Vorliegen dieser Umstände dazu, den Grundsatz der Gläubigergleichbehandlung durchzusetzen. [283]

Diese Überlegung ist nicht neu, wurde vielmehr in abgeschwächter Form schon im § 30 Nr. 2 KO berücksichtigt. [284] Allerdings stand dort dem befriedigten Gläubiger noch die Möglichkeit offen, nachzuweisen, daß ihm zu der Zeit der Handlung die Krise des Schuldner beziehungsweise dessen Begünstigungsabsicht nicht bekannt war. In § 30 Nr. 2 KO wurde demnach **widerleglich** vermutet, daß die subjektiven Voraussetzungen in der Person des Gläubigers vorgelegen haben. In § 131 I Nr. 1 und 2 InsO wird diese Regelung nun durch eine **unwiderlegliche** Vermutung ersetzt. [285]

Diese Tatbestandalternativen verzichten demnach streng genommen auch nicht auf das Vorliegen subjektiver Merkmale in der Person des Gläubigers; der Insolvenzverwalter wird vielmehr im Anfechtungsprozeß nur gänzlich von dem Nachweis derselben befreit. Daß diese Unterscheidung wichtig werden kann, wurde schon oben [286] anhand der sich um § 143 II InsO rankenden Problematik gezeigt.

b) Kenntnis der Insolvenzgläubigerbenachteiligung

Demgegenüber sind inkongruente Deckungen bei vorliegender Zahlungsfähigkeit des Schuldners gemäß § 131 I Nr. 3 InsO im zweiten und dritten Monat vor Stellung des Eröff-

---

282 *Canaris* in FS 100 Jahre KO S. 73 (77 ff); *Häsemeyer* „Insolvenzrecht" 1. Auflg. S. 468; *Hanisch* ZZP 90 S. 1 (21f); *Kilger* in ZRP 1976 S. 190 (194); *Pfefferle* S. 109; *Weber* in KTS 1959 S. 80 (85); *ders.*: in FS 100 Jahre KO S. 321 (348 f); siehe auch oben zur kongruenten Deckung: § 4 II 3.

283 So auch: Erster Bericht der *Kommission für Insolvenzrecht* Begründung zu LS 5.2.2 S. 406 f; *Eichberger* S. 141 f; *Häsemeyer* Rdnr. 21.55; *Henckel* in Kölner Schrift zur Insolvenzordnung Rdnr. 26; zudem verweist *Henckel* auf entsprechende rein objektive Regelungen in ausländischen Rechtsordnungen (*ders.* in Leipold S. 239 (244)).

284 Vgl. nur: *Henckel* in Jaeger § 30 Rdnr. 185; *Kuhn/Uhlenbruck* § 30 Rdnr. 57.

285 So auch: Erster Bericht der *Kommission für Insolvenzrecht* Begründung zu LS 5.2.2 S. 407.

286 Würde man nämlich auf das Vorliegen der Bösgläubigkeit als Tatbestandsvoraussetzung gänzlich verzichten, so käme bei unentgeltlichen Leistungen § 143 II 1 InsO zur Anwendung; wird diese allerdings nur unwiderleglich vermutet, so verhindert § 143 II 2 InsO diese ungerechtfertigte Bevorteilung der unentgeltlich erlangten inkongruenten Deckung (siehe dazu genauer oben: § 4 I 1 b).

nungsantrags nur dann anfechtbar, wenn dem Gläubiger bekannt war, daß diese Handlung die Insolvenzgläubiger benachteiligt hat. Dieser Tatbestandsalternative stellt demnach auf subjektive Merkmale ab.

Auf den ersten Blick überrascht diese Regelung. So wird im Rahmen der besonderen Insolvenzanfechtung bei der Frage nach den subjektiven Voraussetzungen immer nur auf die Kenntnis der materiellen Insolvenz abgestellt, nicht jedoch wie in § 131 I Nr. 3 InsO auf die Kenntnis der Gläubigerbenachteiligung. Die systematische Stellung dieser Tatbestandsalternative wird jedoch verständlich, wenn man sich deren Herkunft deutlich macht.

aa) Rechtsprechung zu §§ 30 Nr. 2 und 31 Nr. 1 KO

Ihren Ursprung findet diese Regelungsalternative in der höchstrichterlichen Rechtsprechung zu den §§ 30 Nr. 2 und 31 Nr. 1 KO. Bei der Absichtsanfechtung nach § 31 Nr. 1 KO wurde nämlich die Schwierigkeit, die Kenntnis des Anfechtungsgegners von der Benachteiligungsabsicht des Schuldners nachzuweisen, dem Verwalter insofern erleichtert, daß bei inkongruenten Leistungen diese Voraussetzungen angenommen beziehungsweise vermutet wurden. [287]

So wurde bei inkongruenten Deckungen das Vorliegen der Benachteiligungsabsicht schon dann bejaht, wenn der Schuldner die Benachteiligung der anderen Gläubiger als notwendige Folge seines Handelns erkannt hat; schon die Tatsache, daß er eine inkongruente Deckung gewährt hat, wurde als wesentlicher Anhaltspunkt für das Vorhandensein eines solchen Bewußtseins angesehen. [288] Zudem sollte bei solchen Deckungen ein starkes Beweiszeichen dafür sprechen, daß der Gläubiger die Benachteiligungsabsicht des Schuldners gekannt hat. [289] *Paulus/Schröder* bringen diese Rechtsprechung auf folgenden Nenner: [290] „Je inkongruenter die Handlung, desto gewisser" war auch die Kenntnis des Gläubigers von der Benachteiligungsabsicht des Schuldners.

Letztlich führte diese rechtsfortbildende extensive Interpretation [291] dazu, daß bei einer inkongruenten Deckungshandlung in der Regel eine Anfechtung derselben gemäß § 31 Nr. 1 KO angenommen werden konnte.

bb) Einfluß dieser Rechtsprechung auf § 131 I Nr. 3 InsO

Einen ähnlichen Weg geht jetzt der § 131 I Nr. 3 InsO, unterstellt diese Fallgestaltung allerdings direkt der Anfechtung wegen inkongruenter Deckung: [292] So wird gemäß dieser

---

287 Siehe dazu das grundlegende Urteil: *BGH* WM 1961 S. 387 ff.

288 *RG* JW 1902 24 Nr. 17; *BGH* WM 1960 S. 546 (547); *BGH* WM 1961 S. 387 (388); *BGH* WM 1985 S. 923; zuletzt zu § 10 I Nr. 1 GesO: BGH NZI 1999 S. 152 (153), *Henckel* in Jaeger § 31 Rdnr. 13)

289 BGH WM 1961 S. 387 (389); *Henckel* in Jaeger § 31 Rdnr. 18; *Kuhn/Uhlenbruck* § 31 Rdnr. 14

290 „Über die Verschärfung des Rechts der Insolvenzanfechtung" in WM 1999 S. 253 (254)

291 So: *Henckel* in Jaeger § 31 Rdnr. 13 a. E.

292 Kritisch hierzu *Henckel* in Kölner Schrift zur Insolvenzordnung Rdnr. 29: Seiner Ansicht nach hätte man, wenn man schon der Ansicht ist, diesen Sonderfall der Absichtsanfechtung der besonderen Insolvenzanfechtung zu unterwerfen, konsequenterweise auch Masseverschleuderungen mitregeln sollen.

Vorschrift bei Rechtshandlungen des Schuldners [293] unwiderleglich vermutet, daß er die anderen Gläubiger benachteiligen wollte und daß dem Anfechtungsgegner dieser Wille bewußt war. Der Insolvenzverwalter hat lediglich zu beweisen, daß dem Anfechtungsgegner die Benachteiligung der anderen Gläubiger bekannt war beziehungsweise er aus der Kenntnis der Umstände (vgl.: § 131 II 1 InsO) auf diese hätte schließen können. [294]

Durch diese Regelung wird daher ein bislang mit der Absichtsanfechtung geahndeter Fall nunmehr der besonderen Insolvenzanfechtung unterstellt. [295] Diese Einordnung empfahl sich aus dem Grund, daß so nun in den Tatbestand der Absichtsanfechtung nicht mehr die eigentlich sachfremde Frage nach der Inkongruenz der Deckung miteinbezogen werden muß. Vielmehr ist umgekehrt bei Vorlage einer inkongruenten Deckung ohne gleichzeitiger Schuldnerkrise zu ermitteln, ob dem Anfechtungsgegner die gläubigerbenachteiligende Wirkung bekannt war.

cc) Nachweis der Kenntnis

Der Nachweis der Kenntnis erfordert hier wie an anderer Stelle, [296] daß der befriedigte Gläubiger die Benachteiligung der Insolvenzgläubiger positiv gekannt hat. Das Vorliegen der Kenntnis ist dabei allein aus dem Blickwinkel des Anfechtungsgegners zu beurteilen. Nicht erforderlich ist, daß der Anfechtungsgegner auch die aus dieser Tatsache resultierenden rechtlichen Konsequenzen, insbesondere die Rechtsfolge der Anfechtbarkeit, erkannt hat.

Darüber hinaus werden auch in § 131 II InsO Erleichterungen in der Beweisführung des Verwalters dahingehend eingeführt, daß zum einen die Kenntnis der zwingend auf die Krise hindeutenden Tatsachen der positiven Kenntnis der Krise gleichgestellt, zum anderen bei dem Schuldner nahestehenden Personen deren Kenntnis vermutet wird. [297]

Von der Literatur zu § 131 I Nr. 3 InsO werden bezüglich der Feststellung der Kenntnis der Benachteiligung der Insolvenzgläubiger **zwei mögliche Gefahrenpunkte** einer erneuten extensiven Auslegung gewittert: Zum einen sehen *Paulus/Schröder* [298] die Gefahr, daß die Auslegungsregel der Rechtsprechung zu § 31 Nr. 1 KO nun auch - sei es nur aus alter Gewohnheit - auf den § 131 I Nr. 3 InsO projiziert wird. Dies hätte zur mißlichen Folge, daß man jetzt gleichermaßen allein aufgrund des Vorliegens eine inkongruenten Deckung auf die

Die Rechtsprechung zur KO hätte sich schließlich auch darauf bezogen (vgl. Nachweise bei *Henckel* in Jaeger § 31 Rdnr. 13); zudem ist er der Ansicht, es handele sich tatsächlich um einen Fall der Dekkungsanfechtung.

293 Die Begründung behandelt nur den Fall des Schuldnerhandelns, da der § 31 Nr. 1 KO ebenfalls nur diesen umfaßte.

294 Vgl.: Erster Bericht der *Kommission für Insolvenzrecht* Begründung zu LS 5.2.2 S. 408.

295 *Gerhardt* in ZIP 1985 S. 582 (586); Erster Bericht der *Kommission für Insolvenzrecht* Begründung zu LS 5.2.2 S. 407; vgl. auch *Smid/Zeuner*, die anführen, daß § 30 Nr. 2 KO in seinen beiden Alternativen zwei Anfechtungstatbestände verschiedener Rechtsnatur vereinte (*dies.* § 131 Rdnr. 13).

296 Vgl. zur Anfechtung kongruenter Deckungen: *Baur/Stürner* Rdnr. 19.24; *Eichberger* S. 98; *Henckel* in Kölner Schrift zur Insolvenzordnung Rdnr. 19.

297 Siehe oben: § 3 IV 2 und § 3 IV 5.

298 in WM 1999 S. 253 (255); ebenso: *Paulus* in *Kübler/Prütting* § 131 Rdnr. 20 f; *Kreft* stimmt dem zu und verweist als Begründung zudem auf § 132 II 2 InsO e contrario (*ders.* in Heidelberger Kommentar zur Insolvenzordnung § 131 Rdnr. 24).

Kenntnis des Anfechtungsgegners von der Benachteiligung der Insolvenzgläubiger schließen würde. Ein solcher direkter Rückschluß von der inkongruenten Deckung auf die Kenntnis der Benachteiligung und somit die Anfechtbarkeit gemäß § 131 I Nr. 3 InsO war jedoch - und daher ist *Paulus/Schröder* Recht zu geben - nicht der Wille des Gesetzgebers. Andernfalls wäre nämlich einerseits die Tatbestandsalternative des § 131 I Nr. 1 InsO überflüssig, andererseits die ausdrückliche Nennung des subjektiven Erfordernisses in § 131 I Nr. 3 InsO unverständlich. [299]

Weiterhin meint *Henckel*, die Gefahr zu sehen, daß die Gerichte aufgrund der rückwärtigen Betrachtung des Geschehensablaufs dazu neigen werden, aus der Tatsache eines zulässigen und begründeten Eröffnungsantrags, der im zweiten oder dritten Monat nach der Rechtshandlung gestellt worden ist, zu schließen, daß schon zur Zeit der Handlung Umstände vorlagen, die gemäß § 131 II 1 InsO zwingend auf eine Benachteiligung schließen lassen. [300] Dieses Heraufbeschören einer solchen Gefahr ist gerechtfertigt und auch einer solchen Erleichterung in den subjektiven Voraussetzungen muß entschieden entgegengetreten werden: Der Gesetzgeber hat durch das subjektive Tatbestandsmerkmal des § 131 I Nr. 3 InsO deutlich gemacht, daß für solche Beweiserleichterungen kein Platz ist. Andernfalls käme man wieder zu dem von *Paulus/Schröder* befürchteten und vom Gesetzgeber nicht gewollten Ergebnis. [301]

## 7. Bewertung der Anfechtung inkongruenter Deckung

„Hinweg mit den subjektiven Voraussetzungen" - so lautete Hauptforderung vieler mit der Reform des Insolvenzrechts beschäftigter Fachleute. Bezüglich des Anfechtung kongruenter Deckungen ist der Gesetzgeber dieser Forderung nicht nachgekommen. [302] In § 131 I Nr. 1 und 2 InsO wird jedoch im Wege der unwiderleglichen Vermutung angenommen, daß die subjektiven Voraussetzungen in der Person des Anfechtungsgegners vorliegen.

Ganz im Sinne der Abwägung zwischen dem Interesse der benachteiligten Gläubiger einerseits und dem des Anfechtungsgegners andererseits stellt der weitgehende Verzicht auf die **subjektiven Voraussetzungen** in § 131 InsO ein erfreuliches und richtiges Ergebnis dar. Nur so kann der Insolvenzverwalter wirksam Leistungen wieder in die Masse ziehen, die in oder kurz vor der Krise zugunsten eines Gläubigers weggegeben wurden, ohne das dieser sie in dieser Form beanspruchen durfte. Mit der Reform wurde so die schon in der Rechtsprechung

---

299 Richtigerweise muß dies auch für § 133 InsO ausschlaggebend sein: Ist die Kombination von inkongruenter Deckung und vorsätzlicher Benachteiligung jetzt schon in § 131 I Nr. 3 InsO geregelt, darf nach allen Regeln des methodologischen Handwerkszeugs die für diesen Fall kreierte Beweiserleichterung für den verbleibenden Rest nicht angewendet werden (so: *Paulus/Schröder* WM 1999 S. 253 (255).

300 *Henckel* in Kölner Schrift zur Insolvenzordnung Rdnr. 30: Seiner Ansicht nach birgt die nachträgliche Betrachtung eines inzwischen aufgeklärten Sachverhalts die Gefahr, jetzt Bekanntes schon als im voraus Sichtbares einzuschätzen; ebenso: *Smid/Zeuner* § 131 Rdnr. 15.

301 Allerdings stimmt die Einschätzung *Henckels* nicht, § 131 I Nr. 3 InsO sei weiter gefaßt, als die Rechtsprechung zur KO (*ders.* in Kölner Schrift zur Insolvenzordnung Rdnr. 30 a. E.). Galt nämlich die Inkongruenz dort schon als starkes Beweiszeichen für das Vorliegen der subjektiven Voraussetzungen, so muß sie heute - insofern erliegt *Henckel* der von *Paulus/Schröder* festgestellten Gefahr (*dies.*: in WM 1999 S. 253 (255) - ohne diese Beweiserleichterung nachgewiesen werden.

302 Vgl. oben zur Bewertung der Anfechtung kongruenter Deckungen: § 4 II 5.

zur Konkursordnung angestrebte Verobjektivierung des Tatbestands der Anfechtung inkongruenter Deckungen erreicht. [303]

Auch die Wahl des **anfechtungsrelevanten Zeitraum** in § 131 I Nr. 1 InsO in Form der Monatsfrist überzeugt, wird dadurch doch zusätzlich eine vertretbare Verschärfung des Anfechtungsrechts erreicht und zudem auf die dem deutschen Recht ansonsten fremde Zehntagesfrist verzichtet. Gleiches gilt für die in **§ 131 I Nr. 3 InsO** gewählte Regelung: Erscheint sie zwar auf den ersten Blick unsystematisch in den übrigen Tatbestand des § 131 InsO eingefügt, so wird doch unter Berücksichtigung der Rechtsprechung zur Konkursordnung deutlich, daß die Behandlung solche Fälle zweifellos besser an diese Stelle als in den Tatbestand der Absichtsanfechtung paßt. Bezieht man zudem die Überlegung mit ein, daß derjenige, der die gläubigerbenachteiligende Wirkung der Leistung kennt, zumindest auch vom Herannahen der Krise wissen muß, so mag man sich diese Alternative nicht mehr aus dem Tatbestand des § 131 InsO wegdenken.

Negativ ist hingegen die Tatsache zu bewerten, daß im § 131 I Nr. 2 InsO nicht auch die **Überschuldung als krisebegründendes Merkmal** mitaufgenommen wurde. Ist die Anfechtbarkeit nach dieser Tatbestandsalternative an keinerlei subjektive Voraussetzungen geknüpft, so hätte es nahe gelegen, für juristische Personen auch das Vorliegen des Überschuldungsmerkmals ausreichen zu lassen.

Kritisch zu beurteilen ist zudem das Verhältnis der besonderer Insolvenzanfechtung zur **Vollstreckungssperre des § 88 InsO**: Mit der Kumulation der vergleichsrechtlichen Vollstreckungssperre mit der konkursrechtlichen Anfechtung hat der Gesetzgeber eine Regelung geschaffen, die sich zum einen nur schwer in die Rechtsordnung einfügt, die zum anderen aber auch keinen tatsächlich erforderlichen Regelungsinhalt hat. Man hätte daher letztlich besser auf den § 88 InsO verzichtet.

Insgesamt stellt der § 131 InsO eine Regelung dar, die überzeugt: Nach richtig getroffener Interessenabwägung hat der Gesetzgeber deren Tatbestandsvoraussetzungen weitestgehend verobjektiviert. Zudem wurde der anfechtungsrelevante Zeitraum verlängert. Damit geht die Anfechtung inkongruenter Deckungen nach der Insolvenzordnung in ihren Regelungen weit über den § 30 Nr. 2 KO hinaus und es wurden die geäußerten Reformbestrebungen weitgehend umgesetzt. Damit stellt der § 131 InsO eine Vorschrift dar, welche die Masse wirksam vor nicht zu beanspruchenden Rechtshandlungen schützt.

## IV. Anfechtung und Aufrechnung

Die Aufrechnung zweier Forderungen miteinander führt grundsätzlich zu deren Erlöschen. Daher liegt es eigentlich nahe, diese als Befriedigungshandlung der Insolvenzanfechtung zu unterwerfen. Da zudem meist auf den Erwerb der Aufrechnungsmöglichkeit kein Anspruch

303 Auf diesen Wunsch fußte die Tendenz der Rechtsprechung, die subjektiven Voraussetzungen des § 30 Nr. 2 KO mehr und mehr zu objektiven umzudeuten (vgl.: *BGHZ* 128 S. 196 ff; *BGH* ZIP 1996S. 1015; *Henckel* in Jaeger § 30 Rdnr. 187 ff; *ders.* in Kölner Schrift zur Insolvenzordnung Rdnr. 26).

besteht, würde regelmäßig eine Anfechtung wegen inkongruenter Befriedigung maßgeblich sein.

Mit dem § 96 Nr. 3 InsO hat der Gesetzgeber allerdings eine Regelung geschaffen, nach der die Aufrechnung unzulässig ist, wenn ein Insolvenzgläubiger die Möglichkeit der Aufrechnung durch eine anfechtbare Rechtshandlung erlangt hat. Nach der Begründung zum *Gesetzentwurf der Bundesregierung* [304] soll der § 96 InsO die Vorschrift des § 55 KO ersetzen und ergänzen.

1. Aufrechnungsverbot des § 55 Nr. 3 KO

Gemäß § 55 Nr. 3 KO war eine Aufrechnung im Konkursverfahren unzulässig, wenn ein **Schuldner** des Gemeinschuldners sich innerhalb der Krise durch ein Rechtsgeschäft zu dessen Gläubiger gemacht und so die Aufrechnungslage herbeigeführt hat. Der umgekehrte Fall wurde hingegen von dieser Regelung nicht erfaßt: Hat ein **Gläubiger** des Gemeinschuldners sich in der Krise zu dessen Schuldner gemacht, so galt diese Handlung als nach § 30 KO als anfechtbar. [305] Das Aufrechnungsverbot des § 55 Nr. 3 KO griff also nur ein, wenn die beiderseitigen Forderungen in einer bestimmten Reihenfolge entstanden sind. [306]

Begründet wurde dieses Ergebnis von der Rechtsprechung damit, daß die Aufrechnungsverbote in § 55 KO selbständig und unabhängig neben den Anfechtungsregeln der §§ 29 ff KO stünden. [307] Demgegenüber führte der größte Teil der Literatur [308] richtigerweise an, das Aufrechnungsverbot in § 55 KO stehe nicht neben den Anfechtungsvorschriften, sondern stelle vielmehr eine Ergänzung derselben dar. Der von § 55 Nr. 3 KO behandelte Fall des Aufrechnungsverbotes falle nämlich gar nicht in den Anwendbarkeitsbereich der Konkursanfechtung: Der Schuldner des Gemeinschuldners, der die Möglichkeit zur Aufrechnung erlangt, wird erst mit der Begründung der Aufrechnungslage Konkursgläubiger; zum Zeitpunkt der die Aufrechnungslage begründenden Handlung fehlt es daher noch an der Anfechtungsvoraussetzung der Konkursgläubigerschaft. [309]

Der § 55 Nr. 3 KO stellte somit nach richtiger systematischer Einordnung eine notwendige inhaltliche Ergänzung der Regeln der Konkursanfechtung dar. Dieses Ergebnis wurde im übrigen auch in der Begründung des Entwurfs der Konkursordnung deutlich angesprochen. [310] Dies führte im Ergebnis dazu, daß Aufrechnung und Anfechtung in der Konkursordnung nicht

304 in BT-Drucksache 12/2443 Begründung zu § 108 RegE S. 141

305 Grundlegend: *BGHZ* 58 S. 108 (113 f); *BGHZ* 86 S. 190 (196); *BGHZ* 89 S. 189 (191 f); *OLG Hamm* ZIP 1988 S. 253 (254); *Baur/Stürner* Rdnr. 16.22; *Canaris* „Aktuelle insolvenzrechtliche Probleme" in FS 100 Jahre KO S. 73 (77 ff); *Henckel* in Jaeger § 30 Rdnr. 268; *Kuhn/Uhlenbruck* § 30 Rdnr. 42 g

306 *Dampf* „Die Rückführung von Kontokorrentkrediten in der Unternehmenskrise und ihre Behandlung nach KO und InsO" in KTS 1998 S. 145 (154)

307 *BGHZ* 58 S. 108 (113 ); *BGHZ* 89 S. 189 (192)

308 Siehe nur: *Baur/Stürner* Rdnr. 16.23; *Dampf* in KTS 1998 S. 145 (155); *Henckel* in Jaeger § 30 Rdnr. 269; *Honsdorf* S. 70 ff; *Kilger/Schmidt* § 30 Nr. 13 a.E.; *Kuhn/Uhlenbruck* § 30 Rdnr. 42 g und § 55 Rdnr. 22; kritisch allerdings: *Dieckmann* „Zur Aufrechnung" in Leipold S. 211 (219 f).

309 Vgl.: *Henckel* in Jaeger § 30 Rdnr. 269.

310 *Hahn* a.a.O. Band IV S. 225

etwa selbständig nebeneinander stehen, sondern die Aufrechnung im vollen Umfang der Anfechtung unterlag.

2. Aufrechnungsverbot des § 96 Nr. 3 InsO

Auf die in § 55 Nr. 3 KO vorgenommene Differenzierung zwischen dem Schuldner des Gemeinschuldners, der eine Aufrechnungslage erlangt, und dem Gläubiger desselben wurde in § 96 Nr. 3 InsO verzichtet. Nach seinem Wortlaut scheint die neue Vorschrift sogar nur den Fall zu regeln, daß der Gläubiger die Aufrechnungslage erlangt hat. [311] Überträgt man demnach die Systematik des Konkursrechts auf die Insolvenzordnung, so würde in den Fällen, in dem die Herbeiführung der Aufrechnungslage anfechtbar ist, die Aufrechnung an sich schon unwirksam sein; gerade der in § 55 Nr. 3 KO geregelte Fall wäre jedoch nicht erfaßt und damit in einer solchen Konstellation die Aufrechnung nicht nur unanfechtbar, sondern auch zulässig.
In der Begründung zum *Gesetzentwurf der Bundesregierung* [312] heißt es jedoch audrücklich, bezüglich § 96 Nr. 3 InsO sei insbesondere an den Fall zu denken, daß ein Schuldner des Gemeinschuldners in der kritischen Zeit eine Forderung gegen diesen erworben hat. Nach dieser eindeutigen Begründung bezieht sich demnach § 96 Nr. 3 InsO auf beide möglichen Fälle der Aufrechnung mit dem Gemeinschuldner. [313]

Somit greift § 96 Nr. 3 InsO immer dann ein, wenn die Aufrechnungslage, also Gegenseitigkeit, Gleichartigkeit und Fälligkeit der beiden Forderungen [314] durch ein anfechtbares Rechtsgeschäft herbeigeführt worden ist. Will man demnach feststellen, ob eine Aufrechnung zulässig ist oder nicht, muß man sich fragen, ob die Entstehung der Aufrechnungslage als Deckungsgeschäft anfechtbar wäre. [315] Kommt man hier zu dem Ergebnis, daß die Handlung anfechtbar wäre, so ist die Aufrechnung gemäß § 96 Nr. 3 InsO unzulässig; eine nach Verfahrenseröffnung abgegebene Aufrechnungserklärung ist dann von Anfang an unwirksam und eine zuvor abgegebene Erklärung wird mit der Verfahrenseröffnung rückwirkend unwirksam. [316]

Aus dieser Regelung ergibt sich indirekt, daß § 96 Nr. 3 InsO im Gegensatz zu § 55 Nr. 3 KO gegenüber der Insolvenzanfechtung abschließend ist und die Aufrechnung gemäß der Insolvenzordnung daher grundsätzlich nicht angefochten werden kann. [317] So verweist der Gesetzgeber darauf, daß in **allen** Fällen, in denen die Aufrechnungslage in anfechtbarer Weise

311 So auch: *von Campe* S. 106; vergleiche insoweit den Wortlaut der Vorschrift: Dort wird gefordert, daß ein **Insolvenzgläubiger** die Möglichkeit der Aufrechnung erlangt.

312 in BT-Drucksache 12/2443 Begründung zu § 108 RegE S. 141

313 Aus diesem Grund wird diese Vorschrift auch als wenig geglückt bezeichnet (*Bork* Rdnr. 266); zu gleichem Ergebnis kommen: *von Campe* S. 106; *Dampf* in KTS 1998 S. 145 (156); *Dieckmann* in Leipold S. 211 (219); *Häsemeyer* Rdnr. 19.16; *ders.*: „Die Aufrechnung nach der Insolvenzordnung" in Kölner Schrift zur Insolvenzordnung S. 489 Rdnr. 34

314 Vgl. § 387 BGB.

315 Allerdings muß hier aus oben dargestellten Gründen in dem Fall, daß ein Schuldner des Gemeinschuldners eine Aufrechnungslage herbeiführt, dessen Insolvenzgläubigerstellung fingiert werden.

316 Vgl. auch: Begründung zum *Gesetzentwurf der Bundesregierung* in BT-Drucksache 12/2443 zu § 108 RegE S. 141; dies entspricht der Rechtslage zur KO: *Kilger/Schmidt* § 55 Anm. 7.

317 So im Ergebnis auch: *von Campe* S. 108.

herbeigeführt wurde, die Aufrechnung als unzulässig angesehen werden muß. [318] Somit wurde zwar der Inhalt der Regelung ergänzt, die gesetzgeberischen Intention, die schwer verständliche Vorschrift des § 55 KO redaktionell zu vereinfachen, aber wohl nicht erreicht.

*Diekmann* [319] kritisiert ferner zurecht, daß durch das Ankoppeln des Aufrechnungsverbots an die Anfechtungsvoraussetzungen letztlich nichts erreicht wird. Dies ist richtig, ergäbe sich doch höchstens eine verfahrensrechtlich Schlechterstellung des Insolvenzverwalters, hätte man auf die Vorschrift gänzlich verzichtet. Eine wirkliche Verschärfung und damit inhaltliche sinnvolle Ergänzung des Anfechtungsrechts hätte man hingegen nur erreicht, wenn man das Aufrechnungsverbot selbständig ausgestaltet hätte, zum Beispiel indem man Aufrechnungen für unzulässig erklärt, wenn Forderung und Gegenforderung sich innerhalb eines Monats vor dem Eröffnungsantrag erstmals gegenübergetreten sind.

---

318 Begründung zum *Gesetzentwurf der Bundesregierung* in BT-Drucksache 12/2443 zu § 108 RegE S. 141

319 in Leipold S. 211 (220)

## § 5 Anfechtung unmittelbar nachteiliger Rechtshandlungen

Mit dem § 132 InsO hat der Gesetzgeber zwei Tatbestände unter der Überschrift „Unmittelbar nachteilige Rechtshandlungen" zusammengefaßt, die grundverschiedene Dinge regeln: [1] So werden nach § 132 I InsO in Anlehnung an § 30 Nr. 1 Alt. 1 KO Rechtsgeschäfte erfaßt, durch deren Vornahme die Insolvenzgläubiger unmittelbar benachteiligt werden. § 132 II InsO stellt hingegen einen neu geschaffenen Auffangtatbestand für bestimmte Rechtshandlungen dar, die für die Gläubiger nachteilig sind, ohne daß sie von der Deckungsanfechtung gemäß der §§ 130 und 131 InsO oder von § 132 I InsO erfaßt werden.

Dennoch stimmen manche Voraussetzungen dieser beiden Tatbestände überein. Diese sollen zunächst gemeinsam behandelt werden, um im Anschluß daran die Anfechtung unmittelbar nachteiliger Rechtsgeschäfte [2] gemäß § 132 I InsO und die Anfechtung vorgreiflicher Masseverkürzungen [3] gemäß § 132 II InsO getrennt zu beleuchten.

### I. Gemeinsame Voraussetzungen

Gemeinsam ist beiden Anfechtungsalternativen die Überschrift, die darauf hindeutet, daß gemäß § 132 I und II InsO allein unmittelbar nachteilige Rechtshandlungen anfechtbar sind. Beide Absätze des § 132 InsO fordern zudem, daß diese Rechtshandlung in Form eines Rechtsgeschäfts vorgenommen wurde.

Zunächst soll allerdings der Regelungsbereich des § 132 InsO im Verhältnis zu der Deckungsanfechtung, der Anfechtung unentgeltlicher Leistungen sowie der nur eingeschränkten Anfechtung von Bardeckungen abgesteckt werden und auf die Anfechtbarkeit von Sozialplänen eingegangen werden.

### 1. Anwendbarkeit

§ 132 InsO fordert genau wie die Tatbestände der Deckungsanfechtung das Vorliegen einer Rechtshandlung, genauer gesagt, bezüglich § 132 I InsO eines Rechtsgeschäfts. Die daraus resultierende Überschneidung der möglicherweise anfechtbaren Handlungsformen verleitet dazu, anzunehmen, § 132 InsO sei neben der Deckungsanfechtung anzuwenden.

---

1 Nach *Henckel* wäre beide Tatbestände daher auch besser in zwei selbständigen Paragraphen geregelt worden (*ders.*: „Insolvenzanfechtung" in „Kölner Schrift zur Insolvenzordnung" S. 645 ff Rdnr. 34); ebenso: *Zeuner* „Die Anfechtung in der Insolvenz" Rdnr. 150 Fn. 203; *Smid/Zeuner* „Insolvenzordnung" § 132 Rdnr. 1.

2 Da diese Anfechtungsvorschrift typischerweise solche Sachverhalte betrifft, bei denen Massebestandteile unter Wert verkauft werden, bezeichnete man sie nach der KO oft auch als „Verschleuderungsanfechtung" (*Kuhn/Uhlenbruck* „Konkursordnung" § 30 Rdnr. 18) bzw. die Rechtshandlung als „Masseverschleuderung" oder „krisebedingten Schlußverkauf" (*Henckel* „Die Gläubigeranfechtung - ein taugliches Mittel zur Beseitigung von Verkürzungen der Konkursmasse" in ZIP 1982 S. 390 (393); so: *Eichberger* „Die besondere Konkursanfechtung" S. 87 insbesondere Fn. 264.

3 Diese Bezeichnung stammt von *Häsemeyer* (*ders.*: „Insolvenzrecht" 2. Auflg. Rdnr. 21.72).

a) Verhältnis zur Deckungsanfechtung

Unter ein Rechtsgeschäft gemäß § 132 I InsO sind grundsätzlich auch Rechtshandlungen subsumierbar, die einem Insolvenzgläubiger Sicherung oder Befriedigung gewährt oder ermöglich haben. Genauso könnte ein Unterlassen gemäß § 132 II InsO eine Sicherung oder Befriedigung eines Insolvenzgläubigers bewirken.

aa) Deckungsanfechtung als leges speciales

Dennoch stellen in Überschneidungsfällen die §§ 130 und 131 InsO gegenüber der Anfechtung wegen unmittelbar nachteiliger Rechtshandlungen Spezialtatbestände dar. [4] Dies galt schon bezüglich des § 30 Nr. 1 Alt. 1 KO, [5] den der § 132 I InsO ersetzt. In der Begründung zum *Gesetzentwurf der Bundesregierung* [6] heißt es daher auch ausdrücklich, daß für Rechtshandlungen, die einem Insolvenzgläubiger eine Sicherung oder Befriedigung gewähren oder ermöglichen, die speziellen Vorschriften der Deckungsanfechtung gelten.

Ist daher vor der Insolvenzeröffnung aber während der Krise nur ein schuldrechtlicher Vertrag abgeschlossen worden, der nicht mehr erfüllt wurde, und fehlt es daher schon an einer Deckung, so ist der Tatbestand der Deckungsanfechtung nicht erfüllt und vielmehr der Weg für die Anfechtung nach § 132 I InsO frei. Wird hingegen dieses Kausalgeschäft auch noch vor der Eröffnung erfüllt, so ist die Erfüllungshandlung gemäß der §§ 130 f InsO anfechtbar. [7] Nach der hier vertretenen Ansicht von der getrennten Anfechtung von Grund- und Erfüllungsgeschäft [8] wäre in einem solchen Fall demnach ersteres nach § 132 I InsO, zweitens nach § 130 InsO beziehungsweise § 131 InsO anfechtbar.

bb) Ausnahme: Anfechtbarkeit von Deckungen nach § 132 InsO

Demgegenüber ist § 132 InsO für solche Deckungshandlungen anzuwenden, die tatbestandlich nicht unter die §§ 130 und 131 InsO fallen. Bezüglich der Konkursordnung trat diese Konstellation hauptsächlich im Hinblick auf § 63 KO auf: So konnten die dort aufgeführten Forderungen gemäß dieser Vorschrift nicht im Konkurs geltend gemacht werden und dem befriedigten Gläubiger derselben fehlte daher schon die für die Deckungsanfechtung erforder-

---

4 Vgl.: *Häsemeyer* Rdnr. 21.67; *Henckel* in Kölner Schrift zur Insolvenzordnung Rdnr. 36; *Hess/Weis* „Das neue Anfechtungsrecht" Rdnr. 342; *Kreft* in „Heidelberger Kommentar zur Insolvenzordnung" herausgegeben von *Eickmann u. a.* § 132 Rdnr. 2; *Smid/Zeuner* § 132 Rdnr. 2; *Zeuner* Rdnr. 152.

5 *BGHZ* 28 S. 344 (346); *Eichberger* S. 90; *Huber* in Gottwald „Insolvenzrechts-Handbuch" § 49 II Rdnr. 16; *Kilger/Schmidt* „Insolvenzgesetze" § 30 Anm. 3; *Kuhn/Uhlenbruck* § 30 Rdnr. 19

6 in BT-Drucksache 12/2443 S. 159

7 Ewas anders kann sich nur ergeben, wenn ein Bargeschäft gemäß § 142 InsO vorliegt. Anderer Ansicht ist allerdings *Häsemeyer*: Nach ihm sind in der Krise geschlossene und erfüllte Verträge nie im Wege der Deckungsanfechtung angreifbar; dies zeige § 142 InsO (*ders.*: Rdnr. 21.68). Allerdings übersieht er dabei die neue dogmatische Begründung des § 142 InsO (vgl. dazu oben: § 4 I 1 b; siehe auch sogleich unten: § 5 I 1 c). Die sich zur KO ergebenen Abgrenzungsprobleme - dort hatte der § 31 Nr. 1 Alt. 1 KO auch eine die Deckungsanfechtung einschränkende Funktion (vgl.: *Henckel* in Jaeger „Konkursordnung" 9. Auflage § 30 Rdnr. 8) - entfallen jetzt nämlich aufgrund der ausdrücklichen gesetzlichen Regelung in § 142 InsO.

8 Siehe oben: § 3 I 1 b cc.

liche Konkursgläubigerstellung. Nachdem § 30 I Nr. 1 Alt. 1 KO eine solche Einschränkung in der Person des Handlungsgegners nicht kannte, war in einem solchen Fall - ausnahmsweise - auch eine Deckungshandlung nach dieser Vorschrift anfechtbar. [9]

Auch der § 132 InsO verzichtet im Gegensatz zu den §§ 130 f InsO auf eine Insolvenzgläubigerstellung des Handlungsgegners als Tatbestandsvoraussetzung, so daß die zur Konkursordnung geltende Ausnahme generell übertragbar ist. [10] Allerdings ist zu beachten, daß nach dem - den § 63 KO ersetzenden - § 39 InsO die dort bezeichnete Gläubiger nachrangige Insolvenzgläubiger sind. Eine solche Stellung als nachrangiger Insolvenzgläubiger reicht als Voraussetzung für eine Anfechtung nach den § 130 f InsO jedoch schon aus, weil auch diese von dem Begriff des Insolvenzgläubigers (§ 38 InsO) umfaßt werden. [11] Insofern sind jetzt Befriedigungen, die Forderungen gemäß § 39 InsO betreffen, als Deckungshandlungen anfechtbar und eine Anwendung des § 132 InsO auf solche Konstellationen erübrigt sich damit.

Allerdings ist die Anfechtung anderer unmittelbar nachteiliger Rechtshandlungen weiterhin auch bezüglich Deckungshandlungen denkbar, solange diese an tatsächliche Nichtinsolvenzgläubiger geleistet werden, etwa dem Gläubiger eines Dritten rechtsgeschäftlich eine Sicherung oder Befriedigung gewährt wird. [12]

b) Verhältnis zu § 134 InsO

Auch und gerade unentgeltliche Leistungen des Schuldners gemäß § 134 InsO können unmittelbar nachteilige Rechtshandlungen im Sinne des § 132 InsO darstellen. Auch hier stellt sich daher die Frage nach der Abgrenzung beider Vorschriften.

Grundsätzlich gilt hier das zum Verhältnis der Deckungsanfechtung und der Anfechtung unentgeltlicher Leistungen gesagte: [13] Demnach ist bezüglich der in § 134 InsO umfaßten Leistungen diese Vorschrift lex specialis gegenüber der Anfechtung unmittelbar nachteiliger Rechtshandlungen. Auch wenn die unentgeltlichen Leistungen in den anfechtungsrelevanten Zeitraum des § 132 InsO fallen und dessen übrige Voraussetzungen erfüllt sind, bleibt dennoch der § 134 InsO die anfechtungsbegründende Norm. Dem widerspricht - wie bezüglich der Deckungsanfechtung - auch nicht der § 143 II 1 InsO mit seiner Haftungserleichterung, da eine gleichzeitige Anwendbarkeit dieser Vorschrift mit § 132 InsO aufgrund der Einschränkung in § 143 II 2 InsO ohnehin nicht in Betracht kommt.

---

9 Vgl.: *Eichberger* S. 90; *Henckel* in Jaeger § 30 Rdnr. 103; *Kuhn/Uhlenbruck* § 30 Rdnr. 19.

10 Ebenso: *von Campe* „Insolvenzanfechtung in Deutschland und Frankreich“ S. 191.

11 *Henckel* in Kölner Schrift zur Insolvenzordnung Rdnr. 12; auch in der Begründung zum *Gesetzentwurf der Bundesregierung* wird hiervon ausgegangen ( in BT-Drucksache 12/2443 S. 157); siehe dazu auch oben: § 4 I 3.

12 Siehe zur KO: *Henckel* in Jaeger § 30 Rdnr. 103; dort war allerdings umstritten, ob nicht aus wirtschaftlichen Überlegungen solche Handlungen nicht ebenfalls unter die Deckungsanfechtung fallen sollten (dafür: *Eichberger* S. 90; *Kuhn/Uhlenbruck* § 30 Rdnr. 19; mit den besseren Argumenten dagegen: *Henckel* in Jaeger § 30 Rdnr. 125; offengelassen *BGH* ZIP 1980 S. 518 (520)).

13 Vgl. oben: § 4 I 1 b.

c) Verhältnis zu § 142 InsO

Eine Leistung des Schuldners, für die unmittelbar eine gleichwertige Gegenleistung in sein Vermögen gelangt, ist gemäß § 142 InsO nur dann anfechtbar, wenn die Voraussetzungen einer Anfechtung wegen vorsätzlichen Benachteiligung gemäß § 133 I InsO erfüllt sind. Solche Bardeckungen sind daher auch nicht gemäß § 132 InsO anfechtbar.

Eigentlich ergibt sich diese Einschränkung schon aus dem § 132 InsO selbst: [14] So kann die Verpflichtung zu einem gleichwertigen Bargeschäft nie eine unmittelbare Benachteiligung der Insolvenzgläubiger darstellen. Die Erfüllung dieser Verpflichtung wiederum beinhaltet immer einen Austausch von Leistungen; dies schließt erneut eine unmittelbare Benachteiligung aus, da mit der Leistung auch der Anspruch auf Gegenleistung erlischt.

Mit der vom Gesetzgeber gewählten Formulierung wird infolgedessen im Ergebnis mehr geregelt, als eigentlich notwendig. Es hätte ausgereicht, durch den § 142 InsO allein die Deckungsanfechtung von Bargeschäften auszuschließen. Allerdings widerspricht diese Vorschrift mit ihrem positiven Regelungsinhalt, nach welchem allein eine Anfechtung gemäß § 133 I InsO in Betracht kommt, den anfechtungsrechtlichen Grundsätzen nicht und dient letztlich so der vereinfachten Rechtsfindung. [15]

d) Anfechtbarkeit von Sozialplänen

In der Literatur zur Konkursordnung [16] war die Beantwortung der Frage, ob auch Sozialpläne der Anfechtung wegen unmittelbar nachteiliger Rechtshandlung unterliegen, umstritten. [17] Probleme bereitete insbesondere die Qualifikation als Rechtsgeschäft, die Frage der Gläubigerbenachteiligung sowie die Behandlung der Sozialpläne, die von der Einigungsstelle gemäß § 76 BetrVG bestimmt wurden. Im Ergebnis wurde die Anfechtbarkeit von Sozialplänen allerdings größtenteils bejaht. [18]

Die Insolvenzordnung bietet nun einen anderen Weg an: [19] Mit § 124 I InsO enthält sie eine Sondervorschrift, nach welcher der Insolvenzverwalter die Möglichkeit erhält, einen Sozialplan, der innerhalb der letzten drei Monate vor dem Eröffnungsantrag oder danach aufgestellt worden ist, zu widerrufen. Gemäß § 124 III 1 InsO können dabei die Leistungen, die ein

14 Siehe dazu auch oben: § 4 I 1 c.

15 Nicht umsonst gab es bezüglich der KO aufgrund des Fehlens einer der dem § 142 InsO entsprechenden Regelung mannigfaltige Unklarheiten und Mißverständnisse (siehe dazu im Überblick am besten: *Henckel* in Jaeger § 30 Rdnr. 110 ff).

16 Vgl.: *Balz* „Das neue Gesetz über den Sozialplan im Konkurs- und Vergleichsverfahren" in DB 1985 S. 689 ff; *Eichberger* S. 91 ff; *Henckel* in Jaeger § 29 Rdnr. 33 ff; *Richardi* „Sozialplan und Konkurs" S. 14 ff; *Schlüter* „Die konkursrechtliche Behandlung der Sozialansprüche und der Ausgleichsansprüche nach § 113 BetrVG" S. 80 ff

17 Eine Anfechtbarkeit als Deckungshandlung kommt überhaupt erst dann in Betracht, wenn bereits Leistungen erbracht wurden. Insoweit haben diese Tatbestände nur geringe Bedeutung; für Sozialpläne, die nach dem 20.02.1985 und vor dem 31.12.1991 erstellt wurden, ist zudem § 3 SozplG (BGBl. 1985 I S. 369 ff) zu beachten (vgl.: *Eichberger* S. 91).

18 So: *Eichberger* S. 93 f; *Henckel* in Jaeger § 29 Rdnr. 35 f; *Richardi* S. 72 f.

19 Vgl. dazu: *Schwerdtner* „Der Sozialplan im Eröffnungsverfahren und nach der Verfahrenseröffnung" in „Kölner Schrift zur Insolvenzordnung" S. 1127 ff (insbesondere Rdnr. 66 ff).

Arbeitnehmer vor der Eröffnung des Verfahrens aus dem widerrufenen Sozialplan erhalten hat, nicht zurückgefordert werden.

An dieser Stelle setzt die Frage an, ob denn neben dem Widerruf die Anfechtungsregeln anwendbar bleiben. Dies hätte den Vorteil für die Insolvenzgläubiger, daß dann die bereits erbrachten Leistungen kondizieren werden könnten. In § 124 III 1 InsO heißt es nämlich ausdrücklich, daß eine Rückforderung „wegen des Widerrufs“ nicht möglich ist. Eine Kondiktion aus anderen Gründen, so wegen des Wegfalls des Rechtsgrundes für die Leistung aufgrund einer Anfechtung, wäre demnach grundsätzlich dennoch denkbar.

Im ersten Bericht der *Kommission für Insolvenzrecht* [20] wird die Anfechtbarkeit der Sozialpläne ausdrücklich bejaht und diese Entscheidung damit begründet, daß so zum Nachteil der Gläubiger ausgezahlte Beträge zurückgefordert werden könnten. In den späteren Gesetzesmaterialien fehlt jedoch eine ähnliche Regelung und auch die Insolvenzordnung trifft zu dieser Frage keine Aussage. In der Begründung zum *Gesetzentwurf der Bundesregierung* [21] heißt es allerdings, eine Rückforderung ausgezahlter Sozialplanleistungen auf Grund des Rechts der Insolvenzanfechtung werden durch die Vorschrift nicht ausgeschlossen.

Aus dieser Begründung schließt *von Campe*, [22] daß die Sozialpläne selbst unanfechtbar seinen. Dies verwundert. [23] Heißt es nämlich einerseits in § 124 III 1 InsO, Auszahlungen **wegen des Widerrufs** können nicht zurückgefordert werden, [24] andererseits in der Begründung zum Regierungsentwurf, eine Rückforderung **wegen des Rechts der Anfechtung** werde nicht ausgeschlossen, so legt dies doch eigentlich gerade die Annahme der Anfechtbarkeit der Sozialpläne nahe.

Richtig ist allerdings der Einwand, daß auch nach herrschender Meinung zum § 3 SozplG [25] die Anfechtung neben der teilweisen Unwirksamkeit der Sozialpläne unanwendbar war; [26] begründet wurde dies damit, daß die besondere gesetzliche Ausgestaltung des eigentlich anfechtungsrechtlich zu regelnden Sachverhalts insoweit die Anfechtungsregeln verdränge. Betrachtet man die Feststellung in der Begründung des *Gesetzentwurfs der Bundesregierung* im Lichte dieser - auch zur Insolvenzordnung zutreffenden - Feststellung, so kann diese nur in der Weise interpretiert werden, daß zwar nicht der Sozialplan an sich, aber die jeweils ausgezahlten Sozialplanleistungen selbst der Insolvenzanfechtung unterliegen. [27] Bei diesen Ansprüchen handelt es sich auch - entgegen der Feststellung in § 123 II 1 InsO [28] - tatsächlich um Insolvenzverbindlichkeiten, da die Arbeitsverhältnisse, aus denen die Ansprüche erwachsen, vor Eröffnung des Insolvenzverfahrens im Sinne des § 38 InsO begründet waren. [29]

---

20 herausgegeben vom *Bundesministerium der Justiz* Begründung zu LS 4.1.10 Absatz 3 S. 372

21 in BT-Drucksache 12/2443 S. 155

22 S. 192

23 *Von Campe* zitiert den Gesetzgeber allerdings auch ungenau (*ders.*: S. 192): Nach ihm führt dieser aus, „die ausgezahlten Sozialplanleistungen unterlägen der Anfechtung“. Jedoch heißt es wörtlich: „Eine Rückforderungen auf Grund des Rechts der Anfechtung wird nicht ausgeschlossen“.

24 Als Rückforderungsanspruch käme hier auch eine Kondiktion in Betracht.

25 BGBl. 1985 I S. 369 ff

26 *Henckel* in Jaeger § 29 Rdnr. 33; *Kuhn/Uhlenbruck* § 29 Rdnr. 6 a

27 So im Ergebnis dann auch richtig: *von Campe* S. 192.

28 Vgl. zu der Problematik auch oben: § 3 II 2 a aa.

29 *Häsemeyer* Rdnr. 21.25 und 23.16; aus diesem Grund kann gegen die Empfänger der Leistungen auch

Fraglich ist darüber hinaus, ob Sozialpläne, die vor der Dreimonatsfrist des § 124 InsO zustande gekommen sind, anfechtbar sind. Zur Konkursordnung wurde von der herrschenden Meinung angenommen, daß außerhalb der Dreimonatsfrist zustandgekommene Sozialpläne generell anfechtbar seinen. [30] Nachdem bezüglich der Insolvenzordnung für außerhalb der Dreimonatsfrist zustande gekommene Sozialpläne ohnehin nur die Anfechtung wegen vorsätzlicher Benachteiligung in Betracht kommt, [31] wird man einer Anfechtung derselben bei Vorlage der Voraussetzungen des § 133 InsO zustimmen müssen. [32] Eine Anfechtung wegen unmittelbar nachteiliger Rechtshandlung scheitert hingegen schon an dessen Fristenregelung.

e) Verhältnis von § 132 I InsO und § 132 II InsO

Auch zwischen den Tatbeständen des § 132 I InsO und des § 132 II InsO besteht ein Stufenverhältnis. So heißt es in der Begründung zum *Gesetzentwurf der Bundesregierung*, § 132 II InsO stelle einen Auffangtatbestand für bestimmte Rechtshandlungen dar, die für die Gläubiger nachteilig sind, ohne daß sie von der Anfechtung unmittelbar nachteiliger Rechtshandlungen gemäß § 132 I InsO erfaßt werden. [33]

§ 132 II InsO soll demnach nur dann zur Anwendung kommen, wenn die Rechtshandlung weder von der Deckungsanfechtung [34] noch von der Anfechtung wegen unmittelbar nachteiliger Rechtshandlung erfaßt wird. Daher kommt dem § 132 II InsO gegenüber dem § 132 I InsO eine Lückenschließfunktion [35] zu, mit der erreicht werden soll, daß die dort beschriebenen Rechtsgeschäfte nicht nur unter den strengen Voraussetzungen des § 133 InsO anfechtbar sind.

## 2. Unmittelbare Nachteiligkeit

Wie schon aus der Überschrift des § 132 InsO deutlich wird, setzt dieser Tatbestand grundsätzlich eine unmittelbare Benachteiligung der Gläubiger durch die vorgenommene

---

die Deckungsanfechtung begründet sein (*ders.*: Rdnr. 21.39).

30 *Henckel* in Jaeger § 29 Rdnr. 35; *Kuhn/Uhlenbruck* § 29 Rdnr. 6a - Diese Ergebnis verwundert: So hätte man, wenn man den § 3 SozplG schon als das Anfechtungsrecht begrenzende Spezialregel interpretiert, richtigerweise zu dem Ergebnis kommen müssen, daß diese auch auf den Zeitraum davor ausstrahlt; ist nämlich innerhalb der Dreimonatsfrist nur ein Widerruf möglich, so muß außerhalb derselben weder die Widerrufsmöglichkeit noch die besondere Konkursanfechtung als plus anwendbar sein.

31 Nur diese erfaßt auch Handlungen, die vor einer Dreimonatsfrist vor der Stellung des Eröffnungsantrags vorgenommen wurden.

32 Ebenso: *von Campe* S. 193 - Dieses Ergebnis überzeugt: So stellt § 133 InsO nicht auf die erhöhte Verdächtigkeit bei Krisennähe ab, sondern auf das kollusive Verhalten von Gläubiger und Schuldner; allerdings entsteht daraus die Frage, ob eine Anfechtung von Sozialplänen wegen vorsätzlichen Benachteiligung nicht generell - d.h. auch innerhalb der Dreimonatsfrist - zuzulassen ist. Dem ist wohl zuzustimmen.

33 in BT-Drucksache 12/2443 S. 159

34 Siehe dazu oben: § 5 I 1 a aa.

35 So: *Zeuner* Rdnr. 152.

Rechtshandlung voraus, daß heißt unmittelbar durch die Vornahme der Rechtshandlung selbst muß eine Benachteiligung der Gläubiger eingetreten sein. [36]

a) Unmittelbare Nachteiligkeit gemäß § 132 I InsO

Die Voraussetzung der unmittelbaren Nachteiligkeit gilt uneingeschränkt bezüglich des § 132 I InsO. Ein typisches Beispiel für eine solche Handlung ist die Veräußerung von Waren unter Wert. Ob ein Preis hierbei unangemessen ist, richtet sich nach den Marktverhältnissen. [37] An einer Unmittelbarkeit der Benachteiligung fehlt es jedoch zum Beispiel dann, wenn der Schuldner Waren zwar zum marktüblichen Preis einkauft, diese Waren aber nicht mehr zum Einkaufspreis verwertet werden können. Hier führt nämlich erst der zweite - und daher nur mittelbare - Schritt der Handlungsfolge zur Gläubigerbenachteiligung.

Problematisch sind allerdings die Fälle, in denen der Schuldner während der Krise zum Zwecke der Sanierung seines Unternehmens Geschäfte eingeht. Für die Beurteilung der Frage, ob diese Geschäfte unmittelbar nachteilige Handlungen darstellen, ist nicht allein ein Vergleich der nominellen Werte der Leistungen entscheidend, vielmehr müssen diese auch im Wege einer wirtschaftlichen Betrachtungsweise bewertet werden. [38] So ist eine unmittelbare Benachteiligung trotz Gleichwertigkeit der Leistungen schon dann anzunehmen, wenn von Anfang an keine Sanierungschancen bestanden und daher das Geschäft letztlich einzig den Zusammenbruch des Unternehmens verzögert hat. [39] Diese Konstellation entwickelt im Kreditgeschäft eine besondere Brisanz. [40]

b) Unmittelbare Nachteiligkeit gemäß § 132 II InsO

Würde man direkt von der Überschrift des § 132 InsO auf die Voraussetzungen des § 132 II InsO schließen, so käme man unschwer zu dem Ergebnis, auch dieser erfordere eine unmittelbar benachteiligende Wirkung der vorgenommenen Rechtshandlung für die Insolvenzgläubiger.

---

36 Begründung zum *Gesetzentwurf der Bundesregierung* in BT-Drucksache 12/2443 S. 159; zur InsO: *Kühnemund* „Die insolvenzrechtliche Anfechtung von Prozeßhandlungen des Insolvenzschuldners nach der InsO" S. 43; zur KO: *Jauernig* „Zwangsvollstreckungs- und Insolvenzrecht" § 51 V 2; siehe zum Erfordernis der unmittelbaren Gläubigerbenachteiligung auch oben: § 3 II 1 b

37 *Henckel* in Jaeger § 30 Rdnr. 104

38 Vgl.: *von Campe* S. 193 f.

39 Zu mit einem Sanierer geschlossenen Geschäftsbesorgungsvertrag: *RGZ* 162 S. 292 (295 f); *BGHZ* 1977 S. 250 (255); *Henckel* in Jaeger § 30 Rdnr. 116; *Kuhn/Uhlenbruck* § 30 Rdnr. 26 ff.

40 So seien z. B. zu Sanierungszwecken abgeschlossene Kreditverträge als unmittelbar nachteilige Geschäfte anfechtbar, auch wenn ein angemessener Zinssatz und die Stellung einer angemessenen Sicherung vereinbart war, falls schon bei dessen Abschluß die Sanierung aussichtslos war. *Canaris* begründet dies damit, daß nicht nur die **wertnachteilige**, sondern auch die **zweckwidrige** Leistung eine unmittelbare Benachteiligung darstellt (*ders.*: „Aktuelle insolvenzrechtliche Probleme" in FS 100 Jahre KO S. 73 (84)); allerdings ist die dogmatische Einordnung nicht unumstritten, vgl.: *von Campe* S. 194 Fn. 21; *Henckel* in Jaeger § 30 Rdnr. 117; *Kämpfer* „Die Stellung von Sanierungskrediten im Insolvenzrecht"; *Kuhn/Uhlenbruck* § 30 Rdnr. 41; *K. Schmidt* „Das Insolvenzrisiko der Bank zwischen ökonomischer Vernunft und Rechtssicherheit" in WM 1983 S. 494 ff.

Nach überwiegender Ansicht genügt bezüglich des § 132 II InsO allerdings auch eine **mittelbare** Gläubigerbenachteiligung. [41] Dies ergebe sich zum einen schon aus dem Wortlaut des § 132 II InsO, der das Merkmal der Unmittelbarkeit aus Absatz 1 nicht übernommen hat, zum anderen aus dem die Anfechtungstatbestände beherrschenden Grundsatz, [42] daß eine mittelbare Gläubigerbenachteiligung immer dann ausreicht, wenn das Gesetz nicht ausdrücklich etwas anderes fordert. [43]

So heißt es auch im ersten Bericht der *Kommission für Insolvenzrecht*, für diesen Tatbestand gelte das Erfordernis der unmittelbaren Gläubigerbenachteiligung nicht, da diese in der Regel nicht unmittelbar aufgrund der Unterlassung, sondern erst durch später hinzutretende Umstände eintritt. [44] In der Begründung zum *Gesetzentwurf der Bundesregierung* [45] heißt es hingegen schon mißverständlicher, das Erfordernis der unmittelbaren Gläubigerbenachteiligung des Absatz 1 werde in den Fällen des Absatz 2 **unterstellt**.

Unabhängig von diesen vagen Formulierungen gilt folgende Überlegung: In § 132 II InsO werden bestimmte Rechtshandlungen den unmittelbaren Rechtsgeschäften gleichgestellt. Diese Gleichstellung bedeutet, daß die Rechtshandlung zwar selbst nicht unmittelbar benachteiligend sein muß, aber die übrigen Voraussetzungen des § 132 I InsO vorliegen müssen. [46] Insofern ist auch die Beschreibung in der Begründung zum *Gesetzentwurf der Bundesregierung* ungenau: Die unmittelbare Nachteiligkeit wird nämlich nicht unterstellt, sondern vielmehr gesetzlich **fingiert**. [47] Eine Bezeichnung als „unterstellte" unmittelbare Nachteiligkeit ist nämlich insofern mißverständlich, da darunter auch verstanden werden könnte, daß selbige Handlungen - per definitionem - tatsächlich als in der Weise nachteilig gelten. [48] Richtig ist aber, daß diese Handlungswirkung allein deshalb gesetzlich fingiert werden muß, damit diese Handlungen auch alle Voraussetzungen des § 132 I InsO erfüllen. [49]

Diesen Erklärungsnotstand hätte der Gesetzgeber umgehen können, indem er den § 132 II InsO in einer eigenen Vorschrift [50] geregelt hätte, deren objektive und subjektive Voraussetzungen prinzipiell denen des § 132 I InsO entsprochen hätte, welche allerdings auf das Erfordernis der unmittelbaren Nachteiligkeit verzichtet hätte. [51]

---

41 *Henckel* in Kölner Schrift zur Insolvenzordnung Rdnr. 34; *Jauernig* § 81 IV 3 c; *Kreft* in Heidelberger Kommentar zur Insolvenzordnung § 132 Rdnr. 9; *Zeuner* Rdnr. 163

42 Siehe oben: § 3 II 1 c.

43 *Smid/Zeuner* § 132 Rdnr. 5 und § 129 Rdnr. 53

44 Begründung zu LS 5.2.5 Absatz 3 S. 412

45 in BT-Drucksache 12/2443 S. 159; so auch: *Hess/Weis* Rdnr. 338

46 Vgl. nur: *Jauernig* § 81 IV 3 c.

47 Ebenso: *Henckel* in Kölner Schrift zur Insolvenzordnung Rdnr. 34 Fn. 46; *Kreft* in Heidelberger Kommentar zur Insolvenzordnung § 132 Rdnr. 9; *Zeuner* Rdnr. 163; anderer Ansicht wohl: *Bork* „Einführung in das neue Insolvenzrecht" Rdnr. 221; *Häsemeyer* Rdnr. 21.72

48 In einer solchen Interpretation des Wortes „unterstellen" könnte man es mit dem Begriffpaar „unwiderleglich vermutet" ersetzen.

49 In dieser Interpretation heißt „unterstellen" demnach „fingieren"; mit anderen Worten ist eine solche Handlung nicht unmittelbar nachteilig, zugunsten der Anwendbarkeit von § 132 I InsO wird dies jedoch angenommen.

50 Etwa mit der Überschrift: „Nachteiliges Unterlassen".

51 Diese Lösung wäre die bessere gewesen; ebenso: *Eichberger* S. 96; *Henckel* in Kölner Schrift zur Insolvenzordnung Rdnr. 34; *Zeuner* Rdnr. 150 Fn. 203; vgl. auch oben: Einführung zu § 5.

### 3. Rechtshandlung

§ 132 I InsO schränkt die anfechtbaren Handlungen gegenüber den übrigen Insolvenzanfechtungstatbeständen ein. So sollen nach dieser Vorschrift nur **Rechtsgeschäfte** des Schuldners, die innerhalb der letzten drei Monate vor dem Antrag auf Eröffnung des Insolvenzverfahrens oder danach vorgenommen wurden, anfechtbar sein.

Demgegenüber wird in § 132 II InsO als benachteiligende Handlung allein das Vorliegen einer Rechtshandlung gefordert. Daher ließen sich grundsätzlich unter diesen Tatbestand auch solche Handlungen subsumieren, die ein positives Tun darstellen. Allerdings besteht in dieser Hinsicht keine Notwendigkeit zur Schließung von Lücken der §§ 130 bis 132 I InsO. Aus diesem Grund werden in der Begründung zum *Gesetzentwurf der Bundesregierung* [52] auch ausschließlich Unterlassungen als Beispiele für nach § 132 II InsO anfechtbare Rechtshandlungen genannt.

#### a) Rechtsgeschäft - Rechtshandlung

Mit der Einschränkung des Tatbestands auf Rechtsgeschäfte folgt § 132 I InsO der Konkursordnung. Auch dort waren gemäß § 30 Nr. 1 Alt. 1 KO nur Rechtsgeschäfte anfechtbar. Dabei entsprach und entspricht der Begriff des Rechtsgeschäfts dem des BGB. Anfechtbar sind demnach grundsätzlich alle Rechtshandlungen, die willentlich vorgenommen wurden und von der Rechtsordnung als solche auch akzeptiert werden. [53] Dabei bedarf es für ein Rechtsgeschäft in der Regel die Mitwirkung mehrerer Personen, sie können allerdings auch als Akt der Selbstgestaltung erfolgen. So stellt etwa auch die einseitige Kündigung ein Rechtsgeschäft dar.

#### b) Einseitige Rechtsgeschäfte

In § 30 Nr. 1 Alt. 1 KO hieß es, ein **eingegangenes** Rechtsgeschäft sei anfechtbar. Daraus wurde von der ganz herrschenden Meinung [54] geschlossen, daß nur zweiseitige Rechtsgeschäfte nach dieser Vorschrift anfechtbar waren. Nur bei solchen Rechtsgeschäften geht nämlich der andere Teil - der Anfechtungsgegner - auf das Rechtsgeschäft des Schuldners ein. Einseitige Rechtsgeschäfte sollten demnach nach der Konkursordnung nicht der Anfechtung wegen unmittelbarer Benachteiligung unterliegen.

Auf diese Einschränkung verzichtet die Insolvenzordnung: Da es im Gegensatz zum Wortlaut des § 30 Nr. 1 Alt. 1 KO nicht mehr „eingegangenes", sondern „vorgenommenes" Rechtsgeschäft heißt, werden nach § 132 I InsO jetzt auch einseitige Rechtsgeschäfte wie die

---

52 in BT-Drucksache 12/2443 S. 160

53 Vgl. zu der Definition der Begriffs „Rechtsgeschäft" *Flume* (*ders.*: „Allgemeiner Teil des bürgerlichen Rechts" Bd. I 2. Teil § 2 1): Rechtsgeschäft ist eine Privatwillenserklärung, gerichtet auf das Hervorbringen eines rechtlichen Erfolges, der nach der Rechtsordnung deswegen eintritt, weil er gewollt ist.

54 RGZ 90 S. 69 (72); *Henckel* in Jaeger § 30 Rdnr. 103; Kilger/Schmidt § 30 Anm. 3; *Kuhn/Uhlenbruck* § 30 Rdnr. 18

Kündigung erfaßt. [55] Es braucht daher für die Vornahme eines Rechtsgeschäfts im Gegensatz zur Eingehung keinen Handlungspartner.

Da einseitige Rechtsgeschäfte bisher nur unter den strengen Voraussetzungen der Absichtsanfechtung angefochten werden konnten, stellt diese Neuerung eine wesentliche und zu begrüßende Erweiterung der Anfechtungsmöglichkeiten dar. [56] Zudem fördert sie die Rechtsklarheit; so wurde etwa zur Konkursordnung ausnahmsweise auch die Anfechtbarkeit einseitiger Rechtsgeschäfte bejaht, wenn diese zu einer vertraglichen Bindung [57] führten. Auch wurden Fälle von Prozeßhandlungen oder -unterlassungen unter § 30 Nr. 1 Alt. 1 KO subsumiert, soweit durch diese eine rechtsgeschäftähnliche Wirkung [58] zustande kam. [59] Solche an Billigkeitsrechtsprechung grenzende Erweiterungen werden heute hingegen unzweifelhaft von § 132 I InsO beziehungsweise von dessen Auffangtatbestand - § 132 II InsO - erfaßt. [60]

c) Rechtsgeschäfte des Schuldners

Weitere Voraussetzung des § 132 I InsO ist, daß die Rechtshandlung durch den Schuldner vorgenommen wurde. Dies ergibt sich aus dem Wortlaut, „ein Rechtsgeschäft des Schuldners" sei anfechtbar. Damit grenzt diese Voraussetzung den § 129 I InsO noch weiter ein, indem nicht nur die Vornahme einen Rechtsgeschäfts gefordert wird, sondern zudem noch die möglichen Handlungspersonen auf die des Schuldners eingegrenzt wird.

Auch die Konkursordnung ging im § 30 Nr. 1 Alt. 1 KO allein von der Anfechtbarkeit der vom „Gemeinschuldner eingegangenen Rechtsgeschäfte" aus. Jedoch umfaßte diese Regelung nur zweiseitige Rechtsgeschäfte, so daß im Ergebnis immer eine Handlung des Gemeinschuldners und des Anfechtungsgegners gefordert wurde. Insofern war die Übernahme dieser Einschränkung in § 132 I InsO nicht zwingend. Dennoch hieß es schon im ersten Bericht der *Kommission für Insolvenzrecht* in Leitsatz 5.2.5, anfechtbar sei nur ein vom Schuldner vorgenommenes Rechtsgeschäft. [61]

Fraglich ist allerdings zunächst, ob diese Einschränkung auch eine tatsächliche Relevanz hat: *Eichberger* weist richtigerweise darauf hin, daß diese Einschränkung praktische Bedeutung zur Konkursordnung zum Beispiel dann hat, wenn der Gläubiger eine Forderung des Schuld-

---

55 Vgl.: Begründung zum *Gesetzentwurf der Bundesregierung* in BT-Drucksache 12/2443 S. 159; siehe auch: *Häsemeyer* Rdnr. 21.66.

56 So auch: *Henckel* in Kölner Schrift zur Insolvenzordnung Rdnr. 32; *Kreft* in Heidelberger Kommentar zur Insolvenzordnung § 132 Rdnr. 6; *Zeuner* Rdnr. 156.

57 Z. B. führt die nachträgliche Genehmigung einer Verfügung eines Nichtberechtigten gemäß § 185 BGB oder eines vollmachtslosen Vertreters gemäß § 177 I BGB zu einer vertraglichen Bindung.

58 Unterläßt der Schuldner z. B. die Erhebung einer Klage, so kommt dieses Verhalten im Ergebnis einer rechtsgeschäftlich vereinbarten Anspruchsaufhebung - einem Erlaßvertrag - gleich.

59 Vgl. zu beidem: *Henckel* in Jaeger § 30 Rdnr. 106 und § 29 Rdnr. 6.

60 *Zeuner* führt daher richtigerweise aus, daß durch diese Erweiterungen im Tatbestand des § 132 I InsO eine Notwendigkeit zur Ausweitung des Begriffs „einseitiges Rechtsgeschäft" sowieso nicht mehr besteht; darüber hinaus muß aber auch der Begriff des „Rechtsgeschäfts" nicht überdehnt werden, da sich insoweit der § 132 II InsO als Lückenfüller anbietet (*ders.*: Rdnr. 156).

61 S. 411

ners durch Aufrechnung zum Erlöschen bringt und die Aufrechnungsmöglichkeit nicht erst innerhalb der Krise geschaffen wurde. [62] Nachdem nach der Insolvenzordnung sich allerdings die Unwirksamkeit der Aufrechnung einerseits an dem Zeitpunkt der Entstehung des Aufrechungsrechts, andererseits an der Möglichkeit der Anfechtung zu diesem Zeitpunkt orientiert, kommt eine Anfechtung der Aufrechnungserklärung in dem dargestellten Fall heute sowieso nicht mehr in Betracht. [63]

*Hess* [64] verweist bezüglich der Gesamtvollstreckungsordnung [65] auf die Fälle, in der die Bank Aufträge, die der Schuldner veranlaßt hat, selbst ausgeführt hat. Auch diese seien als Handlungen des Gläubigers nicht anfechtbar. Allerdings übersieht er hierbei, daß eigenen Handlungen des Schuldners die seiner Bevollmächtigten gleichstehen. [66] Handelte also wie hier die Bank im Auftrag des Schuldners, so gelten diese Handlungen als Rechtsgeschäfte des Schuldners und sind daher gemäß § 132 I InsO anfechtbar.

Letztlich sind aber immer noch Konstellationen denkbar, in denen der Gläubiger weder als Vertreter noch als Bevollmächtigter des Schuldners in Kenntnis der unmittelbaren Benachteiligung und innerhalb der anfechtungsrelevanten Zeit einseitige Rechtsgeschäfte vornimmt. Diese sind - soweit muß auch bezüglich der Insolvenzordnung [67] dem eindeutigen Wortlaut des Gesetzes gefolgt werden - nicht anfechtbar. Abgemildert wird dieses Ergebnis durch die schon angedeutete Tatsache, daß der Schuldner nicht in persona gehandelt haben muß; vielmehr genügt es, wenn ein rechtgeschäftlich bestellter oder gesetzlicher Vertreter für ihn aufgetreten ist. [68]

Zudem ist die Einschränkung auf Rechtsgeschäfte des Schuldners dogmatisch nachvollziehbar: So versucht die Insolvenzanfechtung immer einen Ausgleich zwischen den Interessen der Insolvenzgläubiger und dem Interesse des potentiellen Anfechtungsgegners herzustellen. Steht dem Anfechtungsgegner zum Beispiel ein einseitiges Kündigungsrecht zu und nutzt er dieses, so ist dieses Rechtsgeschäft nicht gemäß § 132 I InsO anfechtbar. Jedoch besitzt der Inhaber eines einseitigen Kündigungsrechts auch „ein Mehr an Recht" als der, der sich nicht durch ein einseitiges Rechtsgeschäft von einem Vertrag lösen kann; diese „Mehr an Recht" verdient dann aber auch ein „Mehr an Schutz". Er wird daher besser geschützt als derjenige, der mit dem Schuldner zum Beispiel nur einen Auflösungsvertrag schließen kann und schließt.

---

62 In einem solchen Fall scheitert die Deckungsanfechtung nämlich und nur der § 30 Nr. 1 Alt. 1 KO käme in Betracht, scheitert aber daran, daß kein Rechtsgeschäft des Schuldners vorliegt (*Eichberger* S. 95 f; vgl. auch BGHZ 58 S. 108 (113)).

63 Zu diesem Ergebnis kommt man zumindest nach der hier vertretenen Ansicht; ebenso *von Campe* S. 108 und 289; vgl. auch oben: § 4 IV 2.

64 in *Hess/Binz/Wienberg* „Gesamtvollstreckungsordnung" § 10 Rdnr. 14 a

65 Dort gab es gemäß § 10 I immer, d.h. egal ob es sich um Erfüllungs- oder unmittelbar nachteilige Handlungen handelte, nur die Möglichkeit der Anfechtung von Rechtshandlungen des Schuldners. Auch eine analoge Erweiterung bezüglich § 10 I Nr. 4 GesO wurde abgelehnt (*OLG Dresden* ZIP 1994 S. 1128 ff; *OLG Jena* WM 1995 S. 858 ff; *Huber* in Gottwald „Nachtrag Gesamtvollstreckungsordnung zum Insolvenzrechts-Handbuch" III 7 A Rdnr. 10; *Smid/Zeuner* „Gesamtvollstreckungsordnung" § 10 Rdnr. 38 ff; differenzierend: *Hess/Binz/Wienberg* § 10 Rdnr. 14 a).

66 *Huber* in Gottwald „GesO" III 7 A Rdnr. 10

67 Vgl. zur GesO: *Smid/Zeuner* „GesO" § 10 Rdnr. 39 f.

68 Zur KO: *Kilger/Schmidt* § 30 Anm. 4; zur GesO: *Huber* in Gottwald „GesO" III 7 A Rdnr. 10; zur InsO: *Zeuner* Rdnr. 159.

### 4. Person des Anfechtungsgegners

Anfechtungsvoraussetzung nach § 132 I InsO ist ein unmittelbar nachteiliges Rechtsgeschäft des späteren Gemeinschuldners. Im Gegensatz zur Deckungsanfechtung ist es allerdings nicht erforderlich, daß es sich bei dem späteren Anfechtungsgegner schon zum Zeitpunkt des Rechtsgeschäfts um einen Insolvenzgläubiger handelt.

Dies ergibt sich zum einen aus dem Wortlaut des Paragraphen: Dieser fordert im Unterschied zu den §§ 130 f InsO nicht, daß die Handlung einem Insolvenzgläubiger gegenüber erfolgt. Zudem würde eine solche Einschränkung auch dem Sinn der Anfechtung unmittelbar nachteiliger Rechtshandlungen widersprechen. Sollen durch diese schon die schuldrechtlichen Begründungshandlungen anfechtbar gemacht werden, so kann es nicht Voraussetzung dieses Tatbestandes sein, daß der Geschäftsgegner zum Zeitpunkt der Handlung schon Insolvenzgläubiger war. Vielmehr reiht sich der Gegner erst in dem Zeitpunkt, in dem er mit dem Schuldner dieses Geschäft abschließt, als Vertragspartner unter die Insolvenzgläubiger ein. [69]

Noch weiter geht der § 132 II InsO. Dieser schützt die Insolvenzmasse auch davor, daß der Gemeinschuldner seinerseits einen Anspruch gegenüber einen Schuldner verliert. Insofern wird in dieser Tatbestandsalternative nicht einmal verlangt, daß der Anfechtungsgegner sich durch die anfechtbare Handlung unter die Insolvenzgläubiger eingereiht hat, vielmehr kann sich die Anfechtung auch gegen einen Schuldner des Gemeinschuldners richten. [70]

## II. Anfechtung unmittelbar nachteiliger Rechtsgeschäfte

§ 132 I InsO entspricht und erweitert den § 30 Nr. 1 Alt. 1 KO. In seinen objektiven Voraussetzungen orientiert er sich, bis auf die Einschränkung, daß ein Rechtsgeschäft des Schuldners gefordert sowie eine unmittelbare Gläubigerbenachteiligung verlangt wird, wörtlich an denen der Anfechtung wegen kongruenter Deckung. Die subjektiven Voraussetzungen stimmen gänzlich mit denen des § 130 I InsO überein.

### 1. Anfechtungsgrund

Um diese Vorschrift richtig zu verstehen, muß man sie in das Systems der besonderen Insolvenzanfechtung einordnen. Ihr Hauptunterscheidungspunkt zur Deckungsanfechtung ist der, daß die Anfechtung nach den §§ 130 f InsO einen irgendwie gearteten Anspruch des Anfechtungsgegners auf das, was er erlangt hat, voraussetzt. Umfaßt die Deckungsanfechtung daher größtenteils die Erfüllung schuldrechtlicher Verträge, so setzt der § 132 I InsO schon früher an: Nach diesem ist schon der schuldrechtliche Vertrag als solcher anfechtbar, wenn das, was zwischen den Parteien als Vertragsinhalt vereinbart wurde, die übrigen Gläubiger unmittelbar benachteiligt.

---

69 *Häsemeyer* Rdnr. 21.66; siehe dazu auch sogleich unten: § 5 II 1.

70 Siehe zu der sich daraus ergebenen Problematik der Begründung der Anfechtung gemäß § 132 II InsO unten: § 5 III 2.

Dahinter steht folgender Gedanke: Eine Befriedigung oder Sicherung eines Anspruchs innerhalb oder kurz vor der Krise geht mittelbar fast immer zulasten der übrigen Insolvenzgläubiger, da dadurch die noch verwertbare Masse verringert wird. Anderes gilt für den der Befriedigung oder Sicherung zugrundeliegenden Vertrag: Ist die darin vereinbarte Leistung gleichwertig und wird dieser nicht erfüllt, so belastet ein solcher Vertrag die Masse nicht. Sind die vereinbarten Leistungen jedoch für das Vermögen des Schuldners nachteilig, so kann nicht darauf gewartet werden, daß die Befriedigung vorgenommen wird, um diese dann anzufechten. Schon in dem Zeitpunkt, in dem der Vertragspartner mit dem Schuldner dieses Geschäft abschließt, reiht er sich nämlich unter die Insolvenzgläubiger ein. [71] Aus diesem Grund muß auch dieser unmittelbar nachteilige Vertrag selbst beseitigt werden können. Genau dies wird durch den § 132 I InsO ermöglicht.

Nach dieser Vorschrift berechtigt allein die für das Schuldnervermögen nachteilige Leistungsbestimmung die Anfechtung derselben. Daher weicht innerhalb der Krise nicht nur die Privatautonomie hinsichtlich des Ob und Wie einer Deckungshandlung dem anfechtungsrechtlichen Gleichbehandlungsgrundsatz, auch ein ungünstiges Geschäft kann zugunsten der Gläubigergleichbehandlung rückgängig gemacht werden. *Häsemeyer* [72] nennt diese Anfechtungsalternative daher auch „gleichbehandlungsspezifische Abschöpfung durch Leistungswertbestimmung erlangter Vorteile".

## 2. Verhältnis zu § 103 InsO

Nicht immer stellt allerdings die Anfechtung des ungünstigen schuldrechtlichen Vertrags die für die Gläubigergesamtheit günstigste Alternative dar. Vielmehr steht dem Insolvenzverwalter gemäß § 103 II InsO bei noch nicht vollständiger Erfüllung diese Vertrags anstatt der Anfechtung auch die Möglichkeit offen, die Erfüllung des Vertrags abzulehnen.

Denkbar sind hierbei folgende Konstellationen: Hat der **Schuldner vorgeleistet**, kann der Insolvenzverwalter die Erfüllung nicht mehr gemäß § 103 II InsO ablehnen und er wird regelmäßig den Vertrag gemäß § 132 I InsO anfechten; andernfalls müßte er sich mit der Einforderung der geringwertigeren Leistung des Gläubigers zur Insolvenzmasse zufrieden geben. [73] Hat der **Gläubiger teilweise** [74] **vorgeleistet**, wird der Verwalter allerdings zumeist auf die Anfechtung verzichten und die Vorleistung als Insolvenzmasse für die Gläubigergesamtheit verwenden. Der Gläubiger wird dann hinsichtlich seines Anspruchs gemäß § 103 II InsO auf die Insolvenzquote verwiesen. [75]

---

71 *Häsemeyer* Rdnr. 21.66

72 Überschrift zu den Rdnr. 21.66 bis 21.71

73 Vgl.: *BGHZ* 89 S. 189.

74 Der Fall der vollständigen Erfüllung durch den Anfechtungsgegner vor der Verfahrenseröffnung fällt nicht unter den § 103 InsO, vielmehr nimmt dieser dann als Insolvenzgläubiger (§ 38 InsO) am Insolvenzverfahren teil (*Kreft* in Heidelberger Kommentar zur Insolvenzordnung § 103 Rdnr. 2).

75 Vgl. zum Ganzen: *Häsemeyer* Rdnr. 21.68.

### 3. Objektive Voraussetzungen

In seinen objektiven Voraussetzungen stimmt der Tatbestand des § 132 I InsO weitgehend mit dem des § 130 I InsO überein. Insoweit sei auf die Ausführungen zur Anfechtung wegen kongruenter Deckung verwiesen. [76] Unterschiede ergeben sich nur bezüglich des Grades der vorausgesetzten Wirkung der Gläubigerbenachteiligung [77] sowie in der Begrenzung der anfechtbaren Handlungen auf Rechtsgeschäfte des Schuldners [78].

Demnach sind Rechtsgeschäfte, die der Schuldner vorgenommen hat und welche die Insolvenzgläubiger unmittelbar benachteiligen, anfechtbar, wenn sie in den letzten drei Monaten **vor** Stellung des Eröffnungsantrags bei Zahlungsunfähigkeit des Schuldners vorgenommen (§ 132 I Nr. 1 InsO) oder wenn sie **nach** der Stellung des Eröffnungsantrags vorgenommen worden sind (§ 132 I Nr. 2 InsO).

### 4. Subjektive Voraussetzungen

Auch die subjektiven Voraussetzungen der Anfechtung eines unmittelbar nachteiligen Rechtsgeschäfts stimmen mit denen des § 130 InsO überein. So wird bei Rechtsgeschäften vor Stellung des Eröffnungsantrags verlang, daß der Anfechtungsgegner die Zahlungsunfähigkeit des Schuldners kannte. Wurde das Geschäft nach diesem Zeitpunkt vorgenommen, so reicht alternativ die Kenntnis entweder der Zahlungsunfähigkeit oder des Eröffnungsantrags aus.

Nicht vorausgesetzt wird hingegen die Kenntnis der Vertragsparteien davon, daß das Rechtsgeschäft für die übrigen Insolvenzgläubiger nachteilig ist. Im Gegensatz zu § 133 InsO muß daher weder der Gemeinschuldner mit dem Bewußtsein von der Nachteiligkeit des Rechtsgeschäfts für ihn und damit für die Masse gehandelt haben, noch wird verlangt, daß dem Anfechtungsgegner die Vorteilhaftigkeit des Schuldvertrags bekannt war. [79]

Darüber hinaus wird in § 132 III InsO auf § 130 II und III InsO verwiesen. Damit wird auch hier eine Erleichterungen in der Beweisführung des Insolvenzverwalters dahingehend eingeführt, daß zum einen die Kenntnis der zwingend auf die Krise hindeutenden Tatsachen der positiven Kenntnis der Krise gleichgestellt (§§ 130 II i.V.m. 132 III InsO [80]), zum anderen bei dem Schuldner nahestehenden Personen deren Kenntnis vermutet wird (§§ 130 III i.V.m. § 132 III InsO [81]).

---

76 Siehe oben: § 4 II 2.

77 Siehe oben: § 5 I 2 a.

78 Siehe oben: § 5 I 3.

79 Vgl.: *Häsemeyer* Rdnr. 21.66; dieser kritisiert aus diesem Grund zurecht auch die Bezeichnung *Henckels*, der von der „Verschleuderungsanfechtung“ spricht (*ders.* in ZIP 1982 S. 390 (392 f). Ein Verschleudern indiziert nämlich ein subjektives Element bezüglich der Massenachteiligkeit bzw. der Vorteilhaftigkeit für den Anfechtungsgegner.

80 Siehe oben: § 3 IV 2.

81 Siehe oben: § 3 IV 5.

### 5. Bewertung der Anfechtung unmittelbar nachteiliger Rechtsgeschäfte

Die Bewertung der Anfechtung wegen unmittelbarer Nachteiligkeit eines Rechtsgeschäfts muß auf zwei Ebenen erfolgen: Zunächst ist zu fragen, ob das System der Insolvenzanfechtung, welches zwischen der Deckungsanfechtung und der Anfechtung unmittelbar nachteiliger Rechtsgeschäfte unterscheidet, überzeugt. Als zweites stellt sich die Frage, ob der § 132 I InsO als solcher stimmig ist.

#### a) Trennung von Deckungs- und Begründungshandlung

Betrachtet man die getrennten Anfechtungsregeln der Befriedigung und Sicherung eines bestehenden Anspruchs auf der einen Seite und der Anspruchsbegründung auf der anderen, so verwundert diese Trennung zunächst. Mit einem Blick in die Konkursordnung stellt man fest, daß dort der Gesetzgeber im Ergebnis auch beiden Handlungsarten unterschiedlichen Anfechtungsvoraussetzungen gegenübergestellt hat, ohne dies jedoch genau kenntlich zu machen. In der **Gesamtvollstreckungsordnung** wurde hingegen in § 10 I Nr. 4 GesO auf eine solche Trennung verzichtet; in dieser Vorschrift sind vielmehr die Deckungsanfechtung und die Anfechtung wegen unmittelbarer Benachteiligung zusammengefaßt worden. [82]

Ein Nachteil der Trennung in der **Insolvenzordnung** ist offensichtlich; sie erhöht die Komplexität des gesamten Bereiches der besonderen Insolvenzanfechtung. Kommt die Gesamtvoll-streckungsordnung für die entsprechenden Regelungen mit einem Satz aus, so wird die besondere Insolvenzanfechtung in drei Paragraphen geregelt. Daher scheint die in der Insolvenzordnung getroffene Unterscheidung dem gesetzgeberischen Gebot, eine möglichst einfache und praktikable Lösung zu finden, zu widersprechen. [83]

Ein positive Folge dieser erhöhten Komplexität ist allerdings die daraus resultierende größere Unterscheidungsmöglichkeit innerhalb der besonderen Insolvenzanfechtung. So ermöglicht es die Differenzierung nicht nur, die Tatbestandsvoraussetzungen der Anfechtung wegen kongruenter und inkongruenter Deckungen unterschiedlich und abgestuft zu regeln; es kann auch in den Anfechtungsvoraussetzungen danach unterschieden werden, ob der spätere Gemeinschuldner mit einen Vertragspartner nur einen schuldrechtlichen Vertrag vereinbart hat, oder ob dieser schon erfüllt oder besichert wurde.

Dieser gegenüber der Gesamtvollstreckungsordnung erhöhte Differenzierungsgrad ist auch angebracht: So ist eine Anfechtung des schuldrechtlichen Vertrages nur dann sinnvoll, wenn die Insolvenzgläubiger durch diesen unmittelbar benachteiligt werden. Eine Anfechtung der Begründungshandlung vor der Krise vermag hingegen genausowenig gerechtfertigt zu sein wie innerhalb der Krise, wenn der Vertragspartner diese nicht kannte.

---

82 Vgl.: *Hess/Binz/Wienberg* § 10 Rdnr. 104; *Lübchen/Landfermann* „Das neue Insolvenzrecht der DDR“ in ZIP 1990 S. 829 (834).

83 So weist *Heitmann* kritisch darauf hin, daß sich die InsO mit 335 Paragraphen eines Lebenssachverhaltes annimmt, den die GesO mit 23 Paragraphen in einer schwierigen Umbruchsphase der ostdeutschen Wirtschaft zu bewältigen hatte (*ders.*: „Vom Beruf unserer Zeit für die Gesetzgebung“ in NJW 1999 S. 33).

Bei der Frage nach dem gesetzlichen Konzept mußte der Gesetzgeber daher letztlich das **generelle Ziel** einer möglichst einfachen Normierung dem **speziellen Ziel** der besonderen Insolvenzanfechtung gegenüberstellen, einen gerechten Ausgleich zwischen dem Vertrauensschutz des Rechtsverkehrs und dem Interesse der Insolvenzgläubiger zu finden. Diesen Konflikt hat der Gesetzgeber der Gesamtvollstreckungsordnung einseitig zulasten eines gerechten Interessensausgleichs gelöst. [84] *Huber* [85] meint daher auch richtigerweise, die Vorschrift des § 10 I Nr. 4 GesO bleibe deutlich hinter den Bestrebungen der Insolvenzrechtsreform zurück. Vielmehr bedarf der Ausgleich der Interessen gerade die Differenzierung zwischen den Deckungs- und den Begründungshandlungen.

Aus diesem Grund ist die - auf den ersten Blick schwer verständliche - Unterscheidung, die in den §§ 130 f InsO einerseits und dem 132 I InsO andererseits vorgenommen wird, zu begrüßen. In ihr schreibt der Gesetzgeber die schon zur Konkursanfechtung gebräuchliche Differenzierung fort. [86]

b) Bewertung des § 132 I InsO

Inhaltlich stimmt der § 132 I weitgehend mit § 30 Nr. 1 Alt. 1 KO überein. So bleiben weiterhin auch nach der neuen Regelung nur unmittelbar nachteilige Rechtsgeschäfte des Schuldners innerhalb der Krise anfechtbar, wenn der Anfechtungsgegner das Vorliegen der Krise kannte.

In **objektiver Hinsicht** bringt § 132 I InsO eine Erleichterung dahingehend, daß nun auch einseitige Rechtsgeschäfte des Schuldners anfechtbar sind. Dies stellt einerseits eine sinnvolle Erweiterung dar, andererseits wird damit eine auf Billigkeitsgesichtspunkten beruhende Ausweitung der Tatbestands über dessen Wortlaut hinaus verhindert.

Wie bei der Anfechtung kongruenter Deckungshandlungen wurde auch bezüglich des § 132 I InsO nicht auf die **subjektive Tatbestandsvoraussetzung** der Kenntnis der Krise verzichtet. Dies hat seinen berechtigten Grund darin, daß - genau wie bei zu beanspruchender Erfüllung oder Sicherung - das vom Schuldner vorgenommen Rechtsgeschäft an sich noch in keiner Weise verdächtig ist; allein das Vorliegen einer für den Gemeinschuldner ungünstigen Austauschverpflichtung vermag eine solche Verdächtigkeit noch nicht begründen. Dementsprechend kann in diesem Fall die Kenntnis auch nicht wie in § 131 I Nr. 1 InsO unwiderleglich vermutet werden. Auch hier mußte daher der Ruf nach einen Verzicht auf die subjektiven Anspruchsvoraussetzungen richtigerweise unerhört verhallen.

Die Neuregelung der Anfechtung unmittelbar nachteiliger Rechtshandlungen gemäß § 132 I InsO stellt daher eine insgesamt erfreuliche Weiterentwicklung des § 30 Nr. 1 KO dar. Systematisch überzeugt zudem die tatbestandliche Trennung von der Deckungsanfechtung einerseits, die konsequente sprachliche und inhaltliche Anpassung an den Tatbestand des

---

84 Hier gilt es allerdings zu beachten, daß die GesO von Anfang an als Übergangslösung für die neuen Bundesländer bis zum Inkrafttreten der InsO konzipiert wurde.

85 *Ders.* in Gottwald „GesO“ III 7 D Rdnr. 2

86 Innerhalb der Reformliteratur wurde eine Aufgabe dieser Trennung von Deckungs- und Begründungsanfechtung auch nicht gefordert.

§ 130 InsO andererseits. Dadurch stellen sich die Anfechtung von Begründungs- und Deckungshandlungen als geschlossenes System dar.

## III. Anfechtung vorgreiflicher Masseverkürzung

Den klassischen Tatbeständen der besonderen Insolvenzanfechtung ist mit dem § 132 II InsO ein weiterer Tatbestand angefügt worden. In diesem werden Handlungen des Schuldners erfaßt, durch welche er in der Krise Rechte verliert, nicht mehr geltend machen kann oder ein Anspruch gegen ihn erhalten beziehungsweise durchsetzbar wird. *Häsemeyer* [87] bezeichnet diesen Tatbestand daher auch als Anfechtung vorgreiflicher Masseverkürzungen.

### 1. Entstehungsgeschichte der Norm

Für den § 132 II InsO ist als einzige Vorschrift innerhalb der besonderen Anfechtungstatbestände keine ihr entsprechende innerhalb der Konkursordnung zu finden. Der § 132 II InsO stellt vielmehr einen völlig neuen, dem Konkursrecht gänzlich unbekannten und eigenständigen Tatbestand dar. [88] Dies hat seinen Grund darin, daß der Gesetzgeber der Insolvenzordnung mit selbiger Vorschrift Lücken innerhalb der besonderen Insolvenzanfechtung, die bezüglich der Konkursordnung auftraten, schließen wollte.

Diese Lücken stellten sich innerhalb der Konkursordnung folgendermaßen dar: Entgegen der in den Motiven dargestellten Auffassung des Gesetzgebers der Konkursordnung [89] sah die herrschende Meinung [90] bald auch Unterlassungen als Rechtshandlungen im Sinne der §§ 29 ff KO an, solange der Schuldner das Gebotene in dem Bewußtsein, damit Rechtsfolgen auszulösen, nicht getan hat. [91]

Probleme bereiteten allerdings bestimmte Einzelfälle, in denen der Gesetzeswortlaut einer zu weiten Auslegung entgegenstand: Es stellte sich die Frage, ob denn das „Gewähren" einer Deckung im Sinne des § 30 Nr. 1 Alt. 2 und Nr. 2 KO auch durch Unterlassungen geschehen konnte; [92] zudem war fraglich, inwieweit Unterlassungen gemäß § 30 Nr. 1 Alt. 1 KO anfechtbar waren, forderte dieser doch, daß ein Rechtsgeschäft eingegangen wurde. [93]

---

87 Überschrift zu Rdnr. 21.72 bis 21.76 - Diese Benennung hat ihren maßgeblichen Grund in dem – gegenüber der übrigen besonderen Insolvenzanfechtung - besonderen Regelungsgrund (siehe dazu sogleich: § 5 2).

88 *Smid/Zeuner* § 132 Rdnr. 12

89 *Hahn* „Die gesamten Materialien der Reichs-Justizgesetzen Bd. IV" S. 125 f

90 *RGZ* 6 S. 367 (369); *BGH* WM 1959 S. 891; *German* „Die Anfechtung von Unterlassen nach dem Anfechtungsgesetz und der Konkursordnung" S. 1 ff insb. S. 59 f; *Henckel* in Jaeger § 29 Rdnr. 5; *Huber* in Gottwald § 48 Rdnr. 13; *Kuhn/Uhlenbruck* § 29 Rdnr. 6

91 Siehe auch oben: § 3 I 1 b aa.

92 Vgl. dazu: *Henckel* in Jaeger § 29 Rdnr. 7 - Diese Problematik hat sich durch § 129 II InsO sowie die Hinzufügung des Wortes „ermöglichen" heute erübrigt.

93 *Henckel* unterstellt hierunter auch die Fälle der unterlassenen Anfechtung eines anfechtbar abgeschlossenen Rechtsgeschäfts sowie das Unterlassen einer notwendigen Prozeßhandlung (*ders.* in Jaeger § 29 Rdnr. 6).

*Kuhn/Uhlenbruck* führten aus, die Anfechtung vonUnterlassungen sei nach der Konkursordnung zwar nicht ausgeschlossen, aber nur insoweit zulässig, als dem der Gesetzeswortlaut im Einzelfall nicht entgegensteht. [94]

Diesen Schwierigkeiten in der Anfechtung von Unterlassungen versuchte der Gesetzgeber zur Insolvenzordnung von Anfang an entgegenzuwirken. So wurden schon im ersten Bericht der *Kommission für Insolvenzrecht* in Leitsatz 5.2.5 [95] Rechtshandlungen für anfechtbar erklärt, durch die der Schuldner ein **Recht verliert** oder **nicht mehr geltend machen kann** oder durch die gegen ihn vermögensrechtliche **Ansprüche begründet, erhalten, gesichert** oder **durchsetzbar** werden. Damit sollten eben diese Lücken geschlossen werden, die nach der Konkursordnung bei der Anfechtung von Unterlassungen im Bereich der besonderen Insolvenzanfechtung bestanden. [96]

In Anlehnung an einen Änderungsvorschlag von *Henckel* [97] wurden später im *Gesetzentwurf der Bundesregierung* [98] die Worte „begründet" und „gesichert" weggelassen. [99] Gestützt hatte dieser seine Kritik darauf, daß das Wort „begründet" zu weit greife, weil es auch unerlaubte Handlungen, rechtsgrundlose Eingriffe sowie eine echte und unechte Geschäftsführung ohne Auftrag erfassen würde; dagegen werden die genannten Beispiele zu dieser Alternative [100] schon durch das Wort „erhalten" erfaßt. Das Wort „gesichert" müsse entfallen, weil Sicherungen, die durch Unterlassungen zustande kommen, unter die Deckungsanfechtung zu subsumieren sind.

## 2. Anfechtungsgrund

Der wichtigste Grund für die Deckungsanfechtung und die Anfechtung unmittelbar nachteiliger Rechtsgeschäfte ist der der Durchsetzung der Gläubigergleichbehandlung. [101] Dabei stellt die besondere Insolvenzanfechtung ein besonderes Mittel zur Durchsetzung des Grundsatzes der „par conditio creditorum" dar und schützt die Insolvenzgläubiger untereinander schon vor Verfahrenseröffnung vor Ungleichbehandlung. [102] Dieses Ziel wird erreicht, indem Privatautonomie und Prioritätsgrundsatz dem Grundsatz der gleichen und wertgerechten Verteilung der Insolvenzmasse weichen müssen.

Einen anderen Ansatz wählt hingegen der § 132 II InsO: Mit dieser Regelung soll die **Haftungsmasse** gegen Wertabflüsse vor Verfahrenseröffnung geschützt werden. [103] Dieser Schutz erfolgt jedoch nicht nur gegenüber den bevorteilten Insolvenzgläubigern, sondern ist direkt auf die Haftungsmasse gerichtet. Dieser Umstand wird dadurch deutlich, daß § 132 II

---

94 *Dies.* § 29 Rdnr. 6
95 S. 411
96 So: Erster Bericht der *Kommission für Insolvenzrecht* Begründung zu LS 5.2.5 S. 412.
97 *Ders.* „Insolvenzanfechtung" in Leipold „Insolvenzrecht im Umbruch" S. 239 (245)
98 in BT-Drucksache 12/2443 S. 32
99 Vgl. auch: *Kreft* in Heidelberger Kommentar zur Insolvenzordnung § 132 Rdnr. 1.
100 Siehe: Erster Bericht der *Kommission für Insolvenzrecht* Begründung zu LS 5.2.5 S. 413; *Referentenentwurf Insolvenzrechtsreform* herausgegeben vom *Bundesministerium der Justiz* Teil III S. 152.
101 Siehe oben: § 2 II 2 a cc.
102 Vgl. nur: *Eichberger* S. 17; *Henckel* in ZIP 1982 S. 390 (393).
103 *Häsemeyer* Rdnr. 21.09 und 21.72; siehe auch oben: § 2 II 2 a dd

InsO unter anderem Rechtshandlungen für anfechtbar erklärt, durch die der Gemeinschuldner ein Recht verliert oder nicht mehr geltend machen kann. Diese Alternative geht daher von Konstellationen aus, in denen der Gemeinschuldner Gläubiger des Anfechtungsgegners ist und schützt deswegen nicht alle Insolvenzgläubiger gegenüber einem bevorteilten, sondern alle Insolvenzgläubiger vor dem Verlust eines Anspruchs gegen den Anfechtungsgegner. Darin ist jedoch kein Schutz vor Ungleichbehandlungen zu sehen, würden doch auch durch einen Anspruchsverlust alle Insolvenzgläubiger gleich behandelt werden - für alle würde sich die Masseschmälerung gleich auswirken.

Schwierigkeiten bereitet es hingegen, diese Folge der Anfechtung nach § 132 II InsO - den Schutz der Masse vor Schmälerung - auch zu begründen. So ist zwar unstrittig, daß es den Insolvenzgläubigern dient, wenn die Masse vor Handlungen des späteren Gemeinschuldners geschützt wird, welche diese schmälern. Allerdings vermag dies als Grund allein nur schwerlich zu überzeugen: Nach diesem Ansatz müßten nämlich alle für die Masse ungünstigen Rechtshandlungen des späteren Gemeinschuldners rückgängig gemacht werden können. [104]

Dies widerspricht jedoch dem System der Insolvenzanfechtung, welches für jeden Anfechtungstatbestand einen speziellen Anfechtungsgrund vorzuweisen hat: So verfolgt etwa der § 133 InsO den Zweck, die Insolvenzmasse vor unlauteren Handlungen zu schützen; [105] in den in § 132 II InsO beschriebenen Fällen handelt der Gemeinschuldner weder unlauter, noch kann von der Kenntnis der Krise auf dessen Unlauterkeit geschlossen werden. Demgegenüber vermag allein der Masseschutz nicht begründen, daß durch § 132 II InsO der Anfechtungsgegner in seinem Vertrauen auf die Dauerhaftigkeit des Rechtserwerb oder -verlustes enttäuscht wird.

Dennoch hat sich zu dieser Vorschrift nur wenig Kritik gemeldet. [106] Das mag daran liegen, daß der Grund für die Anfechtung nach derselben, wenn auch schwer zu begründen, so doch billig erscheint. Warum nämlich soll derjenige, der sich einem Anspruch des Gemeinschuldners ausgesetzt sieht, zulasten der Insolvenzmasse davon profitieren, das dieser den Anspruch verliert oder nicht mehr geltend macht? Warum soll derjenige, dessen Anspruch gegen den Gemeinschuldner eigentlich zivilrechtlich anfechtbar ist, daraus einen Nutzen erzielen, daß der Gemeinschuldner dieses Anfechtungsrecht nicht geltend gemacht hat? Am ehesten läßt sich darauf antworten: Weil der Anfechtungsgegner den durch die Unterlassung erlangten Vorteil ohne eigene Gegenleistung erlangt hat!

So betrachtet, stellt die Rechtshandlung nicht allein eine unbillige Bevorteilung des Anfechtungsgegners dar, [107] § 132 II InsO folgt vielmehr einem ähnlichen Grund wie die Anfechtung unentgeltlicher Leistungen gemäß § 134 InsO. Nach dieser Vorschrift sollen die Gläubiger entgeltlich begründeter Rechte gegen die Folgen unentgeltlicher Verfügungen geschützt

---

104 Demnach könnte jede unternehmerische Entscheidungen des späteren Gemeinschuldners, soweit sie sich ungünstig auf die Masse ausgewirkt hat, im Insolvenzverfahren angefochten werden.

105 Vgl.: *Smid/Zeuner* § 133 Rdnr. 1.

106 Eine Ausnahme dazu bildet *Häsemeyer*, der diesen Tatbestand gerade wegen des Fehlens einer Legitimation wie der der Gläubigergleichbehandlung scharf kritisiert (*ders.* Rdnr. 21.73).

107 Allein eine Billigkeitserwägung dürfte auch nicht den Schutz des Rechtsverkehrs in sein Vertrauen auf die Dauerhaftigkeit eines Rechtserwerbs oder -verlustes zerstören.

werden. [108] Begründet wird dies damit, daß der unentgeltliche gegenüber dem entgeltlich Erwerb nur einen geminderten Bestandsschutz verdient. [109]

Ähnliches muß auch gemäß § 132 II InsO gelten: Wenn der Anfechtungsgegner ohne eigenes Zutun und ohne eigene Gegenleistung von einem gegen ihn gerichteten Anspruch befreit wird - beziehungsweise ihm ein eigener Anspruch erhalten bleibt - und er darüber hinaus noch die Krise des Gemeinschuldners zu dieser Zeit kannte, so verdient diese die Bevorteilung begründende Handlung keinen Bestandsschutz. Der so erlangte Vorteil berechtigt dann vielmehr zu genauso wenig Schutz wie ein unentgeltlicher Leistungserwerb.

Erkennt man dies als Anfechtungsgrund an, so muß man allerdings *Häsemeyer* [110] Recht geben, wenn er von einer **unsystematischen** Verbindung des § 132 II InsO mit der Anfechtung unmittelbar nachteiliger Rechtsgeschäfte spricht. So paßt - wie soeben nachgewiesen - weder der Grund für die Anfechtung dieser Handlungen, noch überzeugt die Anlehnung an die Tatbestandsvoraussetzungen der Anfechtung wegen unmittelbar nachteiligen Rechtsgeschäfts. Einzig die Ähnlichkeit zur besonderen Insolvenzanfechtung in Handlungsart und -wirkung hätte indes den Gesetzgeber nicht dazu verleiten dürfen, diese unsystematische Verbindung zu wählen.

### 3. Regelungsbereich

Wie schon dargestellt dient der § 132 II InsO dazu, Regelungslücken zu schließen, welche die Deckungsanfechtung und die Anfechtung wegen unmittelbar nachteiliger Rechtsgeschäfte offenlassen.

#### a) Rechtshandlungen als Unterlassen

Der Anfechtung gemäß § 132 II InsO unterliegen Rechtsgeschäfte und Rechtshandlungen des Gemeinschuldners, mit denen er eigene Rechte zerstört oder gegen ihn gerichteten Rechten aushilft. Blickt man hierbei auf die Funktion dieser Vorschrift als Lückenfüller, so wird deutlich, daß unter diese Handlungen insbesondere Unterlassungen des späteren Gemeinschuldners zu subsumieren sind. [111]

Schon in § 129 II InsO werden generell Unterlassungen einer Rechtshandlung gleichgestellt. Vom § 132 II InsO werden hingegen nur bestimmte Unterlassungshandlungen tatbestandsmäßig erfaßt. [112] Insofern wird deutlich, daß § 132 II InsO gegenüber den §§ 130, 131 und 132 I i.V.m. § 129 II InsO nur eine ergänzende Funktion hat. Daraus allerdings zu schließen, diese Norm diene nicht der Erweiterung der Anfechtungsmöglichkeiten, sondern stelle eine Einschränkung des § 129 II InsO dar, [113] ist irreführend. [114] Der Grund für diese Eingrenzung

---

108 *Smid/Zeuner* § 134 Rdnr. 1

109 Vgl. nur: *Gerhardt* „Die systematische Einordnung der Gläubigeranfechtung" S. 214 f.

110 Rdnr. 21.72

111 *Kreft* in Heidelberger Kommentar zur Insolvenzordnung § 132 Rdnr. 7; siehe auch oben: § 5 I 1 e

112 *Smid/Zeuner* § 132 Rdnr. 1 insbesondere Fn. 2

113 So: *Zeuner* Rdnr. 151:

des Regelungsbereichs des § 132 II InsO ist vielmehr der, daß sich ohne diese der § 132 II InsO mit anderen Anfechtungsnormen überschneiden würde. [115]

b) Gesetzliche Alternativen

In der Vorschrift selbst hat der Gesetzgeber Fallgruppen gebildet, welche die vorgreifliche Benachteiligung der Insolvenzmasse näher eingrenzen und bestimmen. Auch bei dieser Fallgruppenbildung ist der Gesetzgeber seiner Intention gefolgt, nur solche Handlungen gemäß diese Tatbestandes für anfechtbar zu erklären, die - seiner Meinung nach [116] - anderweitig nicht einer Anfechtungsnorm unterfallen wären.

aa) Rechtsverlust des Gemeinschuldners (§ 132 II Alt. 1 InsO)

Als erste Möglichkeit nennt der § 132 II InsO die Anfechtbarkeit von Handlungen des Schuldners, durch die dieser ein Recht verliert. Als Beispiel für solche Handlungen wird in der Begründung zum *Gesetzentwurf der Bundesregierung* [117] das Unterlassen eines Protestes nach dem Wechselrecht genannt, durch welche er Rechte verliert, die einen solchen Protest voraussetzen. Weiterhin wird das Fall angeführt, daß der Gemeinschuldner die Unterbrechung der Ersitzung durch Geltendmachung des Eigentumsanspruchs gemäß § 941 BGB unterläßt und deshalb sein Eigentum verliert.

Zu dieser Fallgruppe führen *Smid/Zeuner* ein weiteres Beispiel an: [118] So soll ihrer Meinung nach die Nichtzahlung eines Mietzinses durch den Gemeinschuldner nach Eintritt der Zahlungsunfähigkeit, aber vor Stellung des Eröffnungsantrages [119], welche zu einer außerordentlichen Kündigung nach § 554 I BGB führt, gemäß §§ 132 II i.V.m. § 132 I Nr. 1 InsO anfechtbar sein, falls dadurch die Insolvenzgläubiger benachteiligt werden [120] und die subjektiven Voraussetzungen beim Vermieter vorliegen. Dem ist zuzustimmen. So verliert der Gemeinschuldner durch die Nichtzahlung das Gebrauchsrecht an der gemieteten Sache und dies führt mittelbar zu einer Gläubigerbenachteiligung. [121]

---

114 Der Gesetzgeber hat ausdrücklich deutlich gemacht, er wolle mit der Vorschrift die Anfechtungsmöglichkeiten erweitern (vgl. nur: Erster Bericht der *Kommission für Insolvenzrecht* Begründung zu LS 5.2.5 S. 412).

115 *Henckel* in Kölner Schrift zur Insolvenzordnung Rdnr. 34; so auch verständlicher: *Zeuner* in *Smid/Zeuner* § 132 Rdnr. 12.

116 In seiner sehr ausführlichen Darstellung hat *Henckel* demgegenüber nachgewiesen, daß schon nach der KO alle diese Unterlassungshandlungen auch ohne einer Sondervorschrift durch die besondere Konkursanfechtung erfaßt werden (*ders.* in Jaeger § 29 Rdnr. 6 ff). Eine gleiche Auslegung wäre wohl auch zur InsO möglich gewesen, gerade da nun gemäß § 129 II InsO Unterlassungen ausdrücklich den Rechtshandlungen gleichstehen (vgl. *Henckel* in Kölner Schrift zur Insolvenzordnung Rdnr. 34).

117 in BT-Drucksache 12/2443 S. 160

118 § 132 Rdnr. 19

119 Danach gilt § 112 InsO.

120 Nachdem eine mittelbare Benachteiligung ausreicht, ist dies dann der Fall, wenn z.B. der Insolvenzverwalter ein Betriebsgrundstück zur Fortführung des Unternehmens benötigt.

121 Wie *Smid/Zeuner* ebenfalls anführen, war selbiges nach der KO nicht anfechtbar (*dies.*: § 132 Rdnr. 19): So lag weder eine kongruente noch eine inkongruente Deckung vor, noch ein zweiseitiges Rechtsgeschäft gemäß § 30 Nr. 1 Alt. 1 KO. An diesem Beispiel wird aber auch deutlich, daß auf der

bb) Undurchsetzbarkeit eines Schuldnerrechts (§ 132 II Alt. 2 InsO)

Als zweite Möglichkeit werden Fälle genannt, in denen der Gemeinschuldner die Rechte zwar nicht verliert, diese aber auch nicht mehr geltend machen kann. Hierbei führt der Gesetzgeber als Beispiel an, [122] daß der Gemeinschuldner es in einem aussichtsreichen Aktivprozeß unterlassen hat, Rechtsmittel und Rechtsbehelfe einzulegen und daher diesen Prozeß endgültig verliert. Denkbar ist hier zum Beispiel der Fall des Unterlassens eines Einspruchs gegen ein Versäumnisurteil. Oder aber der Schuldner unterläßt die Unterbrechung der Verjährung eines eigenen Anspruchs nach den §§ 209 ff BGB und aus diesem Grund wird die Geltendmachung desselben auf Dauer gehemmt.

Denkbar wäre es, hierunter auch den Fall der unterlassenen Geltendmachung eines Pflichtteilsanspruchs zu subsumieren, welche zur Verjährung des Pflichtteilsanspruchs gemäß § 2332 BGB führt. *Kreft* [123] weist jedoch unter Bezugnahme auf die Rechtsprechung des *BGH* [124] richtigerweise darauf hin, daß das Unterlassen einer Geltendmachung eines Pflichtteilsanspruchs wegen der Entscheidungsfreiheit des Pflichtteilsberechtigten nie der Anfechtung unterliegt.

cc) Erhaltung eines Anspruchs gegen den Gemeinschuldner (§ 132 II Alt. 3 InsO)

Als weitere Alternative kommen Fälle in Betracht, in denen vermögensrechtliche Ansprüche gegen der Gemeinschuldner erhalten bleiben. In der Begründung zum *Gesetzentwurf der Bundesregierung* [125] wird hier der Fall genannt, daß der Schuldner die rechtzeitige Irrtumsanfechtung eines gegen ihn gerichteten Anspruchs nach den §§ 119 ff BGB unterläßt. Gleiches gilt auch für die übrigen bürgerlich-rechtlichen Anfechtungsmöglichkeiten. [126]

Unter diese Fallgruppe sind jedoch auch andere Handlungen des Gemeinschuldners subsumierbar: [127] Etwa wenn er es unterläßt, eine auflösende Bedingung herbeizuführen oder einen ungünstigen Vertrag zu kündigen und dadurch Ansprüche aus diesem Vertrag gegen ihn erhalten bleiben.

dd) Durchsetzung eines Anspruchs gegen den Gemeinschuldner (§ 132 II Alt. 4 InsO)

Als letzte Alternative werden in § 132 II InsO Konstellationen genannt, in denen durch ein Unterlassen des Gemeinschuldners eine Anspruch gegen den Gemeinschuldner durchsetzbar

---

Rechtsfolgenseite dieser Anfechtungsnorm erhebliche Probleme auf Wissenschaft und Praxis zukommen werden.

122 Begründung zum *Gesetzentwurf der Bundesregierung* in BT-Drucksache 12/2443 S. 160

123 in Heidelberger Kommentar zur Insolvenzordnung § 132 Rdnr. 8

124 *BGH* NJW 1997 S. 2384

125 in BT-Drucksache 12/2443 S. 160

126 So auch: *von Campe* S. 195.

127 So: *Henckel* in Leipold S. 239 (245); vgl. auch: Erster Bericht der *Kommission für Insolvenzrecht* Begründung zu LS 5.2.5 S. 413 (dort allerdings noch unter der Alternative „Ansprüche begründet"; siehe dazu oben § 5 III 1).

wird. Hier wurde insbesondere - so der Gesetzgeber [128] - daran gedacht, daß der Gemeinschuldner es in einem Passivprozeß unterläßt, die Einrede der Verjährung gemäß § 222 BGB zu erheben. Unter diese Tatbestandsalternative fallen allerdings auch Rechtsmittel oder Rechtsbehelfe.

c) § 132 II als abschließende Regelung

Fraglich ist, ob neben den im Tatbestand beschriebenen Fallgruppen noch andere gläubigerbenachteiligende Konstellationen zu einer Anfechtung nach § 132 II InsO berechtigen - ob die vom Gesetzgeber vorgenommene Aufzählung also eine abschließende ist.

Der Beantwortung dieser Frage kommt zum Beispiel entscheidende Bedeutung zu, wenn der gegen den Gemeinschuldner klageweise geltend gemachte **Anspruch nicht besteht**. Nach strenger Auslegung des Wortlautes kommt in einem solchen Fall - der Gemeinschuldner läßt zum Beispiel ein Versäumnisurteil gegen sich ergehen und legt keinen Einspruch dagegen ein - eine Anfechtung nach §§ 132 II i.V.m. 132 I InsO nicht in Betracht; es bleibt nämlich weder ein Anspruch erhalten, noch wird ein solcher durchsetzbar, der Anspruch entsteht vielmehr erstmals aufgrund des Urteils. [129]

Für die Annahme einer abschließenden Regelung spricht der aufzählende Charakter der Vorschrift, deren Wortlaut auch nicht zu entnehmen ist, daß diese Aufzählung nur Beispielscharakter hat. Daraus folgt wohl, daß die Fallgruppen als solche abschließend anzusehen sind; insoweit bindet der eindeutige Wortlaut. Richtig ist es aber auch, die Intention des Gesetzgebers mit in die Auslegung des § 132 II InsO einzubeziehen. Dieser war bemüht, durch diese Vorschrift gerade solche gläubigerbenachteiligenden Unterlassungen zu erfassen, die von den §§ 130 bis 132 I InsO nicht erfaßt werden. Daraus wird deutlich, daß man zumindest bei der Auslegung der einzelnen beschriebenen Fallgruppen großzügig sein muß.

Kann man demnach eine Konstellation nicht direkt unter eine der im Tatbestand beschriebenen Fallgruppen subsumieren, so verbietet sich zwar die Erweiterung um eine neue, nicht jedoch die Ausweitung der vorhandenen Fallgruppen. [130] Anderenfalls würde nämlich der § 132 II InsO seiner Funktion als Auffangtatbestand nicht gerecht werden.

---

128 Begründung zum *Gesetzentwurf der Bundesregierung* in BT-Drucksache 12/2443 S. 160

129 *Kreft* meint hingegen, es käme nicht darauf an, ob ein Anspruch bestünde (*ders.* in Heidelberger Kommentar zur Insolvenzordnung § 132 Rdnr. 8); ebenso der erste Bericht der *Kommission für Insolvenzrecht*, der diesen Fall unter die Alternative „Anspruch durchsetzbar werden" subsumieren will (Begründung zu LS 5.2.5 S. 413). In der Begründung zum *Gesetzentwurf der Bundesregierung* fehlt jedoch der Zusatz „obwohl der Klageanspruch nicht besteht" ( in BT-Drucksache 12/2443 S. 160). Demnach muß jetzt eigentlich vom Wortlaut ausgegangen werden - ein Anspruch der durchsetzbar wird, besteht indes schon. Zudem ist zu beachten, daß der Gesetzgeber die Alternative „Ansprüche begründet", die in den Gesetzesmaterialen zunächst noch vorhanden war (vgl. oben: § 5 III 1) und unter die der dargestellte Fall direkt subsumierbar wäre, gerade nicht in die InsO übernommen hat.

130 Im Ergebnis ist daher der oben beschriebene Fall wohl doch nach *Krefts* Ansicht zu lösen: Das Unterlassen von Rechtsmitteln in einem Passivprozeß des Gemeinschuldners muß daher auch bei einem nicht bestehenden Klageanspruch als unter „ein Anspruch durchsetzbar wird" subsumierbar anzusehen sein.

## 4. Verweis auf § 132 I InsO

Die Gleichstellung der in § 132 II InsO bezeichneten Handlungen mit den unmittelbar nachteiligen Rechtsgeschäften des § 132 I InsO bewirkt, daß die dort in Nr. 1 und Nr. 2 genannten Anfechtungsvoraussetzungen uneingeschränkt übernommen werden. [131] Eine Einschränkung gilt nur dahingehen, daß gemäß § 132 II InsO auch Rechtshandlungen [132] anfechtbar sind und die Unmittelbarkeit der Benachteiligung durch den § 132 II InsO bereits fingiert wird, [133] sie also nicht eine in Absatz 1 zu prüfende Anspruchsvoraussetzung darstellt.

Bezüglich der objektiven und subjektiven Voraussetzungen der Anfechtung vorgreiflicher Masseverkürzungen ist daher auf die Ausführungen zur Anfechtung wegen unmittelbar nachteiliger Rechtsgeschäfte zu verweisen, [134] welche ihrerseits wiederum weitestgehend mit den Voraussetzungen der Anfechtung kongruenter Deckungen übereinstimmen. [135]

## 5. Bewertung der Anfechtung vorgreiflicher Masseverkürzung

„Mit § 132 II InsO sollen vor allem Regelungslücken geschlossen werden, die nach dem geltenden Konkursrecht bei der Anfechtung von Unterlassungen im Bereich der besonderen Insolvenzanfechtung bestehen“ [136] - so lautete die Intention des Gesetzgebers. Ob die Vorschrift ihrer Lückenfüllfunktion allerdings gerecht wird, ist in zweierlei Hinsicht fraglich.

### a) Weitgehendes Fehlen einer Regelungslücke

Schon zur Konkursordnung wurden durch eine extensive Auslegung der Anfechtungsvorschriften viele dieser sogenannten Lücken gefüllt. Zu den ausgeprägtesten Vertretern einer solchen Auslegung der besonderen Konkursanfechtung in Hinblick auf Unterlassungen des Gemeinschuldners gehörte sicherlich *Henckel* [137]. So sollten seiner Meinung nach auch schon zur Konkursordnung die unterlassene Anfechtung zivilrechtlich anfechtbarer Rechtsgeschäfte sowie sogar unterlassenes prozessuales Verhalten des Gemeinschuldners, soweit es nur rechtsgeschäftsähnlich war, anfechtbar sein.

Weitgehend Einigkeit bestand zudem schon zur Konkursordnung darüber, daß die Aufgabe von Rechten anfechtbar ist, solange sie zu einem entsprechenden Rechtserwerb des Anfechtungsgegners führte. [138] Nach *Henckels* [139] zutreffender Ansicht bedürfte es daher mangels Regelungslücke auch nicht der Schaffung einer dem § 132 II InsO entsprechenden Vorschrift.

---

131 *Henckel* in Kölner Schrift zur Insolvenzordnung Rdnr. 35
132 Siehe dazu oben: § 5 I 3.
133 Siehe dazu oben: § 5 I 2 b.
134 Siehe oben: § 5 II 3 und 4.
135 Siehe oben: § 4 II 2.
136 Begründung zum *Gesetzentwurf der Bundesregierung* in BT-Drucksache 12/2443 S. 159
137 Vgl. nur in Jaeger § 29 Rdnr. 6 ff.
138 *Henckel* in Jaeger § 29 Rdnr. 16; *Kuhn/Uhlenbruck* § 29 Rdnr. 18 d; etwas anderes sollte nur dann gelten, wenn das aufgegebene Recht nicht dem Gläubigerzugriff unterlag (BGH WM 1964 S. 505). Allerdings war auch diese Ansicht zur KO sehr fragwürdig, da in einem solchen Fall die Gläubigerungleichbehandlung als Anfechtungsgrund ebenso fehlt (siehe dazu oben: § 5 III 2).

b) Systemerweiterung versus Lückenfüllung

Um darüber hinaus von der Konkursordnung nicht erfaßte Fälle in den Regelungsbereich der besonderen Insolvenzanfechtung miteinzubeziehen, wurde ferner ein Weg gewählt, der zumindest teilweise über den eigentlichen Grund für die besondere Insolvenzanfechtung - den Schutz der Insolvenzgläubiger vor Ungleichbehandlungen - hinausgeht. Jedenfalls in den Fällen, in denen der Gemeinschuldner durch eigenes Unterlassen einen Anspruch gegen den Anfechtungsgegner verliert, kann man in der Regel [140] nämlich nicht davon ausgehen, daß die Rückgängigmachung dieses Vorgangs der **Gleichbehandlung** der Gläubiger dient. [141] Sie dient vielmehr allein der **Besserstellung** der Insolvenzgläubiger insgesamt. Diente daher die besondere Konkursanfechtung der Durchsetzung der Gläubigergleichbehandlung, so gilt demgegenüber jetzt gemäß § 132 II Alt. 1 und 2 InsO jeder Rechtsverlust für anfechtbar, unabhängig davon, ob dieser der Gläubigergleichbehandlung zuwiderläuft. [142]

Durch die Einführung des Masseschutzes als neuen Grund der Insolvenzanfechtung wird daher das zur Konkursordnung geltende System der besonderen Anfechtung verlassen. [143] Dadurch wird aber nicht eine bestehende Lücke gefüllt, setzt das doch voraus, daß **innerhalb des bestehenden Systems** eine solche vorzufinden war. Der § 132 II InsO stellt daher in seinen Alternativen 1 und 2 vielmehr eine echte **Erweiterung des Systems** der besonderen Konkursanfechtung dar. Auch hier hat der Gesetzgeber demnach sein eigentliches Ziel, Regelungslücken zu schließen, verfehlt.

c) Ergebnis

Letztlich konzentriert sich die Kritik an § 132 II InsO auf zweierlei Umstände: Dem Gesetzgeber wird zum einen vorgeworfen, er habe mit § 132 II InsO versucht, Lücken zu schließen, die tatsächlich nicht bestanden. Zum anderen wird angeführt, die Anfechtung vorgreiflicher Masseverkürzungen widerspreche dem System der besonderen Insolvenzanfechtung.

Zu ersterer Kritik ist indes zugunsten des Gesetzgebers anzuführen, daß viele der vorgeschlagenen Lösungsmöglichkeiten zur Schließung der Lücken von der Rechtsprechung bezüglich der Konkursordnung noch nicht nachvollzogen wurden. [144] Allerdings lag bezüglich des alten Gesetzes die Problematik häufig daran, daß es an einer dem § 129 II InsO entsprechenden ausdrücklichen Gleichstellung von Rechtshandlungen und Unterlassungen fehlte. Zudem erleichtern die §§ 130 und 131 InsO, die nun auch Handlungen für anfechtbar erklären, die

---

139 in Kölner Schrift zur Insolvenzordnung Rdnr. 34

140 Etwas anderes gilt nur dann, wenn derjenige, der durch den Rechtsverlust von der Inanspruchnahme befreit wird, z.B. einen schuldrechtlichen Anspruch auf die Rechtsaufgabe hatte, also insoweit Gläubiger des Gemeinschuldners war.

141 Siehe dazu oben: § 5 III 2.

142 So konnte nach der besonderen Konkursanfechtung keine Handlung angefochten werden, die zwar zu einem Rechtsverlust des Gemeinschuldners, aber zu keinem Rechtserwerb auf anderer Seite führten, wie z.B. die Aufgabe des Eigentums an beweglichen Sachen (*Henckel* in Jaeger § 29 Rdnr. 16) oder der Verzicht auf ein Patent (*OLG Düsseldorf* JZ 1952 S. 752; *Henckel* in Jaeger § 29 Rdnr. 17).

143 Vgl. auch: *Häsemeyer* Rdnr. 21.73.

144 So auch *Henckel*, der den Eingang seiner Lehrmeinung in die Rechtsprechung weitgehend negativ verbescheidet (*ders.* in Kölner Schrift zur Insolvenzordnung Rdnr. 34).

einem Insolvenzgläubiger Deckung ermöglichen, viele vormalige Problemfälle. Zudem hätte der Gesetzgeber den Absatz 2 allein dadurch weitestgehend obsolet machen können, daß auf die Einschränkung in Absatz 1, der allein Rechtsgeschäfte erfaßt, verzichtet worden wäre.

Dem Vorwurf wiederum, die Anfechtung vorgreiflicher Masseverkürzungen widerspreche dem System der besonderen Insolvenzanfechtung, ist entgegenhalten, daß die Ausdehnung des Masseschutzes durch die Erweiterung der Anfechtungsmöglichkeiten eines der großen Ziele der Insolvenzrechtsreform war; [145] diesem Ziel wird man aber auch und gerade durch die vorgenommene Systemerweiterung gerecht. Allerdings darf bei aller „Masseschutzeuphorie" nicht übersehen werden, daß die Insolvenzanfechtung immer einen drastischen Einschnitt in die Privatautonomie mit sich bringt. Aus diesem Grund bedarf es jeweils einer sorgfältigen Abwägung der Verkehrs- und der Gläubigerinteressen. [146] Allein ein besonderer Grund für die Bevorzugung der letzteren darf zu einer Ausnahme von der grundsätzlichen Schutzwürdigkeit des Rechtsverkehr in sein Vertrauen auf die Dauerhaftigkeit der Rechtshandlung führen. Ein solcher Grund kann bestenfalls in der Vorteilserlangung ohne eigene Gegenleistung und somit einem Leistungserwerb, ähnlich dem unentgeltlichen, gesehen werden.

Indem der Gesetzgeber den § 132 II InsO jedoch systematisch der besonderen Insolvenzanfechtung beigeordnet hat, wird der wahre Grund für die Anfechtung vorteilsloser Rechtsverluste gerade verdeckt. Gegenüber den **Schuldnern** des Gemeinschuldners muß nämlich eine andere Legitimation für die Anfechtung gefunden werden als gegenüber seinen **Gläubigern**. Wollte man diese Legitimation allerdings neu begründen, so erstaunt die Anfügung dieses Tatbestand an den § 132 I InsO. Der Verweis des Absatz 2 auf den Absatz 1 legt nämlich eine Systemkonformität nahe, welche in Wahrheit, zumindest bezüglich der Alternativen 1 und 2 nur sehr eingeschränkt besteht. [147]

Im Ergebnis hat sich der Gesetzgeber mit dem § 132 II InsO daher enttarnt: Anhand § 132 II InsO wird nämlich zum einen erkennbar, daß dieser auch heute noch die „gesetzliche Flickschusterei" einer Rechtsfortbildung durch Lehre und Rechtsprechung vorzieht. Regelt er andererseits aber Fälle wie die eines Rechtsverlustes des Gemeinschuldners, die tatsächlich nur schwer einer solcher Rechtsfortbildung zugänglich sind, so geschieht dies ohne einen Blick für das die besondere Insolvenzanfechtung begründende System.

Aus dieser Systemdiskrepanz der in § 132 II InsO geregelten Fälle mit den übrigen Tatbeständen der besonderen Insolvenzanfechtung, wie auch aus dem mißverständlichen Verwies des Absatz 2 auf den § 132 I InsO, [148] wird deutlich, daß, soweit eine Regelungsbedarf tatsächlich bestand, diesem letztlich besser in einer eigenen Vorschrift nachgekommen wäre.

---

145 Siehe nur: Begründung zum *Gesetzentwurf der Bundesregierung* in BT-Drucksache 12/2443 Einleitung zum dritten Abschnitt „Insolenzanfechtung" S. 156.

146 *Paulus* „Der Anfechtungsprozeß" in ZInsO 1999 S. 242

147 Siehe oben: § 5 III 2.

148 Siehe dazu oben: § 5 I 2 b.

## § 6 Ergebnis

Zu Beginn dieser Arbeit wurden drei Ziele formuliert, denen sich selbige verpflichtet fühlt: Zum einen sollte die besondere Anfechtung nach der Insolvenzordnung möglichst weitgehend durchdrungen werden. Weiterhin sollte ein Vergleich der besonderen Insolvenzanfechtung mit den entsprechenden Regelungen zur Konkursordnung sowie den ursprünglichen und weiterentwickelten Zielen der Reform vorgenommen werden. Letztlich sollte mit dieser Arbeit der Versuch unternommen werden, einen Ausblick auf die Probleme der Rechtsanwendung mit dem neuen Gesetz zu wagen.

### I. Besondere Insolvenzanfechtung

Versucht man, die besondere Insolvenzanfechtung - unter Berücksichtigung der Bewertung der einzelnen Anfechtungstatbestände [1] - abschließend zu würdigen, so ergibt sich folgendes Bild:

#### 1. System der besonderen Insolvenzanfechtung

Mit der besonderen Insolvenzanfechtung hat der Gesetzgeber ein System ähnlich dem der Anfechtung in der Konkursordnung gewählt, hat dieses jedoch aufgegliedert und ausgeweitet. So wird in den §§ 130 bis 132 InsO zwischen der Anfechtung von Begründungs- und Deckungshandlung, zwischen kongruenten und inkongruenten Deckungen und letztlich nach dem Zeitpunkt der Handlungsvornahme unterschieden. Ziel dieser Differenzierungen ist es, die widerstreitenden Interessen der bevor- und benachteiligten Gläubiger schon in den gesetzlichen Tatbeständen möglichst weitgehend gegeneinander abzuwägen. Das ist im Ergebnis gelungen und führt dazu, daß die besondere Insolvenzanfechtung als Regelungssystem uneingeschränkt überzeugt.

Trotz dieser vielfältigen Differenzierungen besticht sie zudem durch ihre große Geschlossenheit: So hat der Gesetzgeber in einem hohen Maße darauf geachtet, die einzelnen Tatbestände inhaltlich und sprachlich aufeinander abzustimmen. Daraus resultiert ein Regelungsgefüge, welches durch Vorwegnahmen, Verweisungen, Angleichungen und einen hohen Abstraktionsgrad glänzt.

#### 2. Objektive Anknüpfungspunkte

Positiv zu bewerten sind weiterhin die vom Gesetzgeber gewählten objektiven Anknüpfungspunkte: So wird zur Bemessung des anfechtungsrelevanten Zeitraums und der Anfechtungsfrist durchgehend auf die Stellung des Antrags auf Verfahrenseröffnung abgestellt und als krisenbegründendes Merkmal dient die Zahlungsunfähigkeit des Schuldners.

---

1 Siehe oben: § 4 II 5 (kongruente Deckung); § 4 III 7 (inkongruente Deckung); § 5 II 5 und § 5 III 5 (Unmittelbar nachteilige Rechtshandlungen).

Diese neuen Fixpunkte erleichtern gegenüber der Konkursordnung die objektive Feststellung der Anfechtbarkeit von Rechtshandlungen, wenn der Gesetzgeber auch auf ein eigenes gerichtliches Verfahren zur konkreten Feststellung des Zeitpunkts der Zahlungsunfähigkeit und zur Bestimmung des maßgeblichen Eröffnungsantrags verzichtet hat.

### 3. Subjektive Anknüpfungspunkte

Primärer subjektiver Anknüpfungspunkt stellt auch zu der besonderen Insolvenzanfechtung die positive Kenntnis des Anfechtungsgegners von der Krise des Schuldners dar. Ausnahmen ergeben sich nur in § 131 InsO, in welchem die Kenntnis zum Teil unwiderleglich vermutet, zum Teil auf die Kenntnis der Gläubigerbenachteiligung abgestellt wird.

In den §§ 130 II und 131 II 1 InsO wird zudem der positiven Kenntnis des Anfechtungsgegners die Kenntnis von Umständen gleichgestellt, welche zwingend auf die objektiv wahrnehmbaren Merkmale schließen lassen. Mit dieser Regelung hat der Gesetzgeber einen Haftungsmaßstab eingeführt, der dem deutschen Recht bisher fremd war. Damit wurde versucht, einerseits eine Beweiserleichterung zugunsten des Insolvenzverwalters einzuführen, andererseits die Anfechtbarkeit im Interesse der Rechtssicherheit nicht zu weit auszudehnen. Der Verkehrsschutz war auch der Grund dafür, daß nicht auf den Begriff der grob fahrlässigen Unkenntnis zurückgegriffen wurde.

Gemäß der §§ 130 III und 131 II 2 InsO wird in der Insolvenzordnung zudem gegenüber dem Schuldner persönlich oder gesellschaftsrechtlich nahestehenden Personen widerleglich vermutet, daß diese die Zahlungsunfähigkeit oder den Eröffnungsantrag kannten.

Diese im subjektiven Bereich der besonderen Insolvenzanfechtung vorgenommenen Änderung der Tatbestandsvoraussetzungen sind - wie sogleich gezeigt wird - teils positiv und teils negativ zu bewerten.

### 4. Bewertung der einzelnen Tatbestände

Mit dem **§ 130 InsO** ist dem Gesetzgeber eine Regelung geglückt, die in Wortlaut und Regelungsinhalt überzeugt. Sie stellt eine sinnvolle Weiterentwicklung des § 30 Nr. 1 Fall 2 KO dar. Letztlich wird durch diese Vorschrift die Masse - im Rahmen des nach einer Interessenabwägung Möglichen - wirksam vor gläubigerbenachteiligenden Vermögensverschiebungen geschützt.

Im **§ 131 InsO** hat der Gesetzgeber die Anfechtungsvoraussetzungen weitgehend verobjektiviert. Damit wird er der besonderen Verdächtigkeit inkongruenter Deckungen gerecht. Auch der § 131 I Nr. 3 InsO vermag dabei in das System der besonderen Insolvenzahnfechtung zu passen. Unglücklich erscheint allerdings das Verhältnis der Anfechtung inkongruenter Deckungen zur Vollstreckungssperre gemäß § 88 InsO.

**§ 132 I InsO** ergänzt die Deckungsanfechtung um die Anfechtung der Begründungshandlungen. Dabei überzeugt einerseits die tatbestandliche Trennung von der Deckungsanfechtung, andererseits die konsequente sprachliche und inhaltliche Anpassung an den Tatbestand des § 130 InsO.

Eine unrühmliche Ausnahme bildet indes **§ 132 II InsO**: Hier hat der Wille, wenn möglich Verweisungen vorzunehmen, dazu geführt, daß der besonderen Insolvenzanfechtung ein zumindest teilweise systemfremder Tatbestand beigefügt wurde. Auch entspricht die vorgenommene Bildung von Tatbestandsalternativen nicht dem hohen Abstraktionsgrad der übrigen Tatbestände.

## II. Umsetzung der Reformbestrebungen

Die in der Reformliteratur zu lesenden Ziele einer Neuordnung der besonderen Insolvenzanfechtung lassen sich im wesentlichen auf zwei Punkte reduzieren: Zum einen wurde gefordert, die Voraussetzungen für eine Anfechtung zu erleichtern und damit die Masse wirksamer vor gläubigerbenachteiligenden Handlungen zu schützen; zum anderen sollte durch die Reform das Richterrecht, welches sich in 120 Jahren besonderer Konkursanfechtung herausgebildet hat, überprüft und gegebenenfalls kodifiziert werden.

### 1. Erleichterung der Anfechtungsvoraussetzungen

Dem ersten Ziel ist der Gesetzgeber nur in beschränktem Maße nachgekommen. So ergeben sich zwar, insbesondere im Bereich der Anfechtung inkongruenter Deckungen sowie in der Behandlung nahestehender Personen, Erleichterungen gegenüber der besonderen Konkursanfechtung. Ein „großer Wurf" ist dem Gesetzgeber allerdings nicht gelungen; fraglich ist indes, ob ein solcher überhaupt gewollt war und sinnvoll gewesen wäre.

#### a) Nicht vorgenommene Erleichterungen

Eine klare Absage hat der Gesetzgeber der Forderung erteilt, in der besonderen Insolvenzanfechtung gänzlich auf die **subjektiven Anfechtungsvoraussetzungen** zu verzichten. Begründet wurde dies mit den Erfordernissen des Verkehrsschutzes; zu dessen Verletzung hätte nämlich eine Anfechtbarkeit kongruenter Deckungshandlungen, bei denen der Vertragspartner weder die Zahlungsunfähigkeit des Schuldners noch einen etwaigen Eröffnungsantrag kannte, unweigerlich geführt. Insofern ist diese gesetzgeberische Entscheidung zu begrüßen.

Enttäuschen muß jedoch die zögerliche Haltung des Gesetzgebers bezüglich einer Ausweitung der subjektiven Voraussetzungen auf **grob fahrlässige Unkenntnis**. Diese war zunächst noch Inhalt der Diskussionspapiere, wurde jedoch in der letzten Gesetzgebungsphase - ebenfalls aus Verkehrsschutzgründen - in die nun in § 130 II InsO gewählte Formulierung geändert. Inwieweit dies von vernünftigen Erwägungen getragen war bleibt zweifelhaft, insbesondere da die neue Formulierung nur schwer dogmatisch einzuordnen ist. Diesbezüglich ist die Enttäuschung auf Seiten der Reformer daher nur zu verständlich.

Eine Diskrepanz von Reformziel und gesetzlicher Regelung ist zudem bezüglich des **anfechtungsrelevanten Zeitraums** festzustellen. War nämlich als eines der Mittel zur Verschärfung des Masseschutzes vorgesehen, diesen Zeitraum gegenüber der Konkursordnung zu erweitern, so kann die nun gewählte dreimonatige Frist die anfechtungsrelevanten Spanne sogar verkürzen. Diesen Umstand allerdings als ein Abweichen vom ursprünglichen Reformziel darzustellen, entspricht nicht ganz den Tatsachen: So hat die mögliche Verkürzung seinen Grund primär darin, daß nun mit der Antragstellung ein neuer Bezugspunkt gewählt wurde. Allerdings muß sich der Gesetzgeber dennoch die Frage gefallen lassen, warum er nicht statt der dreimonatigen eine sechsmonatige Frist vorgesehen hat. Damit wäre er den eigenen Forderungen - aber auch denen weiter Teile der Reformliteratur - näher gekommen.

Nicht gefolgt ist der Gesetzgeber ferner der Forderung, in der Insolvenzordnung ein **eigenes gerichtliches Verfahren** zur konkreten Feststellung des Zeitpunkts der Zahlungsunfähigkeit und zur Bestimmung des maßgeblichen Eröffnungsantrags einzuführen. Dies geschah unter dem wenig verständlichen Vorwand, die Rechtsprechung nicht zusätzlich belasten zu wollen. Leider blieb man damit dem positiven Ansatz einer verbesserten Überprüfbarkeit der objetiven Bezugspunkte, welcher bezüglich der objektiven Tatbestandsvoraussetzungen grundsätzlich gewählt wurde, nicht treu.

b) Vorgenommene Erleichterungen

Den von der Reformliteratur vorgeschlagenen aber nicht vorgenommenen Erleichterungen steht eine mindestens genauso lange Liste an durchgesetzten Erleichterungen gegenüber:

So ist zunächst anzuführen, daß der Gesetzgeber in der Insolvenzordnung zwar nicht gänzlich auf die **subjektiven Voraussetzungen** verzichtet hat, im Rahmen der Anfechtung inkongruenter Deckungen den Tatbestand jedoch im Wege einer unwiderleglichen Vermutung der Krisenkenntnis weitgehend verobjektiviert hat.

Eine sinnvolle Beweiserleichterung wurde zudem gemäß der §§ 130 III und 131 II 2 i.V.m. § 138 InsO bezüglich der dem Schuldner persönlich oder gesellschaftsrechtlich **nahestehenden Personen** eingeführt. Hier hat der Gesetzgeber richtigerweise der Überlegung Rechnung getragen, daß zumindest bei diesen Personengruppen die Kenntnis der Krise widerleglich vermutet werden kann.

Auch sind nach § 131 I Nr. 1 InsO Handlungen anfechtbar, die bis zu einem Monat vor der Antragsstellung vorgenommen wurden. Zumindest innerhalb dieser Tatbestandsalternative hat der Gesetzgeber daher gegenüber der Konkursordnung tatsächlich den **anfechtungsrelevanten Zeitraum** verlängert.

Außerdem wird gemäß § 146 InsO eine **Verlängerung der Anfechtungsfrist** von einem Jahr auf zwei Jahre vorgenommen. Ob diese Erleichterung zugunsten des Insolvenzverwalters allerdings den dringenden Bedürfnissen der Insolvenzpraxis vor allem bei Großverfahren gerecht wird, bleibt abzuwarten.

c) Ergebnis

Aus dieser Gegenüberstellung wird deutlich, daß der Gesetzgeber den Maximalforderungen in der Reformliteratur nicht nachgekommen ist. In vielen Bereichen hat er sich vielmehr mit einer stückweisen Erleichterung der Anfechtungsvoraussetzungen begnügt. Für diese einschränkende Vorgehensweise hatte er allerdings zumindest partiell auch guten Grund: So hat der Gesetzgeber an vielen Stellen den Forderungen des Verkehrsschutzes Rechung getragen. Dieser Schutz des Rechtsverkehrs auf die Dauerhaftigkeit von vorgenommenen Rechtshandlungen wurde in Anbetracht übergroßer Masseschutzeuphorie bisweilen vernachlässigt.

Ist man daher der Ansicht, „ein großer Wurf" bezüglich der besonderen Insolvenzanfechtung sei nicht erfolgt, so muß man dem hinzufügen, daß dieser auch nur unter Außerachtlassung des Verkehrsschutzes hätte erfolgen können. Dem ist der Gesetzgeber jedoch verständlicher- und richtigerweise nicht gefolgt. Er hat sich vielmehr dazu entschieden, eine besonnene Erweiterung des zur Konkursordnung bestehenden Systems der besonderen Anfechtung vorzunehmen.

## 2. Kodifizierung von Richterrecht

Durchweg positiv zu beurteilen sind die Ergebnisse, die der Gesetzgeber bezüglich der Kodifizierung von 120 Jahren richterlichen Rechtsfortbildung erzielt hat:

So wird mit der in § 142 InsO getroffenen Einschränkung der Anfechtbarkeit von **Bargeschäften** in der Insolvenzanfechtung eine gesetzliche Lücke geschlossen, die bezüglich der Konkursordnung nur mit Hilfe der Annahme zu überbrücken war, daß Erfüllungshandlungen bei solchen Geschäften keine Deckungshandlungen darstellen. Der § 142 InsO kodifiziert daher die zur Konkursordnung anerkannte Rechtsprechung und ergänzt dadurch sinnvoll das System der besonderen Insolvenzanfechtung.

Gleiches gilt für die in § 140 InsO geregelte **zeitliche Fixierung der Handlungsvornahme** bei gestreckten Handlungsabläufen. Durch diese Vorschrift wird ebenfalls die weitgehend schon zur Konkursordnung in Rechtsprechung und Literatur gängige Meinung Gesetz.

Auch die **Anfechtung von Unterlassungen** des Schuldners wird in der Insolvenzanfechtung jetzt ausdrücklich geregelt. Wurden diese zwar schon bezüglich der Konkursanfechtung miteinbezogen, obwohl in deren Motiven noch ausdrücklich von einer Unanfechtbarkeit derselben ausgegangen wurde, so werden Unterlassungen jetzt in § 129 II InsO den Rechtshandlungen explizit gleichgestellt. Mit dem § 132 II InsO wurde darüber hinaus jetzt ein eigener Tatbestand eingeführt, der die Masse vor unterlassungsbedingten Verschlechterungen schützen will.

### III. Besondere Insolvenzanfechtung in der Rechtsanwendung

Die besondere Anfechtung nach der Insolvenzordnung wird auch in Zukunft ein wichtiges Mittel zum präventiven Masseschutz einerseits und zur rückwirkenden Masseerweiterung andererseits darstellen. Die Erleichterungen im Rahmen der subjektiven Tatbestandsvoraussetzungen werden es dem Insolvenzverwalter dabei nachhaltig erleichtern, das Interesse der benachteiligten Gläubiger wirksam durchzusetzen. Auch werden die nun leichter nachvollziehbaren objektiven Anknüpfungspunkte den Tatsachennachweis in zukünftigen Anfechtungsprozessen vereinfachen.

Insbesondere dem nicht so erfahrenen Insolvenzverwalter wird die jetzt vorgenommene Aufgliederung der Anfechtungstatbestände den Umgang mit dieser Rechtsmaterie wesentlich erleichtern. Ist die Vielzahl von Regelungen auf den ersten Blick zwar gegenüber der einfachen Regelung des § 10 I Nr. 4 GesO scheinbar verwirrend, so stellen die §§ 130 bis 132 InsO bei näherer Betrachtung doch einen zweckmäßigen Maßnahmenkatalog dar. Ein weiterer Vorteil ist, daß heute im Gegensatz zur Konkurs- und Gesamtvollstreckungsordnung allein aus der gesetzlichen Regelung die meisten Anwendungsfälle und -beschränkungen deutlich werden.

Konsequent und massedienlich ist weiterhin die im Wege der Gestaltung eines einheitlichen Insolvenzverfahrens vorgenommene Ausweitung der besonderen Insolvenzanfechtung auch auf Fälle der Unternehmenssanierung. Es ist nämlich nicht nur billig, auch in einem solchen Fall die Gleichbehandlung der Gläubiger zu schützen, sondern zudem zu erwarten, daß die so geschaffene Anfechtungsmöglichkeit die Sanierungsfreudigkeit der Gläubiger erhöhen wird.

Schwierigkeiten wird hingegen der Umgang mit der in den §§ 130 II und 131 II 1 InsO geregelten Beweiserleichterung bereiten. Will man hierin eine tatsächliche Erweiterung der Anfechtungsregeln erkennen, jedoch dennoch einen Haftungsmaßstab unterhalb der grob fahrlässigen Unkenntnis etablieren, so ist das Ergebnis nur schwer vorauszusehen. Gerade für den Insolvenzverwalter hat in der Praxis allerdings die Vorhersehbarkeit der Anfechtungsprozesse eine ganz wesentliche Bedeutung, kehrt sich die erhoffte Masseerweiterung bei einem Prozeßverlust doch schnell in eine Masseminderung um. Es bleibt dennoch zu hoffen, das im Sinne der benachteiligten Gläubiger aufgrund dieser schwer einschätzbaren Regelung nicht allzu häufig die Anfechtung tatsächlich anfechtbarer Rechtshandlungen unterbleibt.

Zu bedauern ist ferner, daß auch nach der Insolvenzordnung der Insolvenzverwalter in jedem einzelnen Anfechtungsprozeß die objektiven Anknüpfungspunkte, also insbesondere das Vorliegen einer Handlung im anfechtungsrelevanten Zeitraum, gesondert nachweisen muß. Dieser Umstand wird zur Verlängerung der Anfechtungsprozesse führen und wiederum deren Ausgang nur schwer einschätzbar machen. Sowohl im Interesse des Masseschutzes als auch im Interesse der Gerichte wäre daher sicherlich ein eigenes gerichtliches Verfahren zur Feststellung der krisebegründenden Tatsachen wünschenswert gewesen. Auch auf die Tatsache, daß selbst der Gesetzgeber von einer „faktisch bindenden Wirkung" einer einmal von einem Gericht getroffenen Entscheidung ausgeht, wird man sich kaum berufen könne, widerspricht eine solche Einschätzung doch schon dem Art. 103 I GG.

In der Zukunft werden Rechtsprechung und Wissenschaft, ausgelöst durch Ungenauigkeiten und Ungereimtheiten im Gesetz, zudem zur Lösung einiger Einzelprobleme aufgerufen sein: Zu nennen ist hier beispielsweise die Anfechtbarkeit von Handlungen des vorläufigen Insolvenzverwalters, der Zeitpunkt der Handlungsvornahme bei eigenem Eintragungsantrag des Schuldners entsprechend § 140 II InsO sowie die Frage, ob tatsächlich der auf drohende Zahlungsunfähigkeit gestützte Eröffnungsantrag als krisebegründende Tatsache im Sinne des § 130 I Nr. 2 InsO genügt.

Speziell an die Wissenschaft richten sich weitergehende dogmatische Fragen: So bleibt letztlich auch in der Insolvenzordnung weiterhin die Rechtsnatur der besonderen Anfechtung ungeklärt und insbesondere der § 132 II InsO verlangt nach einer genauen Einordnung in das System der Anfechtungstatbestände, entspricht doch sein Anfechtungsgrund nicht gänzlich dem Prinzip der Gläubigergleichbehandlung.

Peter Lang · Europäischer Verlag der Wissenschaften

Hanno Merkt

# Beiträge zur Börsen- und Unternehmensgeschichte

Frankfurt/M., Berlin, Bern, Bruxelles, New York, Oxford, Wien, 2001. 382 S.
ISBN 3-631-37284-1 · br. DM 98.–*

Börsengeschichte und Unternehmensgeschichte sind nicht allein Teilgebiete der allgemeinen Wirtschaftsgeschichte. Auch für die Rechtswissenschaft – und hier natürlich insbesondere für das Wirtschaftsrecht – sind sie von nicht zu unterschätzender Bedeutung, namentlich etwa im Rahmen der rechtspolitischen Diskussion um die Reform des Rechts oder für Fragen der Gesetzesauslegung. Die hier versammelten, mehrheitlich bereits in juristischen Fachpublikationen veröffentlichten Beiträge stammen aus der Feder eines Juristen und sollen auf diesem Wege einer breiteren, auch wirtschaftshistorisch interessierten Leserschaft zugänglich gemacht werden. Die Beiträge spiegeln das Verständnis eines Juristen für die historischen Entwicklungen und Zusammenhänge in den behandelten Bereichen wider. Dabei sind Darstellung und Akzentsetzung von dem Bestreben geleitet, die Entstehung des heutigen Rechts und der heutigen Institutionen für ein Publikum ohne vertiefte Kenntnis der Wirtschaftsgeschichte zu erklären und nachvollziehbar zu machen.

*Aus dem Inhalt*: Die Geschichte der Unternehmenspublizität in Deutschland, Europa und den USA · Die Geschichte des deutschen Börsenrechts von den Anfängen bis zum zweiten Finanzmarktförderungsgesetz von 1994 · Die Geschichte des US-amerikanischen Gesellschaftsrechts · Die Geschichte der Namensaktie

FSC
www.fsc.org
MIX
Papier | Fördert gute Waldnutzung
FSC® C083411

Kolibri 360 GmbH
Ferdinand-Jühlke-Straße 7
99095 Erfurt, Deutschland
produktsicherheit@kolibri360.de

Druck:
CPI Druckdienstleistungen GmbH
im Auftrag der
Kolibri 360 GmbH
Ferdinand-Jühlke-Str. 7
99095 Erfurt